Rück- und Weiterverweisung (Renvoi) in staatsvertraglichen Kollisionsnormen

Saarbrücker Studien
zum Privat- und Wirtschaftsrecht

Herausgegeben von Johann Paul Bauer,
Michael Martinek (geschäftsführender Herausgeber)
und Helmut Rüßmann

Band 44

PETER LANG
Frankfurt am Main · Berlin · Bern · Bruxelles · New York · Oxford · Wien

Weizuo Chen

Rück- und Weiterverweisung (Renvoi) in staatsvertraglichen Kollisionsnormen

PETER LANG
Europäischer Verlag der Wissenschaften

Bibliografische Information Der Deutschen Bibliothek
Die Deutsche Bibliothek verzeichnet diese Publikation in der Deutschen Nationalbibliografie; detaillierte bibliografische Daten sind im Internet über <http://dnb.ddb.de> abrufbar.

Zugl.: Saarbrücken, Univ., Diss., 2004

D 291
ISSN 1433-8866
ISBN 3-631-52679-2

www.peterlang.de

Saarbrücker Studien zum Privat- und Wirtschaftsrecht

herausgegeben von
Prof. Dr. Johann Paul Bauer
Prof. Dr. Dr. Dr. h.c. Michael Martinek
Prof. Dr. Helmut Rüßmann

Die Schriftenreihe "Saarbrücker Studien zum Privat- und Wirtschaftsrecht" bildet in erster Linie ein Forum für rechtswissenschaftliche Doktorarbeiten der Universität des Saarlandes auf zwei juristischen Schwerpunktgebieten. Zum einen sollen Dissertationen im klassischen Privatrecht, vor allem im bürgerlichen Vermögensrecht der ersten drei Bücher des BGB und ihrer Nebengesetze vorgestellt werden. Zum anderen findet das Wirtschaftsrecht im Sinne des Wirtschaftsprivatrechts besondere Berücksichtigung, womit namentlich die Gebiete des Handelsrechts einschließlich des Bilanzrechts, des Personen- und Kapitalgesellschaftsrechts einschließlich des Konzernrechts, des Gewerblichen Rechtsschutzes sowie des Wettbewerbs- und Kartellrechts bezeichnet sind. Es versteht sich, daß nicht nur rechtsdogmatische Studien, sondern auch rechtstatsächlich, rechtspolitisch oder interdisziplinär angelegte Arbeiten in die Schriftenreihe Aufnahme finden. Denn die Rechts- und Wirtschaftswissenschaftliche Fakultät der Universität des Saarlandes vereinigt unter *einem* Dach die Fachbereiche Rechtswissenschaft und Wirtschaftswissenschaft und regt damit Studenten und Hochschullehrer in besonderer Weise zu fachübergreifender Lehre und Forschung an. Die Schriftenreihe steht aber nicht nur sehr guten und ausgezeichneten Dissertationen, sondern auch anderen "Studien" zu privat- und wirtschaftsrechtlichen Themen offen, bis hin zu Materialien und Skripten des akademischen Unterrichts. Die drei Herausgeber, die zugleich stellvertretend für ihre anderen Saarbrücker Fakultätskollegen des Privat- und Wirtschaftsrechts handeln, verbinden mit den "Saarbrücker Studien zum Privat- und Wirtschaftsrecht" den Wunsch, daß die hier veröffentlichten Arbeiten die verdiente Resonanz in der breiteren juristischen Fachöffentlichkeit finden.

Meinem lieben Vater Chen Jiawei (1928-2002)

Vorwort

Die vorliegende Arbeit wurde am 30. März 2004 von der Rechts- und Wirtschaftswissenschaftlichen Fakultät der Universität des Saarlandes als Dissertation angenommen. Rechtsprechung und Literatur sind bis Ende April 2004 berücksichtigt.

Meinen ganz besonderen Dank möchte ich meinem Doktorvater Herrn Prof. Dr. Dr. Dr. h. c. Michael Martinek für seine langjährige und vorbildliche Betreuung aussprechen. Mein Dank gebührt gleichfalls Herrn Prof. Dr. Claude Witz für die zügige Erstellung des Zweitgutachtens. Herrn Prof. Dr. Helmut Rüßmann (Vors.) und Frau PD Dr. Wimmer-Leonhardt möchte ich für ihre Mitwirkung bei meiner Disputation herzlich danken.

Herzlich danken möchte ich ferner Herrn Vors. Richter am Landgericht i.R. Peter H.J. Leis und Frau Margret Heim, Herrn Max Luther, Herrn Falk Grüning, Herrn Kai Thorsten Scharf, Herrn Rudolf Lenders, Herrn Jochen Hell, Frau Dr. Manuela Schmidt, Frau Florence N'Diaye und Frau Claudia Nordmann für die mühselige Arbeit der Korrektur.

Die Promotion wurde von der Friedrich-Naumann-Stiftung mit Mitteln des Auswärtigen Amtes der Bundesrepublik Deutschland gefördert. Deshalb möchte ich an dieser Stelle auch der Friedrich-Naumann-Stiftung für die vielfältige ideelle und finanzielle Förderung während meines Förderungszeitraums von Juni 2001 bis März 2004 danken.

Saarbrücken, im April 2004 Dr. Dr. Weizuo Chen

Inhaltsverzeichnis

Abkürzungsverzeichnis XXXV

Einleitung 1

I. Zielsetzung 1

II. Bedeutung der Renvoi-Problematik für die in multilateralen und bilateralen Staatsverträgen enthaltenen Kollisionsnormen 1

III. Gliederung der Arbeit und Gang der Untersuchung 3

Erster Teil: Grundlagen 5

§ 1 Grundsätzliches zur Rück- und Weiterverweisung (Renvoi) ... 5

I. Sachnorm- und Gesamtverweisung 5

II. Rück- und Weiterverweisung (Renvoi) 6

III. Ursachen des Renvoi 6
1. Abweichende Anknüpfungspunkte 6
2. bweichende Anknüpfungspersonen oder Anknüpfungszeitpunkte 7
3. Abweichende Qualifikation 7
4. Versteckte Rückverweisung 7

IV. Argumente für die Berücksichtigung eines Renvoi im autonomen nationalen IPR 8
1. Internationaler Entscheidungseinklang 8
a) Rückverweisung 8
b) Weiterverweisung 9
2. Praktikabilität 9
3. Rechtspolitisches Argument 9

V. Rechtsvergleichender Überblick des Renvoi in nationalen Rechtsordnungen 10
1. Albanisches Recht 10
2. Argentinisches Recht 10

3. Armenisches Recht 11
4. Aserbaidschanisches Recht 11
5. Ägyptisches Recht 12
6. Belgisches Recht 12
7. Brasilianisches Recht 12
8. Burkinisches Recht 13
9. Chinesisches Recht 13
10. Costa-ricanisches Recht 14
11. Deutsches Recht 14
a) Grundsatz der Gesamtverweisung 14
aa) Renvoi im alten deutschen IPR 14
bb) Das geltende deutsche IPR 15
b) Sachnormverweisung als Ausnahme 16
12. Englisches Recht 16
a) Allgemeines 16
b) *Foreign-court*-Theorie 17
aa) Grundsätzliches 17
bb) Zwei Fälle aus der englischen Rechtsprechung 17
aaa) Fall *Collier v. Rivaz* 17
bbb) Fall *In re Ross* 18
13. Estnisches Recht 18
14. Französisches Recht 19
a) Fall *Forgo* 19
b) Grundsätzliche Zulassung des Renvoi in der französischen Rechtsprechung 19
c) Ausnahmen 20
15. Gabunisches Recht 20
16. Georgisches Recht 20
17. Griechisches Recht 21
a) Absoluter Ausschluss des Renvoi 21
b) Gesetzgeberischer Hintergrund 21
18. Iranisches Recht 22
19. Israelisches Recht 22
20. Italienisches Recht 22
a) Vor der IPR-Reform von 1995 22
b) Nach der IPR-Reform von 1995 22
21. Japanisches Recht 24
a) Grundhaltung - beschränkte Rückverweisung 24
aa) Grundsätzliche Berücksichtigung der Rückverweisung vom Heimatrecht 24
bb) Ein Fall aus der japanischen Rechtsprechung 24
cc) Nicht geregelte Fälle des Renvoi 24
b) Weitere Einschränkungen 25

22. Jugoslawisches Recht 25
23. Kasachisches Recht 25
24. Kubanisches Recht 26
25. Lettisches Recht 26
26. Liechtensteinisches Recht 27
27. Litauisches Recht 27
28. Luxemburgisches Recht 27
29. Mexikanisches Recht 28
30. Mongolisches Recht 28
31. Niederländisches Recht 28
32. Nordkoreanisches Recht 29
33. Österreichisches Recht 29
a) Grundsatz der Gesamtverweisung 29
b) Ausschluss des Renvoi als Ausnahme 30
34. Peruanisches Recht 30
35. Philippinisches Recht 30
36. Polnisches Recht 31
37. Portugiesisches Recht 31
38. Recht von Quebec 32
39. Rumänisches Recht 32
40. Russisches Recht 33
41. Schweizerisches Recht 33
a) Grundsätzlicher Ausschluss des Renvoi mit Ausnahme (Art. 14 IPRG) 33
b) Berücksichtigung der Rück- und Weiterverweisung als Ausnahme 34
aa) Berücksichtigung der Rück- und Weiterverweisung kraft gesetzlicher Anordnung 34
bb) Berücksichtigung der Rückverweisung bei Fragen des Personen- und Familienstandes 34
42. Recht der nordischen Staaten 35
43. Senegalesisches Recht 35
44. Slowenisches Recht 36
45. Somalisches Recht 36
46. Spanisches Recht 37
47. Tadschikisches Recht 37
48. Taiwanesisches Recht 37
49. Thailändisches Recht 38
50. Togolesisches Recht 38
51. Tschechisches und slowakisches Recht 38
52. Türkisches Recht 39
53. Ungarisches Recht 39
54. US-amerikanisches Recht 40

55. Usbekisches Recht 40
56. Venezolanisches Recht 41
57. Weißrussisches Recht 41
58. Zusammenfassung 41

VI. Renvoi beim *Institut de Droit international* 43
1. 1896-1900 43
2. 1932 43
3. 1957-1965 44
4. 1999 45
5. Stellungnahme 46

§ 2 Staatsvertragliche Kollisionsnormen 47

I. Staatsverträge als Quellen des IPR 47
1. Bedeutung des Staatsvertrags 47
2. Staatsvertragliche Kollisionsnormen 47

II. Vereinheitlichung der Kollisionsnormen durch Staatsverträge 49
1. Kollisionsrechtliche Staatsverträge auf universaler Ebene 49
a) Haager Konventionen 49
b) Übereinkommen des Völkerbundes 50
c) Übereinkommen der Vereinten Nationen 51
2. Kollisionsrechtliche Staatsverträge auf regionaler Ebene 51
a) Staatsverträge Lateinamerikas 51
aa) Verträge von Montevideo 51
bb) *Código Bustamante* 52
cc) Neue interamerikanische Konventionen 52
b) Konventionen zwischen den nordischen Staaten 52
c) Verträge des Benelux 53
d) CIEC-Übereinkommen 53
e) Staatsverträge unter den EU-Mitgliedstaaten 54
3. *Loi uniforme* 54

III. Fragestellung des Renvoi in staatsvertraglichen Kollisionsnormen 55

IV. Abgrenzung der Untersuchung bezüglich staatsvertraglicher Kollisionsnormen 56

Zweiter Teil: Grundsätzlicher Ausschluss des Renvoi in staatsvertraglichen Kollisionsnormen ... 57

§ 3 Begründung des Ausschlusses des Renvoi in staatsvertraglichen Kollisionsnormen ... 57

I. Allgemeine Argumente ... 58
1. Erreichung des internationalen Entscheidungseinklangs durch die Vereinheitlichung der Kollisionsnormen ... 58
a) Verweisung auf das Recht eines Vertragsstaates ... 58
b) Verweisung auf das Recht eines Nichtvertragsstaates ... 59
2. Lokalisierung der Rechtsverhältnisse ... 60
3. Vereinfachung der Rechtsanwendung ... 60
4. Überlegung der Rechtsklarheit, Rechtssicherheit und Voraussehbarkeit ... 61

II. Spezielle Argumente ... 61
1. Allgemeine Unbeachtlichkeit des Renvoi auf dem Gebiet des internationalen Schuldvertragsrechts ... 61
a) Notwendigkeit des Ausschlusses des Renvoi bei der Rechtswahl durch die Parteien ... 61
b) Allgemeiner Ausschluss des Renvoi bei objektiver Anknüpfung staatsvertraglicher Kollisionsnormen auf dem Gebiet des internationalen Schuldvertragsrechts ... 62
2. Ablehnung des Renvoi zum Schutz bestimmter Personen ... 63
3. Ablehnung des Renvoi in Formfragen ... 63
4. Ablehnung des Renvoi aus rechtspolitischen Gründen ... 63

§ 4 Ausschluss des Renvoi in den Haager Konventionen ... 64

I. Absoluter Ausschluss des Renvoi in den Haager Konventionen ... 64
1. Stillschweigender absoluter Ausschluss des Renvoi in den Haager Konventionen ... 64
a) Haager Ehescheidungsabkommen von 1902 ... 64
aa) Allgemeines ... 64
bb) Kollisionsnormen des Abkommens ... 65
cc) Stillschweigender Ausschluss des Renvoi durch Interpretation ... 65
dd) Stellungnahme ... 66
b) Haager Vormundschaftsabkommen von 1902 ... 66
aa) Allgemeines ... 66
bb) Anknüpfungsprinzip: Heimatrechtsgrundsatz ... 66

cc) Stillschweigender Ausschluss des Renvoi durch Interpretation ... 67
dd) Stellungnahme ... 68
c) Haager Ehewirkungsabkommen von 1905 ... 68
aa) Allgemeines ... 68
bb) Kollisionsnormen des Abkommens ... 68
cc) Ausschluss des Renvoi durch Interpretation ... 69
dd) Stellungnahme ... 69

d) Haager Entmündigungsabkommen von 1905 ... 70
aa) Allgemeines ... 70
bb) Anknüpfungsprinzip: Staatsangehörigkeitsgrundsatz.. ... 70
cc) Ausschluss des Renvoi durch Interpretation ... 71
dd) Stellungnahme ... 71
2. Ausdrücklicher absoluter Ausschluss des Renvoi in den Haager Konventionen ... 72
a) Haager Kaufrechtsübereinkommen von 1955 ... 72
aa) Allgemeines ... 72
bb) Parteiautonomie ... 73
cc) Objektive Anknüpfung ... 73
dd) Ausdrücklicher absoluter Ausschluss des Renvoi ... 74
aaa) Begründung ... 74
bbb) Ausschluss des Renvoi durch die Bezugnahme auf das innerstaatliche Recht (*loi interne*) ... 74
ee) Würdigung ... 75
b) Haager Übereinkommen über den Eigentumsübergang beim internationalen Kauf beweglicher Sachen von 1958 ... 75
aa) Allgemeines ... 75
aaa) Stand des Übereinkommens ... 75
bbb) Anwendungsbereich ... 76
bb) Kollisionsnormen des Übereinkommens ... 76
cc) Ausschluss des Renvoi durch die Bezugnahme auf das innerstaatliche Recht (*loi interne*) ... 77
dd) Würdigung ... 77
c) Haager Minderjährigenschutzübereinkommen (MSA) von 1961 ... 77
aa) Allgemeines ... 77
bb) Regelungen über die internationale Zuständigkeit ... 78
cc) Das anzuwendende Recht ... 79
dd) Ausdrücklicher absoluter Ausschluss des Renvoi im MSA ... 80
aaa) Ausschluss des Renvoi durch die Bezugnahme

auf das „innerstaatliche Recht“ (*loi interne*) 80
bbb) Ausschluss des Renvoi in Art. 3 MSA 80
ee) Würdigung 81
d) Haager Testamentsformübereinkommen von 1961 81
aa) Allgemeines 81
aaa) Stand des Übereinkommens 81
bbb) Zweisprachiger Text 82
ccc) *Loi uniforme* 82
bb) Kollisionsnormen des Übereinkommens 82
cc) Absoluter Ausschluss des Renvoi 83
aaa) Ausschluss des Renvoi durch die Bezugnahme auf das innerstaatliche Recht (*loi interne*) bei Artt. 1 I, 2 und 4 83
bbb) Ausschluss des Renvoi bei Artt. 1 III und 9 durch Interpretation 84
ccc) Ergebnis 85
dd) Stellungnahme 85
e) Haager Übereinkommen über Straßenverkehrsunfälle von 1971 85
aa) Allgemeines 85
aaa) Stand des Übereinkommens 85
bbb) *Loi uniforme* 86
ccc) Gegenstand und Anwendungsbereich 86
bb) Kollisionsnormen des Übereinkommens und absoluter Ausschluss des Renvoi 87
aaa) Grundregel 87
bbb) Ausnahmen 87
cc) Stellungnahme zum ausdrücklichen und absoluten Ausschluss des Renvoi 89
f) Haager Unterhaltsübereinkommen (HUÜ) von 1973 89
aa) Allgemeines 89
bb) Kollisionsnormen des HUÜ und ausdrücklicher absoluter Ausschluss des Renvoi 90
cc) Würdigung 92
g) Haager Nachlassverwaltungsübereinkommen von 1973 92
aa) Allgemeines 92
bb) Kollisionsnormen des Übereinkommens 93
cc) Ausdrücklicher absoluter Ausschluss des Renvoi 94
dd) Stellungnahme 94
h) Haager Produkthaftpflichtübereinkommen von 1973 94
aa) Allgemeines 94
bb) Kollisionsnormen des Übereinkommens 95
aaa) Grundsatzanknüpfung 95

bbb) Abweichungen 95
cc) Ausdrücklicher absoluter Ausschluss des Renvoi 95
dd) Stellungnahme 95
i) Haager Stellvertretungsübereinkommen von 1978 96
aa) Allgemeines 96
bb) Kollisionsnormen des Übereinkommens 97
aaa) Innenverhältnis 97
bbb) Außenverhältnis 97
cc) Ausdrücklicher absoluter Ausschluss des Renvoi 98
aaa) Ausschluss des Renvoi bei der subjektiven Anknüpfung 98
bbb) Ausschluss des Renvoi bei den objektiven Anknüpfungen 98
dd) Würdigung 99
j) Entwurf eines Haager Verbraucherkaufvertragsübereinkommens von 1980 99
aa) Allgemeines 99
bb) Kollisionsnormen 100
aaa) Subjektive Anknüpfung: Parteiautonomie 100
bbb) Objektive Anknüpfung 100
cc) Ausdrücklicher absoluter Ausschluss des Renvoi 101
dd) Stellungnahme 101
k) Haager Trustübereinkommen von 1985 101
aa) Allgemeines 101
aaa) Stand des Übereinkommens 101
bbb) Ziel des Übereinkommens 102
ccc) Trust im Sinne des Übereinkommens 102
ddd) Anwendungsbereich des Übereinkommens 102
bb) Kollisionsnormen des Übereinkommens 103
aaa) Subjektive Anknüpfung 103
bbb) Objektive Anknüpfungen 103
cc) Ausdrücklicher absoluter Ausschluss des Renvoi 104
dd) Würdigung 104
l) Haager Kaufrechtsübereinkommen von 1986 105
aa) Allgemeines 105
aaa) Stand des Übereinkommens 105
bbb) Zweck des Übereinkommens 106
ccc) Anwendungsbereich 106
ddd) *Loi uniforme* 106
bb) Kollisionsnormen des Übereinkommens 107
aaa) Subjektive Anknüpfung: Parteiautonomie 107
bbb) Objektive Anknüpfungen 107
cc) Ausdrücklicher absoluter Ausschluss des Renvoi 108

dd) Würdigung 108
m) Haager Erwachsenenschutzübereinkommen (ESÜ) von 2000 109
aa) Allgemeines 109
aaa) Stand des Übereinkommens 109
bbb) Verhältnis zum Haager Entmündigungsabkommen 109
ccc) Gegenstand des ESÜ 109
ddd) Anwendungsbereich 110
bb) Internationale Zuständigkeit 111
aaa) Prinzipalzuständigkeit 111
bbb) Konkurrierende Zuständigkeiten 111
ccc) Eilzuständigkeit 112
cc) Kollisionsnormen des ESÜ 112
aaa) Grundregel 112
bbb) Ausnahmen 112
dd) Ausdrücklicher absoluter Ausschluss des Renvoi 113
aaa) Bedeutung des Begriffs „Recht“ 113
bbb) Keine akzeptierte Weiterverweisung 113
ee) Stellungnahme 114
n) Haager Übereinkommen über die auf bestimmte Rechte in Bezug auf intermediär-verwahrte Wertpapiere anzuwendende Rechtsordnung 115
aa) Allgemeines 115
aaa) Stand des Übereinkommens 115
bbb) Ziel und Anwendungsbereich 115
ccc) *Loi uniforme* 116
bb) Kollisionsnormen des Übereinkommens 116
aaa) PRIMA-Grundsatz 116
bbb) Hauptanknüpfung in Art. 4 116
ccc) Subsidiäre Anknüpfungen in Art. 5 116
cc) Ausdrücklicher absoluter Ausschluss des Renvoi 117
dd) Würdigung 118

II. Grundsätzlicher Ausschluss des Renvoi mit Abweichungen in den Haager Konventionen 118
1. Allgemeine Bemerkung 118
2. Grundsätzlicher Ausschluss des Renvoi mit Abweichungen in den einzelnen Haager Konventionen 119
a) Haager Unterhaltsübereinkommen von 1956 119
aa) Allgemeines 119
aaa) Stand des Übereinkommens 119
bbb) Anwendungsbereich 119

bb) Kollisionsnormen des Übereinkommens 120
cc) Grundsätzlicher Ausschluss des Renvoi 120
aaa) Sachnormverweisung bei Art. 1 I und II des Übereinkommens durch Interpretation 120
bbb) Stellungnahme unter Berücksichtigung des deutschen IPR 121
ccc) Ein Grundsatz mit Ausnahme 121
b) Haager Adoptionsübereinkommen von 1965 122
aa) Allgemeines 122
aaa) Stand des Übereinkommens 122
bbb) Gleichwertigkeit der zwei Sprachen 122
ccc) Anwendungsbereich 122
bb) Regelungen über die internationale Zuständigkeit 123
cc) Kollisionsnormen des Übereinkommens und grundsätzlicher Gleichlauf zwischen internationaler Zuständigkeit und anzuwendendem Recht 123
dd) Grundsätzlicher Ausschluss des Renvoi 125
aaa) Sachnormverweisung als Grundsatz 125
bbb) Ein Grundsatz mit Ausnahmen 125
ee) Stellungnahme 126
c) Haager Eheschließungsübereinkommen von 1978 126
aa) Allgemeines 126
bb) Ausschluss des Renvoi bei den sachlichen Voraussetzungen der Eheschließung 127
aaa) Kollisionsnormen über die sachlichen Voraussetzungen 127
bbb) Ausschluss des Renvoi in Art. 3 Nr. 1 und 2 .. 127
ccc) Stellungnahme 128
cc) Zulassung des Renvoi bei den Formerfordernissen der Eheschließung als Ausnahme 128
d) Haager Ehegüterrechtsübereinkommen von 1978 128
aa) Allgemeines 128
bb) Kollisionsnormen des Übereinkommens 129
aaa) Subjektive Anknüpfung aufgrund der Parteiautonomie 129
bbb) Objektive Anknüpfungen über das auf Ehegüterstände anzuwendende Recht mangels einer Rechtswahl 130
cc) Wandelbarkeit des Ehegüterstatuts 131
dd) Grundsätzlicher Ausschluss des Renvoi 132
ee) Ein Grundsatz mit Ausnahmen 132
e) Haager Erbrechtsübereinkommen von 1989 133
aa) Allgemeines 133

aaa) Stand des Übereinkommens 133
bbb) Ziel und Anwendungsbereich 133
ccc) *Loi uniforme* 134
bb) Kollisionsnormen des Übereinkommens und Anknüpfungsgrundsätze 134
aaa) Objektive Anknüpfung 134
bbb) Rechtswahl des Erblassers (*officio iuris*) 135
ccc) Grundsatz der Nachlasseinheit 135
ddd) Vertragliche Rechtsnachfolge von Todes wegen 135
cc) Grundsätzlicher Ausschluss des Renvoi 136
aaa) Bedeutung des „Rechts" nach Art. 17 136
bbb) Würdigung 136
dd) Ein Grundsatz mit Ausnahme 137
f) Haager Kinderschutzübereinkommen (KSÜ) von 1996 137
aa) Grundzüge 137
aaa) Stand des Übereinkommens 137
bbb) Verhältnis zu anderen Haager Konventionen 138
ccc) Ziel und Anwendungsbereich 138
bb) Kollisionsnormen des KSÜ 139
aaa) *Loi uniforme* 139
bbb) Gewisser Gleichlauf zwischen internationaler Zuständigkeit und anzuwendendem Recht sowie dessen Folge: gewöhnlicher Aufenthalt des Kindes als Hauptanknüpfungspunkt 140
cc) Grundsätzlicher Ausschluss des Renvoi 141
aaa) Bedeutung des Begriffs „Recht" nach Art. 21 I KSÜ 141
bbb) Interpretation 141
ccc) Stellungnahme 142
dd) Ein Grundsatz mit Ausnahmen 142

§ 5 Ausschluss des Renvoi in weiteren kollisionsrechtlichen Staatsverträgen auf universaler Ebene außer den Haager Konventionen 143

I. Übereinkommen des Völkerbundes 143
1. Genfer Abkommen über das internationale Wechselprivatrecht von 1930 143
a) Allgemeines 143

b) Ausschluss des Renvoi durch die Kollisionsnormen des Abkommens mit Ausnahme von Art. 2 I 144
aa) Ausdrückliche Zulassung des Renvoi bei Art. 2 I .. 144
bb) Stillschweigender Ausschluss des Renvoi bei Artt. 3-9 durch Interpretation 144
cc) Stellungnahme 145
2. Genfer Abkommen über das internationale Scheckprivatrecht von 1931 145
a) Allgemeines 145
b) Ausschluss des Renvoi durch die Kollisionsnormen des Abkommens mit Ausnahme von Art. 2 I 146
aa) Ausdrückliche Zulassung des Renvoi bei Art. 2 I .. 146
bb) Stillschweigender Ausschluss des Renvoi bei Artt. 3-9 durch Interpretation 146
cc) Stellungnahme 147

II. Übereinkommen der Vereinten Nationen 147
1. Genfer Flüchtlingsübereinkommen von 1951 147
a) Anknüpfungsgrundsatz in Art. 12 I 147
b) Renvoi-Problematik bei der staatsvertraglichen Verweisung durch Art. 12 I 148
aa) Meinungsstand 148
bb) Begründung für die Sachnormverweisung 148
2. New Yorker Staatenlosenübereinkommen von 1954 149
a) Allgemeines 149
b) Kollisionsnorm des Art. 12 I des Übereinkommens 149
c) Stillschweigender Ausschluss des Renvoi durch Interpretation 150
d) Stellungnahme 150

III. UNIDROIT-Übereinkommen über gestohlene oder rechtswidrig ausgeführte Kulturgüter von 1995 150
1. Grundzüge 150
2. Ausschluss des Renvoi 151
a) Art. 8 III des Übereinkommens 151
b) Art. 9 I des Übereinkommens 152
3. Stellungnahme 152

§ 6 Ausschluss des Renvoi in staatsvertraglichen Kollisionsnormen auf regionaler Ebene 153

I. Ausschluss des Renvoi in interamerikanischen Konventionen zum IPR 153
1. Ausschluss des Renvoi in den Verträgen von Montevideo von 1889/1940 153
2. Der *Código Bustamante* 154
a) Keine Aussage zum Renvoi 154
b) Stellungnahme 154
3. Interamerikanische Konventionen der OAS 155
a) Allgemeines 155
b) Stellungnahme zur Renvoi-Problematik in den neuen interamerikanischen Konventionen 156
c) Interamerikanische Schuldvertragskonvention von Mexiko von 1994 156
aa) Allgemeines 156
aaa) Stand der Konvention 156
bbb) Anwendungsbereich 157
ccc) *Loi uniforme* 157
bb) Kollisionsnormen der Konvention 157
aaa) Subjektive Anknüpfung: Parteiautonomie 157
bbb) Objektive Anknüpfungen 158
cc) Ausdrücklicher absoluter Ausschluss des Renvoi durch Art. 17 158
dd) Würdigung 159

II. Ausschluss des Renvoi in den Konventionen zwischen den nordischen Staaten 159
1. Allgemeines 159
2. Ausschluss des Renvoi 160
3. Stellungnahme 160

III. Ausschluss des Renvoi in den Verträgen des Benelux 161
1. Allgemeines 161
2. Ausschluss des Renvoi in den Verträgen des Benelux 161
a) Grundsätzlicher Ausschluss des Renvoi im Benelux-Vertrag von 1951 161
b) Grundsätzlicher Ausschluss des Renvoi im Benelux-Vertrag von 1969 162
c) Würdigung 163

IV. Europäische multilaterale Staatsverträge 163
1. Luxemburger Europäisches Sorgerechtsübereinkommen von 1980 163
a) Grundzüge 163
b) Grundsätzlicher Ausschluss des Renvoi mit Ausnahme. 164
aa) Verweisungen durch das Übereinkommen 164
bb) Analyse 165
cc) Stellungnahme 165
2. Römisches Schuldvertragsübereinkommen (EVÜ) von 1980 166
a) Allgemeines 166
aa) Stand des Übereinkommens 166
bb) Verhältnis zum autonomen deutschen IPR 166
cc) Ziel des Übereinkommens und *loi uniforme* 167
dd) Anwendungsbereich 167
ee) Teilkodifikation des europäischen IPR 167
b) Grundzüge der Kollisionsnormen des EVÜ 168
aa) Freie Rechtswahl – Parteiautonomie 168
bb) Objektive Anknüpfungen 168
aaa) Kriterien für die objektive Anknüpfung 168
bbb) Vermutung der charakteristischen Leistung und ihre Ausnahme 169
ccc) Sonderregelungen für bestimmte Vertragstypen und Sonderfragen 169
c) Ausdrücklicher absoluter Ausschluss des Renvoi 170
aa) Renvoi-ablehnende Regelung des Art. 15 EVÜ 170
bb) Ausschluss des Renvoi bei Rechtswahl durch die Parteien 171
cc) Ausschluss des Renvoi bei objektiven Anknüpfungen 171
d) Würdigung 172
aa) Gesamtbewertung des EVÜ 172
bb) Bedeutung des Art. 15 EVÜ aus kollisionsrechtlicher Sicht 173

V. Ausschluss des Renvoi in den CIEC-Übereinkommen 174
1. Pariser CIEC-Übereinkommen zur Erleichterung der Eheschließung im Ausland von 1964 174
a) Allgemeines 174
b) Regelungen über die internationale Zuständigkeit 175
c) Staatsvertragliche Kollisionsnormen 175
d) Ausschluss des Renvoi 175

e) Stellungnahme 176
2. Römisches Übereinkommen über die Legitimation durch nachfolgende Ehe von 1970 176
a) Allgemeines 176
b) Ausdrücklicher absoluter Ausschluss des Renvoi 176
c) Würdigung 177

§ 7 Ausschluss des Renvoi in Kollisionsnormen der bilateralen Staatsverträge 178

I. Allgemeine Bemerkung – die Renvoi-Feindlichkeit der bilateralen Staatsverträge 178

II. Ausdrücklicher Ausschluss des Renvoi in Kollisionsnormen der bilateralen Abkommen 179
1. Grundsätzliches 179
2. Französisch-marokkanisches Abkommen betreffend die Stellung der Personen und der Familie und die gerichtliche Zusammenarbeit von 1981 179
a) Ausdrücklicher absoluter Ausschluss des Renvoi 179
b) Würdigung 180

III. Stillschweigender Ausschluss des Renvoi in Kollisionsnormen der bilateralen Abkommen 180
1. Deutsch-österreichisches Vormundschaftsabkommen von 1927 180
a) Allgemeines 180
b) Kollisionsnormen des Abkommens 181
c) Stillschweigender Ausschluss des Renvoi durch Interpretation 181
d) Stellungnahme 182
2. Deutsch-türkischer Konsularvertrag von 1929 182
a) Staatsvertragliche Kollisionsnormen 182
b) Ausschluss des Renvoi durch Interpretation 183
c) Stellungnahme 183
3. Deutsch-iranisches Niederlassungsabkommen von 1929 ... 184
a) Allgemeines 184
b) Kollisionsnormen des Abkommens 184
c) Ausschluss des Renvoi durch Interpretation 185
d) Stellungnahme 185
4. Deutsch-sowjetischer Konsularvertrag von 1958 185
a) Allgemeines 185

b) Ausschluss des Renvoi durch die Kollisionsnorm des Konsularvertrags ... 186
c) Stellungnahme ... 186
5. Französisch-polnisches Abkommen vom 5.4.1967 ... 186
a) Anknüpfungskriterien des Abkommens ... 186
b) Ausschluss des Renvoi durch Interpretation ... 187
c) Stellungnahme ... 187
6. Französisch-jugoslawisches Abkommen vom 18.5.1971 ... 187
a) Ausschluss des Renvoi bei Kollisionsnormen des Abkommens ... 187
b) Stellungnahme ... 188

IV. Zusammenfassende Würdigung ... 188

Dritter Teil: Zulassung des Renvoi in staatsvertraglichen Kollisionsnormen als Ausnahme ... 189

§ 8 Dogmatische Betrachtung der Beachtlichkeit des Renvoi in staatsvertraglichen Kollisionsnormen ... 189

I. Allgemeine Bemerkung ... 189

II. Zwei Grundkonstellationen ... 190
1. Renvoi durch staatsvertragliche IPR-Verweisung auf das Recht eines Vertragsstaates ... 190
a) IPR-Verweisung aus anderen Gründen als der *loi uniforme* ... 190
b) Kompromisscharakter einiger Übereinkommen ... 191
2. Renvoi durch staatsvertragliche IPR-Verweisung auf das Recht eines Nichtvertragsstaates ... 191
a) IPR-Verweisung aufgrund der *loi uniforme* ... 191
b) Das Lösungsmodell der akzeptierten Weiterverweisung ... 191

III. Zulassung des Renvoi aus Gründen der Parteiinteressen ... 192

IV. Zulassung des Renvoi aus rechtspolitischen Gründen ... 192

V. IPR-Verweisung durch staatsvertragliche Kollisionsnormen der internationalen Schiedsgerichtsbarkeit ... 192

§ 9 Haager Renvoi-Konvention von 1955 194

I. Entstehungsgeschichte der Haager Renvoi-Konvention..........194
1. Vorentwurf der niederländischen Regierung zum Thema Renvoi 194
a) Grundsätzliche Bejahung des Renvoi 194

b) Internationaler Entscheidungseinklang als Ziel des Vorentwurfs und Widerstand der renvoi-ablehnenden Staaten 195
2. Gegenentwurf der deutschen Bundesregierung.................195
a) Hintergrund...195
b) Einige Kernpunkte 196
aa) Renvoi-freundliche Anknüpfungen 196
bb) Zulassung der Weiterverweisung aus der Überlegung des internationalen Entscheidungseinklangs..196
cc) Ausdehnung der Verweisung auf Nichtvertragsstaaten..196
dd) Bewertung: grundsätzliche Annahme des Renvoi..197
3. Zustandekommen der Haager Renvoi-Konvention...........197

II. Kernvorschriften der Haager Renvoi-Konvention.................198
1. Bestimmungen zur Regelung der Konflikte zwischen dem Heimatrecht und dem Domizilrecht..............................198
a) Grundsätze...198
aa) Erster Fall...198
aaa) Bestimmung des Art. 1 198
bbb) Interpretation 198
ccc) Gewöhnlicher Sprachgebrauch des innerstaatlichen Rechts und seine Folgen........199
bb) Zweiter Fall 199
aaa) Bestimmung des Art. 2 199
bbb) Interpretation 199
cc) Dritter Fall...200
aaa) Bestimmung des Art. 3 200
bbb) Interpretation 200
b) Vorbedingungen der Anwendung von Artt. 1-3 201
aa) Anknüpfung an das Domizil oder die Staatsangehörigkeit durch das IPR eines Vertragsstaates...201

bb) Von keiner Vorbehaltsbefugnis nach Art. 8 Gebrauch gemacht ... 202
2. Weitere wichtige Bestimmungen ... 202
a) Domizilbegriff ... 202
b) *Ordre public* ... 203
c) Vertragsstaat als Voraussetzung für das Eingreifen der Konvention ... 203

III. Kritische Würdigung ... 203
1. Eine Konvention ohne Verwendung des Ausdrucks Renvoi ... 203
2. Geregelte und nicht geregelte Fälle des Renvoi ... 204
a) Geregelte Fälle ... 204
b) Nicht geregelte Fälle ... 204
3. Misserfolg ... 204
4. Gewisse Bedeutung ... 205

§ 10 Zulassung des Renvoi in den einzelnen Haager Konventionen ... 206
I. Haager Eheschließungsabkommen von 1902 ... 206
1. Allgemeines ... 206
2. Kollisionsnorm des Abkommens (Art. 1) ... 206
a) Wortlaut ... 206
b) Interpretation ... 206
3. Kompromisscharakter des Art. 1 ... 207
4. Auslegungsfragen ... 207
a) Enge Auslegung in der Praxis des Deutschen Reichs ... 207
aa) Im Allgemeinen ... 207
bb) Auslegung des Reichgerichts ... 208
cc) Analyse ... 208
5. Bewertung ... 209
a) Gering gewordene Bedeutung des Art. 1 des Abkommens ... 209
b) Gesamtbewertung ... 209
II. Haager Unterhaltsübereinkommen von 1956 ... 210
1. Sachnormverweisung als Grundsatz ... 210
2. Mögliche Rück- oder Weiterverweisung als Ausnahme ... 210
3. Bewertung ... 211

III. Haager Adoptionsübereinkommen von 1965 ... 211
1. Ausschluss des Renvoi als Grundsatz ... 211
2. Ausnahmen vom Grundsatz ... 211
3. Kritische Würdigung ... 212

IV. Haager Ehegüterrechtsübereinkommen von 1978 213
1. Sachnormverweisung als Grundsatz 213
2. Gesamtverweisung (IPR-Verweisung) bei Art. 4 II Nr. 2 lit. b als Ausnahme 213
a) Berücksichtigung der Kollisionsnormen eines Nichtvertragsstaates 213
b) Analyse zu Art. 4 II Nr. 2 lit. B 214
3. Weiterer Fall des Renvoi bei Art. 5 II 215
a) Berücksichtigung der Kollisionsnormen eines bestimmten Nichtvertragsstaates 215
b) Analyse zu Art. 5 II 215
4. Stellungnahme 216

V. Haager Eheschließungsübereinkommen von 1978 216
1. Zulassung des Renvoi für die Formerfordernisse der Eheschließung 216
2. Stellungnahme 217

VI. Haager Kindesentführungsübereinkommen von 1980 217
1. Allgemeines 217
2. Kollisionsnormen und Zulassung des Renvoi 218
3. Würdigung 219

VII. Haager Erbrechtsübereinkommen von 1989 219
1. Renvoi: eine Ausnahme vom Grundsatz 219
2. Regelung des Art. 4 des Übereinkommens 220
a) Bedeutung des Art. 4 220
aa) Wortlaut des Art. 4 220
bb) Akzeptierte Weiterverweisung 220
cc) Partieller Renvoi und die Folge Nachlassspaltung 221
dd) Abgrenzung auf die objektive Anknüpfung 221
b) Argumente für die Zulassung der akzeptierten Weiterverweisung 222
aa) Ziel der Zulassung akzeptierter Weiterverweisung 222
bb) Überlegung des internationalen Entscheidungseinklangs als Argument dafür 222
c) Hintergrund 223
3. Bewertung 223

VIII. Haager Kinderschutzübereinkommen (KSÜ) von 1996.....224
1. Akzeptierte Weiterverweisung: eine Ausnahme vom Grundsatz.....224
2. Ein Beispiel zum besseren Verständnis von Art. 21 II 1 KSÜ.....225
3. Akzeptanz und Nichtakzeptanz für die Verweisung: unterschiedliche Rechtsfolgen.....225
4. Argumente für die Zulassung der akzeptierten Weiterverweisung.....226
a) Ziel der Zulassung akzeptierter Weiterverweisung.....226
b) Überlegung des internationalen Entscheidungseinklangs als Argument dafür.....226
5. Bewertung.....227

§ 11 Zulassung des Renvoi in weiteren kollisionsrechtlichen Staatsverträgen.....228

I. Übereinkommen des Völkerbundes.....228
1. Genfer Abkommen über das internationale Wechselprivatrecht von 1930.....228
a) Ausdrückliche Zulassung des Renvoi durch Art. 2 I.....228
b) Analyse.....229
aa) Kompromisscharakter des Art. 2 I des Abkommens.....229
bb) Beispiel aus dem schweizerischen Recht.....229
cc) Abgrenzung auf die Wechselfähigkeit.....230
c) Würdigung.....230
2. Genfer Abkommen über das internationale Scheckprivatrecht von 1931.....230
a) Ausdrückliche Zulassung des Renvoi durch Art. 2 I.....230
b) Analyse.....231
c) Würdigung.....232

II. Übereinkommen der Vereinten Nationen.....232
1. Washingtoner Weltbank-Übereinkommen zur Beilegung von Investitionsstreitigkeiten zwischen Staaten und Angehörigen anderer Staaten von 1965.....232
a) Allgemeines.....232
b) Regelungen über das anzuwendende Recht.....233
aa) Wortlaut des Art. 42 I.....233
bb) Parteiautonomie.....233
cc) Berücksichtigung der Kollisionsnormen eines Vertragsstaates, der Streitpartei ist.....234

c) Stellungnahme 234
2. Berner Zusatzübereinkommen über die Haftung der Eisenbahn-Personenschäden von Reisenden von 1966 234
a) Grundzüge 234
b) Kollisionsnorm des Zusatzübereinkommens 235
c) Zulassung des Renvoi 235
d) Stellungnahme 236
3. Berner internationales Eisenbahn-Übereinkommen (COTIF) von 1980 und Anhang A zum Berner internationalen Eisenbahn-Übereinkommen (COTIF) von 1980 236
a) Grundzüge 236
b) Regelungen über das anzuwendende Recht 237
c) Zulassung des Renvoi 237
d) Stellungnahme 238

III. CIEC-Übereinkommen – das Münchener CIEC-Namensübereinkommen von 1980 als Beispiel 238
1. Allgemeines 238
2. Kollisionsnormen des Übereinkommens 238
3. Zulassung des Renvoi durch Interpretation 239
4. Stellungnahme 239

IV. Benelux-Verträge von 1951/1969 239
1. Zulassung des Renvoi im Benelux-Vertrag von 1951 239
a) Renvoi: Ausnahme vom Grundsatz 239
b) Zulassung des Renvoi in Art. 15 Nr. 2 und Nr. 3 240
c) Ein Beispiel zum besseren Verständnis 240
d) Bewertung 241
2. Zulassung des Renvoi im Benelux-Vertrag von 1969 241
a) Renvoi: Ausnahmen vom Grundsatz 241
b) Zulassung des Renvoi in Art. 11 Nr. 2 und Nr. 3 der neuen Fassung 242
aa) Deutsche Übersetzung des Wortlauts des Art. 11 Nr. 2 und Nr. 3 242
bb) Interpretation zu Art. 11 Nr. 2 und Nr. 3 242
3. Würdigung 243
a) Vorrang des Rechts des Wohnsitzstaates gegenüber dem Heimatrecht 243
b) Mögliche Einflüsse auf die Haager Renvoi-Konvention 243
c) Gesamtbewertung 243

V. Europäische multilaterale Staatsverträge 244
1. Genfer Europäisches Übereinkommen über die internationale Handelsschiedsgerichtsbarkeit von 1961 244
a) Regelung über das vom Schiedsgericht anzuwendende Recht 244
b) Stellungnahme 244
2. Luxemburger Europäisches Sorgerechtsübereinkommen von 1980 244
a) Gesamtverweisung in Art. 1 lit. 1 als Ausnahme 244
b) Begründung 245
c) Stellungnahme 245

Vierter Teil: Rückverweisung durch im Ausland geltende staatsvertragliche Kollisionsnormen aus deutscher Sicht 247

§ 12 Rückverweisung durch im Ausland geltende staatsvertragliche Kollisionsnormen aus deutscher Sicht 247

I. Allgemeines 247
1. Fragestellung 247
2. *Loi uniforme* – wichtiger Anlass für die Problematik 248
3. Abgrenzung auf die Rückverweisung 248

II. Praktische Beispiele 248
1. Rückverweisung durch die Kollisionsnormen des im Ausland geltenden Haager Kaufrechtsübereinkommens von 1955 aus deutscher Sicht 248
2. Rückverweisung durch die Kollisionsnormen des im Ausland geltenden CIEC-Übereinkommens über die Legitimation durch nachfolgende Ehe von 1970 aus deutscher Sicht 249
3. Rückverweisung durch die Kollisionsnormen des im Ausland geltenden Haager Übereinkommens über Straßenverkehrsunfälle von 1971 aus deutscher Sicht 250
4. Rückverweisung durch die Kollisionsnormen des im Ausland geltenden Haager Produkthaftpflichtübereinkommens von 1973 aus deutscher Sicht 251
5. Rückverweisung durch die Kollisionsnormen des im Ausland geltenden Haager Ehegüterrechtsübereinkommens von 1978 aus deutscher Sicht 251

6. Rückverweisung durch die Kollisionsnormen des im Ausland geltenden Haager Eheschließungsübereinkommens von 1978 aus deutscher Sicht 252
7. Rückverweisung durch die Kollisionsnormen des im Ausland geltenden Haager Trustübereinkommens von 1985 aus deutscher Sicht 252
8. Rückverweisung durch die Kollisionsnormen des im Ausland geltenden UNIDROIT-Übereinkommens über gestohlene oder rechtswidrig ausgeführte Kulturgüter von 1995 aus deutscher Sicht 253
9. Rückverweisung durch die Kollisionsnormen des im Ausland geltenden KSÜ von 1996 aus deutscher Sicht 253

Zusammenfassung der Ergebnisse 255

Literaturverzeichnis 261

Abkürzungsverzeichnis

a.a.O.	am angegebenen Ort
abgedr.	abgedruckt
Abs.	Absatz
Actes et Doc.	Actes et Documents de la Conférence de La Haye de droit international privé
a.E.	am Ende
a.F.	alte Fassung
Am.J.Comp.L.	The American Journal of Comparative Law
Anh.	Anhang
Anm.	Anmerkung
Ann. Inst. Dr. int.	Annuaire de l'Institut de Droit international
Aufl.	Auflage
Art., Artt.	Artikel
AS	Amtliche Sammlung der Bundesgesetze und Verordnungen (ab 1948: Sammlung der eidgenössischen Gesetze)
AT	Allgemeiner Teil
BBl.	Bundesblatt (Schweiz)
Bd.	Band
Bek.	Bekanntmachung
Ber.	Berichtigung
BG	Bundesgericht (Schweiz)
BGB	Bürgerliches Gesetzbuch vom 18.8.1896
BGBl.	Bundesgesetzblatt
BGH	Bundesgerichtshof
BGHZ	Entscheidungen des Bundesgerichtshofes in Zivilsachen
BR-Drucks.	Drucksachen des Deutschen Bundesrates
BT-Drucks.	Drucksachen des Deutschen Bundestages
BVerfG	Bundesverfassungsgericht
BVerfGE	Entscheidungen des Bundesverfassungsgerichts
betr.	betreffend
bzw.	beziehungsweise
Cc	Code civil, Codice civile, Código civil,
ch.	chapter
CIEC	Commission international de l'état civil
CISG	(United Nations) Convention on Contracts for the International Sale of Goods

Clunet	Journal du droit international, begründet von Clunet
ders.	derselbe
d.h.	das heißt
dies.	dieselbe(n)
DIP	droit international privé
Diss.	Dissertation
Doc.	Documents de la Conférence de La Haye de droit international privé
ebd.	ebenda
ed.	editor; edition; éditeur
EG	Europäische Gemeinschaften
EGV	Vertrag zur Gründung der Europäischen Gemeinschaft
EGBGB	Einführungsgesetz zum Bürgerlichen Gesetzbuch vom 18.8.1896
Einl.	Einleitung
et al.	et alteri (und andere)
ESÜ	Haager Erwachsenenschutzübereinkommen
EU	Europäische Union
EuGH	Europäischer Gerichtshof
EVÜ	Römisches EWG-Übereinkommen über das auf vertragliche Schuldverhältnisse anzuwendende Recht vom 19.6.1980
EWG	Europäische Wirtschaftsgemeinschaft
f., ff.	folgende Seite, folgende Seiten
FGPrax	Praxis der Freiwilligen Gerichtsbarkeit
Fn.	Fußnote
FS	Festschrift
GG	Grundgesetz für die Bundesrepublik Deutschland
h.M.	herrschende Meinung
Hrsg.	Herausgeber; herausgegeben
HS	Halbsatz
i.d.F.	in der Fassung
int.	international
IntEncCompL	International Encyclopedia of Comparative Law
IPR	Internationales Privatrecht; internationales Privatrecht
IPRax	Praxis des internationalen Privat- und Verfahrensrechts
IPRG	IPR-Gesetz
i.S.v.	im Sinne von

i.V.m.	in Verbindung mit
IZPR	internationales Zivilprozessrecht
IZVR	internationales Zivilverfahrensrecht
JBl.	Juristische Blätter
JuS	Juristische Schulung
JW	Juristische Wochenschrift
JZ	Juristenzeitung
Kap.	Kapitel
KOM	Kommissionsdokument(e)
KSÜ	Haager Kindesschutzübereinkommen
lit.	littera (Buchstabe)
m.E.	meines Erachtens
MSA	Haager Minderjährigenschutzübereinkommen
m.w.N.	mit weiteren Nachweisen
NAG	Bundesgesetz betreffend die zivilrechtlichen Verhältnisse der Niedergelassenen und Aufenthalter (Schweiz)
n.F.	neue Fassung
NILR	Netherlands International Law Review
NJW	Neue Juristische Wochenschrift
Nr.	Nummer
OAS	Organisation Amerikanischer Staaten
OR	Bundesgesetz vom 30.3.1911 betreffend die Ergänzung des schweizerischen Zivilgesetzbuches (Fünfter Teil: Obligationenrecht)
öst.	österreichisch
öst. BGBl.	Bundesgesetzblatt für die Republik Österreich
PIL	private international law
RabelsZ	Rabels Zeitschrift für ausländisches und internationales Privatrecht
Rec. des Cours	Recueil des cours de l'Académie de droit international de La Haye
Rép.dr.int.	Répertoire de droit international
Rev. crit. DIP	Revue critique de droit international privé
Rev.dr.unif.	Revue de droit uniforme
Rev. trim. dr. europ.	Revue trimestrielle de droit européen
Riv. dir. int. priv. proc.	Rivista di diritto internazionale privato e processuale
RG	Reichsgericht
RGBl.	Reichsgesetzblatt
RGZ	Entscheidungen des Reichsgerichts in Zivilsachen

RSDIE	Revue suisse de droit international et de droit européen
Rn.	Randnummer
s.	siehe
S.	Satz; Seite
ScheckG	Scheckgesetz
schweizerisches IPRG	schweizerisches Bundesgesetz über das internationale Privatrecht vom 18. Dezember 1987
Schw.Jb.Int.R	Schweizerisches Jahrbuch für internationales Recht
SchwJZ	Schweizerische Juristen-Zeitung
sog.	sogenannte(r, s)
SR	Systematische Sammlung des Bundesrechts
StAZ	Zeitschrift für Standesamtswesen, Ehe- und Kindschaftsrecht, Staatsangehörigkeitsrecht
SZIER	Schweizerische Zeitschrift für internationales und europäisches Recht
u.a.	und andere; unter anderem
UN	United Nations
Unif.L.Rev.	Uniform Law Review
USA	United States of America
usw.	und so weiter
vgl.	vergleiche
Vorbem.	Vorbemerkung
VO	Verordnung
Vol.	volume
Vorbem.	Vorbemerkung
VR	Volksrepublik
WG	Wechselgesetz
z.B.	zum Beispiel
ZfRV	Zeitschrift für Rechtsvergleichung
ZGB	Zivilgesetzbuch
Ziff.	Ziffer
zit.	zitiert
ZVglRWiss	Zeitschrift für vergleichende Rechtswissenschaft

Einleitung

I. Zielsetzung

Die Rück- und Weiterverweisung (Renvoi) als Spezialrechtsfigur in Wissenschaft und Praxis des Internationalen Privatrechts (IPR) ist seit ihrer „Entdeckung" im 19. Jahrhundert von zahlreichen juristischen Autoren verschiedener Staaten diskutiert worden. Sie stellt ein wichtiges Rechtsinstitut des IPR dar. Allerdings bezieht sich das Schrifttum zum Renvoi überwiegend auf die nationale Ebene. Relativ wenige Autoren befassen sich hiermit auf der internationalen Ebene, namentlich mit der Problematik der Rück- und Weiterverweisung (Renvoi) in staatsvertraglichen Kollisionsnormen. Dies kommt in den knappen Darstellungen dieses Themas in Kommentaren, Monographien, Lehrbüchern und Aufsätzen zum Ausdruck[1].

Da die Rück- und Weiterverweisung (Renvoi) eine wichtige Frage des Allgemeinen Teils des IPR ist und die in multilateralen und bilateralen Staatsverträgen enthaltenen Kollisionsnormen integrale Bestandteile des IPR einer bestimmten Rechtsordnung sind, stellt sich die Frage, ob der Renvoi auch in staatsvertraglichen Kollisionsnormen - wie im autonomen deutschen IPR - zu berücksichtigen ist. Wenn ja, inwieweit? Eine umfangreiche Untersuchung darüber mag **theoretisch** für die allgemeinen Lehren des IPR und **praktisch** für die Anwendung der Staatsverträge auf dem Gebiet des IPR nicht ohne Belang sein. Unter Berücksichtigung des bisherigen Meinungsstandes will der Verfasser diese Problematik durch die in der vorliegenden Arbeit betriebene Untersuchung wissenschaftlich fundieren.

II. Bedeutung der Renvoi-Problematik für die in multilateralen und bilateralen Staatsverträgen enthaltenen Kollisionsnormen

Staatsvertragliche Kollisionsnormen - **soweit sie unmittelbar anwendbares innerstaatliches Recht geworden sind** - gehen gemäß Art. 3 II 1 EGBGB als Spezialgesetze dem autonomen deutschen IPR vor (*lex specialis derogat legi*

---

[1] Siehe nur *Palandt-Heldrich* (63. Aufl. 2004), Art. 4 EGBGB, Rn. 13; *Bamberger/Roth-Lorenz* (2003), Art. 4 EGBGB, Rn. 7; *v. Bar/Mankowski*, IPR, Bd. I (2. Aufl. 2003), § 3 Rn. 73, 115-117; *Kropholler*, IPR (5. Aufl. 2004), § 24 III; *ders.*, FS Henrich, S. 393-402; *Sonnentag*, Renvoi, S. 78-88; *Gottschalk*, Allgemeine Lehren, S. 62-144; *Lindenau*, Einführung des Renvoi, S. 238-242; *Erman-Hohloch*, Art. 4 EGBGB, Rn. 16; *MünchKomm-Sonnenberger*, Art. 4 EGBGB, Rn. 65-67; *Staudinger-Hausmann* (2003), Art. 4 EGBGB, Rn. 117-145; *Soegel-Kegel*, Art. 4 EGBGB, Rn. 30; *Graue*, RabelsZ 57 (1993) 26-61; *Meyer-Sparenberg*, Staatsvertragliche Kollisionsnormen, S. 137-144; *Bauer*, Renvoi im int. Schuld- und Sachenrecht, S. 18, 19; *Jayme*, FS Beitzke, S. 541 ff.

generali), so dass auch der die Rück- und Weiterverweisung (Renvoi) betreffende Art. 4 EGBGB im Geltungsbereich der für die Bundesrepublik Deutschland geltenden multilateralen und bilateralen Staatsverträge nicht anzuwenden ist[2]. Dem jeweiligen Staatsvertrag ist stets zu entnehmen, ob die Verweisung aufgrund einer staatsvertraglichen Kollisionsnorm eine Sachnorm- oder Gesamtverweisung[3] ist.

Die Beachtlichkeit des Renvoi bei den in multilateralen Staatsverträgen enthaltenen Kollisionsnormen steht im Mittelpunkt der vorliegenden Untersuchung. Überprüft werden dabei nicht nur multilaterale Staatsverträge auf universaler Ebene (z.B. die Haager Konventionen zum Internationalen Privatrecht, die Übereinkommen kollisionsrechtlichen Inhalts der Vereinten Nationen und die CIEC-Übereinkommen), sondern auch multilaterale Staatsverträge auf regionaler Ebene (z.B. die Benelux-Verträge von 1951/1969 und das römische EWG-Übereinkommen über das auf vertragliche Schuldverhältnisse anzuwendende Recht (EVÜ) vom 19.6.1980). In Betracht kommen nicht nur multilaterale kollisionsrechtliche Staatsverträge (nämlich Übereinkommen zur Kollisionsrechtsvereinheitlichung), sondern alle multilateralen Staatsverträge, die Kollisionsnormen enthalten, selbst wenn sie nicht allein die Kollisionsrechtsvereinheitlichung bezwecken, z.B. das Haager Übereinkommen über die Zuständigkeit, das anzuwendende Recht, die Anerkennung, Vollstreckung und Zusammenarbeit auf dem Gebiet der elterlichen Verantwortung und der Maßnahmen zum Schutz von Kindern (KSÜ) vom 19.10.1996. Freilich sind für die vorliegende Untersuchung nur diejenigen Staatsverträge bedeutsam, die die Kollisionsnormen enthalten: **Ohne Kollisionsnormen kein Renvoi**. Ohne staatsvertragliche Kollisionsnormen wäre die vorliegende Arbeit gegenstandslos. Kollisionsnormen in Staatsverträgen sind daher der Ausgangspunkt für die Frage der Beachtlichkeit des Renvoi in staatsvertraglichen Kollisionsnormen.

Die anschließende Frage lautet: Ist der Renvoi in Kollisionsnormen der bilateralen Staatsverträge zu berücksichtigen? Da bilaterale Staatsverträge auch Quellen des IPR sind, ist diese Frage zu beantworten. Allerdings sind Kollisionsnormen der bilateralen Staatsverträge häufig in bilateralen Abkommen enthalten, die sich mit konsularischen Angelegenheiten, Handel, Navigation und Niederlassung befassen. Wegen ihres räumlich beschränkten Geltungsbereichs sind solche bilateralen Abkommen zur Kollisionsrechtsvereinheitlichung nicht geeignet[4]. Es kommt naturgemäß vor, dass die Rück- oder Weiterverweisung

---

[2] Vgl. dazu *v. Bar/Mankowski*, IPR, Bd. I (2. Aufl. 2003), § 2 Rn. 55, § 3 Rn. 47, 48; *Staudinger-Hausmann* (2003), Art. 4 EGBGB, Rn. 117; *MünchKomm-Sonnenberger*, Art. 4 EGBGB, Rn. 65.

[3] Zum Begriff der Sachnorm- und Gesamtverweisung siehe sogleich unten § 1 I im Ersten Teil.

[4] Vgl. dazu *Kropholler*, Einheitsrecht, S. 98; *Meyer-Sparenberg*, Staatsvertragliche

nicht immer in bilateralen Staatsverträgen geregelt ist. Trotzdem kann der Renvoi durch die Kollisionsnormen der bilateralen Staatsverträge ausdrücklich oder stillschweigend ausgeschlossen werden. Darauf wird in § 7 des Zweiten Teils der vorliegenden Arbeit näher eingegangen.

III. Gliederung der Arbeit und Gang der Untersuchung

Gegenstand der Untersuchung vorliegender Arbeit ist die Rück- und Weiterverweisung (Renvoi) in staatsvertraglichen Kollisionsnormen. Der zu behandelnde **Renvoi** kann sowohl die **Rückverweisung** (*renvoi au premier degré*) als auch die **Weiterverweisung** (*renvoi au second degré*)[5] bedeuten. Es kommt also auf die Beachtlichkeit des Renvoi in staatsvertraglichen Kollisionsnormen an.

Die Arbeit gliedert sich in vier Teile. Im **Ersten Teil** werden die Grundlagen für die gesamte Dissertation geschaffen. Zunächst werden die Grundzüge des Renvoi aus theoretischer Sicht skizziert. Ein rechtsvergleichender Überblick erweckt den Eindruck, dass Rechtsordnungen verschiedener Staaten unterschiedliche Positionen zum Renvoi haben, die für die vorliegende Arbeit maßgeblich sein können. Das *Institut de Droit international* als renommierte Vereinigung international tätiger Juristen aus Wissenschaft und Praxis hat sich um eine einheitliche Lösung der Renvoi-Problematik bemüht. Aber im Ergebnis kann diese am besten internationalen Staatsverträgen überlassen werden.

Im Anschluss daran wird im **Zweiten Teil** der **Grundsatz** des Ausschlusses des Renvoi in staatsvertraglichen Kollisionsnormen ausführlich beleuchtet. Zwar gibt es in der juristischen Literatur schon eine Reihe von Ausführungen zur „Renvoi-Feindlichkeit" der staatsvertraglichen Kollisionsnormen[6], aber keine von ihnen – soweit ersichtlich - ist bei der Untersuchung der staatsvertraglichen Kollisionsnormen gründlich genug. Obwohl es allgemein bekannt ist, dass der Renvoi in staatsvertraglichen Kollisionsnormen prinzipiell ausgeschlossen wird, soll kein Schluss über den Grundsatz des Ausschlusses des Renvoi in staatsvertraglichen Kollisionsnormen gezogen werden, bevor die Haltungen zum

---

Kollisionsnormen, S. 21.

[5] Der Renvoi wird in vorliegender Arbeit als **der gemeinsame Oberbegriff** für die **Rückverweisung** und die **Weiterverweisung** verwendet. Zum Begriff der Rück- und Weiterverweisung siehe sogleich unten § 1 II im Ersten Teil.

[6] Siehe nur *Palandt-Heldrich* (63. Aufl. 2004), Art. 4 EGBGB, Rn. 13, *Kropholler*, IPR (5. Aufl. 2004), § 24 III; *ders.*, FS Henrich, S. 393; *Sonnentag*, Renvoi, S. 82; *Bamberger/Roth-Lorenz* (2003), Art. 4 EGBGB, Rn. 7; *v. Bar/Mankowski*, IPR, Bd. I (2. Aufl. 2003), § 3 Rn. 115, 116; *Gottschalk*, Allgemeine Lehren, S. 133; *Lindenau*, Einführung des Renvoi, S. 239-241; *Erman-Hohloch*, Art. 4 EGBGB, Rn. 16; *MünchKomm-Sonnenberger*, Art. 4 EGBGB, Rn. 65; *Staudinger-Hausmann* (2003), Art. 4 EGBGB, Rn. 118 und *Soegel-Kegel*, Art. 4 EGBGB, Rn. 30.

Renvoi der Staatsverträge kollisionsrechtlichen Inhalts **aller Art** (Staatsverträge auf universaler und regionaler Ebene, multilaterale und bilaterale Staatsverträge usw.) eingehend und umfangreich untersucht worden sind. Durch einleuchtende Belege soll versucht werden, dieses Thema auf der Basis der vorliegenden Untersuchung auf den heutigen Stand zu bringen.

„Keine Regel ohne Ausnahme." Die vorliegende Arbeit befasst sich im **Dritten Teil** mit den Ausnahmefällen vom Grundsatz, in denen die Rück- und Weiterverweisung (Renvoi) in staatsvertraglichen Kollisionsnormen doch aus bestimmten Gründen und unter bestimmten Voraussetzungen zu beachten ist. Die Arbeit befasst sich in diesem Teil mit der Frage, wie und inwieweit die Rück- und Weiterverweisung (Renvoi) in staatsvertraglichen Kollisionsnormen **ausnahmsweise** zugelassen wird. Solche Ausnahmen sind nicht in jedem Staatsvertrag mit kollisionsrechtlichem Inhalt festzustellen, dennoch bestätigen sie gerade den Grundsatz des Ausschlusses des Renvoi in staatsvertraglichen Kollisionsnormen: „Die Ausnahmen bestätigen die Regel."

Im **Vierten** und abschließenden **Teil** wird eine in der Praxis der Konventionsanwendung bedeutsame Frage diskutiert, nämlich die Rückverweisung durch im Ausland geltende staatsvertragliche Kollisionsnormen aus deutscher Sicht (§ 12). Dabei werden die bereits im Ausland in Kraft getretenen aber für die Bundesrepublik Deutschland nicht geltenden Staatsverträge des Kollisionsrechts untersucht, um die dadurch entstandene Rückverweisung aus der Sicht eines deutschen Richters festzustellen.

Zum Abschluss werden die Ergebnisse der vorliegenden Arbeit in 12 Thesen zusammengefasst.

Erster Teil: Grundlagen

Gegenstand der Untersuchung der vorliegenden Arbeit ist die Rück- und Weiterverweisung (Renvoi) in staatsvertraglichen Kollisionsnormen. Zur besseren Erläuterung dieses Themas werden zunächst die Grundzüge der Rück- und Weiterverweisung (Renvoi) im Allgemeinen und der staatsvertraglichen Kollisionsnormen angesprochen.

§ 1 Grundsätzliches zur Rück- und Weiterverweisung (Renvoi)

I. Sachnorm- und Gesamtverweisung

Das Internationale Privatrecht (IPR) ist sowohl Verweisungsrecht als auch Rechtsanwendungsrecht[7]. Verweist eine Kollisionsnorm eines Staates auf die Rechtsordnung eines anderen Staates, kann sowohl auf die Sachnormen (die Sachvorschriften) der berufenen Rechtsordnung unter Ausschluss der Kollisionsnormen, als auch auf die Gesamtheit der berufenen Rechtsordnung einschließlich deren Kollisionsnormen (einschließlich deren IPR) verwiesen werden. Im ersten Fall handelt es sich um eine **Sachnormverweisung**, wobei die Verweisung auf die von den deutschen Kollisionsnormen für anwendbar erklärte Rechtsordnung eines anderen Staates sich lediglich auf deren Sachnormen (Sachvorschriften) bezieht[8]. Im letzteren Fall geht es um eine **Gesamtverweisung**, wobei die Gesamtheit der berufenen Rechtsordnung unter Einschluss der Kollisionsnormen (unter Einschluss des IPR) zu beachten ist[9]. Man bezeichnet die Gesamtverweisung auch als **IPR-Verweisung** oder **Kollisionsnormverweisung**[10].

Die Sachnormverweisung stellt ein Gegenbegriff zur Gesamtverweisung dar. Theoretisch lässt sich sagen, dass aus internationalprivatrechtlicher Sicht eine Verweisung vom IPR des Forumstaates auf das Recht eines anderen Staates entweder eine Sachnormverweisung oder eine Gesamtverweisung ist.

---

[7] Vgl. dazu *v. Bar/Mankowski*, IPR, Bd. I (2. Aufl. 2003), § 1 Rn. 2; *Kropholler*, IPR (5. Aufl. 2004), § 1 I.

[8] Nach Art. 3 I 2 EGBGB beziehen sich Verweisungen auf Sachvorschriften „auf die Rechtsnormen der maßgebenden Rechtsordnung unter Ausschluss derjenigen des Internationalen Privatrechts."

[9] Gesamtverweisung ist die Regel des deutschen IPR: Nach Art. 4 I 1 EGBGB ist bei der Verweisung von deutschen Kollisionsnormen auf das Recht eines anderen Staates auch dessen Internationales Privatrecht anzuwenden, sofern dies nicht dem Sinn der Verweisung widerspricht. Näher siehe sogleich unten § 1 V 11.

[10] Vgl. dazu *v. Bar/Mankowski*, IPR, Bd. I (2. Aufl. 2003), § 7 Rn. 214; *Bamberger/Roth-Lorenz* (2003), Art. 4 EGBGB, Rn. 2; *Kegel/Schurig*, IPR, S. 338.

II. Rück- und Weiterverweisung (Renvoi)

Aus einer Gesamtverweisung können sich drei mögliche Ergebnisse ergeben:

a) Das IPR der fremden Rechtsordnung, auf die verwiesen wird, erklärt die verweisende Rechtsordnung für anwendbar, wenn der erste Staat diese Verweisung annimmt. So spricht man von **Rückverweisung** (französisch *renvoi au premier degré*; englisch *remission*).

b) Das IPR der fremden Rechtsordnung, auf die verwiesen wird, erklärt das Recht eines Drittstaates für anwendbar, wenn der Drittstaat die Verweisung annimmt, nämlich sein eigenes materielles Recht anwenden will. Dann spricht man von **Weiterverweisung** (französisch *renvoi au second degré*; englisch *transmission*)[11].

Die Rückverweisung und die Weiterverweisung zusammen nennt man **Renvoi**, d.h. sie bestehen unter dem **gemeinsamen Oberbegriff** Renvoi[12].
c) Das IPR der fremden Rechtsordnung, auf die verwiesen wird, erklärt die Sachvorschriften der eigenen Rechtsordnung für anwendbar, somit werden die Sachvorschriften dieser Rechtsordnung angewandt. In diesem Fall wird die Verweisungskette abgebrochen. Eine Rück- oder Weiterverweisung ist daher nicht mehr beachtlich.

Bei einer Sachnormverweisung ist freilich eine Rück- oder Weiterverweisung nicht möglich, da es die maßgebende Voraussetzung für den Renvoi fehlt. Es gilt also: **Ohne Kollisionsnormen kein Renvoi**.

III. Ursachen des Renvoi

Die Ursachen des Renvoi liegen im Folgenden:

1. Abweichende Anknüpfungspunkte

Die wichtigste Ursache des Renvoi besteht darin, dass die beteiligten Rechtsordnungen abweichende Anknüpfungspunkte (Anknüpfungsmomente) enthalten, insbesondere im Bereich des internationalen Personen-, Familien- und

---

[11] Vgl. dazu *v. Bar/Mankowski*, IPR, Bd. I (2. Aufl. 2003), § 7 Rn. 214; *Rauscher*, IPR, S. 72, 73; *v. Hoffmann*, IPR, § 6 Rn. 73; *Sauveplanne*, Renvoi, S. 3.
[12] Vgl. dazu *Kegel*, IPR, S. 337.

Erbrechts bei den Verweisungen zwischen Staaten, die dem **Staatsangehörigkeitsprinzip** folgen, und Staaten, die dem **Wohnsitzprinzip** folgen. Denkbar ist auch, dass die beteiligten Rechtsordnungen zwar den gleichen Anknüpfungspunkt verwenden, diesen aber unterschiedlich auslegen[13].

2. Abweichende Anknüpfungspersonen oder Anknüpfungszeitpunkte

Ein Renvoi ergibt sich ferner daraus, dass das ausländische IPR auf eine andere Anknüpfungsperson oder einen anderen Anknüpfungszeitpunkt abstellt[14].

3. Abweichende Qualifikation

Ursache eines Renvoi kann auch die abweichende Qualifikation einer Rechtsfrage im ausländischen IPR sein, die auf Systemunterschieden zwischen den beteiligten Rechtsordnungen beruht[15].

4. Versteckte Rückverweisung

Eine sog. versteckte Rückverweisung entsteht als Folge einer „versteckten Kollisionsnorm" eines fremden Staates, die sich aus einer Zuständigkeitsregel abgeleiten lässt. In manchen Staaten, etwa in Staaten des angloamerikanischen Rechtskreises, gibt es auf bestimmten Rechtsgebieten, z.B. im internationalen Ehe- und Kindschaftsrecht, keine echten Kollisionsnormen im Sinne von Verweisungsregeln; es fehlt in diesen Fällen eine ausdrückliche Stellungnahme des Kollisionsrechts solcher Staaten. Stattdessen ist lediglich die internationale Zuständigkeit (etwa *jurisdiction* im angloamerikanischen Recht) der eigenen Gerichte geregelt, die stets auf bestimmte Materien ihr eigenes materielles Recht anwenden. Steht fest, dass die Gerichte des betreffenden Staates, dessen Rechtsordnung zur Anwendung berufen wird, **bei Bejahung ihrer internationalen Zuständigkeit** ihr eigenes materielles Recht anwenden, sonst aber keine Kriterien bezüglich der Bestimmung des auf bestimmte Materien anwendbaren Rechts aufstellen, und die Anwendung des eigenen materiellen Rechts durch die international zuständigen Gerichte eine gleichartige Praxis der berufenen fremden Rechtsordnung darstellt, so kann darin eine versteckte Rückverweisung von der berufenen fremden Rechtsordnung auf das materielle Recht des Staates der international zuständigen Gerichte liegen[16]. Man geht

---

[13] Vgl. dazu *v. Bar/Mankowski*, IPR, Bd. I (2. Aufl. 2003), § 7 Rn. 233; *v. Hoffmann*, IPR, S. 221, 222.

[14] Vgl. dazu *Junker*, IPR, S. 183, 184.

[15] Vgl. dazu *v. Hoffmann*, IPR, S. 223.

[16] Vgl. dazu *Palandt-Heldrich* (63. Aufl. 2004), Art. 4 EGBGB, Rn. 2; *v. Hoffmann*, IPR, S. 233, 234; *Siehr*, IPR, S. 458.

davon aus, dass die Anwendbarkeit des materiellen Rechts des Staates der international zuständigen Gerichte dem Sinn und den Grundgedanken der berufenen fremden Rechtsordnung entspreche[17]. In englischer Literatur spricht man von *hidden* oder *concealed renvoi*[18].

IV. Argumente für die Berücksichtigung eines Renvoi im autonomen nationalen IPR

1. Internationaler Entscheidungseinklang

Der internationale bzw. **äußere Entscheidungseinklang**, auch als internationale Entscheidungseinheit bzw. Entscheidungsharmonie (französisch *la concordance des décisions ou l'harmonie internationale des solutions ou l'harmonie juridique des solutions*; englisch *international harmony of decisions*) bezeichnet, ist **ein Ideal des IPR**, das dazu führt, dass das anwendbare Recht das Gleiche bleibt, unabhängig davon, in welchem Staat der Fall mit internationalen Sachverhalten entschieden wird. Es stellt allgemein ein Ziel des IPR dar, nach welchem eine mögliche Koordination zwischen den beteiligten Rechtsordnungen (*coordination des systèmes juridiques*)[19] existiert.

a) Rückverweisung

Voraussetzung für die Erreichung des sog. internationalen bzw. äußeren Entscheidungseinklangs im Fall der Annahme einer Rückverweisung (*renvoi au premier degré*) ist, dass die beteiligten Rechtsordnungen bei den Verweisungen (wie z.B. bei der Verweisung vom Heimatrecht auf das Wohnsitzrecht bzw. vom Wohnsitzrecht auf das Heimatrecht) sich zur Rückverweisungsproblematik verschieden verhalten. Wenn in diesem Fall eine Rechtsordnung die Rückverweisung anerkennt, muss prinzipiell die andere sie ablehnen. Dies kann insbesondere im internationalen Personen-, Familien- und Erbrecht erreicht werden, in dem die Rechtsordnungen, die dem Staatsangehörigkeitsprinzip folgen, eine Rückverweisung annehmen, während die anderen Rechtsordnungen, die auf dem Wohnsitzprinzip beruhen, sie meist ablehnen[20].

Gerade in diesem Punkt wird das Argument des internationalen Entscheidungseinklangs von den Gegnern des Renvoi kritisiert, da der internationale Entscheidungseinklang davon abhänge, ob die beteiligten

---

[17] Näher zu Eigenart und Voraussetzungen der versteckten Rückverweisung siehe *Kropholler*, IPR (5. Aufl. 2004), § 25 I und II.
[18] Vgl. dazu *Sauveplanne*, Renvoi, S. 5.
[19] Vgl. dazu *Derruppé*, Etude théorique du renvoi, Nr. 107.
[20] Vgl. dazu *Staudinger-Hausmann* (2003), Art. 4 EGBGB, Rn. 17, 18.

Rechtsordnungen zur Rückverweisungsproblematik verschiedene Ansichten haben, ansonsten liege kein internationaler Entscheidungseinklang vor[21].

b) Weiterverweisung

Die internationale Entscheidungsharmonie scheint leichter zu erreichen, wenn das IPR der berufenen Rechtsordnung auf die Rechtsordnung eines Drittstaates verweist, und die Rechtsordnung des Drittstaates diese Weiterverweisung (*renvoi au second degré*) annimmt. In diesem Fall ist die Weiterverweisung deshalb gerechtfertigt, weil am Ende die gleiche Rechtsordnung angewandt wird; man wendet das gleiche anwendbare Recht auf denselben Sachverhalt an, gleichgültig, in welchem der drei Staaten sich ein Gericht mit dem Fall beschäftigt. Hier liegt eine internationale Entscheidungseinheit zwischen den drei Rechtsordnungen vor, was im IPR allgemein wünschenswert ist. Wenn aber die oben erwähnte Rechtsordnung des Drittstaates die Weiterverwesung nicht akzeptiert und ihr eigenes Sachrecht (materielles Recht) nicht anwenden will, dann ist die Zielerreichung internationaler Entscheidungsharmonie problematischer.

2. Praktikabilität

Für die Annahme einer Rückverweisung spricht auch die Praktikabilität der Rechtsanwendung, da der Rechtsanwender (meistens der Richter) im Regelfall mit den inländischen Sachvorschriften besser vertraut ist als mit den ausländischen Sachvorschriften. Dieses Argument ist insbesondere gerechtfertigt, wenn die berufene fremde Rechtsordnung selbst nicht angewendet sein will[22].

3. Rechtspolitisches Argument

Die Annahme der Rückverweisung wird nicht zuletzt vom Gesetzgeber mancher Staaten als zusätzliches Mittel zur Durchsetzung eigener Rechtspolitik benutzt, um die möglichst weitreichende Anwendung eigenen materiellen Rechts zu verwirklichen. Z.B. in Staaten, in denen der Gesetzgeber keine Regeln über den Renvoi geschaffen hat, wird der Renvoi als Rechtsanwendungsmethode von den

[21] „Der Renvoi funktioniert nur dann befriedigend, d.h. harmonisierend, wenn die Staaten eine unterschiedliche Stellung zu ihm einnehmen. Sobald sie dieselbe Lösung wählen, ist ein Entscheidungseinklang schwer oder gar nicht zu erreichen." Siehe *Siehr*, IPR, S. 462, 463.

[22] Vgl. dazu Keller/*Siehr*, Eigenart, S. 467; *Neuhaus*, Grundbegriffe, S. 271; *Ferid*, IPR, Rn. 3-88; *Lüderitz*, IPR, Rn. 157; *Kropholler*, IPR (5. Aufl. 2004), § 7 I.

Gerichten gebraucht, um die eigene Rechtspolitik zur Durchsetzung zu bringen[23]. Man spricht vom **Heimwärtsstreben**[24]. Dieses Argument stimmt allerdings nicht immer mit dem Ideal des internationalen Entscheidungseinklangs überein.

V. Rechtsvergleichender Überblick des Renvoi in nationalen Rechtsordnungen

Die Haltung zum Renvoi in nationalen Rechtsordnungen ist von Land zu Land unterschiedlich. Hätten alle Rechtsordnungen die gleiche Lösung der Renvoi-Problematik, wären die staatsvertraglichen Vorschriften über den Renvoi überflüssig. In Wirklichkeit haben die nationalen Rechtsordnungen sich noch lange nicht darüber geeinigt. Dies lässt sich besser skizzieren durch einen rechtsvergleichenden Überblick[25].

1. Albanisches Recht

Das albanische IPR ist im Gesetz Nr. 3920 vom 21.11.1964 geregelt. Danach sind die Verweisungen von albanischen Kollisionsnormen auf ausländisches Recht grundsätzlich als Sachnormverweisungen zu verstehen (Art. 25 I); eine Rückverweisung vom berufenen ausländischen Recht auf das albanische Recht wird jedoch angenommen, nicht aber eine Weiterverweisung (Art. 25 II)[26].

2. Argentinisches Recht

Die autonomen argentinischen Kollisionsnormen sind im argentinischen *Código civil* von 1869 geregelt[27]. Verweist eine argentinische Kollisionsnorm auf ein fremdes Recht, so wird auf die materiellen Rechtsnormen und nicht auf die Kollisionsnormen des zur Anwendung berufenen fremden Rechts verwiesen. Diejenigen, die gegen den Renvoi sind, gehen auf ein früheres Urteil des obersten Gerichts von 1920 zurück, bei welchem der Renvoi zwar genannt, aber

[23] Vgl. dazu *Sauveplanne*, in: Rec. des Cours 175 (1982 II) 40.
[24] Vgl. dazu *Staudinger-Hausmann* (2003), Art. 4 EGBGB, Rn. 19.
[25] Vgl. auch die Länderberichte bei *v. Overbeck*, Rec. des Cours 176 (1982 III) 127-176 (133-146); *Reichhart*, Renvoi, S. 44-62; *Staudinger/Hausmann* (2003), Anh. zu Art. 4 EGBGB, Rn. 1-821; *Kropholler*, IPR (5. Aufl. 2004), § 24 I 2.
[26] Vgl. dazu *Sauveplanne*, Renvoi, S. 27; *Staudinger-Hausmann* (2003), Anh. zu Art. 4 EGBGB, Rn. 338, 344.
[27] Deutsche Übersetzung auszugsweise abgedr. bei *Kropholler/Krüger/Riering/Samtleben/Siehr* (Hrsg.), Außereuropäische IPR-Gesetze, S. 77.

nicht akzeptiert wurde[28]. Die Verweisungen vom argentinischen IPR auf fremdes Recht sind also als Sachnormverweisungen anzusehen[29].

3. Armenisches Recht

Das neue armenische Zivilgesetzbuch vom 17.6.1998, das am 1.1.1999 in Kraft getreten ist, enthält Kollisionsnormen in seinem 12. Abschnitt (Artt. 1253-1292)[30]. Danach sind sämtliche Verweisungen dieses Abschnitts als Sachnormverweisungen zu verstehen (Art. 1260 ZGB)[31]. Eine Rück- oder Weiterverweisung ist also ausgeschlossen[32].

4. Aserbaidschanisches Recht

Das aserbaidschanische Gesetz über das Internationale Privatrecht (IPRG) vom 6.6.2000[33] lehnt grundsätzlich den Renvoi dadurch ab, dass die Verweisung von aserbaidschanischen Kollisionsnormen auf ausländisches Recht prinzipiell eine Sachnormverweisung ist (Art. 3 I IPRG). Bezüglich des Personalstatuts natürlicher Personen, der Rechts- und Geschäftsfähigkeit natürlicher Personen sowie des Erbrechts wird eine Rückverweisung auf das aserbaidschanische Recht oder eine Weiterverweisung auf das Recht eines Drittstaates ausnahmsweise zugelassen (Art. 3 II IPRG)[34].

---

[28] Vgl. dazu *de Maekelt*, Rec. des Cours 177 (1982 IV) 276.

[29] Vgl. dazu *Staudinger-Hausmann* (2003), Anh. zu Art. 4 EGBGB, Rn. 562, 569.

[30] Deutsche Übersetzung auszugsweise bei *Bergmann/Ferid/Henrich*, 150. Lieferung, Armenien (Stand: 15.12.2002), S. 22-25.

[31] Art. 1260 des armenischen ZGB von 1998 lautet in deutscher Übersetzung:
„Jegliche Bezugnahme auf ausländisches Recht gemäß den Vorschriften dieses Abschnitts ist als Bezugnahme auf das materielle Recht und nicht als Bezugnahme auf das Kollisionsrecht zu verstehen."

[32] Vgl. dazu *Staudinger-Hausmann* (2003), Anh. zu Art. 4 EGBGB, Rn. 474, 480.

[33] Deutsche Übersetzung auszugsweise abgedr. in: IPRax 2003, 386.

[34] Art. 3 des aserbaidschanischen IPRG lautet in deutscher Übersetzung:
„(1) Jeder Verweis auf ausländisches Recht führt nach diesem Gesetz zur Anwendung des materiellen Rechts des entsprechenden Staates, sofern in diesem Artikel nichts anderes bestimmt ist.
(2) Bei der Anwendung ausländischen Rechts auf Rechtsverhältnisse der in Artt. 9 und 10 dieses Gesetztes genannten Art sowie bei erbrechtlichen Rechtsbeziehungen findet eine Rückverweisung auf das Recht der Republik Aserbaidschan oder eine Verweisung auf das Recht eines dritten Staates statt."
Vgl. dazu *Acar/Lorenz*, IPRax 2003, 372, 377; *Staudinger-Hausmann* (2003), Anh. zu Art. 4 EGBGB, Rn. 491.

5. Ägyptisches Recht

Das IPR ist in den Artt. 10-28 des ägyptischen Zivilgesetzbuchs vom 16.7.1948[35] geregelt, dessen Art. 27 bestimmt, dass eine Verweisung auf eine fremde Rechtsordnung lediglich deren Sachnormen betrifft, unter Ausschluss der Normen des IPR. Somit ist jegliche Rück- oder Weiterverweisung ausgeschlossen.

6. Belgisches Recht

Die belgische Rechtsprechung nimmt stets den Renvoi vom fremden Heimatrecht auf belgisches Wohnsitzrecht im Bereich des internationalen Personenrechts an. Eine Rückverweisung wird auch im Bereich des internationalen Scheidungs-, Ehegüter- und Erbrechts von den belgischen Gerichten beachtet[36].

7. Brasilianisches Recht

Das brasilianische Einführungsgesetz zum Zivilgesetzbuch vom 4.9.1942 i.d.F. vom 18.5.1995[37] hat in seinem Art. 16 die Regelung von Art. 30 des früheren italienischen Zivilgesetzbuchs von 1942 (*Codice civile*), die den Renvoi ablehnte, übernommen. Danach ist die Verweisung vom brasilianischen IPR auf ausländisches Recht eine Sachnormverweisung. Jede Rück- oder Weiterverweisung wird ausgeschlossen[38]. Diese Vorschrift steht jedoch der herrschenden Meinung in Literatur und Rechtsprechung entgegen[39].

---

[35] Deutsche Übersetzung auszugsweise abgedr. bei *Kropholler/Krüger/Riering/Samtleben/Siehr* (Hrsg.), Außereuropäische IPR-Gesetze, S. 15; *Makarov* I 16, 20. Vgl. dazu *Staudinger-Hausmann* (2003), Anh. zu Art. 4 EGBGB, Rn. 662, 665.

[36] Vgl. dazu *Sauveplanne*, Renvoi, S. 20, 21; *Staudinger-Hausmann* (2003), Anh. zu Art. 4 EGBGB, Rn. 192-194.

[37] Deutsche Übersetzung bei *Bergmann/Ferid/Henrich*, 149. Lieferung, Brasilien (Stand: 1.9.2002), S. 35-37; *Kropholler/Krüger/Riering/Samtleben/Siehr* (Hrsg.), Außereuropäische IPR-Gesetze, S. 109.

[38] Art. 16 des brasilianischen Einführungsgesetzes zum ZGB vom 4.9.1942 i.d.F. vom 18.5.1995 lautet in deutscher Übersetzung:
„Wenn gemäß den vorhergehenden Artikeln ein ausländisches Gesetz zur Anwendung kommen muss, ist die Vorschrift dieses Gesetzes anzuwenden, ohne die Verweisung zu berücksichtigen, die dieses Gesetz auf ein anderes Gesetz macht.“

[39] Vgl. dazu *Bergmann/Ferid/Henrich*, a.a.O. 10; *Staudinger-Hausmann* (2003), Anh. zu Art. 4 EGBGB, Rn. 578; *Sauveplanne*, Renvoi, 33.

8. Burkinisches Recht

Die allgemeinen Regeln des IPR von Burkina Faso sind im Wesentlichen in Artt. 1002-1012 des burkinischen Personen- und Familiengesetzbuchs vom 31.10.1989[40] enthalten. Die Verweisung aufgrund des burkinischen IPR ist grundsätzlich eine Sachnormverweisung. Eine Rückverweisung von berufener ausländischer Rechtsordnung auf das burkinische Recht ist stets zu beachten (Art. 1005 II). Eine Weiterverweisung auf die Rechtsordnung eines Drittstaates ist zu beachten, wenn der Drittstaat diese Verweisung annimmt; nimmt er sie nicht an, so sind die Kollisionsnormen des burkinischen IPR anzuwenden (Art. 1005 III). Die Rück- oder Weiterverweisung bleibt jedoch außer Betracht, wenn das ausländische Recht von den Parteien gewählt worden ist und die Rechtswahl zulässig war, sowie in den Fällen, in denen der Renvoi dem von der Kollisionsnorm verfolgten Zweck der Gültigkeit, Wirksamkeit oder Rechtsmäßigkeit eines Rechtsgeschäfts oder Personenstands zuwiderlaufen würde (Art. 1006 I).

9. Chinesisches Recht

Die Kollisionsnormen des geltenden chinesischen Rechts sind im Wesentlichen im 8. Kapitel der Allgemeinen Grundsätze des Zivilrechts der VR China vom 12.4.1986 [41] enthalten. Dieses Kapitel, das die Rechtsanwendung auf Zivilbeziehungen mit Auslandsberührung betrifft, nimmt aber keine Stellung zur Rück- und Weiterverweisung.

In einer justiziellen Interpretation von Ziff. 5 des 2. Abschnitts der Erläuterungen des Obersten Volksgerichts vom 19.10.1987 zu einigen Fragen der Anwendung des Außenwirtschaftsvertragsgesetzes wurde der Renvoi im Fall einer Rechtswahl durch die Parteien bezüglich des auf die Behandlung von Vertragsstreitigkeiten anwendbaren Rechts dadurch ausgeschlossen, dass nur die Sachvorschriften (das materielle Recht), nicht aber die Kollisionsnormen oder die verfahrensrechtlichen Normen gewählt werden durften [42] . Diese Auslegungsregel besagte nur, dass der Renvoi bei der Rechtswahl des Vertragsstatuts ausgeschlossen war. Es entsprach der internationalen Tendenz des internationalen Schuldvertragsrechts [43] . Inzwischen ist das

---

[40] Deutsche Übersetzung bei *Bergmann/Ferid/Henrich*, 134. Lieferung, Burkina Faso (Stand: 1998), S. 21-60.

[41] Französische Übersetzung in: Rev. crit. DIP 1987, 465. Zur Entstehungsgeschichte des 8. Kapitels der Allgemeinen Grundsätze des Zivilrechts der VR China siehe *v. Senger/Xu*, IPR und IZVR der VR China, 2. Teil, Anhang 1, S. 579 ff.

[42] Vgl. dazu *v. Senger/Xu*, IPR und IZVR der VR China, S. 188.

[43] Siehe etwa Art. 15 EVÜ von 1980.

Außenwirtschaftsvertragsgesetz durch das chinesische Vertragsgesetz von 1999 außer Kraft gesetzt worden.

Eine allgemeine Haltung zum Renvoi fehlt im geltenden chinesischen Gesetzesrecht. Das Oberste Volksgericht lehnt den Renvoi auch in seiner Darlegung von „Ansichten zu einigen Fragen betreffend die Durchsetzung und Vollstreckung der Allgemeinen Grundsätze des Zivilrechts der VR China“ vom 2.4.1988 ab. Es ordnet in Ziff. 178 Abs. 2 an:

„Bei der Behandlung von Fällen von Zivilbeziehungen mit Auslandsberührung haben die Volksgerichte gemäß dem 8. Kapitel der Allgemeinen Grundsätze des Zivilrechts das anzuwendende materielle Recht zu bestimmen.“[44]

Da die justiziellen Interpretationen des Obersten Volksgerichts die Gesetzeslücke füllen sollen, kann daraus der Schluss bezogen werden, dass das chinesische IPR den Renvoi grundsätzlich ablehnt. Im Schuldvertragsrecht, in dem den Parteien die Parteiautonomie eingeräumt ist, wird eine Rück- oder Weiterverweisung ohnehin nicht zugelassen.

10. Costa-ricanisches Recht

Im costa-ricanischen Recht ist der Renvoi nicht geregelt. Überwiegend spricht sich die Mehrheit der Stimmen in der Literatur gegen die Zulassung des Renvoi aus. Einige Autoren erkennen aber die Rückverweisung auf das costa-ricanische Recht an[45].

11. Deutsches Recht

a) Grundsatz der Gesamtverweisung

aa) Renvoi im alten deutschen IPR

Schon im Jahr 1861 begegnete das Oberappellationsgericht (OAG) Lübeck der Renvoi-Problematik. In einem Erbrechtsfall entschied sich das OAG am 21.3.1861 für eine Weiterverweisung vom Mainzer Recht auf das Frankfurter Recht[46]. Nach dem am Gerichtsort geltenden gemeinen Recht wurde auf das Mainzer Recht als *lex domicilii* des Erblassers verwiesen. Das Mainzer Recht

---

[44] Vgl. dazu *v. Senger/Xu*, IPR und IZVR der VR China, S. 189.

[45] Vgl. dazu *Bergmann/Ferid/Henrich*, 149. Lieferung, Costa Rica (Stand: 31.8.2002), S. 15.

[46] Vgl. dazu *v. Bar/Mankowski*, IPR, Bd. I (2. Aufl. 2003), § 7 Rn. 236, Fn. 966; *Graue*, RabelsZ 57 (1993) 27.

verwies seinerseits auf das Frankfurter Recht als *lex patriae* (Heimatrecht). Es kam also zu einer Weiterverweisung:

„Eine richtige Befolgung des gemeinrechtlichen Prinzips verlangt, dass die am Wohnort des Erblassers bestehende Gesetzgebung in ihrer Totalität angewendet und der Erbfall ganz ebenso beurteilt werde, wie er von den an seinem Wohnort bestehenden Gerichten würde beurteilt werden müssen."[47]

Vor der IPR-Reform von 1986 sah Art. 27 EGBGB a.F.[48] die Rückverweisung vom ausländischen Recht auf das deutsche Recht hinsichtlich der Geschäftsfähigkeit, der Heirat, des Ehegüterrechts, der Scheidung und der Erbfolge vor.

bb) Das geltende deutsche IPR

Nach der IPR-Reform von 1986 umfasst die Verweisung von deutschen Kollisionsnormen auf eine fremde Rechtsordnung grundsätzlich deren Kollisionsnormen (Art. 4 I 1 EGBGB n.F.)[49]. Das geltende deutsche IPR, das auf dem **Nationalitätsprinzip** beruht, lässt also die Rück- und Weiterverweisung grundsätzlich zu, „sofern dies nicht dem Sinn der Verweisung widerspricht."

Das Argument des internationalen Entscheidungseinklangs spricht auch für die grundsätzliche Berücksichtigung des IPR der zur Anwendung berufenen fremden Rechtsordnung[50]. Will die berufene fremde Rechtsordnung das deutsche Recht angewandt sehen oder erklärt sie eine dritte Rechtsordnung für maßgebend, so ist im Prinzip der Rück- oder Weiterverweisung zu folgen.

Verweist das IPR des anderen Staates auf deutsches Recht zurück, so sind gemäß Art. 4 I 2 EGBGB n.F. in jedem Fall die deutschen Sachvorschriften anzuwenden. Bei einer Rückverweisung auf das deutsche Recht bleibt es infolgedessen nur bei der Anwendung der deutschen Sachvorschriften,

---

[47] OAG Lübeck SeuffArch 14 [1861] S. 164, 166.

[48] Art. 27 EGBGB a.F. (abgedr. bei *Jayme/Hausmann*, Int. Privat- und Verfahrensrecht, 9. Aufl. 1998, S. 27) lautet:
„Sind nach dem Rechte eines fremden Staates, dessen Gesetze in dem Artikel 7 Abs. 1, dem Artikel 13 Abs. 1, dem Artikel 15 Abs. 2, dem Artikel 17 Abs. 1 und dem Artikel 25 für maßgebend erklärt sind, die deutschen Gesetze anzuwenden, so finden diese Gesetze Anwendung."

[49] Art. 4 I 1 EGBGB lautet: „Wird auf das Recht eines anderen Staates verwiesen, so ist auch dessen Internationales Privatrecht anzuwenden, sofern dies nicht dem Sinn der Verweisung widerspricht."

[50] Vgl. dazu *Palandt-Heldrich* (63. Aufl. 2004), Art. 4 EGBGB, Rn. 1. Kritisch aber *Mäsch*, RabelsZ 71 (1997) 285.

gleichgültig, ob das ausländische IPR auf die deutschen Sachvorschriften verweist oder ob es eine Gesamtverweisung ausspricht[51].

b) Sachnormverweisung als Ausnahme

Der Grundsatz der Gesamtverweisung im autonomen deutschen IPR wird von einigen Ausnahmen durchbrochen. Bei der Verweisung auf das Recht eines anderen Staates ist dessen IPR nicht zu beachten, sofern dies dem **Sinn der Verweisung** widerspricht (Art. 4 I 1 EGBGB)[52]. Soweit die Parteien bezüglich des anzuwendenden Rechts eine Rechtswahl treffen können (Parteiautonomie), können sie nur auf die Sachvorschriften der gewählten Rechtsordnung verweisen (Art. 4 II EGBGB). Auch im Bereich der vertraglichen Schuldverhältnisse ist eine Rück- oder Weiterverweisung ausgeschlossen (Art. 35 I EGBGB = Art. 15 EVÜ)[53]. Gemäß Art. 3 I 2 EGBGB[54] schließen überdies die Verweisungen vom deutschen IPR auf die Sachvorschriften einer bestimmten Rechtsordnung (z.B. Artt. 11, 12 und 18 EGBGB) die Prüfung einer Rück- oder Weiterverweisung von vornherein aus[55].

12. Englisches Recht

a) Allgemeines

Die englische Lehre lehnt die *foreign-court*-Theorie[56] überwiegend ab[57]. Verweisungen vom englischen IPR auf ausländisches Recht werden in der Regel als Sachnormverweisungen angesehen. Bei der Bestimmung des auf die im Ausland gelegenen Grundstücke anzuwendenden Rechts, des auf gewisse familienrechtliche Fragen (wie z.B. die Formgültigkeit einer Eheschließung) anzuwendenden Rechts, können jedoch die fremden Kollisionsnormen ausnahmsweise berücksichtigt werden[58].

---

[51] Vgl. dazu *Kropholler*, IPR (5. Aufl. 2004), § 24 II 3.

[52] Vgl. dazu *Kartzke*, IPRax 1988, 8.

[53] Art. 35 I EGBGB [Rück- und Weiterverweisung] lautet: „Unter dem nach diesem Unterabschnitt anzuwendenden Recht eines Staates sind die in diesem Staat geltenden Sachvorschriften zu verstehen."

[54] Art. 3 I 2 EGBGB lautet: „Verweisungen auf Sachvorschriften beziehen sich auf die Rechtsnormen der maßgebenden Rechtsordnung unter Ausschluss derjenigen des Internationalen Privatrechts."

[55] Vgl. dazu *Palandt-Heldrich* (63. Aufl. 2004), Art. 4 EGBGB, Rn. 5-12.

[56] Siehe sogleich unten.

[57] Vgl. dazu *Cheshire/North*, PIL, S. 56 ff.; *Dicey/Morris*, Conflict of Laws I, Rule 1, Rn. 4-018 und 4-032.

[58] Vgl. dazu *Cheshire/North*, PIL, S. 66; *Gottschalk*, Allgemeine Lehren, S. 57.

b) *Foreign-court*-Theorie

aa) Grundsätzliches

Eine Sondertheorie hat sich in der englischen Praxis entwickelt, wonach die englischen Gerichte bei einer Verweisung ihrer Kollisionsnormen auf das ausländische Recht jeweils dasjenige Recht anzuwenden haben, das der ausländische Richter angewandt hätte. Der englische Richter hat so zu entscheiden, wie der ausländische Richter entscheiden würde (*foreign court theory*)[59].

bb) Zwei Fälle aus der englischen Rechtsprechung

aaa) Fall *Collier v. Rivaz*

Der Fall *Collier v. Rivaz*[60], mit dem sich ein englisches Gericht im Jahr 1841 befasste, war einer der ältesten Fälle betreffend den Renvoi. Es handelte sich um einen englischen Staatsangehörigen, der in Belgien starb und dort ein Domizil im Sinne des englischen Rechts hatte. Er hat Verfügungen von Todes wegen vorgenommen, die nach dem englischen Recht zwar förmlich wirksam, aber nicht in der vom belgischen Recht geforderten Form waren. Nach englischem IPR wäre das belgische Recht als *lex domicilii* maßgebend. Aber das belgische IPR ging davon aus, die Formwirksamkeit einer solchen Verfügung von Todes wegen nach dem Heimatrecht (*lex patriae*) des Verstorbenen zu beurteilen sei. Da der Erblasser bis zuletzt als englischer Staatsangehöriger blieb, ging das englische Gericht davon aus, dass ein belgischer Richter über die Sache der Formgültigkeit nach englischem Recht entscheiden würde[61]. Das englische Gericht akzeptierte in diesem Zusammenhang die Verweisung des belgischen Rechts und erklärte die Form der Verfügungen für wirksam[62].

---

[59] Vgl. dazu *Cheshire/North*, PIL, S. 55; *Dicey/Morris*, Conflict of Laws I, Rule 1, Rn. 4-008.

[60] (1841) 2 Curt 855. Vgl. dazu *Cheshire/North*, PIL, S. 60, 66, 990; *v. Bar/Mankowski*, IPR, Bd. I (2. Aufl. 2003), § 7 Rn. 236, Fn. 966; *Staudinger-Hausmann* (2003), Art. 4 EGBGB, Rn. 26.

[61] Der englische Richter, Sir *Herbert Jenner*, deutete dazu in seinem Urteil an (Siehe [1841] 2 Curt. at p. 858):
"Every nation has a right to say how far the general law shall apply to its own subjects and the subject of another country; and the court, sitting here to determine it, must consider itself sitting in Belgium under the particular circumstances of the case."

[62] Vgl. dazu *Schack*, Höchstrichterliche Rechtsprechung, S. 14; *Dolinger*, Rec. des Cours 283 (2000) 241, 242.

bbb) Fall *In re Ross*

Das gleiche Prinzip wurde später im Fall *In re Ross* von 1929[63] übernommen. Die englische Praxis ging vom Domizilprinzip und von der Gesamtverweisung aus. Das italienische Recht folgte dagegen dem Staatsangehörigkeitsprinzip in Erbschaftssachen und war zu jener Zeit noch renvoi-feindlich. Der englische Richter nahm im Fall *In re Ross* für die Erbfolge einer in Italien domizilierten Engländerin die Rückverweisung vom italienischen Domizilrecht auf englisches Heimatrecht an[64]. Demzufolge wurde hinsichtlich des beweglichen und des in Italien belegenen unbeweglichen Nachlasses das englische Recht angewandt.

13. Estnisches Recht

Kollisionsnormen des estnischen Rechts sind im Gesetz über den Allgemeinen Teil des Zivilgesetzbuchs (ATZGB) vom 28.6.1994 i.d.F. vom 17.6.1998 sowie im neuen Gesetz über das Internationale Privatrecht (IPRG) vom 27.3.2002 (seit dem 1.7.2002 in Kraft). Eine Rückverweisung vom berufenen ausländischen Recht auf das estnische Recht wird stets angenommen; in diesem Fall findet das estnische materielle Recht Anwendung (§ 126 I ATZGB; § 6 I IPRG). Verweist das berufene ausländische Recht auf das Recht des Drittstaates, so findet das estnische materielle Recht Anwendung; die Verweisungskette wird somit abgebrochen (§ 126 II ATZGB; § 6 II IPRG)[65]. Das estnische Recht nimmt also die Rückverweisung an und lehnt die Weiterverweisung ab. Ferner ist der Renvoi auf dem Gebiet des internationalen Vertragsrechts grundsätzlich ausgeschlossen (§ 6 III IPRG)[66].

---

[63] (1930) 1 Ch. 377 = (1929) All E. R. 456.

[64] Der englische Richter *J. Luxmoor* hat bei der Urteilsbegründung des Falls *In re Ross* den Fall *Collier v. Rivaz* so kommentiert:
"The whole basis of this decision is that the court sitting in this country to determine the question must consider itself sitting in Belgium, that is, the court is only concerned to see what view the Belgian court would take of the English law."
Vgl. dazu *Schack*, Höchstrichterliche Rechtsprechung, Nr. 3 - Renvoi (foreign court theory), S. 11-20.

[65] § 126 des estnischen Gesetzes über den ATZGB vom 28.6.1994 i.d.F. vom 17.6.1998 (§ 6 IPRG) Abs. I und II lautet in deutscher Übersetzung:
„(1) Wenn das vorliegende Gesetz oder ein anderes Gesetz Estlands die Anwendung ausländischen Rechts vorsieht und das Recht dieses Landes die Anwendung estnischen Rechts vorsieht, findet estnisches Recht Anwendung.
(2) Wenn das vorliegende Gesetz oder ein anderes Gesetz Estlands die Anwendung ausländischen Rechts vorsieht und das Recht dieses Landes die Anwendung des Rechts eines dritten Landes vorsieht, findet estnisches Recht Anwendung."

[66] Vgl. dazu *Bergmann/Ferid/Henrich*, 149. Lieferung, Estland (Stand: 1.9.2002), S. 2, 33, 34 und 41; *Staudinger-Hausmann* (2003), Anh. zu Art. 4 EGBGB, Rn. 355, 362.

14. Französisches Recht

Die französische IPR-Praxis zum Renvoi beruht hauptsächlich auf den richterrechtlichen Regeln. Eine systematische Kodifizierung der Kollisionsnormen betreffend den Renvoi – ebenso wie in anderen Bereichen des IPR - gibt es im französischen Recht bisher nicht.

a) Fall *Forgo*

In dem berühmten Fall *Forgo* vom 24.6.1878[67] unterstellte die französische *Cour de cassation*, deren IPR für die Erbfolge des beweglichen Nachlasses das am letzten Wohnsitz des Erblassers geltende Recht vorschrieb, den beweglichen Nachlass eines in Frankreich verstorbenen Bayern nicht den Sachvorschriften des Rechts seines *domicile d'origine*, nämlich dem bayerischen Erbrecht (nach welchem die bayerischen Seitenverwandten des Erblassers auch ein Recht zum Nachlass gehabt hätten), sondern nahm eine Rückverweisung vom bayerischen IPR auf französisches Recht (als Domizilrecht *de facto*) an. Die französische *Cour de cassation* prüfte in diesem Zusammenhang nicht, ob das bayerische IPR seinerseits eine Gesamtverweisung aussprach oder nicht. Die Verweisungskette wurde somit abgebrochen und die französischen Sachvorschriften wurden angewandt. Nach dem französischen materiellen Recht wurde ein nichteheliches Kind nicht von den Seitenverwandten seiner Eltern gesetzlich beerbt. Somit fiel der bewegliche Nachlass des Erblassers dem französischen Fiskus (*administration des domaines*) zu[68].

Der Fall *Forgo* hat im IPR eine große theoretische Bedeutung gewonnen. Zugleich ist er der Ausgangspunkt der Zulassung des Renvoi durch die französische Rechtsprechung seit mehr als hundert Jahren[69].

b) Grundsätzliche Zulassung des Renvoi in der französischen Rechtsprechung

Eine umfangreiche Untersuchung zum Thema Renvoi in der französischen Rechtsprechung[70] zeigt, dass die französischen Gerichte seit 1878 in der Regel den Renvoi annehmen. Daraus ergibt sich, dass es eine ständige Tendenz in der französischen Rechtsprechung zugunsten der Berücksichtigung eines Renvoi

---

[67] Vgl. dazu Cass. civ., 5 mai 1875, DP 75.1.343; 24 juin 1878, DP 79.1.56; et Cass. req., 22 févr. 1882, DP 82.1.204, DP 82.1.204, JDI 83.64; Vgl. auch *Schack*, Höchstrichterliche Rechtsprechung, Nr. 2 – Renvoi (Fall *Forgo*), S. 10, 11; *Ancel et Lequette*, Les grands arrêts de la jurisprudence française de DIP, Nr. 7, 8.

[68] Vgl. dazu *v. Bar/Mankowski*, IPR, Bd. I (2. Aufl. 2003), § 7 Rn. 236; *v. Hoffmann*, IPR, S. 222; *Staudinger-Hausmann* (2003), Art. 4 EGBGB, Rn. 29-31.

[69] Vgl. dazu *Derruppé*, Etude théorique du renvoi, Nr. 3; *Loussouarn/Bourel*, DIP, Nr. 198-2.

[70] Vgl. dazu *Derruppé/Agostini*, Le renvoi dans la jurisprudence française, Nr. 4-31.

gibt. Die französischen Gerichte sehen stets eine Verweisung vom französischen IPR auf das Recht eines anderen Staates als Gesamtverweisung an und erkennen nicht nur die Rückverweisung (*renvoi au premier degré*), sondern auch die Weiterverweisung (*renvoi au second degré*) an, wie etwa eine Weiterverweisung vom Heimatrecht auf das Wohnsitzrecht eines Drittstaates.

Der Renvoi wird insbesondere beachtet in der französischen Rechtsprechung im Bereich des internationalen Personen- und Erbrechts.

c) Ausnahmen

In Ausnahmefällen, wie etwa im Bereich des Schuldvertragsrechts, der außervertraglichen Haftung und des Eltern-Kind-Verhältnisses, wurde der Renvoi jedoch von französischen Gerichten mit Begründung der Parteiautonomie, der Rechtssicherheit und des Schutzes bestimmter Personen oder zur Vermeidung eines Teufelkreises (*cercle vicieux*), oder sogar aufgrund des *ordre public* abgelehnt[71]. Diese stellen freilich nur Ausnahmen vom Grundsatz der Zulassung des Renvoi in der französischen Rechtsprechung dar.

15. Gabunisches Recht

Das IPR von Gabun ist im IV. Kapitel des Ersten Teils des *Code civil* vom 29.7.1972 enthalten[72]. Zum Renvoi äußert sich Art. 29 Cc, wonach es darauf ankommt, ob ein ausländisches Recht sich selbst für anwendbar erklärt. Ist dies nicht der Fall, so ist gabunisches Recht anzuwenden. Dies gilt nicht nur im Fall einer Rückverweisung auf gabunisches Recht, sondern auch im Fall einer Weiterverweisung auf das Recht eines Drittstaates[73].

16. Georgisches Recht

Georgische Kollisionsnormen sind im Gesetz über das Internationale Privatrecht vom 20.5.1998 enthalten. Danach ist die Verweisung aufgrund des georgischen IPR eine Gesamtverweisung. Verweist das georgische IPR auf eine fremde Rechtsordnung, dann sind sowohl die Rückverweisung auf die georgische Rechtsordnung als auch die Weiterverweisung auf die Rechtsordnung eines Drittstaates zu beachten, es sei denn, dass dies dem Sinn der Verweisung widerspricht oder sich die Verweisung auf das materielle Recht (so etwa bei der Unterhaltspflicht, vgl. Art. 48) beschränkt (Art. 4 I). Bei einer Rückverweisung

[71] Vgl. dazu *Sauveplanne*, Renvoi, S. 15, 16.
[72] Deutsche Übersetzung auszugsweise abgedr. bei *Kropholler/Krüger/Riering/Samtleben/Siehr* (Hrsg.), Außereuropäische IPR-Gesetze, S. 247.
[73] Vgl. dazu *Staudinger-Hausmann* (2003), Anh. zu Art. 4 EGBGB, Rn. 744.

auf georgisches Recht finden jedoch die Sachvorschriften des georgischen Rechts Anwendung (Art. 4 II). Bei der Rechtswahl durch die Parteien können überdies nur die Sachvorschriften gewählt werden (Art. 4 III)[74].

17. Griechisches Recht

a) Absoluter Ausschluss des Renvoi

Art. 32 des griechischen ZGB von 1946 betreffend den Renvoi ist ein typisches Beispiel für die Ablehnung des Renvoi durch nationale Rechtsordnungen, denn er besagt:

„In dem anzuwendenden ausländischen Recht sind die Bestimmungen des Internationalen Privatrechts des ausländischen Staates nicht anzuwenden."

Demnach stellt jegliche Verweisung nach dem griechischen IPR ausnahmslos auf die Sachnormen der berufenen Rechtsordnung ab; für die Rück- und Weiterverweisung wird kein Raum gelassen.

b) Gesetzgeberischer Hintergrund

Derartige absolute Ablehnung des Renvoi im griechischen IPR ist keineswegs Zufall, sondern eine bewusste Entscheidung. Die oben erwähnte strenge Vorschrift wurde von dem berühmten griechischen IPR-Klassiker *Georgios S. Maridakis* (1890-1979) geprägt, der sich als Gegner des Renvoi bei seiner Tätigkeit als Berichterstatter für eine Sonderkommission über den Renvoi am *Institut de Droit international* profiliert hat[75]. Eine solche Auffassung bekennt sich zur eigenen Bestimmung der engsten Verbindung und relativiert nicht durch die Zulassung eines Renvoi[76].

---

[74] Art. 4 des georgischen IPR-Gesetzes von 1998 lautet in deutscher Übersetzung:
„1. Wird auf die Rechtsordnung eines anderen (auch eines dritten) Staates verwiesen, so ist auch, soweit dies nicht dem Sinn der Verweisung widerspricht oder soweit sich die Verweisung nicht auf die Anwendung von Sachvorschriften beschränkt, das Internationale Privatrecht dieses Staates anzuwenden.
2. Verweist das Recht des ausländischen Staates auf das georgische Recht zurück, so sind die georgischen Sachvorschriften anzuwenden.
3. Soweit die Parteien das Recht eines Staates wählen können, ist diese Möglichkeit auf die Sachvorschriften beschränkt."
Vgl. dazu *Bergmann/Ferid/Henrich*, 139. Lieferung, Georgien (Stand: 31.1.2000), S. 27; *Staudinger-Hausmann* (2003), Anh. zu Art. 4 EGBGB, Rn. 494, 502.

[75] Siehe sogleich unten § 1 VI 3.

[76] Vgl. dazu *Siehr*, IPR, S. 461; *Bergmann/Ferid/Henrich*, 144. Lieferung, Griechenland (Stand: 1.6.2001), S. 32, 48.

18. Iranisches Recht

Kollisionsnormen des iranischen Rechts sind im Zivilgesetzbuch von 1928[77] geregelt. Zum Renvoi äußert sich Art. 973 ZGB ausdrücklich. Danach wird eine Rückverweisung auf iranisches Recht, nicht aber eine Weiterverweisung auf ausländisches Recht berücksichtigt[78].

19. Israelisches Recht

Im israelischen Recht wird eine Rück- oder Weiterverweisung im Bereich des Personenrechts in Form einer Verweisung vom Heimatrecht auf das Wohnsitzrecht beachtet. Ebenso wird eine Rückverweisung auf israelisches Recht im Bereich des internationalen Erbrechts zugelassen[79].

20. Italienisches Recht

a) Vor der IPR-Reform von 1995

Vor der italienischen IPR-Reform von 1995 schloss das italienische Recht den Renvoi aus. Die Kollisionsnormen waren zuerst im Einführungsgesetz des italienischen Zivilgesetzbuchs (*Codice civile*) von 1865 enthalten. Es fehlte aber an Vorschriften über den Renvoi. Die überwiegende Meinung lehnte ihn ab. Diese wurde bestätigt von den einleitenden Vorschriften des italienischen Zivilgesetzbuchs (*Codice civile*) von 1942: Ist das Recht eines ausländischen Staates anzuwenden, dann sind nur dessen Sachvorschriften anzuwenden; nicht zu berücksichtigen sind die Kollisionsnormen (Art. 30). Somit wurde die Verweisung vom italienischen IPR auf das ausländische Recht ausschließlich als Sachnormverweisung angesehen. Der Renvoi wurde kategorisch abgelehnt[80].

b) Nach der IPR-Reform von 1995

Das italienische IPR-Gesetz (Gesetz Nr. 218 vom 31.5.1995 zur Reform des Systems des italienischen Internationalen Privatrechts)[81], das am 1.9.1995 in

---

[77] Deutsche Übersetzung auszugsweise abgedr. bei *Kropholler/Krüger/Riering/Samtleben/Siehr* (Hrsg.), Außereuropäische IPR-Gesetze, S. 299.

[78] Vgl. dazu *Staudinger-Hausmann* (2003), Anh. zu Art. 4 EGBGB, Rn. 681, 683.

[79] Vgl. dazu *Lequette*, Renvoi, 11; *Staudinger-Hausmann* (2003), Anh. zu Art. 4 EGBGB, Rn. 737.

[80] Vgl. dazu *Lindenau*, Einführung des Renvoi, S. 1; *Sauveplanne*, Renvoi, S. 26.

[81] Italienischer Originaltext und deutsche Übersetzung in: *Riering* (Hrsg.), IPR-Gesetze in

Kraft getreten ist, sieht zum ersten Mal überraschend den Renvoi mit bedingten Einschränkungen vor. Es stellt eine radikale Wandelung der italienischen Kollisionsnormen betreffend die Renvoi-Problematik dar. Seither ist auch das italienische IPR - wie die meisten kontinentaleuropäischen Staaten, die dem Grundsatz der Staatsangehörigkeit folgen – renvoi-freundlich geworden.

Die Verweisung aufgrund der italienischen Kollisionsnormen ist nunmehr gemäß Art. 13 des italienischen IPRG[82] eine Gesamtverweisung (IPR- bzw. Kollisionsnormverweisung). Eine Rückverweisung vom berufenen ausländischen Recht auf italienisches Recht ist stets zu beachten (Art. 13 I lit. b); eine Weiterverweisung auf das Recht eines anderen Staates nur dann, wenn das Letztere die Verweisung annimmt (Art. 13 I lit. a). Der Renvoi wird jedoch nicht zugelassen bei der Wahl des anzuwendenden Rechts durch die Parteien, beim Formstatut und auf dem Gebiet der außervertraglichen Schuldverhältnisse (Art. 13 II lit. a, b und c). Dem Renvoi wird ferner aufgrund des Günstigkeitsprinzips in einigen Fällen nur dann Rechnung getragen, wenn er zur Anwendung eines Rechts führt, das die Begründung des Kindschaftsverhältnisses fördert (Art. 13 III). Das Gesetz räumt schließlich den Lösungen in internationalen Übereinkommen bezüglich des Renvoi den Vorrang ein (Art. 13 IV). Dies hat lediglich einen deklaratorischen Charakter, ist aber zu begrüßen[83].

Europa, S. 42 ff.; deutsche Übersetzung auch in: RabelsZ 61 (1997), S. 344-362 und bei *Bergmann/Ferid/Henrich*, 142. Lieferung, Italien (Stand: 1.3.2000), S. 42g-50. Französische Übersetzung in: Rev. crit. DIP 1996, 174.

[82] Art. 13 des italienischen IPRG lautet in deutscher Übersetzung:

„(1) Wenn in den folgenden Artikeln ausländisches Recht für anwendbar erklärt ist, wird eine Verweisung des ausländischen Internationalen Privatrechts auf das Recht eines anderen Staates berücksichtigt:

a) wenn das Recht jenes Staates die Verweisung annimmt;

b) wenn es sich um eine Verweisung auf das italienische Recht handelt.

(2) Die Anwendung des vorstehenden Abs. 1 ist jedoch ausgeschlossen:

a) in den Fällen, in denen die Bestimmungen dieses Gesetzes das ausländische Recht aufgrund einer diesbezüglichen Rechtswahl der interessierten Parteien für anwendbar erklären;

b) hinsichtlich der Bestimmungen, die die Form der Rechtshandlungen betreffen;

c) in Bezug auf die Bestimmungen des XI. Abschnitts dieses Titels.

(3) In den Fällen von Artt. 33, 34 und 35 wird die Verweisung nur dann berücksichtigt, wenn sie zur Anwendbarkeit eines Rechts führt, das die Begründung des Kindschaftsverhältnisses fördert.

(4) Wenn das vorliegende Gesetz ein internationales Übereinkommen in jedem Fall für anwendbar erklärt, ist hinsichtlich der Frage der Verweisung immer der Lösung zu folgen, die in dem Übereinkommen vorgesehen ist."

[83] Vgl. dazu *v. Hein*, ZVglRwiss 99 (2000) 253; *Gottschalk*, Allgemeine Lehren, S. 53, 54; *Lindenau*, Einführung des Renvoi, S. 342, 344; *Staudinger-Hausmann* (2003), Anh. zu Art. 4 EGBGB, Rn. 233-235.

21. Japanisches Recht

a) Grundhaltung - beschränkte Rückverweisung

aa) Grundsätzliche Berücksichtigung der Rückverweisung vom Heimatrecht

Das japanische Gesetz über die Anwendung der Gesetze (*Horei*)[84] vom 21.6.1898, zuletzt geändert durch das Gesetz Nr. 27 vom 28.6.1989 (in Kraft getreten am 1.1.1990), nimmt mit erheblicher Einschränkung eine Rückverweisung vom Heimatrecht des Betroffenen auf das japanische Recht an: Ist nach japanischem Kollisionsrecht das Heimatrecht einer Person maßgebend, und erklärt das berufene Heimatrecht des Betroffenen das japanische Recht für anwendbar, so ist das japanische materielle Recht anzuwenden (Art. 32 HS 1). Somit bricht die Verweisungskette ab, auch wenn es sich um eine Gesamtrückverweisung handelt.

bb) Ein Fall aus der japanischen Rechtsprechung

In einem Urteil vom 8.3.1994 hat der japanische Oberste Gerichtshof das japanische Recht angewandt, und zwar mit der Begründung, dass das in der Volksrepublik China geltende IPR hinsichtlich unbeweglicher Sachen auf das japanische Recht als Belegenheitsrecht (*lex rei sitae*) zurückverweist (Art. 149 der Allgemeinen Grundsätze des Zivilrechts der VR China vom 12.4.1986), nachdem das japanische IPR (Art. 26 *Horei*) zuerst auf das chinesische Recht als Heimatrecht (*lex patriae*) des Betroffenen verwiesen hatte[85].

cc) Nicht geregelte Fälle des Renvoi

Eine etwaige Rückverweisung von einer maßgebenden fremden Rechtsordnung, die nicht das Heimatrecht des Betroffenen darstellt, und eine Weiterverweisung auf das Recht eines Drittstaates sind im japanischen *Horei* nicht ausdrücklich geregelt. Es hinterlässt daher eine sichtbare Gesetzeslücke.

---

[84] Gesetz Nr. 10 vom 21.6.1898 i.d.F. des Gesetzes Nr. 27 vom 28.6.1989. Deutsche Übersetzung auszugsweise abgedr. bei *Kropholler/Krüger/Riering/Samtleben/Siehr* (Hrsg.), Außereuropäische IPR-Gesetze, S. 308-318; *Bergmann/Ferid/Henrich*, 139. Lieferung, Japan (Stand: 31.12.1999), S. 34-37.

[85] Vgl. dazu *Yamauchi*, FS Großfeld, S. 1358.

b) Weitere Einschränkungen

Die ohnehin schon beschränkte Rückverweisung wird im japanischen *Horei* durch einige Ausnahmefälle weiterhin eingegrenzt. In manchen Rechtsgebieten, wie etwa bei allgemeinen Ehewirkungen (Art. 14), Güterstand (Art. 15 I), Ehescheidung (Art. 16) und rechtlicher Beziehung zwischen Eltern und Kindern (Art. 21), ist eine Rückverweisung vom Heimatrecht auf das japanische Recht ausgeschlossen (Art. 32 HS 2). Sinngemäß ist eine anderweitige Rück- oder Weiterverweisung nicht zu beachten[86].

22. Jugoslawisches Recht

Das jugoslawische Gesetz zur Lösung von Gesetzeskollisionen mit den Bestimmungen über das Verhältnis zu ausländischen Staaten (IPR-Gesetz) vom 15.7.1982[87], das am 1.1.1983 in Kraft getreten ist, gilt seit dem 1.1.2003 für Serbien und Montenegro (BGBl. 2003 II S. 69) weiter und wird ferner in den heute selbstständigen Republiken Bosnien-Herzegowina, Kroatien und Mazedonien weiter angewandt. Es lässt sowohl die Rückverweisung als auch die Weiterverweisung zu (Art. 6 I). Es schreibt vor, dass eine Rückverweisung auf das jugoslawische Recht zur Anwendung der Sachvorschriften des jugoslawischen Rechts unter Ausschluss von dessen Kollisionsnormen führen soll (Art. 6 II). Eine entsprechende Einschränkung für die Weiterverweisung gibt es nicht[88].

23. Kasachisches Recht

Das kasachische Recht ist im 7. Abschnitt (Artt. 1084 ff.) des neuen kasachischen Zivilgesetzbuchs i.F.v. 1.7.1999 kodifiziert worden[89]. Danach geht das kasachische IPR vom Grundsatz der Sachnormverweisung aus und schließt daher die Rück- und Weiterverweisung prinzipiell aus. Eine Rückverweisung auf kasachisches Recht oder eine Weiterverweisung auf eine dritte Fremdrechtsordnung wird nur ausnahmsweise zur Bestimmung des Personalstatuts natürlicher Personen, insbesondere bei der Anknüpfung der Geschäftsfähigkeit, berücksichtigt[90].

---

[86] Vgl. dazu *Staudinger-Hausmann* (2003), Anh. zu Art. 4 EGBGB, Rn. 795.

[87] Deutsche Übersetzung in: IPRax 1983, 6; RabelsZ 49 (1985) 544, 545. Französische Übersetzung in: Rev. crit. DIP 1983, 353.

[88] Vgl. dazu *Sauveplanne*, Renvoi, S. 27; *Staudinger-Hausmann* (2003), Anh. zu Art. 4 EGBGB, Rn. 366, 374.

[89] Deutsche Übersetzung auszugsweise bei *Ferid/Firsching/Dörner/Hausmann*, Kasachstan, Texte A, Nr. 2.

[90] Art. 1087 des kasachischen ZGB i.F.v. 1.7.1999 lautet in deutscher Übersetzung:

24. Kubanisches Recht

Das neue kubanische Zivilgesetzbuch (*Código civil*) vom 16.7.1987, das am 12.4.1988 im Kraft getreten ist, enthält in seinen Einleitungsbestimmungen (Artt. 11-21) sowie in einigen Sondervorschriften Kollisionsnormen[91]. Danach wird eine Rückverweisung auf kubanisches Recht stets berücksichtigt, eine Weiterverweisung auf das Recht eines Drittstaates nur dann, wenn dessen Anwendung nicht gegen den kubanischen *ordre public* verstößt. Im letzteren Fall findet das kubanische Recht Anwendung (Art. 19 i.V.m. Art. 21 Cc)[92].

25. Lettisches Recht

Kollisionsnormen der Republik Lettland sind heute im Wesentlichen in der Einleitung des Zivilgesetzbuchs vom 28.1.1937 i.d.F. vom 25.5.1993[93] enthalten. Danach ist die Verweisung durch lettisches IPR eine Gesamtverweisung. Eine Rückverweisung vom berufenen ausländischen Recht auf lettisches Recht ist stets zu beachten (Art. 23 ZGB)[94]. Ob eine Weiterverweisung auf eine dritte Fremdrechtsordnung zu berücksichtigen ist, ist nicht ausdrücklich geregelt. Die lettische Rechtsprechung hat dazu noch keine Stellung genommen. Wegen der dem Art. 23 ZGB zugrunde liegenden Konzeption der Gesamtverweisung liegt

---

„(1) Jede Verweisung auf ausländisches Recht gemäß den Regeln dieses Abschnitts ist mit Ausnahme der in diesem Artikel vorgesehenen Fälle als Verweisung auf das materielle Recht des betreffenden Staates, nicht jedoch auf sein Kollisionsrecht anzusehen.
(2) Die Rückverweisung auf das Recht der Republik Kasachstan und die Verweisung auf das Recht eines dritten Landes (Weiterverweisung) erfolgen gemäß den Anwendungsregeln des ausländischen Rechts im Rahmen von Art. 1094, Art. 1095 Abs. 2, 3, 5 und Art. 1097 dieses Gesetzes."
Vgl. dazu *Staudinger-Hausmann* (2003), Anh. zu Art. 4 EGBGB, Rn. 506, 514.

[91] Deutsche Übersetzung auszugsweise abgedr. bei *Kropholler/Krüger/Riering/Samtleben/Siehr* (Hrsg.), Außereuropäische IPR-Gesetze, S. 475.

[92] Art. 19 des kubanischen Cc von 1987 lautet in deutscher Übersetzung:
„Bei Verweisung auf ein ausländisches Recht, das seinerseits auf das kubanische Recht zurückverweist, ist dieses anwendbar. Trifft die Verweisung auf die eines anderen Staates, ist diese Weiterverweisung immer dann zulässig, wenn die Anwendung jenes Rechts nicht gegen Art. 21 verstößt. In diesem letzten Fall ist kubanisches Recht anwendbar."
Vgl. dazu *Staudinger-Hausmann* (2003), Anh. zu Art. 4 EGBGB, Rn. 609, 613.

[93] Zuletzt geändert durch das Gesetz vom 11.6.1998. Deutsche Übersetzung bei *Bergmann/Ferid/Henrich*, 148. Lieferung, Lettland (Stand: 1.5.2002), S. 67 ff; *Ferid/Firsching/Dörner/Hausmann*, Lettland, Texte A 3 ff.

[94] Art. 23 des lettischen ZGB von 1937 i.d.F. vom 25.5.1993 lautet in deutscher Übersetzung:
„Sofern nach den Bestimmungen dieser Einleitung das Recht eines fremden Staates anzuwenden ist, dasselbe aber seinerseits bestimmt, dass das lettische Recht anzuwenden ist, ist das Letztere anzuwenden."

der weitere Schluss nahe, dass auch der Weiterverweisung Rechnung getragen wird[95].

26. Liechtensteinisches Recht

Das liechtensteinische Gesetz über das Internationale Privatrecht vom 19.9.1996[96], das am 1.1.1997 in Kraft getreten ist, stellt eine einheitliche Kodifikation des Kollisionsrechts in Liechtenstein dar[97]. Die Verweisung aufgrund des liechtensteinischen IPR ist grundsätzlich eine Sachnormverweisung (Art. 5 I 1). Dieser Grundsatz hat jedoch seine Ausnahme: Die fremden Kollisionsnormen werden nur dann berücksichtigt, wenn sie das liechtensteinische Recht für maßgebend erklären; in diesem Fall ist die Rückverweisung auf das liechtensteinische Recht stets zu beachten (Art. 5 I 2)[98].

27. Litauisches Recht

Das litauische Zivilgesetzbuch vom 18.7.2000, das am 1.7.2001 in Kraft getreten ist, enthält in seinem Ersten Buch Kollisionsnormen, die hauptsächlich auf dem Wohnsitzprinzip beruhen. Danach wird die Rück- und Weiterverweisung nicht beachtet[99].

28. Luxemburgisches Recht

Die Rück- und Weiterverweisung ist in der luxemburgischen Rechtsprechung grundsätzlich anerkannt. Ausnahmen von diesem Grundsatz bestehen beispielsweise bei der staatsvertraglichen Sachnormverweisung durch ein für Luxemburg geltendes internationales Übereinkommen (z.B. das Haager Minderjährigenschutzübereinkommen von 1961), bei der Bestimmung des

---

[95] Vgl. dazu *Bergmann/Ferid/Henrich*, a.a.O. 40; *Ferid/Firsching/Dörner/Hausmann*, Lettland, Rn. 52.

[96] Text auszugsweise abgedr. bei *Bergmann/Ferid/Henrich*, 130. Lieferung, Liechtenstein (Stand: 31.8.1997), S. 62-66. Französische Übersetzung in: Rev. crit. DIP 1997, 858.

[97] Vgl. dazu *Kohler*, IPRax 1997, 309; *Appel*, RabelsZ 61 (1997) 510 ff.; *Staudinger-Hausmann* (2003), Anh. zu Art. 4 EGBGB, Rn. 296.

[98] Art. 5 I des liechtensteinischen IPRG von 1996 lautet in deutscher Übersetzung:
„Ist fremdes Recht maßgebend, so sind dessen Sachnormen anzuwenden (Rechtsnormen mit Ausnahme der Verweisungsnormen). Dies gilt nicht, wenn die Verweisungsnormen des fremden Rechts das liechtensteinische Recht für maßgebend erklären; in diesem Fall sind die Sachnormen des liechtensteinischen Rechts anzuwenden (Rückverweisung)."

[99] Vgl. dazu *Bergmann/Ferid/Henrich*, 147. Lieferung, Litauen (Stand: 1.4.2002), S. 2.

Formstatuts (immer als Sachnormverweisung verstanden) sowie bei der Wahl des materiellen Rechts durch die Parteien[100].

29. Mexikanisches Recht

Jeder der Einzelstaaten von Mexiko hat sein eigenes Zivilgesetzbuch (*Código civil*) mit eigenen Kollisionsnormen. Das Gleiche gilt für den Bundesdistrikt (*Distrito Federal*). Die Meisten der 32 mexikanischen Teilrechtsordnungen schweigen sich über den Renvoi aus. Doch nehmen die Gesetzgeber des Bundesdistrikts sowie des Teilstaates Nuevo León Stellung dazu. Nach Art. 14 Cc des Bundesdistrikts geht das IPR des Bundesdistrikts vom Grundsatz der Sachnormverweisung aus. Eine Rück- oder Weiterverweisung wird nur ausnahmsweise berücksichtigt, wenn die besonderen Umstände des Falles es erfordern. Hingegen geht die durch das Gesetz vom 8.8.1991 in Art. 21 *bis* Cc eingeführte neue IPR-Kodifikation von Nuevo León vom Grundsatz der Gesamtverweisung aus: Eine Sachnormverweisung erfolgt nur in Ausnahmefällen, etwa wenn die eigenen Kollisionsnormen ausdrücklich auf die Sachnormen des fremden Rechts verweisen[101].

30. Mongolisches Recht

Das neue mongolische Zivilgesetzbuch von 10.1.2002[102], das am 1.9.2002 in Kraft getreten ist, enthält Bestimmungen des IPR[103], einschließlich des Allgemeinen Teils des IPR. Die Rückverweisung wird ausdrücklich zugelassen (Art. 540.2 ZGB)[104]. Die Weiterverweisung ist nicht vorgesehen. Eine teleologische Auslegung spricht jedoch dafür, dass eine Weiterverweisung nicht ausgeschlossen ist, weil man davon ausgehen kann, dass eine Verweisung vom mongolischen Recht auf ausländisches Recht eine Gesamtverweisung darstellt.

31. Niederländisches Recht

Der Renvoi wurde durch die niederländische Rechtsprechung und Literatur fast einstimmig abgelehnt. Diese Auffassung änderte sich als der Benelux-IPR-Entwurf veröffentlicht wurde. Der Rückverweisung vom ausländischen

---

[100] Vgl. dazu *Bergmann/Ferid/Henrich*, 153. Lieferung, Luxemburg (Stand: 1.2.2003), S. 25.
[101] Vgl. dazu *Staudinger-Hausmann* (2003), Anh. zu Art. 4 EGBGB, Rn. 615, 619, 624.
[102] Deutsche Übersetzung auszugsweise abgedr. in: IPRax 2003, 381.
[103] Vgl. dazu *Nelle*, IPRax 2003, 378 ff.
[104] Art. 540.2 des mongolischen ZGB von 2002 lautet in deutscher Übersetzung:
„Falls in ausländischen Gesetzen die Anwendung mongolischer Gesetze bestimmt ist, ist die mongolische Gesetzgebung anzuwenden.“

Heimatrecht auf niederländisches Wohnsitzrecht wird seither durch niederländische Richter Rechnung getragen. Es fehlt aber eine ausdrückliche Berücksichtigung der Weiterverweisung.

Die Technik des Renvoi hat allerdings in der jüngeren Zeit im niederländischen IPR an ihrer praktischen Bedeutung verloren, insbesondere wenn das niederländische Wohnsitzrecht eine engere Verbindung auf die Sachverhalte aufweist. Ohne Bezugnahme auf den Renvoi könnte man nach dem Grundsatz der engsten Verbindung das gleiche Ergebnis bekommen[105].

32. Nordkoreanisches Recht

Nordkorea (die Demokratische Volksrepublik Korea) hat im Beschluss Nr. 62 des Ständigen Ausschusses der Obersten Volksversammlung das Gesetz über das Internationale Privatrecht vom 6.9.1995[106] erlassen. Das Gesetz regelt die Rückverweisung in Art. 14. Die Verweisung aufgrund der nordkoreanischen Kollisionsnormen ist zwar eine IPR-Verweisung, jedoch wird nur die Rückverweisung vom berufenen ausländischen Recht auf nordkoreanisches Recht zugelassen, nicht aber die Weiterverweisung auf eine dritte fremde Rechtsordnung[107].

33. Österreichisches Recht

a) Grundsatz der Gesamtverweisung

Das österreichische Bundesgesetz vom 15.6.1978 über das internationale Privatrecht (IPRG)[108], das am 1.1.1979 in Kraft getreten ist, geht vom Grundsatz der Gesamtverweisung aus, denn nach § 5 I IPRG umfasst die Verweisung auf eine fremde Rechtsordnung auch deren Verweisungsnormen (d.h. Kollisionsnormen).

---

[105] Vgl. dazu *Bergmann/Ferid/Henrich*, 144. Lieferung, Niederlande (Stand: 1.1.2001), S. 26, Fn. 42; *Sauveplanne*, Renvoi, S. 19-20.

[106] Deutsche Übersetzung bei *Bergmann/Ferid/Henrich*, 152. Lieferung, Demokratische Volksrepublik Korea (Stand: 31.10.2002), S. 16-21.

[107] Art. 14 des nordkoreanischen Gesetzes über das Internationale Privatrecht von 1995 lautet in deutscher Übersetzung:
„Ist nach diesem Gesetz ausländisches Recht anzuwenden und verweist dieses auf das Recht der Demokratischen Volksrepublik Korea, so ist das Recht der Demokratischen Volksrepublik Korea anzuwenden."

[108] Öst. BGBl. 1978 Nr. 304, Text auch in: RabelsZ 43 (1979) 375-385; französische Übersetzung in: Rev. crit. DIP 1979, 174.

Bemerkenswert ist die Regelung des § 5 II IPRG[109], die in Übereinstimmung mit Art. 4 I 2 des deutschen EGBGB jede Rückverweisung (auch die Gesamtrückverweisung) auf das eigene Recht annimmt (HS 1), überdies auch mehrere Weiterverweisungen grundsätzlich befolgen will (HS 2). Nur für den Fall der Weiterverweisung folgt das österreichische IPRG dem in seinem § 3 aufgestellten Prinzip, die fremde Rechtsordnung so anzuwenden, wie sie in ihrem ursprünglichen Geltungsbereich angewendet würde.

b) Ausschluss des Renvoi als Ausnahme

Der Grundsatz der Gesamtverweisung im österreichischen IPRG wird durch einige Ausnahmen durchbrochen, etwa § 8 (Form), § 9 III (Personalstatut eines Flüchtlings), § 11 I (Rechtswahl) und § 16 (Form der Eheschließung). Eine Einschränkung des Renvoi für bestimmte Rechtsgebiete gibt es im österreichischen IPRG nicht[110].

34. Peruanisches Recht

Kollisionsnormen des peruanischen Rechts sind im Wesentlichen im Titel I des X. Buchs des peruanischen Zivilgesetzbuchs vom 24.7.1984 enthalten. Danach sind alle Rück- oder Weiterverweisungen vom ausländischen Recht ausgeschlossen (Art. 2048 ZGB)[111].

35. Philippinisches Recht

In den Philippinen gibt es kein Gesetz über das IPR. Aber das philippinische oberste Gericht hat in einem Urteil von 1963 eine Rückverweisung in Form einer Verweisung auf das philippinische innerstaatliche Recht angenommen[112].

---

[109] § 5 II des öst. IPRG bestimmt:
„Verweist die fremde Rechtsordnung zurück, so sind die österreichischen Sachnormen (Rechtsnormen mit Ausnahme der Verweisungsnormen) anzuwenden; im Fall der Weiterverweisung sind unter Berücksichtigung weiterer Verweisungen die Sachnormen der Rechtsordnung maßgebend, die ihrerseits nicht mehr verweist bzw. auf die erstmals zurückverwiesen wird."

[110] Vgl. dazu *Bauer*, Renvoi im int. Schuld- und Sachenrecht, S. 18; *Gottschalk*, Allgemeine Lehren, S. 58, 59; *Staudinger-Hausmann* (2003), Anh. zu Art. 4 EGBGB, Rn. 278-280.

[111] Art. 2048 des peruanischen ZGB von 1984 lautet in deutscher Übersetzung:
„Die Richter haben allein das materielle Recht des Staates anzuwenden, welcher durch die peruanische Kollisionsnorm für maßgebend erklärt wird."
Vgl. dazu *Bergmann/Ferid/Henrich*, 149. Lieferung, Peru (Stand: 30.9.2002), S. 17; *Staudinger-Hausmann* (2003), Anh. zu Art. 4 EGBGB, Rn. 637, 644.

[112] Vgl. dazu *Sauveplanne*, Renvoi, S. 33.

36. Polnisches Recht

Das polnische Gesetz über das Internationale Privatrecht vom 12.11.1965[113] enthält zum größten Teil allseitige Kollisionsnormen, die eine Gesamtverweisung aussprechen. Die Rückverweisung auf das polnische Recht ist stets zu beachten (Art. 4 § 1 IPRG)[114]. Die Weiterverweisung ist jedoch nur dann beachtlich, wenn das polnische IPR auf das fremde Heimatrecht verweist, dieses aber auf eine dritte fremde Rechtsordnung (Art. 4 § 2 IPRG)[115].

37. Portugiesisches Recht

Das portugiesische IPR ist im Wesentlichen geregelt in Artt. 14-65 des portugiesischen Zivilgesetzbuchs (*Código civil*) i.d.F. vom 25.11.1966[116], geändert durch die Reform des Familienrechts von 1977/1998. Die Verweisung aufgrund der portugiesischen Kollisionsnormen ist grundsätzlich eine Sachnormverweisung (Art. 16). Der Grundsatz der Sachnormverweisung wird jedoch durch die mehrfache Zulassung der Rück- und Weiterverweisung durchbrochen.

Eine Weiterverweisung wird zugelassen, wenn das IPR der durch die portugiesischen Kollisionsnormen berufenen Rechtsordnung auf eine dritte fremde Rechtsordnung verweist, und diese ihr eigenes internes Recht für maßgebend erklärt (Art. 17 I). Ebenso ist eine Rückverweisung auf das portugiesische Recht zu beachten, wenn das IPR der durch die portugiesischen Kollisionsnormen berufenen Rechtsordnung das portugiesische interne Recht für maßgebend erklärt (Art. 18 I). Ferner wird der Renvoi im Bereich des internationalen Familien- und Erbrechts zugelassen, wenn das durch die portugiesischen Kollisionsnormen berufene fremde Heimatrecht hinsichtlich der unbeweglichen Sachen auf die *lex rei sitae* verweist, und diese sich als zuständig ansieht (Art. 17 III).

---

[113] Text bei *Makarov* I 184, 185; *Riering* (Hrsg.), IPR-Gesetze in Europa, S. 94 ff. (mit deutscher Übersetzung). Deutsche Übersetzung auch bei *Bergmann/Ferid/Henrich*, 145. Lieferung, Polen (Stand: 25.7.2001), S. 36-38; französische Übersetzung in: Rev. crit. DIP 1966, 323.

[114] Vgl. dazu *Bergmann/Ferid/Henrich*, 145. Lieferung, Polen (Stand: 25.7.2001), S. 20; *Staudinger-Hausmann* (2003), Anh. zu Art. 4 EGBGB, Rn. 415.

[115] Art. 4 des polnischen IPRG lautet in deutscher Übersetzung:
„§ 1. Bestimmt das nach diesem Gesetz anzuwendende fremde Recht, dass für das betreffende Rechtsverhältnis das polnische Recht anzuwenden sei, so findet das polnische Recht Anwendung.
§ 2. Bestimmt das nach diesem Gesetz anzuwendende fremde Heimatrecht, dass für das betreffende Rechtsverhältnis ein anderes fremdes Recht anzuwenden sei, so findet dieses andere Recht Anwendung."

[116] Siehe Rev. crit. DIP 1968, 369.

Der portugiesische *Código civil* enthält weitere komplizierte Vorschriften über den Renvoi. Art. 17 II regelt die Fälle, in denen die Weiterverweisung nicht beachtlich ist; Art. 18 II schränkt die Anwendung des portugiesischen Rechts ein und schließt somit die Rückverweisung aus. Beide Regelungen beziehen sich auf das Personalstatut.

Schließlich regelt Art. 19 die weiteren Fälle, in denen die Weiter- oder Rückverweisung nicht zugelassen ist. Artt. 17 und 18, welche die Weiter- und Rückverweisung betreffen, finden keine Anwendung, wenn sich aus ihrer Anwendung die Ungültigkeit oder Unwirksamkeit eines Rechtsgeschäfts, welches nach der in Art. 16 [grundsätzliche Sachnormverweisung] festgelegten Regel gültig oder wirksam wäre, oder die Illegitimität eines Status, der ansonsten legitim wäre, ergibt. Das Gleiche gilt, wenn das ausländische Recht von den Beteiligten gewählt worden ist, soweit die Rechtswahl erlaubt wird[117]. Die komplizierten Regelungen über den Renvoi im portugiesischen *Código civil* sollen der internationalen Entscheidungsharmonie dienen[118].

38. Recht von Quebec

Das IPR von Quebec, das durch das Gesetz vom 18.12.1991 (in Kraft seit dem 1.1.1994) umfassend kodifiziert worden ist, lehnt den Renvoi ab. Danach beziehen sich die Verweisungen von Kollisionsnormen des 10. Buchs des Cc auf ausländisches Recht auf dessen Sachnormen unter Ausschluss der Kollisionsnormen (Art. 3080 Cc)[119].

39. Rumänisches Recht

Durch das rumänische Gesetz Nr. 105/1992 zur Regelung der Verhältnisse des Internationalen Privatrechts (IPR-Gesetz) vom 22.9.1992[120] sind das IPR und das IZPR Rumäniens kodifiziert worden. Das rumänische IPR-Gesetz beachtet eine Rückverweisung auf das rumänische Recht, lehnt aber jegliche

---

[117] Vgl. dazu *Siehr*, IPR, S. 458; *Lequette*, Renvoi, 11.

[118] Vgl. dazu *Bergmann/Ferid/Henrich*, 132. Lieferung, Portugal (Stand: 10.8.1998), S. 10; *Sauveplanne*, Rec. des Cours 175 (1982 II) 40; *ders.*, Renvoi, S. 25, 26.

[119] Vgl. dazu *Lequette*, Renvoi, 12; *Staudinger-Hausmann* (2003), Anh. zu Art. 4 EGBGB, Rn. 61, 69.

[120] Originaltext mit deutscher Übersetzung bei *Riering* (Hrsg.), IPR-Gesetze in Europa, S. 133 ff.; deutsche Übersetzung auszugsweise abgedr. bei *Bergmann/Ferid/Henrich*, 142. Lieferung, Rumänien (Stand: 1.8.2000), S. 44 h; RabelsZ 58 (1994) 534. Französische Übersetzung in: Rev. crit. DIP 1994, 167.

Weiterverweisung auf das Recht eines Drittstaates ab (Art. 4 I und II)[121]. Ferner ist der Renvoi auf dem Gebiet des internationalen Schuldvertragsrechts ausgeschlossen (Art. 85).

40. Russisches Recht

Das IPR der Russischen Förderation wurde durch das Föderale Gesetz vom 26.11.2001 (in Kraft seit dem 1.3.2002) neu geregelt und in den Dritten Teil des ZGB integriert [122]. Danach geht das russische IPR vom Grundsatz der Sachnormverweisung aus. Die Verweisungen von russischen Kollisionsnormen auf eine fremde Rechtsordnung sind grundsätzlich auf deren materielles Recht gerichtet (Art. 1190 I ZGB). Der Grundsatz der Sachnormverweisung wird jedoch durchbrochen, wenn bezüglich der Rechtsstellung natürlicher Personen die berufene fremde Rechtsordnung auf russisches Recht zurückverweist; in diesem Fall findet das russische materielle Recht Anwendung (Art. 1190 II ZGB)[123].

41. Schweizerisches Recht

a) Grundsätzlicher Ausschluss des Renvoi mit Ausnahme (Art. 14 IPRG)

Die Verweisung des schweizerischen Bundesgesetzes über das internationale Privatrecht (IPRG) vom 18.12.1987/*Loi fédérale sur le droit international privé du 18 décembre 1987 (LDIP)*[124] ist grundsätzlich eine Sachnormverweisung.

---

[121] Art. 4 des rumänischen IPR-Gesetzes lautet in deutscher Übersetzung:
„ (1) Verweist das gemäß den nachfolgenden Bestimmungen maßgebende ausländische Recht auf das rumänische Recht zurück, so ist das rumänische Recht anzuwenden, sofern nicht ausdrücklich etwas anderes bestimmt wird.
(2) Die Weiterverweisung des ausländischen Rechts auf das Recht eines anderen Staates hat keine Wirkung."

[122] Deutsche Übersetzung in: IPRax 2002, 327. Vgl. dazu *Mindach*, IPRax 2002, 309 ff.; *Staudinger-Hausmann* (2003), Anh. zu Art. 4 EGBGB, Rn. 461-473, insbesondere Rn. 470 zum Renvoi.

[123] Art. 1190 ZGB der Russischen Föderation lautet in deutscher Übersetzung:
„1. Jede Verweisung auf ausländisches Recht in Übereinstimmung mit den Regeln dieses Abschnitts muss als Verweisung auf das materielle Recht und nicht auf das Kollisionsrecht des entsprechenden Staates angesehen werden, ausgenommen die in Abs. 2 dieses Artikels vorgesehenen Fälle.
2. Eine Rückverweisung vom ausländischen Recht kann in den Fällen der Verweisung auf russisches Recht erfolgen, das den Rechtsstatus natürlicher Personen bestimmt (Artt. 1195-1200)."

[124] SR 291; deutscher Text abgedr. bei *Bergmann/Ferid/Henrich*, 146. Lieferung, Schweiz (Stand: 1.6.2001), S. 56-65; *Riering* (Hrsg.), IPR-Gesetze in Europa, S. 210 ff.; französischer Text in: Rev. crit. DIP 1988, 409.

Diese ergibt sich aus Art. 14 IPRG, welcher die Berücksichtigung einer Rück- oder Weiterverweisung nur in besonderen Fällen erlaubt. Diese vom schweizerischen Gesetzgeber in Art. 14 IPRG getroffene Lösung lässt sich als grundsätzlicher Ausschluss des Renvoi mit Ausnahmen charakterisieren und steht im Einklang mit der Bekenntnis zum Wohnsitzprinzip, da das auf dem **Wohnsitzprinzip** beruhende IPRG jeweils das mit dem Sachverhalt am engsten verbundene Recht zur Anwendung beruft, was den Renvoi überflüssig macht[125].

b) Berücksichtigung der Rück- und Weiterverweisung als Ausnahme

aa) Berücksichtigung der Rück- und Weiterverweisung kraft gesetzlicher Anordnung

Art. 14 I IPRG sieht die Berücksichtigung einer Rückverweisung vom ausländischen Kollisionsrecht auf schweizerisches Recht oder einer Weiterverweisung auf ein Drittstaatsrecht für jene wenigen Fälle vor, in denen die Spezialnormen des schweizerischen IPRG eine solche Berücksichtigung anordnen[126].

Solche gesetzlichen Anordnungen zur Berücksichtigung ausländischen Kollisionsrechts finden sich im IPRG etwa in Art. 37 I (Name einer Person mit Wohnsitz im Ausland) und Art. 91 I (Nachlass einer Person mit letztem Wohnsitz im Ausland). In beiden Fällen geht es um Personen mit Wohnsitz im Ausland, zu denen der Bezug der *lex fori* weniger eng ist als zu Personen mit Wohnsitz im Inland. In beiden Fällen wird ferner angeordnet, dass das Kollisionsrecht des Staates des Wohnsitzes maßgebend ist. Somit ist in diesen beiden Fällen die Rück- und Weiterverweisung von der berufenen ausländischen Rechtsordnung zu beachten[127].

bb) Berücksichtigung der Rückverweisung bei Fragen des Personen- und Familienstandes

Bei „Fragen des Personen- und Familienstandes" wird gemäß Art. 14 II IPRG nur die Rückverweisung auf schweizerisches Recht beachtet, welche

[125] Vgl. dazu *Honsell/Vogt/Schnyder* (Hrsg.), Kommentar. IPR, S. 124, 126.

[126] Art. 14 I des schweizerischen IPRG lautet:
„Sieht das anwendbare Recht eine Rückverweisung auf das schweizerische Recht oder eine Weiterverweisung auf ein anderes ausländisches Recht vor, so ist sie zu beachten, wenn dieses Gesetz sie vorsieht."

[127] Vgl. dazu *ders.*, *Honsell/Vogt/Schnyder* (Hrsg.), Kommentar. IPR, S. 127; *Bergmann/Ferid/Henrich*, 146. Lieferung, Schweiz (Stand: 1.6.2001), S. 22; *Staudinger-Hausmann* (2003), Anh. zu Art. 4 EGBGB, Rn. 308.

dementsprechend als Sachnormverweisung zu verstehen ist. Verschiedene Autoren kritisierten diese Bestimmung als „Heimwärtsstreben" in Richtung *lex fori*, da sie keine Weiterverweisung beachtet und dadurch den internationalen Entscheidungseinklang verhindern könnte[128].

42. Recht der nordischen Staaten

Die Rück- und Weiterverweisung wird im autonomen Internationalen Privatrecht der nordischen Staaten (Dänemark[129], Finnland, Island, Norwegen, Schweden) allgemein abgelehnt. Die dort normierten Kollisionsnormen stellen meistens auf das materielle Recht ab und verweisen nicht auf das Kollisionsrecht einer fremden Rechtsordnung (ausgenommen Finnland). Die Literatur der nordischen Staaten lehnt den Renvoi überwiegend ab[130].

Das schwedische Recht, das keine Kodifikation des IPR kennt, akzeptiert beispielsweise die Rück- und Weiterverweisung in aller Regel nicht. Verweist das schwedische Recht auf ausländisches Recht, dann wird auf das ausländische materielle Recht und nicht auf das ausländische IPR verwiesen[131].

Die Rück- und Weiterverweisung ist jedoch im finnischen Recht beachtlich. Ein finnisches Gesetz vom 5.12.1929 [132] sieht beispielsweise im Bereich des internationalen Familienrechts die Annahme eines Renvoi vor, sowohl in Form einer Rückverweisung als auch einer Weiterverweisung (§ 53)[133].

43. Senegalesisches Recht

Das senegalesische IPR ist in den Schlussbestimmungen zum Familiengesetzbuch vom 12.6.1972 enthalten[134]. Art. 852 äußert sich zum Renvoi, wonach eine Rückverweisung auf senegalesisches Recht stets zu

---

[128] Vgl. dazu *v. Overbeck*, in: Lausanner Kolloquium, S. 37 ff.; *Schnyder*, IPR-Gesetz, S. 27, 28; *Honsell/Vogt/Schnyder* (Hrsg.), Kommentar. IPR, S. 128; *Gottschalk*, Allgemeine Lehren, S. 59-61.

[129] Vgl. dazu *Bergmann/Ferid/Henrich*, 147. Lieferung, Dänemark (Stand: 1.1.2002), S. 17.

[130] Vgl. dazu *Korkisch*, RabelsZ 23 (1958), 613-615; *Frisch*, Int. Schuldrecht der nordischen Länder, S. 163.

[131] Vgl. dazu *Bergmann/Ferid/Henrich*, 152. Lieferung, Schweden (Stand: 1.2.2003).

[132] Text bei *Makarov* I, 89, 104.

[133] Vgl. dazu *Bergmann/Ferid/Henrich*, 103. Lieferung, Finnland (Stand: 31.12.1987), S. 13; *Sauveplanne*, Renvoi, S. 26, 27; *Staudinger-Hausmann* (2003), Anh. zu Art. 4 EGBGB, Rn. 150.

[134] Deutsche Übersetzung auszugsweise abgedr. bei *Kropholler/Krüger/Riering/Samtleben/Siehr* (Hrsg.), Außereuropäische IPR-Gesetze, S. 735.

beachten ist. Offen bleibt hingegen, ob eine Weiterverweisung auf das Recht eines Drittstaates in jedem Fall ausgeschlossen ist[135].

44. Slowenisches Recht

Das slowenische Gesetz über das Internationale Privatrecht und Verfahren vom 30.6.1999 [136] (in Kraft seit dem 28.7.1999) regelt die Rück- und Weiterverweisung in dessen Art. 6. Danach geht das Gesetz vom Grundsatz der Kollisionsnormverweisung (Gesamt- bzw. IPR-Verweisung) aus (Art. 6 I). Eine Rückverweisung von der berufenen fremden Rechtsordnung auf das slowenische Recht ist stets zu beachten, gleichgültig, ob die berufene fremde Rechtsordnung ihrerseits eine Sachnormverweisung oder Kollisionsnormverweisung ausspricht (Art. 6 II). Die Rück- und Weiterverweisung bleibt jedoch außer Betracht, wenn die Parteien berechtigt sind, das anzuwendende Recht zu wählen (Art. 6 III)[137].

45. Somalisches Recht

Das somalische Zivilgesetzbuch (*Codice civile*), welches durch das Gesetz Nr. 37 vom 2.6.1973 [138] erlassen worden ist, enthält Kollisionsnormen in den allgemeinen Vorschriften in Kap. 1, Abschnitt 2 (Artt. 6-28). Art. 27 Cc nimmt Stellung zum Renvoi. Danach ist jegliche Verweisung auf ausländisches Recht

---

[135] Art. 852 des senegalesischen Familiengesetzbuchs von 1972 lautet in deutscher Übersetzung:
„Wenn das anwendbare ausländische Recht auf das senegalesische Recht verweist, wird dieses angewandt."
Vgl. dazu *Staudinger-Hausmann* (2003), Anh. zu Art. 4 EGBGB, Rn. 754, 761.

[136] Deutsche Übersetzung abgedr. bei *Bergmann/Ferid/Henrich*, 143. Lieferung, Slowenien (31.12.2000), S. 47-57; IPRax 2003, 163. Siehe dazu die Einführung von *Rudolf*, in: IPRax 2003, 158 ff.

[137] Art. 6 des slowenischen Gesetzes über das Internationale Privatrecht und Verfahren vom 30.6.1999 lautet in deutscher Übersetzung:
„(1) Ist nach diesem Gesetz das Recht eines anderen Staates anzuwenden, so sind dessen Bestimmungen über das anzuwendende Recht zu beachten.
(2) Verweisen die Vorschriften eines anderen Staates, die bestimmen, welches Recht anzuwenden ist, auf die Rechtsordnung der Republik Slowenien zurück, so ist das Recht der Republik Slowenien, ausgenommen deren Verweisungsnormen, anzuwenden.
(3) Abs. 1 und Abs. 2 dieses Artikels sind nicht anzuwenden, wenn den Parteien die Rechtswahl zusteht."
Vgl. dazu *Rudolf*, IPRax 2003, 159; *Staudinger-Hausmann* (2003), Anh. zu Art. 4 EGBGB, Rn. 431, 438.

[138] Deutsche Übersetzung abgedr. bei *Bergmann/Ferid/Henrich*, 98. Lieferung (abgeschlossen am 31.12.1988), Somalia, S. 23-25.

als Sachnormverweisung zu verstehen. Die Rück- oder Weiterverweisung bleibt außer Betracht[139].

46. Spanisches Recht

Das spanische IPR ist geregelt in Artt. 8-12 des spanischen Zivilgesetzbuchs (Cc) i.d.F. vom 31.5.1974[140] und in Artt. 49, 50 und 107 I Cc i.d.F. vom 7.7.1981, neu gefasst durch das Gesetz vom 15.10.1990 und das Gesetz vom 15.1.1996, in Kraft seit dem 16.2.1996[141].
Eine Rückverweisung vom berufenen ausländischen Recht auf das spanische Recht ist beachtlich; eine Weiterverweisung auf die dritte Fremdrechtsordnung ist jedoch ausgeschlossen (Art. 12 II Cc)[142].

47. Tadschikisches Recht

Die Kollisionsnormen des tadschikischen IPR sind im Wesentlichen im Teil III des Zivilgesetzbuchs vom 30.6.1999 enthalten. Darin wird das Rechtsinstitut des Renvoi nicht berücksichtigt[143].

48. Taiwanesisches Recht

Was das IPR angeht, so gilt in Taiwan das Gesetz betreffend die Rechtsanwendung in zivilrechtlichen Sachen mit Auslandsberührung vom 6.6.1953[144]. Nach § 29 dieses Gesetzes wird ein Renvoi vom Heimatrecht im Bereich des Personalstatuts angenommen, nicht nur in Form einer Rückverweisung, sondern auch einer Weiterverweisung. Die Verweisungskette

---

[139] Art. 27 des somalischen Zivilgesetzbuchs (Cc) von 1973 betreffend den Verweis auf ausländisches Recht lautet in deutscher Übersetzung:
„Bei Verweis auf ein ausländisches Recht sollen nicht die Normen von dessen internationalem Privatrecht anwendbar sein."

[140] Deutsche Übersetzung bei *Makarov*, Quellen des IPR (3. Aufl. 1978), 259 ff.; französische Übersetzung in: Rev. crit. DIP 1976, 397. Vgl. hierzu *v. Hoffmann/Ortiz-Arce*, Das neue spanische IPR, in: RabelsZ 39 (1975) 647-690; *Sauveplanne*, Renvoi, S. 26; *Staudinger-Hausmann* (2003), Anh. zu Art. 4 EGBGB, Rn. 264.

[141] Deutsche Übersetzung auszugsweise abgedr. bei *Bergmann/Ferid/Henrich*, 132. Lieferung, Spanien (Stand: 31.7.1997), S. 13-15.

[142] Art. 12 II des spanischen Zivilgesetzbuchs lautet in deutscher Übersetzung:
„Die Verweisung auf ausländisches Recht gilt als Verweisung auf dessen materielles Recht, ohne dass die Weiterverweisung beachtet wird, die dessen Kollisionsnormen auf ein anderes Recht als das Spanische vornehmen."

[143] Vgl. dazu *Bergmann/Ferid/Henrich*, 152. Lieferung, Tadschikistan (Stand: 30.12.2002), S. 22.

[144] Deutsche Übersetzung abgedr. bei *Kropholler/Krüger/Riering/Samtleben/Siehr* (Hrsg.), Außereuropäische IPR-Gesetze, S. 783.

wird jedoch abgebrochen, wenn auf das taiwanesische Recht zurückverwiesen wird[145].

49. Thailändisches Recht

Das thailändische Gesetz betreffend Gesetzeskollisionen vom 4.8.1938[146] (in Kraft seit dem 10.3.1938) akzeptiert einen Renvoi in Form einer Rückverweisung auf das thailändische materielle Recht (Art. 4)[147]. Eine Weiterverweisung auf das Recht eines Drittstaates wird hingegen nicht zugelassen[148].

50. Togolesisches Recht

Das togolesische IPR ist im XI. Titel des Familiengesetzbuchs vom 31.1.1980 geregelt[149]. Art. 727 äußert sich zum Renvoi, wonach eine Rückverweisung auf togolesisches Recht stets zu beachten ist. Ob damit eine Weiterverweisung auf das Recht eines Drittstaates in jedem Fall ausgeschlossen ist, bleibt offen[150].

51. Tschechisches und slowakisches Recht

Das Gesetz über das internationale Privat- und Prozessrecht der Tschechoslowakischen (IPRG) Sozialistischen Republik vom 4.12.1963[151] gilt

---

145 Vgl. dazu *Sauveplanne*, Renvoi, S. 27; *Staudinger-Hausmann* (2003), Anh. zu Art. 4 EGBGB, Rn. 785.

146 Deutsche Übersetzung abgedr. bei *Makarov* I 152; *Bergmann/Ferid/Henrich*, 78. Lieferung, Thailand (Stand: 30.6.1981), S. 6-9; *Kropholler/Krüger/Riering/Samtleben/Siehr* (Hrsg.), Außereuropäische IPR-Gesetze, S. 805.

147 Art. 4 des thailändischen Gesetzes betreffend Gesetzeskollisionen von 1938 lautet in deutscher Übersetzung:
„Wenn nach dem Recht eines fremden Staates, das nach diesem Gesetz maßgebend ist, das Recht von Siam anzuwenden ist, so ist das interne Recht von Siam maßgebend und es sind nicht die siamesischen Kollisionsnormen anzuwenden."

148 Vgl. dazu *Staudinger-Hausmann* (2003), Anh. zu Art. 4 EGBGB, Rn. 818.

149 Deutsche Übersetzung abgedr. bei *Kropholler/Krüger/Riering/Samtleben/Siehr* (Hrsg.), Außereuropäische IPR-Gesetze, S. 833.

150 Art. 727 des togolesischen Familiengesetzbuchs von 1980 lautet in deutscher Übersetzung:
„Wenn das anwendbare ausländische Recht auf das togolesische Recht verweist, wird dieses angewandt."
Vgl. dazu *Staudinger-Hausmann* (2003), Anh. zu Art. 4 EGBGB, Rn. 770, 777.

151 Text bei *Makarov* I 292, 305; *Riering* (Hrsg.), IPR-Gesetze in Europa, S. 298 ff. (mit deutscher Übersetzung). Französische Übersetzung in: Rev. crit. DIP 1965, 614. Deutsche Übersetzung auch bei *Bergmann/Ferid/Henrich*, 143. Lieferung, Tschechische Republik (Stand: 15.5.2001), S. 36-43.

seit der Spaltung der Tschechoslowakischen Sozialistischen Republik am 1.1.1993 in der Tschechischen Republik und der Slowakischen Republik aufgrund von Regelungen in den jeweiligen Verfassungen fort[152]. Es nimmt sowohl die Rückverweisung auf die *lex fori* als auch die Weiterverweisung auf das Recht eines Drittstaates an (§ 35 IPRG), vorausgesetzt, dass eine solche Verweisung „einer vernünftigen und billigen Regelung" des betreffenden Rechtsverhältnisses entspricht[153].

52. Türkisches Recht

Das türkische Gesetz Nr. 2675 über das internationale Privat- und Zivilverfahrensrecht (IPR-Gesetz) vom 20.5.1982 [154] nimmt eine Rückverweisung in Form einer Verweisung auf das türkische materielle Recht an. Verweist das anwendbare fremde Recht auf ein drittes fremdes Recht, dann sind nur die Sachnormen des Letzteren anzuwenden (Art. 2 III des IPR-Gesetzes)[155].

53. Ungarisches Recht

Die ungarische Gesetzesverordnung Nr. 13/1979 vom 31.5.1979[156] über das Internationale Privatrecht (in Kraft getreten am 1.7.1979) lässt die Rückverweisung zu, lehnt aber die Weiterverweisung ab (§ 4 IPR-Gesetzesverordnung)[157].

---

[152] Vgl. dazu *Sonnentag*, Renvoi, S. 55, Fn. 86; *Staudinger-Hausmann* (2003), Anh. zu Art. 4 EGBGB, Rn. 442.

[153] Art. 35 IPRG der Tschechoslowakischen Sozialistischen Republik vom 4.12.1963 lautet in deutscher Übersetzung:
„Ist nach den Bestimmungen dieses Gesetzes eine Rechtsordnung anzuwenden, deren Bestimmungen auf das tschechoslowakische Recht zurück- oder auf das Recht eines anderen Staates weiterverweisen, so kann eine solche Verweisung angenommen werden, wenn dies einer vernünftigen und billigen Regelung des Verhältnisses entspricht, um das es sich handelt."

[154] Deutsche Übersetzung bei *Bergmann/Ferid/Henrich*, 153. Lieferung, Türkei (Stand: 30.6.2003), S. 50-55; *Riering* (Hrsg.), IPR-Gesetze in Europa, S. 399 ff.; IPRax 1982, 254 ff. Französische Übersetzung in: Rev. crit. DIP 1983, 141.

[155] Vgl. dazu *Sonnentag*, Renvoi, S. 50, 51; *Sauveplanne*, Renvoi, S. 26; *Staudinger-Hausmann* (2003), Anh. zu Art. 4 EGBGB, Rn. 332.

[156] Deutsche Übersetzung bei *Bergmann/Ferid/Henrich*, 143. Lieferung, Ungarn (Stand: 31.12.2000), S. 24-28; *Riering* (Hrsg.), IPR-Gesetze in Europa, S. 365. Französische Übersetzung in: Rev. crit. DIP 1981, 158.

[157] § 4 der ungarischen IPR-Gesetzesverordnung von 1979 lautet in deutscher Übersetzung:
„Ist nach dieser Gesetzesverordnung ausländisches Recht anzuwenden, so sind die Vorschriften des ausländischen Rechts maßgebend, welche die betreffende Frage unmittelbar regeln. Verweist aber das ausländische Recht hinsichtlich der aufgeworfenen Frage auf das

54. US-amerikanisches Recht

In den Vereinigten Staaten von Amerika gibt es kein einheitliches IPR auf der Bundesebene. Vielmehr geht es um das Kollisionsrecht der Einzelstaaten, das sich in erster Linie mit den Rechtskonflikten der Einzelstaaten untereinander beschäftigt. In den meisten Einzelstaaten wird der Renvoi abgelehnt.

Das Gesetz Louisianas von 1991, durch das das IPR kodifiziert worden ist (in Kraft seit dem 1.1.1992), lehnt im Regelfall den Renvoi ab, lässt ihn aber ausnahmsweise zu, wenn einwendende Gründe vorliegen, wie etwa zugunsten der Anerkennung einer Ehe; die Kollisionsnormen eines Fremdstaates werden nur unter bestimmten Umständen berücksichtigt. Die Rück- und Weiterverweisungen sind also Ausnahmefälle (Art. 3517 I Cc)[158].

55. Usbekisches Recht

Das neue usbekische Zivilgesetzbuch von 1997, das am 1.3.1997 in Kraft getreten ist, enthält in seinem VI. Abschnitt (Artt. 1158-1199) Kollisionsnormen[159]. Danach geht das usbekische IPR vom Grundsatz der Sachnormverweisung aus und schließt daher eine Rück- oder Weiterverweisung prinzipiell aus. Die Rück- und Weiterverweisung ist nur ausnahmsweise zur Bestimmung des Personalstatuts natürlicher Personen, insbesondere bei der Anknüpfung der Geschäftsfähigkeit und des Namens natürlicher Personen sowie der Vormundschaft und Pflegschaft, berücksichtigt (Art. 1161 ZGB)[160].

---

ungarische Recht zurück, so ist entsprechend dieser Vorschrift ungarisches Recht anzuwenden."

[158] Vgl. dazu *Lequette*, Renvoi, 11; *Staudinger-Hausmann* (2003), Anh. zu Art. 4 EGBGB, Rn. 83.

[159] Deutsche Übersetzung auszugsweise abgedr. bei *Kropholler/Krüger/Riering/Samtleben/Siehr* (Hrsg.), Außereuropäische IPR-Gesetze, S. 915.

[160] Art. 1161 des usbekischen ZGB von 1997 lautet in deutscher Übersetzung:
„(1) Jede Verweisung auf ausländisches Recht nach den Regeln dieses Abschnitts ist mit Ausnahme der in diesem Artikel vorgesehenen Fälle als Verweisung auf das materielle Recht des betreffenden Staates und nicht auf sein Kollisionsrecht anzusehen.
(2) Eine Rückverweisung auf das Recht der Republik Usbekistan und eine Verweisung auf das Recht eines dritten Landes (Weiterverweisung) erfolgen gemäß den Anwendungsregeln des ausländischen Rechts im Rahmen von Art. 1168, Art. 1169 Abs. 1, 3 und 5, Art. 1171 und Art. 1174 dieses Gesetzes."
Vgl. dazu *Staudinger-Hausmann* (2003), Anh. zu Art. 4 EGBGB, Rn. 537, 545.

56. Venezolanisches Recht

Das venezolanische Gesetz über Internationales Privatrecht (IPR-Gesetz) vom 6.8.1998[161], das am 6.2.1999 in Kraft getreten ist, lässt eine sog. akzeptierte Weiterverweisung zu, in der sich die Rechtsordnung eines Drittstaates, auf die die zuerst berufene fremde Rechtsordnung verweist, ihrerseits für anwendbar erklärt (Art. 4 I). Zudem nimmt das IPR-Gesetz eine Rückverweisung von der berufenen fremden Rechtsordnung auf das venezolanische Recht stets an (Art. 4 II). In anderen Fällen ist die Rück- oder Weiterverweisung ausgeschlossen (Art. 4 III)[162].

57. Weißrussisches Recht

Das neue weißrussische Zivilgesetzbuch (ZGB), das am 1.7.1999 in Kraft getreten ist, enthält in seinem VII. Abschnitt die Neuregelung des IPR[163]. Das ZGB lässt die Rück- und Weiterverweisung nur im Bereich des Personenrechts (Personalstatut, Namensrecht, Rechts- und Geschäftsfähigkeit, Entmündigung und Beschränkung der Geschäftsfähigkeit) sowie bezüglich der Vormund- und Pflegschaft zu (Artt. 1096 II i.V.m. Artt. 1103, 1104 Ziff. 1, 3 und 5, 1106 und 1109 ZGB). In allen weiteren Fällen ist eine Verweisung auf das ausländische Recht als Verweisung auf die Sachnormen und nicht auf die Kollisionsnormen der jeweiligen Rechtsordnung zu verstehen (Art. 1096 I ZGB)[164].

58. Zusammenfassung

Zusammenfassend lässt sich sagen, dass die oben dargestellten Rechtsordnungen unterschiedliche Positionen zum Renvoi haben.

---

[161] Originalwortlaut nebst deutscher Übersetzung abgedr. in: RabelsZ 64 (2000) 358; deutsche Übersetzung auch in: IPRax 1999, 196.

[162] Art. 4 des venezolanischen IPR-Gesetzes von 1998 lautet in deutscher Übersetzung:
„Wenn das maßgebende ausländische Recht das Recht eines dritten Staates für anwendbar erklärt, das sich seinerseits für anwendbar erklärt, muss das Sachrecht dieses dritten Staates angewendet werden.
Wenn das maßgebende ausländische Recht das venezolanische Recht für anwendbar erklärt, muss dieses Recht angewendet werden.
In den Fällen, die in den beiden vorhergehenden Absätzen nicht beachtet sind, muss das Sachrecht des Staates angewendet werden, das die venezolanische Kollisionsnorm für maßgebend erklärt."
Vgl. dazu *de Maekelt*, in: RabelsZ 64 (2000) 304, 319; *Staudinger-Hausmann* (2003), Anh. zu Art. 4 EGBGB, Rn. 653, 657.

[163] Deutsche Übersetzung auszugsweise abgedr. in: IPRax 2000, 149.

[164] Vgl. dazu *Bergmann/Ferid/Henrich*, 148. Lieferung, Weißrussland (Stand: 1.3.2002), S. 22; *Staudinger-Hausmann* (2003), Anh. zu Art. 4 EGBGB, Rn. 549, 556.

Manche Rechtsordnungen - wie z.B. argentinisches, armenisches, ägyptisches, brasilianisches, griechisches, litauisches, peruanisches, somalisches, tadschikisches Recht und das Recht von Quebec – lehnen jegliche Rück- oder Weiterverweisung ab. Sie haben eine eindeutig renvoi-feindliche Haltung, weswegen die Rück- und Weiterverweisung ausnahmslos abgelehnt wird.

Für die meisten Rechtsordnungen herrscht ein gewisses Grundsatz-Ausnahme-Verhältnis bezüglich der Beachtlichkeit des Renvoi: entweder lehnen sie die Rück- und Weiterverweisung grundsätzlich ab, dann ist die Berücksichtigung des Renvoi nur ein Ausnahmefall, oder lassen sie die Rück- und Weiterverweisung grundsätzlich zu, dann ist die Ablehnung des Renvoi nur ein Ausnahmefall.

Manche Rechtsordnungen – wie etwa deutsches, französisches, gabunisches, georgisches, israelisches, italienisches, jugoslawisches, kubanisches, lettisches, luxemburgisches, mongolisches, österreichisches, polnisches, slowenisches, tschechisches und slowakisches, venezolanisches, weißrussisches Recht und das Recht der mexikanischen Teilrechtsordnung von Nuevo León – haben eine renvoi-freundliche Haltung, weshalb sie die Rück- und Weiterverweisung weitgehend zulassen.

Manche Rechtsordnungen – wie z.B. albanisches, belgisches, estnisches, iranisches, japanisches, liechtensteinisches, nordkoreanisches, rumänisches, russisches, spanisches, südkoreanisches, thailändisches, türkisches und ungarisches Recht - lassen zwar die Rückverweisung zu, lehnen aber die Weiterverweisung ab.

VI. Renvoi beim *Institut de Droit international*

Das *Institut de Droit international*[165] hat sich in den Jahren 1896-1900, 1932, 1957-1965 und 1999 mit der Renvoi-Problematik beschäftigt[166].

1. 1896-1900

Schon vor gut einem Jahrhundert, in den Jahren 1896-1900, hatte das *Institut de Droit international* aufgrund der Berichte von *Giulio Cesare Buzzati* und *Armand Lainé* der damals wohl herrschenden Lehrmeinung zugestimmt, dass die Verweisung auf ausländisches Recht sich nur auf das Sachrecht (das materielle Recht) beziehe. Folglich verabschiedete das *Institut* im Jahr 1900 in Neuchâtel eine Resolution, welche die Ablehnung des Renvoi empfahl[167].

2. 1932

Eine Stellungnahme zugunsten des Renvoi befand sich in Art. 1 II der Osloer Resolution von 1932[168] in Sachen der Geschäftsfähigkeit der Minderjährigen. Es handelt sich um eine Generalregel, wonach die Geschäftsfähigkeit der in der freien Willensbildung beeinträchtigten bestimmten Personen nach ihrem Heimatrecht beurteilt werden soll, mit der Ausnahme, falls das Heimatrecht auf eine andere Rechtsordnung verweist. Im letzteren Fall ist die andere Rechtsordnung als Heimatrecht anzuwenden[169]. In der Osloer Resolution wurde

---

[165] Das *Institut de Droit international*, die Weltakademie für das internationale Recht, wurde 1873 in Gent gegründet. Als eine inoffizielle wissenschaftliche Gesellschaft von besonderer Qualität und besonderem Einfluss umfasst das *Institut* die berühmtesten Juristen sowohl aus dem Völkerrecht als auch aus dem IPR. Die Zahl der Mitglieder ist auf einige Ehrenmitglieder, 60 Vollmitglieder und höchstens 72 Vizemitglieder begrenzt. Das *Institut* beruft eine Konferenz in der Regel alle zwei Jahre für etwa zehn Tage ein. Vor der Diskussion in der Konferenz werden ein oder mehrere Themen zum Völkerrecht bzw. IPR unter der Leitung eines Berichterstatters (*rapporteur*) untersucht. Zur Beschäftigung des *Institut de Droit international* mit dem IPR siehe *Valticos*, in: FS Lalive, S. 199 ff.

[166] Vgl. dazu *Siehr*, IPR, S. 462.

[167] Die Resolution von Neuchâtel lautet (Vgl. dazu Ann. Inst. Dr. int. 18 (1900) 145, 179): "Quand la loi d'un Etat règle un conflit de lois en matière de droit privé, il est désirable qu'elle désigne la disposition même qui doit être appliquée à chaque espèce et non la disposition étrangère sur le conflit dont il s'agit."
Westlake hat anlässlich der Diskussion beim *Institut de Droit international* seine Meinung zur Renvoi-Problematik geäußert. Siehe hierzu Ann. Inst. Dr. int. 18 (1900) 166.

[168] Vgl. dazu Ann. Inst. Dr. int. 37 (1932) 566, 567.

[169] Art. 1 der Resolution von Oslo lautet:
"La capacité des mineurs, des aliénés, des faibles d'esprit et des prodigues, en matière d'actes patrimoniaux entre vifs, est déterminée par la loi nationale.
Toutefois, lorsque cette loi renvoie à une autre loi, celle-ci doit être appliquée."

der Renvoi als einfachstes Mittel zur Erreichung einer Annäherung (*le moyen le plus simple pour réaliser un rapprochement*) zwischen den einzelnen Systemen behandelt[170].

3. 1957-1965

Das *Institut de Droit international* hat im Jahr 1952 beschlossen, eine Untersuchung über die Renvoi-Problematik zu betreiben, und hat zu diesem Zweck eine Sonderkommission zur Forschung gegründet, nämlich die 23. Kommission über den Renvoi im IPR.

Der Berichterstatter *Georgios S. Maridakis*[171], der frühere Justizminister von Griechenland und Professor der Universität Athen, war selber ein entschiedener Gegner des Renvoi. Er lehnte deshalb jeglichen Renvoi ab. Auf ihn geht das griechische Zivilgesetzbuch von 1940/1946 zurück. Dieses ZGB, dessen Hauptverfasser er war, verbot ausdrücklich in dessen Art. 32 jegliche Rück- oder Weiterverweisung.

Dennoch bekämpften mehrere Mitglieder des *Institut de Droit international*[172] die radikale Lösung von *Maridakis*. Drei verschiedene Meinungen wurden bei der Salzburger Konferenz von 1961 vertreten:

a) Absolute Ablehnung des Renvoi. Diese Meinung wurde vertreten von *Ago* und *Cheshire*.

b) Grundsätzliche Ablehnung des Renvoi mit zugelassenen Ausnahmen. Diese Meinung wurde vertreten von *Makarov*, *Wengler* und *Offenhaus*.

c) Grundsätzliche Annahme des Renvoi mit Ausnahmen. Diese Meinung wurde vertreten von *Batiffol*, *Niederer* und *Valladão*[173].

Die Meinungen wichen so voneinander ab, dass die Diskussion bei der Salzburger Konferenz von 1961 nicht zur Annahme einer Resolution führte. Die 23. Kommission wurde beauftragt, sich weiterhin mit der Problematik der Rück- und Weiterverweisung (Renvoi) zu beschäftigen[174]. Im Mai 1963 hat der Berichterstatter *Maridakis* einen ergänzenden Bericht zum Thema Renvoi

---

[170] Vgl. dazu Ann. Inst. Dr. int. 37 (1932) 566. Zu den Resolutionen vgl. auch *Wehberg*, Tableau général des Résolutions, 1887-1956 (Basel, 1957) 277, 281.

[171] Vgl. dazu *v. Overbeck*, Am.J.Comp.L. 1963, 545; *ders.*, Rec. des Cours 176 (1982-III) 9, 128.

[172] Wie z.B. *Wengler* und *Makarov*. Vgl. dazu *Makarov*, RabelsZ 31 (1967) 547.

[173] Vgl. dazu *v. Overbeck*, Am.J.Comp.L. 1963, 544, 546.

[174] Vgl. dazu Ann. Inst. Dr. int. 49 II (1961) 327.

vorgelegt[175]. Darin empfahl er nach wie vor, den Renvoi vorbehaltlos abzulehnen, obwohl auf der Salzburger Konferenz die Mehrheit des *Institut* sich gegen eine solche radikale Lösung ausgesprochen hatte und auch gewisse Ergänzungsvorschläge vorgelegt worden waren. Sowohl in schriftlichen Stellungnahmen zu dem ergänzenden Bericht als auch bei der mündlichen Diskussion der Konferenz des *Institut* in Warschau 1965 ergaben sich erhebliche Meinungsdivergenzen. Schließlich hat das *Institut* während der Warschauer Konferenz von 1965 beschlossen, die sich mit der Renvoi-Problematik beschäftigende 23. Kommission aufzulösen[176]. Auch dieses Mal konnte das *Institut* dazu keine Resolution einbringen[177].

4. 1999

Erst in den 90er Jahren des 20. Jahrhunderts wurde die Fragestellung des Renvoi wieder beim *Institut de Droit international* aufgenommen. Auf Initiative von *Wilhelm Wengler* setzte die Session des *Institut* von 1993 in Mailand eine neue Kommission ein, welche die Renvoi-Problematik unter dem Titel „Die Berücksichtigung des ausländischen Internationalen Privatrechts" weiterhin untersuchen sollte.

Über das Thema „*Taking Foreign Private International Law into Account/La prise en compte du droit international privé étranger*" (Berichterstatter: *Kurt Lipstein*) verabschiedete das *Institut* während seiner 69. Session von 1999 in Berlin eine Resolution[178] zugunsten der Bejahung der Rück- und Weiterverweisung im IPR[179]. Dieses Thema ist umfassender als das Problem, das traditionell im dem Wort „Renvoi" umschrieben wird[180].

Die Berliner Resolution sieht fünf Fälle vor, in denen ausländisches IPR im Inland berücksichtigt werden sollte: i) *in favorem validitatis*; ii) zugunsten der Entscheidungsharmonie; iii) zur Anerkennung einer Rechtswahl des anwendbaren IPR; iv) beim Schutz wohl erworbener Rechte; v) bei der Beantwortung von Vorfragen zugunsten der Wirksamkeit einer Handlung.

---

[175] Vgl. dazu Ann. Inst. Dr. int. 50 I (1963) 497.
[176] Vgl. dazu *Makarov*, RabelsZ 31 (1967) 547.
[177] Vgl. dazu Ann. Inst. Dr. int. 47 II (1957) 53, 49 II (1961) 277, 50 I (1963) 497, 509; 51 II (1965) 145.
[178] Vgl. dazu Ann. Inst. Dr. int. 68 I (1999) 1-56; IPRax 2000, 51; RabelsZ 64 (2000) 354.
[179] Siehe Rev. crit. DIP 2000, 135; RabelsZ 64 (2000) 354-357; *Kropholler*, IPR (5. Aufl. 2004), § 24 I 2, S. 162, Fn. 6.
[180] Siehe hierzu den Bericht *Jayme*, in: IPRax 2000, 61, 62; Bericht *Rigaux*, in: RabelsZ 64 (2000) 350 ff.

Ausgeschlossen ist die Berücksichtigung des ausländischen IPR bei alternativen Anknüpfungen und bei der Wahl eines anwendbaren materiellen Rechts[181]. Insgesamt kann man so bewerten, dass die Berliner Resolution eine Absage an die Gegner des Renvoi darstellt[182].

5. Stellungnahme

Die Renvoi-Problematik hat das *Institut de Droit international* mehr als hundert Jahre begleitet. Die namhaftesten Gelehrten des internationalen Rechts haben sich niemals über den Renvoi einigen können. Dennoch entschied sich die Berliner Resolution von 1999 für die Berücksichtigung des ausländischen IPR bzw. Kollisionsrechts. Somit ist die Diskussion dieses Themas zugunsten der Zulassung des Renvoi mit einigen Ausnahmen beendet worden. Da die Resolutionen des *Institut* kein verbindliches Einheitsrecht darstellen, kann die Frage der internationalen Harmonisierung zwischen verschiedenen Rechtsordnungen nur einen anderen Weg gehen, beispielsweise den Weg der **vereinheitlichten Kollisionsnormen in Staatsverträgen**.

---

[181] Vgl. dazu *Siehr*, IPR, S. 446.
[182] Vgl. dazu *Jayme*, Tagung des Institut de Droit Int. in Berlin, in: PIPax 2000, 62.

§ 2 Staatsvertragliche Kollisionsnormen

I. Staatsverträge als Quellen des IPR

Staatsverträge sind neben nationalem Gesetzes- und Gewohnheitsrecht auch Quellen des IPR.

1. Bedeutung des Staatsvertrags

Ein völkerrechtlicher Vertrag ist eine internationale Vereinbarung zwischen Staaten, internationalen Organisationen sowie anderen völkerrechtlichen Subjekten über die völkerrechtlichen Rechte und Pflichten und zur Regelung der internatonalen Beziehungen und Zusammenarbeit[183]. Für Kollisionsnormen sind ausschließlich **Staatsverträge**, nämlich völkerrechtliche Verträge **zwischen Staaten** von Bedeutung.

Nach der Zahl der vorgesehenen Vertragspartner werden bilaterale Staatsverträge und multilaterale Staatsverträge unterschieden.

Bilaterale Staatsverträge, auch zweiseitige Staatsverträge genannt, sind durch zwei Staaten geschlossene Abkommen, wie z.B. Freundschafts-, Konsular-, Handels- und Niederlassungsverträge. Sie dienen meistens der Regelung konkreter Interessen zweier Staaten und sind nur den zwei Staaten gegenüber verbindlich, die das Abkommen ausgearbeitet, unterzeichnet und ratifiziert haben[184].

Multilaterale Staatsverträge, auch mehrseitige Staatsverträge genannt, sind hingegen durch mehr als zwei Vertragsstaaten geschlossene Übereinkommen (Konventionen). Sie sind normalerweise offene Übereinkommen, denen andere Staaten beitreten können, auch wenn sie an der Bearbeitung des originalen Vertragstextes nicht teilgenommen haben. Darüber hinaus gibt es auch halb offene und geschlossene Übereinkommen[185].

2. Staatsvertragliche Kollisionsnormen

Staatsvertragliche Kollisionsnormen und autonome nationale Kollisionsnormen sind zwei verschiedene Arten von Kollisionsnormen. Ein deutscher Richter

---

[183] Vgl. dazu Der Brockhaus Recht (2002), S. 566.
[184] Vgl. dazu *Makarov*, Sources, S. 7.
[185] Vgl. dazu *Gottschalk*, Allgemeine Lehren, S. 35.

muss *de lege lata* das IPR von Amts wegen auf **Sachverhalte mit Auslandsberührung** anwenden. Dies gilt sowohl für die autonomen deutschen Kollisionsnormen (insbesondere die im EGBGB enthaltenen Kollisionsnormen), als auch für die staatsvertraglichen Kollisionsnormen, soweit sie innerstaatlich unmittelbar anwendbar geworden sind. Das heutige Bild des IPR wird jedoch immer mehr durch Staatsverträge kollisionsrechtlichen Inhalts geprägt: Das autonome nationale Kollisionsrecht wird „in erheblichem Umfang durch Staatsverträge überlagert“[186].

Nach Art. 3 II 1 EGBGB gehen die in multilateralen und bilateralen Staatsverträgen enthaltenen Kollisionsnormen - **soweit sie unmittelbar anwendbares innerstaatliches Recht geworden sind** - den autonomen deutschen Kollisionsnormen vor.

Auch Art. 1 II des schweizerischen IPRG vom 18.12.1987 sieht den Vorrang der Staatsverträge ausdrücklich vor:

„Völkerrechtliche Verträge sind vorbehalten.“

Damit sind sämtliche Staatsverträge gemeint, die aufgrund ihres eigenen Anwendungsbereichs für das IPR von Bedeutung sind[187] – unabhängig davon, ob sie im schweizerischen IPRG speziell erwähnt werden oder nicht.

Der Vorrang der innerstaatlich unmittelbar anwendbaren multilateralen und bilateralen Staatsverträge lässt sich in der Regel deshalb rechtfertigen, weil staatsvertragliche Regelungen als Spezialregelungen betrachtet werden (*lex specialis derogat legi generali*). Bei Konflikten zwischen autonomen nationalen Kollisionsnormen und jüngeren staatsvertraglichen Kollisionsnormen erlangen die staatsvertraglichen Kollisionsnormen den Vorrang schon aus der Regel *lex posterior derogat legi priori*. Vor der Anwendung einer autonomen nationalen Kollisionsnorm ist daher immer zunächst zu prüfen, ob nicht eine staatsvertraglich vereinbarte kollisionsrechtliche Regelung maßgebend ist[188]. Der Raum, welcher den Kodifikationen autonomer nationaler Kollisionsnormen verbleibt, „verengt sich von Tag zu Tag“[189].

---

[186] Vgl. dazu *Jayme/Hausmann*, Einführung, S. XXII.
[187] Vgl. dazu die Botschaft, Ziff. 212.
[188] Vgl. dazu *Kropholler*, IPR (5. Aufl. 2004), § 9; *Meyer-Sparenberg*, Staatsvertragliche Kollisionsnormen, S. 64-69.
[189] Vgl. dazu *Jayme*, FS Beitzke, S. 541.

II. Vereinheitlichung der Kollisionsnormen durch Staatsverträge

Das autonome nationale IPR ist von Land zu Land verschieden. Solange jeder Staat sein IPR von sich aus normiert, sind von Land zu Land verschiedene Entscheidungen über denselben Fall mit Auslandsberührung und **hinkende Rechtsverhältnisse**, die in einem Staat gültig, in einem anderen Staat aber ungültig sind, nicht zu vermeiden. Daher ist die Vereinheitlichung der Kollisionsnormen durch Staatsverträge besonders wünschenswert. Soweit einheitliches Kollisionsrecht besteht, ist gewährleistet, dass derselbe Fall mit Auslandsberührung wenigstens in den beteiligten Ländern nach demselben Recht beurteilt wird. Der internationale Entscheidungseinklang wird so gefördert, dass die Anerkennung und Vollstreckung ausländischer Entscheidungen erleichtert und die Möglichkeit des *forum shopping* reduziert wird[190].

Bilaterale Abkommen enthalten vereinzelt Kollisionsnormen, z.B. das deutsch-österreichische Vormundschaftsabkommen von 1927, der deutsch-türkische Konsularvertrag von 1929 und das deutsch-iranische Niederlassungsabkommen von 1929. Allerdings ist die Kollisionsrechtsvereinheitlichung durch bilaterale Abkommen wegen ihres räumlich beschränkten Geltungsbereichs wenig Erfolg versprechend[191]. Deshalb wird die Kollisionsrechtsvereinheitlichung in aller Regel in Form der multilateralen Übereinkommen erfolgen. Sie bieten sich im Bereich des Kollisionsrechts häufig für den Zweck der Rechtsvereinheitlichung an[192]. Die bedeutsamsten Beispiele hierfür sind die Haager Konventionen zum Internationalen Privatrecht.

1. Kollisionsrechtliche Staatsverträge auf universaler Ebene

a) Haager Konventionen

Die Haager Konferenz für Internationales Privatrecht (*Conférence de La Haye de droit international privé – Hague Conference on Private International Law*) wurde 1893 gegründet. Die Idee, eine internationale Konferenz über die Vereinheitlichung des IPR zu veranstalten, geht auf den italienischen Rechtslehrer, Diplomat und Staatsmann *Mancini* in der Mitte des 19. Jahrhunderts zurück. Seine Versuche waren allerdings erfolglos. Dem niederländischen Jurist und späteren Friedensnobelpreisträger von 1904 *T.M.C. Asser* (1838-1913) war es gelungen, durch die niederländische Regierung im Jahr 1893 einige kontinentaleuropäische Staaten zur diplomatischen Konferenz

---

[190] Vgl. dazu *Kropholler*, Einheitsrecht, S. 178.

[191] Vgl. dazu *Meyer-Sparenberg*, Staatsvertragliche Kollisionsnormen, S. 21; *Kropholler*, Einheitsrecht, § 7 II 1.

[192] Vgl. dazu *Kropholler*, Einheitsrecht, S. 98; *ders.*, IPR (5. Aufl. 2004), § 9 IV 1.

einzuladen. Seitdem hat die Haager Konferenz zahlreiche Übereinkommen ausgearbeitet und verabschiedet, darunter etwa 20 Übereinkommen, die sich auf das anzuwendende Recht beziehen[193].

Die ersten vier Tagungen der Haager Konferenz für Internationales Privatrecht fanden 1893, 1894, 1900 und 1904 unter der Beteiligung von ca. 15 kontinentaleuropäischen Staaten statt. Auf der vierten Session im Jahr 1904 wurde Japan als erster außereuropäischer Staat vertreten[194]. Zu dieser Zeit wurden 6 Haager Konventionen verabschiedet, darunter 5 Abkommen auf dem Gebiet des internationalen Familienrechts und ein Zivilprozessabkommen. Nach dem Ersten Weltkrieg bis zum Anfang der 50er Jahre des 20. Jahrhunderts fanden nur zwei Sessionen in Den Haag statt (1925 und 1928). Die 7. Session der Haager Konferenz im Oktober **1951** war ein wichtiges Ereignis für die IPR-Kodifikation in Den Haag, denn die Satzung der Haager Konferenz für Internationales Privatrecht (*Statut de la Conférence de La Haye de droit international privé*) [195] wurde am 31.10.1951 beschlossen. Diese ist am 15.7.1955 in Kraft getreten. Mit dem Beschluss der Satzung ist die Haager Konferenz für Internationales Privatrecht eine permanente internationale Institution zur fortschreitenden Vereinheitlichung der Regeln des IPR geworden (siehe Art. 1 der Satzung)[196]. Seither erhielt die Konferenz einen universalen Charakter. Zu den heutigen Mitgliedsstaaten der Haager Konferenz für Internationales Privatrecht gehören auch die Staaten des *Common Law* (z.B. Großbritannien, die Vereinigten Staaten, Kanada und Australien) sowie einige lateinamerikanische Staaten, seit 1987 auch die Volksrepublik China[197]. Die Bundesrepublik Deutschland ist einer der mittlerweile 64 Mitgliedsstaaten der Haager Konferenz für Internationales Privatrecht[198].

b) Übereinkommen des Völkerbundes

Unter den Auspizien des Völkerbundes (*Société des Nations*), der zwischen 1920 und 1946 existierenden internationalen Organisation zur Sicherung des Weltfriedens, wurden einige Übereinkommen betreffend das IPR verabschiedet,

---

[193] *v. Bar/Mankowski*, IPR, Bd. I (2. Aufl. 2003), § 3 Rn. 52; *Staudinger-Sturm/Sturm* (2003), Einl. zum IPR, Rn. 365-375.

[194] Siehe dazu Hans *Arnold*, Japan und die Haager Konferenz für Internationales Privatrecht, JZ 1971, 19.

[195] Französischer Text in: Rev. crit. DIP 1951, 738; Recueil des Conventions, Nr. 1. Deutsche Übersetzung in: BGBl. 1959 II S. 981; 1983 II S. 732.

[196] Vgl. dazu *Makarov*, Sources, S. 8, 9; *Kropholler*, Einheitsrecht, S. 61; *v. Bar/Mankowski*, IPR, Bd. I (2. Aufl. 2003), § 2 Rn. 25, § 3 Rn. 68.

[197] Vgl. hierzu *v. Overbeck*, China and the Hague Conference on IPL, in: *Macdonald* (Hrsg.), Essays in Honour of Wang Tieya, S. 894.

[198] Vgl. dazu http://www.hcch.net/f/members/members.html (Stand: 30.4.2004). Vgl. auch *Kropholler*, IPR (5. Aufl. 2004), § 9 I; *Gottschalk*, Allgemeine Lehren, S. 26-28.

wie z.B. das Genfer Abkommen über Bestimmungen auf dem Gebiet des internationalen Wechselprivatrechts vom 7.6.1930 und das Genfer Abkommen über Bestimmungen auf dem Gebiet des internationalen Scheckprivatrechts vom 19.3.1931.

c) Übereinkommen der Vereinten Nationen

Als die größte internationale Organisation zur Erhaltung des Weltfriedens mit universalem Charakter nach dem Zweiten Weltkrieg haben die Vereinten Nationen nicht nur Staatsverträge über politische Materien, sondern auch Staatsverträge über die Fragen des IPR verabschiedet[199]. Beispiele dafür sind das Genfer UN-Übereinkommen über die Rechtsstellung der Flüchtlinge vom 28.7.1951, das New Yorker UN-Übereinkommen über die Rechtsstellung der Staatenlosen vom 28.9.1954 und das Washingtoner Übereinkommen zur Beilegung von Investitionsstreitigkeiten zwischen Staaten und Angehörigen anderer Staaten vom 18.3.1965.

2. Kollisionsrechtliche Staatsverträge auf regionaler Ebene

a) Staatsverträge Lateinamerikas

aa) Verträge von Montevideo

Die acht Verträge von Montevideo von 1889 traten zwischen den drei La-Plata-Staaten Argentinien, Paraguay und Uruguay sowie Bolivien und Peru in Kraft. Darunter drei Verträge über Internationales Privat-, Handels- und Prozessrecht, denen auch Kolumbien später beitrat.

Die Verträge von 1889 wurden 1940 in Montevideo revidiert. Die vier neuen Verträge über Internationales Privat-, Handels-, Schifffahrts- und Prozessrecht sind nur zwischen den drei La-Plata-Staaten Argentinien, Paraguay und Uruguay in Kraft getreten[200].

Die Verträge von Montevideo zeichneten den ersten Höhepunkt der lateinamerikanischen Kodifikationsbewegung.

---

[199] Vgl. dazu *v. Bar/Mankowski*, IPR, Bd. I (2. Aufl. 2003), § 2 Rn. 29; § 3 Rn. 66, 67.
[200] Vgl. dazu *Kropholler*, IPR (5. Aufl. 2004), § 9 III 2.

bb) *Código Bustamante*

Der *Código Bustamante* vom 13.2.1928 (das „Gesetzbuch des Internationalen Privatrechts") umfasst 437 Artikel über das Internationale Privat-, Handels-, Straf- und Zivilprozessrecht. Er stellt weltweit die bisher umfangreichste IPR-Kodifikation mittels eines Staatsvertrags dar. Er wurde auf der 6. panamerikanischen Konferenz von 1928 in Havanna beschlossen und trägt den Namen des kubanischen IPR- und Völkerrechtlers *Bustamante*. Die meisten lateinamerikanischen Staaten (ausgenommen Argentinien, Paraguay und Uruguay) haben ihn ratifiziert[201].

Dennoch hat der *Código Bustamante* die erhoffte praktische Bedeutung nicht erlangt, zumal viele Anknüpfungen darin zweifelhaft geblieben sind und die Frage nach der Bestimmung des Personalstatuts sogar bewusst offen gelassen und den einzelnen Vertragsstaaten überlassen worden ist[202]. Ebenso wenig ist dem *Código Bustamante* gelungen, die Renvoi-Problematik zu lösen[203].

cc) Neue interamerikanische Konventionen

Seit 1975 sind eine Reihe von Konventionen von den Spezialkonferenzen für IPR der Organisation Amerikanischer Staaten (*Organisation of American States*, OAS) erarbeitet worden. Die fünf interamerikanischen Spezialkonferenzen des IPR, die 1975 in Panama, 1979 in Montevideo, 1984 in La Paz, 1989 in Montevideo und 1994 in Mexiko stattfanden, haben insgesamt 23 interamerikanische Konventionen produziert. Schwerpunkt war dabei internationales Verfahrens- und Handelsrecht, zum Teil wurde internationales Familienrecht geregelt. Ursprünglich war die Konvention von Montevideo von 1979 über die Allgemeinen Regeln des IPR gegangen. Aber sie hat ein solches gewichtiges Problem wie den Renvoi nicht geregelt und sonst viele Fragen offen gelassen. Deshalb ist ihre praktische Bedeutung gering. Es ist anzumerken, dass die meisten neuen interamerikanischen Konventionen bereits von mehreren lateinamerikanischen Staaten ratifiziert worden und in Kraft getreten sind[204].

b) Konventionen zwischen den nordischen Staaten

Fünf Konventionen zur Vereinheitlichung des internationalen Privat- und Zivilverfahrensrechts sind zwischen Dänemark, Finnland, Island, Norwegen und Schweden geschlossen worden. Sie entstanden hauptsächlich zu Anfang der

---

201 Vgl. dazu *Derruppé*, DIP, S. 6; *Kropholler*, IPR (5. Aufl. 2004), § 9 III 2.
202 Vgl. dazu *Kropholler*, Einheitsrecht, S. 177; *ders.*, IPR (5. Aufl. 2004), § 9 III 2 b.
203 Vgl. dazu *Makarov*, Sources, S. 11.
204 Vgl. dazu *Kropholler*, IPR (5. Aufl. 2004), § 9 III 2.

dreißiger Jahre. Drei davon betreffen vereinheitlichtes Kollisionsrecht auf dem Gebiet des internationalen Familienrechts: Die nordische Konvention über Ehe, Adoption und Vormundschaft vom 6.2.1931 (i.d.F. vom 6.2.2001), die nordische Konvention über die Beitreibung von Unterhaltsbeiträgen vom 10.2.1931 (i.d.F. vom 25.2.2000) und die nordische Konvention über Erbschaften, Testamente und Nachlassregelung vom 19.11.1934 (i.d.F. vom 9.12.1975). Hinzu kommen einige internationalzivilverfahrensrechtliche Konventionen: über die Anerkennung und Vollstreckung von Zivilurteilen von 1932 (abgelöst durch ein Übereinkommen von 1977), über den Konkurs von 1933 sowie über die gegenseitige Rechtshilfe von 1974[205].

c) Verträge des Benelux

Jeder der Benelux-Staaten hat seine eigene Rechtsordnung des IPR. Die Differenzen existieren insbesondere zwischen den Rechtsordnungen Belgiens und der Niederlande. Kurz nach 1950 wurden Anstrengungen gemacht, um die kollisionsrechtlichen Regelungen in den drei Staaten zu vereinheitlichen[206].

Eine Benelux-Konvention über das IPR vom 15.3.1950 (unterzeichnet am 11.5.1951) ist bislang nicht in Kraft getreten. Eine Neufassung der Benelux-Konvention wurde am 3.11.1966 entworfen (unterzeichnet am 3.7.1969). Der Benelux-Entwurf für ein einheitliches, allseitiges IPR-Gesetz vom 3.7.1969 ist nie in Kraft getreten, sondern zugunsten der Rechtsvereinheitlichung innerhalb der Europäischen Gemeinschaft fallengelassen worden[207].

d) CIEC-Übereinkommen

Die Internationale Kommission für das Zivilstandswesen (*Commission internationale d'état civil*, CIEC), deren Mitgliedsstaaten 12 westeuropäische Staaten (einschließlich der Türkei) sind, hat eine Reihe von personenrechtlichen Übereinkommen verabschiedet. Einige CIEC-Übereinkommen enthalten Kollisionsnormen[208], z.B. das Pariser CIEC-Übereinkommen zur Erleichterung der Eheschließung im Ausland von 1964, das Übereinkommen über die Anerkennung von Entscheidungen in Ehesachen von 1967 und das römische CIEC-Übereinkommen über die Legitimation durch nachfolgende Ehe vom 1.6.1970.

---

205 Vgl. dazu *Staudinger-Sturm/Sturm* (2003), Einl. zum IPR, Rn. 412; *Kropholler*, IPR (5. Aufl. 2004), § 9 III 1; *Kegel/Schurig*, IPR, S. 220; *Derruppé*, DIP, S. 6.

206 Vgl. dazu *Sauveplanne*, Renvoi, S. 18.

207 Vgl. dazu *Kropholler*, Einheitsrecht, S. 177.

208 Vgl. dazu *Gottschalk*, Allgemeine Lehren, S. 29.

e) Staatsverträge unter den EU-Mitgliedsstaaten

Das Brüsseler EWG-Übereinkommen über die gerichtliche Zuständigkeit und die Vollstreckung gerichtlicher Entscheidungen in Zivil- und Handelssachen (EuGVÜ) ist ein wichtiges zivilprozessuales Übereinkommen im Rahmen der Europäischen Gemeinschaft (EG). Freilich enthielt das EuGVÜ keine Kollisionsnormen und ist überdies durch die EG-Verordnung Nr. 44/2001 vom 22.12.2000 in revidierter Fassung (EuGVVO) am 1.3.2002 ersetzt worden[209]. Deshalb ist das römische EWG-Übereinkommen über das auf vertragliche Schuldverhältnisse anzuwendende Recht (EVÜ) vom 19.6.1980 kollisionsrechtlich bedeutsam. Es ist der wichtigste kollisionsrechtliche Staatsvertrag zwischen den EU-Mitgliedsstaaten.

Nach dem am 2.10.1997 von den EU-Mitgliedsstaaten unterzeichneten und am 1.5.1999 in Kraft getretenen Vertrag von Amsterdam wurden der Europäischen Gemeinschaft neue Kompetenzen zugewiesen, künftig Staatsverträge des IPR und IZVR durch Rechtsakte sekundären Gemeinschaftsrechts zu ersetzen. Im diesem Bereich wird das EG-Recht weiterhin an Bedeutung gewinnen, und die Staatsverträge werden hingegen an Bedeutung verlieren[210].

3. *Loi uniforme*

Unter *loi uniforme* [211] ist das staatsvertragliche Einheitskollisionsrecht zu verstehen, das *erga omnes* gilt, nämlich die allgemeine Anwendbarkeit in jedem Vertragsstaat beansprucht, unabhängig davon, ob die darin enthaltenen (**allseitigen**) Kollisionsnormen auf das Recht eines Vertragsstaates oder eines Nichtvertragsstaates verweisen oder nicht. Ein mit dem Charakter des *loi uniforme* ausgestatteter multilateraler Staatsvertrag ersetzt innerhalb seines Anwendungsbereichs das autonome nationale Kollisionsrecht der Vertragsstaaten, denn er schafft nicht nur *inter partes* (zwischen den Vertragsparteien), sondern auch *erga omnes* neues vereinheitlichtes Kollisionsrecht[212].

Das 2002 in Den Haag verabschiedete Übereinkommen über die auf bestimmte Rechte in Bezug auf intermediär-verwahrte Wertpapiere anzuwendende Rechtsordnung – das jüngste Haager Übereinkommen zum Kollisionsrecht -

---

[209] Vgl. dazu *v. Bar/Mankowski*, IPR, Bd. I (2. Aufl. 2003), § 3 Rn. 40.

[210] Vgl. dazu *Kohler*, Rev. crit. IPR 1999, S. 1 ff.; *Jayme/Kohler*, IPRax 1999, 401, 411; *Kropholler*, IPR (5. Aufl. 2004), § 9 II 1.

[211] Französisch: einheitliches Recht.

[212] Vgl. dazu *Bamberger/Roth-Lorenz* (2003), Einl. IPR EGBGB, Rn. 95; *v. Bar/Mankowski*, IPR, Bd. I (2. Aufl. 2003), § 1 Rn. 28, § 3 Rn. 72; *Meyer-Sparenberg*, Staatsvertragliche Kollisionsnormen, S. 22; *Rauscher*, IPR, S. 20.

versteht sich beispielsweise als *loi uniforme* und beansprucht die allgemeine Anwendbarkeit: „Dieses Übereinkommen findet auch dann Anwendung, wenn die anzuwendende Rechtsordnung die eines Nichtvertragsstaates ist (Art. 9).“[213] Ähnliche Bestimmungen des *loi uniforme* enthalten ferner Art. 5 des CIEC-Übereinkommens über die Legitimation durch nachfolgende Ehe von 1970, Art. 11 S. 2 des Haager Übereinkommens über Straßenverkehrsunfälle von 1971, Art. 11 des Haager Produkthaftpflichtübereinkommens von 1973, Art. 2 des Haager Ehegüterrechtsübereinkommens von 1978, Art. 2 des Münchener CIEC-Namensübereinkommens von 1980, Art. 2 des Haager Erbrechtsübereinkommens von 1989, Art. 9 I des UNIDROIT-Übereinkommens über gestohlene oder rechtswidrig ausgeführte Kulturgüter von 1995 und Art. 18 KSÜ von 1996, um nur einige Beispiele zu nennen.

III. Fragestellung des Renvoi in staatsvertraglichen Kollisionsnormen

Kollisionsrechtliche Staatsverträge dienen in erster Linie der Vereinheitlichung der Kollisionsnormen. Dadurch soll einheitliches Kollisionsrecht im Verhältnis der Vertragsstaaten zueinander geschaffen werden. Die so vereinheitlichten Kollisionsnormen sollen in der Regel die autonomen nationalen Kollisionsnormen der jeweiligen Vertragsstaaten verdrängen, soweit sie innerstaatlich unmittelbar anwendbar geworden sind[214]. Also: Die durch Staatsverträge vereinheitlichten Kollisionsnormen gehen normalerweise den autonomen nationalen Kollisionsnormen vor. Folglich ist von dem jeweils berufenen Richter vor der Anwendung einer autonomen nationalen Kollisionsnorm zuerst zu prüfen, ob nicht eine entsprechende staatsvertragliche Kollisionsnorm vorhanden ist[215]. Für einen deutschen Richter sind dabei die in den für die Bundesrepublik Deutschland geltenden multilateralen und bilateralen Staatsverträgen enthaltenen Kollisionsnormen bedeutsam.

Steht fest, dass eine staatsvertragliche Kollisionsnorm maßgebend ist, dann verweist sie auf eine bestimmte Rechtsordnung, sei es die eigene Rechtsordnung des Forumstaates oder eine fremde Rechtsordnung. Nun stellt sich die Frage: Ist diese staatsvertragliche Verweisung eine Sachnormverweisung oder eine Gesamtverweisung (IPR- bzw. Kollisionsnormverweisung)? Handelt es sich hierbei um eine Sachnormverweisung, dann wendet der Richter des Forumstaates unmittelbar die Sachvorschriften der berufenen Rechtsordnung an; kein Raum wird für den Renvoi gelassen. Wenn aber die staatsvertragliche Verweisung eine Gesamtverweisung (IPR- bzw. Kollisionsnormverweisung) darstellt, dann sind die Kollisionsnormen der berufenen Rechtsordnung zu

---

[213] Siehe die deutsche Übersetzung des Art. 9 dieses Haager Übereinkommens, in: IPRax 2003, 553.

[214] Siehe z.B. Art. 1 II des schweizerischen IPRG und Art. 3 II 1 EGBGB.

[215] Vgl. dazu *Kropholler*, IPR (5. Aufl. 2004), S. 56.

berücksichtigen; eine etwaige, manchmal gar erwünschte Rück- oder Weiterverweisung ist mithin zu beachten. Daher ist dem jeweiligen Staatsvertrag stets zu entnehmen, ob es sich bei der staatsvertraglichen Verweisung um eine Sachnormverweisung oder eine Gesamtverweisung (IPR- bzw. Kollisionsnormverweisung) handelt[216].

Nach Art. 3 II 1 EGBGB gehen die in multilateralen und bilateralen Staatsverträgen enthaltenen Kollisionsnormen - **soweit sie unmittelbar anwendbares innerstaatliches Recht geworden sind** - den autonomen deutschen Kollisionsnormen vor. Dies führt dazu, dass im Geltungsbereich der für die Bundesrepublik Deutschland in Kraft getretenen multilateralen und bilateralen Staatsverträge die Regelung der Rück- und Weiterverweisung (Renvoi) in Art. 4 I und II EGBGB keine Anwendung findet.

IV. Abgrenzung der Untersuchung bezüglich staatsvertraglicher Kollisionsnormen

Im Sinne der vorliegenden Arbeit bedeutet der Ausdruck „staatsvertragliche Kollisionsnormen" die staatsvertraglichen Regelungen kollisionsrechtlichen Inhalts, nämlich die staatsvertraglichen Regelungen des IPR bzw. des Kollisionsrechts. Sie unterscheiden sich von staatsvertraglichen Regelungen des IZPR, des Staatsangehörigkeitsrechts und des internationalen Einheitsprivatrechts.

In der Arbeit wird die Frage der Rück- und Weiterverweisung (Renvoi) in staatsvertraglichen Kollisionsnormen untersucht. Dabei spielen staatsvertragliche Kollisionsnormen selbstverständlich eine herausragende Rolle. Außer Acht bleiben dagegen die staatsvertraglichen Regelungen des IZPR, des Staatsangehörigkeitsrechts und des internationalen Einheitsprivatrechts.

---

[216] Vgl. dazu *Gottschalk*, Allgemeine Lehren, S. 62; *MünchKomm-Sonnenberger*, Art. 4 EGBGB, Rn. 65; *Staudinger-Hausmann* (2003), Art. 4 EGBGB, Rn. 117; *Meyer-Sparenberg*, Staatsvertragliche Kollisionsnormen, S. 137.

Zweiter Teil: Grundsätzlicher Ausschluss des Renvoi in staatsvertraglichen Kollisionsnormen

Hauptthese dieses Teils der vorliegenden Arbeit ist es, dass der Renvoi in staatsvertraglichen Kollisionsnormen prinzipiell ausgeschlossen wird. Es stellt sich an erster Stelle die Frage, wie sich begründen und nachweisen lässt, dass der Renvoi tatsächlich in staatsvertraglichen Kollisionsnormen prinzipiell ausgeschlossen wird? In welchem Umfang, auf welche Art und Weise wird er darin ausgeschlossen?

Unmittelbar vor einer umfangreichen und gründlichen Untersuchung wird zunächst in § 3 der vorliegenden Arbeit analysiert, warum der Renvoi in staatsvertraglichen Kollisionsnormen ausgeschlossen werden soll. Anders formuliert: Wie begründet man Notwendigkeit und Selbstverständlichkeit des Ausschlusses?

Im Anschluss daran wird der Verfasser in §§ 4-7 zu verdeutlichen versuchen, dass sowohl in den Haager Konventionen zum Internationalen Privatrecht und in weiteren kollisionsrechtlichen Staatsverträgen auf universaler Ebene, als auch in kollisionsrechtlichen Staatsverträgen auf regionaler Ebene sowie in Kollisionsnormen bilateraler Staatsverträge der Renvoi grundsätzlich ausgeschlossen wird. Im Vordergrund der §§ 4-7 stehen die Haager Konventionen, die sich auf die Fragen des Kollisionsrechts bzw. des anzuwendenden Rechts beziehen.

§ 3 Begründung des Ausschlusses des Renvoi in staatsvertraglichen Kollisionsnormen

In staatsvertraglichen Kollisionsnormen lässt sich der Ausschluss des Renvoi durch die Sachnormverweisung allgemein und speziell wie folgt begründen:

I. Allgemeine Argumente

1. Erreichung des internationalen Entscheidungseinklangs durch die Vereinheitlichung der Kollisionsnormen

a) Verweisung auf das Recht eines Vertragsstaates

Verweisen die staatsvertraglichen Kollisionsnormen auf das Recht eines Vertragsstaates, dann ist der Renvoi aufgrund des internationalen Entscheidungseinklangs zwischen den Vertragsstaaten in der Regel abzulehnen. **Der internationale Entscheidungseinklang**, wie auch immer er formuliert wird (internationale Entscheidungsharmonie, Entscheidungsgleichheit usw.), ist eines der Ziele der Bemühungen der Kollisionsrechtsvereinheitlichung. Bekanntlich ist das autonome nationale Kollisionsrecht als Verweisungsrecht für internationale Sachverhalte immer noch von nationaler Gesetzgebung bzw. Rechtsprechung stark geprägt. Solange die Kollisionsnormen verschiedener Staaten nicht einmal durch Staatsverträge oder supranationale Rechtsakte (wie z.B. die EG-Verordnungen) vereinheitlicht sind, bleiben sie von Land zu Land verschieden. Dies kann dazu führen, dass derselbe Fall mit internationalen Sachverhalten in unterschiedlichen Staaten nach unterschiedlichen Rechtsordnungen entschieden wird. **Hinkende Rechtsverhältnisse**, die in einem Staat gültig, in einem anderen Staat aber ungültig sind, sind deshalb nicht zu vermeiden. Ein kollisionsrechtliches Übereinkommen will gerade das Verweisungsrecht (das Kollisionsrecht) der Vertragsstaaten vereinheitlichen. Durch die Vereinheitlichung der Kollisionsnormen wird mindestens zwischen den Vertragsstaaten erwünscht, dass derselbe Fall mit internationalen Sachverhalten in jedem Staat nach demselben Sachrecht beurteilt wird. Somit versuchen die Vertragsstaaten sicherzustellen, dass ein bestimmtes Sachrecht, ja möglichst dasselbe Sachrecht, berufen wird. Anders formuliert: Durch die Schaffung einheitlicher Kollisionsnormen versuchen gerade die Staatsverträge, das Problem von Verweisungsdisharmonien zu lösen[217]. Der internationale Entscheidungseinklang, der als wichtigstes Argument im autonomen nationalen IPR für die Zulassung oder Berücksichtigung einer Rück- oder Weiterverweisung spricht, ist unter den Vertragsstaaten durch die Vereinheitlichung der Kollisionsnormen bereits erreicht[218]. Die Zielerreichung durch den Umweg einer Rück- oder Weiterverweisung ist dabei überflüssig. Soweit die staatsvertraglichen Kollisionsnormen auf das Recht eines Vertragsstaates verweisen, ist also der Renvoi im Allgemeinen abzulehnen.

---

[217] Vgl. dazu *Kropholler*, Einheitsrecht, S. 335; *Ferid*, IPR, Rn. 3-101; *Palandt-Heldrich* (63. Aufl. 2004), Art. 4 EGBGB, Rn. 13; *MünchKomm-Sonnenberger*, Art. 4 EGBGB, Rn. 65; *Staudinger-Hausmann* (2003), Art. 4 EGBGB, Rn. 117, 118; *Siehr*, IPR, S. 452 ff.; *v. Bar/Mankowski*, IPR, Bd. I (2. Aufl. 2003), § 3 Rn. 115-117.

[218] Vgl. dazu *Kropholler*, Einheitsrecht, S. 178; *ders.*, IPR (5. Aufl. 2004), § 24 III 1, S. 172; *Junker*, IPR, S. 186; *Lagarde*, Rev. crit. DIP 1989, 258.

b) Verweisung auf das Recht eines Nichtvertragsstaates

Verweisen die staatsvertraglichen Kollisionsnormen auf das Recht eines Nichtvertragsstaates, ist die Frage der Rück- oder Weiterverweisung schwieriger zu beantworten.

Die jüngeren staatsvertraglichen Kollisionsnormen verweisen öfter auf das Recht von Nichtsvertragsstaaten, weil sie sich als *loi uniforme*[219] verstehen. Die dadurch berufenen Rechtsordnungen finden ohne Rücksicht auf das Erfordernis der Gegenseitigkeit auch dann Anwendung, wenn diese die Rechtsordnung eines Nichtsvertragsstaates darstellt. Solche Vorschriften enthalten etwa Art. 3 HUÜ von 1973[220], Art. 11 des Haager Produkthaftpflichtübereinkommens von 1973, Art. 4 des Haager Stellvertretungsübereinkommens von 1978, Art. 6 des Haager Kaufrechtsübereinkommens von 1986, Art. 2 des Haager Erbrechtsübereinkommens von 1989, Art. 20 des Haager Kinderschutzübereinkommens (KSÜ) von 1996, Art. 18 des Haager Erwachsenenschutzübereinkommens von 2000, Artt. 5 und 9 des römischen CIEC-Übereinkommens über die Legitimation durch nachfolgende Ehe von 1970 sowie Art. 3 des römischen EWG-Übereinkommens über das auf vertragliche Schuldverhältnisse anzuwendende Recht (EVÜ) von 1980. Eine derartige Tendenz wird als „moderne Entwicklung des IPR" bezeichnet[221].

Der internationale Entscheidungseinklang zwischen den Vertragsstaaten spricht bei der Verweisung auf das Recht der Nichtvertragsstaaten in der Regel gegen eine Zulassung des Renvoi, weil verschiedene Vertragsstaaten unterschiedliche Einstellungen zum Renvoi haben können[222]: Manche Staaten lehnen den Renvoi kategorisch ab; manche akzeptieren den Renvoi mit Einschränkung; und manche nehmen nur die Rückverweisung auf eigenes Recht an, lehnen aber die Weiterverweisung ab [223]. Ferner können verschiedene Vertragsstaaten unterschiedliche Haltungen zu den einzelnen Renvoi-Fällen einnehmen, wie etwa dem Fall, in dem ein Renvoi vom Recht eines Nichtvertragsstaates auf das Recht eines Vertragsstaates für diesen Vertragsstaat selber eine Rückverweisung (*renvoi au premier degré*) darstellt, für einen anderen Vertragsstaat aber eine Weiterverweisung (*renvoi au second degré*) bedeutet[224]. Eine Zulassung des

---

[219] Zum Begriff des *loi uniforme* siehe oben § 2 II 3 im Ersten Teil der vorliegenden Arbeit.

[220] Art. 3 HUÜ von 1973 lautet in deutscher Übersetzung:
„Das von diesem Übereinkommen bestimmte Recht ist unabhängig vom Erfordernis der Gegenseitigkeit anzuwenden, auch wenn es das Recht eines Nichtvertragsstaates ist."

[221] Vgl. dazu *Jayme*, IPRax 1981, 17.

[222] So schon *Melchior*, Grundlagen, S. 240.

[223] Siehe oben § 1 V 58 im Ersten Teil der vorliegenden Arbeit.

[224] Vgl. dazu *Kropholler*, Einheitsrecht, S. 336; *ders.*, FS Henrich, S. 394.

Renvoi würde also den internationalen Entscheidungseinklang zwischen den Vertragsstaaten gefährden. Obwohl die Zulassung des Renvoi an sich dem internationalen Entscheidungseinklang mit den jeweiligen Nichtvertragsstaaten und im Fall der Rückverweisung einer verstärkten Anwendung der *lex fori* förderlich sein könnte, spricht der **Vereinheitlichungszweck** kollisionsrechtlicher Staatsverträge normalerweise mehr für die Entscheidungsharmonie zwischen den Vertragsstaaten als für die nicht so voraussehbare Entscheidungsharmonie mit den Nichtvertragsstaaten[225].

Zusammenfassend lässt sich sagen, dass der Zweck von Staatsverträgen der Kollisionsrechtsvereinheitlichung es erfordert, dass staatsvertragliche Verweisungen in aller Regel Sachnormverweisungen sein sollen, gleichgültig, ob die staatsvertraglichen Kollisionsnormen auf das Recht eines Vertragsstaates verweisen oder nicht.

2. Lokalisierung der Rechtsverhältnisse

Der Ausschluss der Rück- und Weiterverweisung in staatsvertraglichen Kollisionsnormen rechtfertigt sich im Allgemeinen ferner dadurch, dass sich die kollisionsrechtlichen Staatsverträge stets anstrengen, die zu regelnden Rechtsverhältnisse so gut wie möglich zu lokalisieren und den entsprechenden Staat zu bestimmen, mit welchem die jeweiligen Rechtsverhältnisse die engsten Verbindungen bzw. Beziehungen aufweisen. Ziel ist es, das für ein Rechtsverhältnis geeignetste Recht (*la loi la plus appropriée à un rapport juridique*) durch eine solche Lokalisierung herauszufinden. Eine Berücksichtigung des IPR des einzelnen Staates, dessen Rechtsordnung durch das vereinheitlichte staatsvertragliche Kollisionsrecht berufen ist, würde diese Lokalisierung wieder in Frage stellen, und die nach mühsamen Verhandlungen zwischen den Vertragsstaaten erreichte Voraussehbarkeit würde in Schwierigkeiten geraten. Sie ist mithin im Regelfall nicht zuzulassen[226].

3. Vereinfachung der Rechtsanwendung

Aus Praktikabilitätsgründen lässt sich argumentieren, dass eine Zulassung des Renvoi in staatsvertraglichen Kollisionsnormen die Rechtsanwendung erheblich erschweren könnte, zumal der international zuständige Richter eines Vertragsstaates bei Anwendung des vereinheitlichten staatsvertraglichen Kollisionsrechts nicht nur das IPR der berufenen Rechtsordnung zu erfassen hätte, sondern auch die unterschiedliche Haltung zum Renvoi des jeweiligen

---

[225] Vgl. dazu *v. Bar/Mankowski*, IPR, Bd. I (2. Aufl. 2003), § 3 Rn. 116.
[226] Vgl. dazu den Bericht *Giuliano/Lagarde*, BT-Drucks. 10/503, 70.

Staates. Dabei ist kaum ein Richter in der Lage, diese Aufgabe ohne weiteres zu erfüllen. Theoretisch soll ein Richter das auf internationale Sachverhalte anzuwendende Recht stets kennen (*iura novit curia*), doch ist dies bei der Ermittlung des ausländischen Rechts nicht immer realisierbar. Aus diesem Grund dient der Ausschluss des Renvoi in staatsvertraglichen Kollisionsnormen der Vereinfachung der Rechtsanwendung.

4. Überlegung der Rechtsklarheit, Rechtssicherheit und Voraussehbarkeit

Zudem könnte eine Zulassung des Renvoi in staatsvertraglichen Kollisionsnormen die von den Parteien erwünschte Rechtsklarheit beeinträchtigen und der Rechtssicherheit und Voraussehbarkeit schaden[227]. Wird z.B. den Parteien die Befugnis eingeräumt, das anzuwendende Recht zu wählen (Parteiautonomie), dann spricht schon einiges für den Ausschluss des Renvoi in staatsvertraglichen Kollisionsnormen, wie es bei Art. 15 des römischen Schuldvertragsübereinkommens (EVÜ) von 1980 der Fall ist.

II. Spezielle Argumente

Aus den Arten der staatsvertraglichen Kollisionsnormen und den zu regelnden Materien in Staatsverträgen lassen sich spezielle Argumente darlegen.

1. Allgemeine Unbeachtlichkeit des Renvoi auf dem Gebiet des internationalen Schuldvertragsrechts

In staatsvertraglichen Kollisionsnormen auf dem Gebiet des internationalen Schuldvertragsrechts wird der Renvoi in der Regel ausgeschlossen. Dies gilt nicht nur für die subjektive Anknüpfung im Fall der Rechtswahl durch die Parteien, sondern auch für die objektive Anknüpfung staatsvertraglicher Kollisionsnormen.

a) Notwendigkeit des Ausschlusses des Renvoi bei der Rechtswahl durch die Parteien

Die Rück- und Weiterverweisung darf im internationalen Schuldvertragsrecht bei der Bestimmung des auf vertragliche Schuldverhältnisse anzuwendenden Rechts keine Rolle spielen, wenn die Parteien eine Wahl hinsichtlich des anzuwendenden Rechts treffen können. Bei einer zugelassenen Rechtswahl ist es

---

[227] Vgl. dazu *Jayme*, FS Beitzke, S. 542; *Kropholler*, FS Henrich, S. 294.

üblicherweise die Absicht der Parteien, dass das von ihnen gewählte Recht in seinen materiellen Bestimmungen anwendbar ist. Deswegen ist die Rechtswahlvereinbarung der Parteien, den Vertrag einer bestimmten Rechtsordnung zu unterstellen, in aller Regel als Sachnormverweisung zu verstehen. Die Rechtswahl durch die Parteien schließt somit jegliche Rück- oder Weiterverweisung aus. So ausdrücklich beispielsweise Art. 2 I des Haager Kaufrechtsübereinkommens von 1955, Art. 5 des Haager Stellvertretungsübereinkommens von 1978 und Art. 15 EVÜ von 1980. Dies entspricht auch der oben erwähnten Überlegung der Rechtsklarheit, Rechtssicherheit und Voraussehbarkeit.

Art. 2 II der Resolution des *Institut de Droit international* betreffend die Parteiautonomie bei internationalen Verträgen unter Privatpersonen anlässlich der 65. Tagung von 1991 in Basel sieht vor, dass das von den Parteien gewählte Recht unter Ausschluss seiner Kollisionsnormen anwendbar ist, es sei denn, dass ein ausdrücklicher gegenteiliger Parteiwille anzunehmen ist[228]. Der darin verkörperte Grundsatz des Ausschlusses des Renvoi bei der Rechtswahl durch die Parteien gilt nicht nur für das internationale Vertragsrecht in autonomen nationalen Kollisionsnormen, sondern auch für dasjenige in staatsvertraglichen Kollisionsnormen[229].

b) Allgemeiner Ausschluss des Renvoi bei objektiver Anknüpfung staatsvertraglicher Kollisionsnormen auf dem Gebiet des internationalen Schuldvertragsrechts

Auch bei der objektiven Anknüpfung durch staatsvertragliche Kollisionsnormen wird der Renvoi auf dem Gebiet des internationalen Schuldvertragsrechts allgemein ausgeschlossen. Mangels einer Rechtswahl durch die Parteien ist in der Regel auf die vertraglichen Schuldverhältnisse das Sachrecht (das materielle Recht) einer bestimmten Rechtsordnung anzuwenden. Diese Sachnormverweisung kommt häufig durch die Bezugnahme der engsten Verbindung und deren Konkretisierung auf die charakteristische Leistung zum Ausdruck. Beispiele dafür sind Art. 3 des Haager Kaufrechtsübereinkommens von 1955, Art. 6 des Haager Stellvertretungsübereinkommens von 1978 und Artt. 4-6 i.V.m. Art. 15 EVÜ von 1980. Entscheidend ist mithin der Gedanke der Lokalisierung der vertraglichen Schuldverhältnisse, der an die engste Verbindung eines Vertrags anknüpft[230].

---

[228] Ann. Inst. Dr. int. 64-II (1992) 387.
[229] Vgl. dazu den Bericht *Giuliano/Lagarde*, BT-Drucks. 10/503, 69; *Reithmann/Martiny*, Int. Vertragsrecht, Rn. 165-168; *Vischer/Lucius/Oser*, Int. Vertragsrecht, Rn. 140.
[230] Vgl. dazu *Bauer*, Renvoi im int. Schuld- und Sachenrecht, S. 104, 107.

2. Ablehnung des Renvoi zum Schutz bestimmter Personen

Darüber hinaus wird der Renvoi in staatsvertraglichen Kollisionsnormen abgelehnt, wenn bestimmte Personen durch die jeweiligen Staatsverträge geschützt werden müssen. Dies trifft insbesondere im Bereich des Minderjährigenschutzes zu, wo die Verweisung aufgrund der staatsvertraglichen Kollisionsnormen auf das Sachrecht des Aufenthaltsstaates des Kindes dem Ziel dient, die Rechtsordnung zur Anwendung zu bringen, die man für den Schutz des Kindes am geeignetsten hält, nämlich die Rechtsordnung der Gesellschaft, in der er lebt[231]. Beispiele dafür sind Artt. 1, 2 II, 3, 4 I, 5 I und 12 des Haager Minderjährigenschutzübereinkommens (MSA) von 1961, die durch die ausdrückliche Bezugnahme auf das „innerstaatliche Recht" (*loi interne*) der berufenen Rechtsordnung unmissverständlich für die Sachnormverweisung sprechen. Der Ausschluss des Renvoi dient infolgedessen dem Kindeswohl.

3. Ablehnung des Renvoi in Formfragen

Bei der Bestimmung des auf die Formgültigkeit eines Rechtsgeschäfts anzuwendenden Rechts durch staatsvertragliche Kollisionsnormen wird ebenfalls kein Raum für den Renvoi gelassen. Prototyp dafür sind die Kollisionsnormen des Haager Testamentsformübereinkommens von 1961 (Artt. 1 I und III, 2, 4 und 9), die den Renvoi ausdrücklich und absolut ablehnen.

4. Ablehnung des Renvoi aus rechtspolitischen Gründen

Der Ausschluss des Renvoi durch staatsvertragliche Kollisionsnormen kann nicht zuletzt auf die vom jeweiligen Staatsvertrag verfolgte Rechtspolitik zurückzuführen. Art. 1 I des römischen CIEC-Übereinkommens über die Legitimation durch nachfolgende Ehe von 1970, der den Renvoi ausdrücklich und absolut ausschließt, beruht beispielsweise aus rechtspolitischer Sicht auf dem Günstigkeitsgrundsatz zugunsten der Legitimation vorehelicher Kinder (*favor legitimatis*). Eine Zulassung des Renvoi würde zum gegenteiligen Ergebnis führen und würde dann die verfolgte Rechtspolitik gefährden.

[231] Siehe insbesondere *Kropholler*, FS Henrich, S. 394.

§ 4 Ausschluss des Renvoi in den Haager Konventionen

Die Haager Konferenz für Internationales Privatrecht hat seit ihrer Gründung im Jahr 1893 zahlreiche Konventionen verabschiedet, darunter etwa 20 Übereinkommen, die staatsvertraglichen Kollisionsnormen enthalten, seien sie Übereinkommen, die ausschließlich das anzuwendende Recht regeln (z.B. das Haager Testamentsformübereinkommen von 1961 und das Haager Erbrechtsübereinkommen von 1989) oder komplexe Übereinkommen, welche die kollisionsrechtlichen Teile enthalten (z.B. das Haager Kinderschutzübereinkommen von 1996 und das Haager Erwachsenenschutzübereinkommen von 2000). Diese Haager Konventionen sind die wichtigsten multilateralen Staatsverträge betreffend das Kollisionsrecht und infolgedessen für das ganze staatsvertragliche IPR von großer Bedeutung. Um den in all diesen Haager Konventionen verkörperten Grundsatz des Ausschlusses des Renvoi zu verdeutlichen, sind die folgenden Konstellationen zu unterscheiden: absoluter Ausschluss des Renvoi in den Haager Konventionen und grundsätzlicher Ausschluss des Renvoi mit Abweichungen in den Haager Konventionen.

I. Absoluter Ausschluss des Renvoi in den Haager Konventionen

Unter den Konstellationen des absoluten Ausschlusses des Renvoi in den Haager Konventionen sind wiederum der stillschweigende absolute Ausschluss und der ausdrückliche absolute Ausschluss zu differenzieren.

1. Stillschweigender absoluter Ausschluss des Renvoi in den Haager Konventionen

a) Haager Ehescheidungsabkommen von 1902

aa) Allgemeines

Das Haager Abkommen zur Regelung des Geltungsbereichs der Gesetze und der Gerichtsbarkeit auf dem Gebiet der Ehescheidung und der Trennung von Tisch und Bett vom 12.6.1902 (*Convention pour régler les conflits de lois et de juridictions en matière de divorce et de séparation de corps du 12 juin 1902*)[232]

[232] Authentisch ist allein der französische Text, in: RGBl. 1904 S. 231.

wurde vom Deutschen Reich mit Wirkung zum 1.6.1934 gekündigt[233]. Es gilt heute nur noch für Portugal und Rumänien[234].

Ziel des Abkommens ist es, gemeinsame Bestimmungen zur Regelung des Geltungsbereichs der Gesetze und der Gerichtsbarkeit auf dem Gebiet der Ehescheidung und der Trennung von Tisch und Bett zu treffen.

bb) Kollisionsnormen des Abkommens

Für die Zulässigkeit der Klageerhebung auf Ehescheidung oder Trennung von Tisch und Bett sind gleichzeitig das Gesetz des Heimatstaates (*loi nationale*) der Ehegatten und das Gesetz (*loi*) des Klageortes maßgebend (Artt. 1 und 2). Wenn aber das Gesetz des Klageortes die Anwendung des Gesetzes des Heimatstaates vorsieht, dann wendet man das Gesetz des Heimatstaates an (Art. 3). Insgesamt lässt sich sagen, dass das Abkommen sich zugunsten des Gesetzes des Heimatstaates entscheidet und zugleich dem Gesetz des Klageortes Rechnung trägt.

cc) Stillschweigender Ausschluss des Renvoi durch Interpretation

Im Haager Ehescheidungsabkommen von 1902 wird nicht erwähnt, ob die Verweisung durch die Kollisionsnormen des Abkommens eine Sachnorm- oder Gesamtverweisung ist. Sie ist allerdings als Sachnormverweisung anzusehen.

Die strengen Voraussetzungen der Artt. 1 und 2 sprechen dafür, dass das Abkommen keinem Günstigkeitsprinzip zur Erleichterung der Ehescheidung oder Trennung von Tisch und Bett folgt. Das Gegenteil ist richtig[235]. Die Zulässigkeit der Ehescheidung und Trennung von Tisch und Bett unterliegt gleichzeitig den in diesen Regelungen vorgeschriebenen Rechtsordnungen. Eine Berücksichtigung der Kollisionsnormen dieser beiden Rechtsordnungen würde gerade zu einem widersprüchlichen Ergebnis führen, wäre deshalb für die Verfasser des Abkommens nicht wünschenswert. Die Unbeachtlichkeit der Kollisionsnormen der berufenen Rechtsordnung erleichtert nicht zuletzt die Anwendung des Abkommens für die zu beurteilenden Fälle der Ehescheidung und Trennung von Tisch und Bett.

---

[233] RGBl. 1934 II S. 26.

[234] Siehe hierzu *Jayme/Hausmann*, Anm. 3 nach Nr. 32.

[235] Vgl. dazu *v. Bar/Mankowski*, IPR, Bd. I (2. Aufl. 2003), § 3 Rn. 55; *v. Bar*, RabelsZ 57 (1993) 89-91.

dd) Stellungnahme

Das Haager Ehescheidungsabkommen von 1902 nimmt zwar keine Stellung dazu, ob es sich bei der Verweisung durch die Kollisionsnormen des Abkommens um eine Sachnorm- oder Gesamtverweisung handelt. Die oben erwähnte **Auslegung** spricht jedoch für eine Sachnormverweisung. Dieses Ergebnis des stillschweigenden Ausschlusses des Renvoi entspricht dem Willen der Verfasser des Abkommens.

b) Haager Vormundschaftsabkommen von 1902

aa) Allgemeines

Das Haager Abkommen zur Regelung der Vormundschaft über Minderjährige vom 12.6.1902 (*Convention du 12 juin 1902 pour régler la tutelle des mineurs*)[236] gilt **heute** für die Bundesrepublik nur noch im Verhältnis zu **Belgien**[237].

bb) Anknüpfungsprinzip: Heimatrechtsgrundsatz

Im Haager Vormundschaftsabkommen von 1902 gilt überwiegend der Heimatrechtsgrundsatz. Art. 1 des Abkommens sieht eine Grundregel des Heimatrechts vor: Die Vormundschaft über einen Minderjährigen bestimmt sich nach „dem Gesetze des Staates, dem er angehört" (Gesetz des Heimatstaates, *loi nationale*).

[236] Authentisch ist allein der französische Text, in: RGBl. 1904 S. 240. Deutsche Übersetzung bei *Jayme/Hausmann*, Nr. 53.

[237] Das Haager Vormundschaftsabkommen von 1902 ist für das Deutsche Reich am 31.7.1904 im Verhältnis zu Belgien, Luxemburg, den Niederlanden und Rumänien in Kraft getreten. Es galt bis zum Zweiten Weltkrieg ferner im Verhältnis zu Italien, Polen, Portugal, Schweden, der Schweiz und Spanien. Über die Wiederanwendung wurden Vereinbarungen getroffen mit den Niederlanden, und jeweils rückwirkend zum 1.5.1952 mit Italien, Belgien und Luxemburg. Nach dem Zweiten Weltkrieg haben Schweden mit Wirkung vom 1.6.1959 und Ungarn mit Wirkung vom 1.6.1974 das Abkommen gekündigt. Das Abkommen ist ferner seit dem In-Kraft-Treten des Haager Minderjährigenschutzübereinkommens (MSA) vom 5.10.1961 gemäß Art. 18 I MSA im Verhältnis der Vertragsstaaten des MSA zueinander nicht mehr anwendbar. Deshalb ist das Abkommen im Verhältnis der Bundesrepublik Deutschland zu den Staaten, die das MSA ratifiziert haben, durch das MSA ersetzt worden. Das Abkommen wird ferner im Verhältnis der Vertragsstaaten des (neuen) Haager Kinderschutzübereinkommens (KSÜ) vom 19.10.1996 gemäß Art. 51 KSÜ durch das KSÜ verdrängt. Folglich gilt das Abkommen heute nur noch im Verhältnis zu Belgien. Siehe hierzu *Jayme/Hausmann*, Anm. 1 zu Nr. 53.

Die nachfolgenden Artikel des Abkommens stellen Abweichungen vom Heimatrechtsgrundsatz dar. Wenn das Gesetz des Heimatstaates für den Fall, dass der Minderjährige seinen gewöhnlichen Aufenthalt im Ausland hat, die Anordnung einer Vormundschaft im Heimatstaat nicht vorsieht, so kann der vom Heimatstaat des Minderjährigen ermächtigte diplomatische oder konsularische Vertreter gemäß dem Gesetz des Staates des gewöhnlichen Aufenthalts die Fürsorge übernehmen, sofern der Staat des gewöhnlichen Aufenthalts diesem nicht widerspricht (Art. 2). Nach Art. 6 I erstreckt sich die vormundschaftliche Verwaltung auf die Person sowie auf das gesamte Vermögen des Minderjährigen, gleichviel an welchem Ort sich die Vermögensgegenstände befinden. Wenn aber eine Vormundschaft gemäß den Bestimmungen des Art. 1 oder des Art. 2 nicht angeordnet ist oder nicht angeordnet werden kann, so ist für die Anordnung und die Führung der Vormundschaft über einen Minderjährigen, der seinen gewöhnlichen Aufenthalt (*sa résidence habituelle*) im Ausland hat, das Gesetz des Aufenthaltsortes maßgebend (Art. 3)[238]. Trotzdem kann, wenn die Vormundschaft gemäß der Bestimmung des Art. 3 angeordnet ist, gemäß Art. 4 gleichwohl eine neue Vormundschaft aufgrund des Art. 1 oder des Art. 2 angeordnet werden. Außerdem bestimmen sich der Zeitpunkt und die Gründe für den Beginn sowie für die Beendigung der Vormundschaft nach dem Heimatrecht des Minderjährigen (Art. 5). Solange die Vormundschaft nicht angeordnet ist, sowie in allen dringenden Fällen, können die zuständigen Ortsbehörden (*autorités locales*) die Maßregeln treffen, die zum Schutz der Person und der Interessen eines minderjährigen Ausländers erforderlich sind (Art. 7). Aber auch hier hat das Heimatrecht das letzte Wort: Liegt ein Anlass vor, für einen minderjährigen Ausländer die Vormundschaft anzuordnen, so haben die Behörden des Staates, in dessen Gebiet er sich befindet, von dem Sachverhalt, sobald dieser ihnen bekannt wird, die Behörden des Staates zu benachrichtigen, dem der Minderjährige angehört (*les autorités de l'Etat dont le mineur est le ressortissant*). Die auf diese Weise benachrichtigten Behörden sollen den Behörden, die ihnen die Mitteilung gemacht haben, sobald wie möglich Kenntnis geben, ob die Vormundschaft angeordnet ist oder angeordnet werden wird (Art. 8).

cc) Stillschweigender Ausschluss des Renvoi durch Interpretation

Die Rück- und Weiterverweisung wird im Haager Vormundschaftsabkommen von 1902 nicht erwähnt. Geht man aber von Sinn und Zweck des Abkommens sowie von dem im Abkommen vorherrschenden Heimatrechtsgrundsatz aus,

[238] Es ist bekanntlich das erste Mal, dass der Ausdruck „gewöhnlicher Aufenthalt" (*résidence habituelle*) überhaupt in einer Haager Konvention zum Internationalen Privatrecht verwendet wurde. Vgl. dazu *Nygh*, NILR 1998, 3.

dann es ist so zu interpretieren, dass die staatsvertragliche Verweisung auf das Heimatrecht des Minderjährigen sich nur auf dessen Sachvorschriften bezieht. Ebenso bedeutet die Verweisung auf das Recht des Staates des gewöhnlichen Aufenthalts eine Sachnormverweisung. Die Rück- und Weiterverweisung ist mithin ausgeschlossen[239].

dd) Stellungnahme

Da das Haager Vormundschaftsabkommen heute nur im Verhältnis zu Belgien gilt, ist sein stillschweigender Ausschluss des Renvoi nur von marginaler Bedeutung[240].

c) Haager Ehewirkungsabkommen von 1905

aa) Allgemeines

Das Haager Abkommen betreffend den Geltungsbereich der Gesetze in Ansehung der Wirkungen der Ehe auf die Rechte und Pflichten der Ehegatten in ihren persönlichen Beziehungen und auf das Vermögen der Ehegatten vom 17.7.1905 (*Convention concernant les conflits de lois relatifs aux effets du mariage sur les droits et les devoirs des époux dans leurs rapports personnels et sur les biens des époux du 17 juillet 1905*)[241] ist von der Bundesrepublik Deutschland gekündigt worden und am 23.8.1987 außer Kraft getreten[242]. Es galt zuletzt nur noch im Verhältnis zu Italien.

Das Abkommen betraf allgemeine Ehewirkungen und das Ehegüterrecht. Die güterrechtlichen Kollisionsnormen des Abkommens gelten weiter für Ehen, die bis zum 23.8.1987 geschlossen wurden[243].

bb) Kollisionsnormen des Abkommens

Für die Rechte und Pflichten der Ehegatten in ihren persönlichen Beziehungen ist das Gesetz des Staates, dem sie angehören (Gesetz des Heimatstaates), maßgebend (Art. 1 I). In Ermangelung eines Vertrags ist für die Wirkungen der Ehe sowohl auf das unbewegliche als auch auf das bewegliche Vermögen der

---

239 So auch *Soegel-Kegel*, 11. Aufl. 1984, Art. 23 EGBGB a.F., Rn. 42; *Graue*, RabelsZ 57 (1993) 32; *Staudinger-Hausmann* (2003), Art. 4 EGBGB, Rn. 122; *Gottschalk*, Allgemeine Lehren, S. 66.

240 Vgl. dazu *Nygh*, NILR 1998, 3, 4.

241 Authentisch ist allein der französische Text, in: RGBl. 1912 S. 453.

242 Bek. vom 26.2.1986, BGBl. 1986 II S. 505.

243 Siehe hierzu *Jayme/Hausmann*, Anm. 1 nach Nr. 32.

Ehegatten **das Gesetz des Heimatstaates des Mannes** zur Zeit der Eheschließung maßgebend (Art. 2 I)[244]. Für einen jeden der Verlobten bestimmt sich die Fähigkeit, einen Ehevertrag zu schließen, nach dem Gesetz seines Heimatstaates zur Zeit der Eheschließung (Art. 3). Für die Gültigkeit eines Ehevertrags in Ansehung seines Inhalts sowie für seine Wirkungen ist **das Gesetz des Heimatstaates des Mannes** zur Zeit der Eheschließung maßgebend; ist der Vertrag während der Ehe geschlossen, so ist das Gesetz des Heimatstaates der Ehegatten zur Zeit des Vertragsschlusses maßgebend (Art. 5 I). Der Ehevertrag ist formgültig, wenn er gemäß dem Gesetz des Landes, in dem er errichtet wird, geschlossen ist, oder gemäß dem Gesetz des Heimatstaates eines jeden der Verlobten zur Zeit der Eheschließung oder während der Ehe dem Gesetz des Heimatstaates eines jeden der Ehegatten entspricht (Art. 6 I).

Die Kollisionsnormen des Abkommens folgen also überwiegend dem Heimatrechtsgrundsatz. Einige davon verweisen auf das Heimatrecht des Ehemannes (z.B. Artt. 2 I und 5 I) und verstoßen gegen den Grundsatz der Gleichberechtigung aus heutiger Sicht.

cc) Ausschluss des Renvoi durch Interpretation

Die Kollisionsnormen des Haager Ehewirkungsabkommens erwähnen nichts darüber, ob die Verweisungen Sachnorm- oder Gesamtverweisungen sind. Da sie überwiegend dem Grundsatz der Staatsangehörigkeit folgen (von zwei Ausnahmen abgesehen), ist davon auszugehen, dass die Verfasser des Abkommens die Ehewirkungen der Rechtsordnung des Heimatstaates unterstellen wollten. Eine Rück- oder Weiterverweisung von dieser Rechtsordnung würde dem Willen des Verfassers des Abkommens entgegenstehen. Insoweit ist der Renvoi unbeachtlich.

dd) Stellungnahme

Der stillschweigende Ausschluss des Renvoi durch die Kollisionsnormen des Haager Ehewirkungsabkommens von 1905 ist eine logische Folge des von dem Abkommen verfolgten Grundsatzes der Staatsangehörigkeit. Gemäß Art. 10 findet das Abkommen keine Anwendung, wenn das Gesetz, das nach den Artt. 1-9 angewendet werden müsste, nicht das Gesetz eines Vertragsstaates ist. Demnach versteht sich das Abkommen nicht als *loi uniforme*. Die

[244] Art. 2 I des Haager Ehewirkungsabkommens von 1905 verstößt gemäß einem Urteil des BGH vom 17.9.1986 – IV b ZR 52/85 - gegen das Gleichberechtigungsgebot des Art. 3 II GG. Vgl. dazu *Jayme/Hausmann*, Anm. 1 nach Nr. 32; *Kropholler*, IPR (5. Aufl. 2004), § 5 III, § 45 I.

Unbeachtlichkeit von Rück- und Weitverweisung fördert gerade den internationalen Entscheidungseinklang zwischen den Vertragsstaaten.

d) Haager Entmündigungsabkommen von 1905

aa) Allgemeines

Das Haager Abkommen vom 17.7.1905 über die Entmündigung und gleichartige Fürsorgemaßregeln (*Convention du 17 juillet 1905 concernant l'interdiction et les mesures de protection analogues*)[245] ist für das Deutsche Reich am 23.8.1912 in Kraft getreten[246]. Da das Rechtsinstitut der Entmündigung zum 1.1.1992 aus dem deutschen Recht abgeschafft und durch die rechtliche Betreuung ersetzt wurde[247], wurden in der Bundesrepublik Deutschland auch die kollisionsrechtlichen Rechtsgrundlagen für die Entmündigung beseitigt[248]. Demzufolge ist das Abkommen von der Bundesrepublik Deutschland gekündigt worden und am 23.8.1992 außer Kraft getreten[249].

Was den sachlichen Anwendungsbereich angeht, so gilt das Abkommen in gleicher Weise für die Entmündigung im eigentlichen Sinne, für die Anordnung einer Kuratel, für die Bestellung eines gerichtlichen Beistandes sowie für alle anderen Maßregeln gleicher Art, soweit sie eine Beschränkung der Geschäftsfähigkeit zur Folge haben (Art. 13). Hinsichtlich des persönlichen und räumlichen Anwendungsbereichs gilt das Abkommen nur für Angehörige eines Vertragsstaates, welche ihren gewöhnlichen Aufenthalt im Gebiet eines der Vertragsstaaten haben (Art. 14).

bb) Anknüpfungsprinzip: Staatsangehörigkeitsgrundsatz

Das Abkommen folgte dem Staatsangehörigkeitsgrundsatz. Für die Entmündigung ist das Gesetz des Staates maßgebend, dem der zu Entmündigende angehört (Gesetz des Heimatstaates/*loi nationale*, Art. 1)[250]. Die Anordnung der Vormundschaft beurteilt sich nach dem Gesetz (*loi*) des Staates,

---

[245] Authentisch ist allein der französische Text, in: RGBl. 1912 S. 463. Deutsche Übersetzung abgedr. bei *Jayme/Hausmann*, 5. Aufl. 1990, S. 37.

[246] RGBl. 1912 S. 475.

[247] Siehe das Betreuungsgesetz vom 12.9.1990 (BGBl. 1990 I S. 2002).

[248] Vgl. dazu *Kropholler*, IPR (5. Aufl. 2004), § 42 II.

[249] BGBl. 1992 II S. 272.

[250] Der offizielle französische Wortlaut des Art. 1 des Haager Entmündigungsabkommens von 1905:
"L'interdiction est régie par la loi nationale de la personne à interdire, sauf les dérogations à cette règle contenues dans les articles suivants."

dem der zu Entmündigende angehört (Art. 2). Sind die Behörden des gewöhnlichen Aufenthalts zuständig, so bestimmen sich die Personen und Gründe des Antrags auf Entmündigung durch die kumulative Anwendung des Gesetzes des Heimatstaates (*loi nationale*) und des Gesetzes des gewöhnlichen Aufenthalts (*loi de la résidence habituelle*) des Ausländers (Art. 7). Ist die Entmündigung durch die Behörden des gewöhnlichen Aufenthalts ausgesprochen, so ist das Gesetz des Ortes (*loi locale*) das für die Verwaltung hinsichtlich der Person und des Vermögens sowie die Entmündigungswirkungen maßgebende Recht (Art. 8 I). Die Vorschrift des Gesetzes des Heimatstaates des Entmündigten ist jedoch tunlichst zu beachten, wenn es vorschreibt, dass die Fürsorge von Rechts wegen einer bestimmten Person zukommt (Art. 8 II). Die Aufhebung der Entmündigung kann nach den Gesetzen des Heimatstaates erfolgen, wenn die Entmündigung durch die Behörden des gewöhnlichen Aufenthalts ausgesprochen ist (Art. 11 I). Die örtlich für das Aussprechen der Entmündigung zuständigen Behörden können aus den in dem Gesetz des Heimatstaates oder in dem Gesetz des Ortes vorgesehenen Gründen die Entmündigung aufheben (Art. 11 II).

cc) Ausschluss des Renvoi durch Interpretation

In den oben erwähnten kompliziert formulierten Kollisionsnormen von Artt. 1, 2, 7, 8 und 11 des Haager Entmündigungsabkommens von 1905 wird nicht ausdrücklich erwähnt, ob es sich dabei um eine Sachnormverweisung oder Gesamtverweisung (IPR-Verweisung) handelt. Diese Frage ist jedoch durch Auslegung wie folgt zu beantworten.

Ebenso wie das Haager Vormundschaftsabkommen von 1902 geht das Haager Entmündigungsabkommen überwiegend vom Grundsatz des Heimatrechts aus. Da das Abkommen nur für Angehörige eines Vertragsstaates gilt, die ihren gewöhnlichen Aufenthalt im Gebiet eines der Vertragsstaaten haben (Art. 14), würde die Berücksichtigung einer Rück- oder Weiterverweisung dem internationalen Entscheidungseinklang zwischen den Vertragsstaaten nicht förderlich sein. Zudem ist nach Sinn und Zweck des Abkommens davon auszugehen, dass der Ausdruck „Gesetz" (*loi*) in den Kollisionsnormen dieses Abkommens das Sachrecht (das materielle Recht) der jeweils berufenen Rechtsordnung bedeuten soll. Eine Rück- oder Weiterverweisung ist demnach nicht beachtlich.

dd) Stellungnahme

Das Haager Entmündigungsabkommen von 1905 schließt die Rück- und Weiterverweisung nur stillschweigend aus. Die Unbeachtlichkeit des Renvoi ist deshalb zu begrüßen, weil sie dem Grundsatz des Heimatrechts sowie Sinn und Zweck des Abkommens entspricht. Da das Abkommen am 23.8.1992 außer Kraft getreten ist, ist der Ausschluss des Renvoi durch die Kollisionsnormen des Abkommens heute nur von rechtshistorischer Bedeutung.

2. Ausdrücklicher absoluter Ausschluss des Renvoi in den Haager Konventionen

a) Haager Kaufrechtsübereinkommen von 1955

aa) Allgemeines

Das Haager Übereinkommen betreffend das auf internationale Kaufverträge über bewegliche Sachen anzuwendende Recht vom 15.6.1955 (*Convention du 15 juin 1955 sur la loi applicable aux ventes à caractère international d'objets mobiliers corporels*)[251] wurde anlässlich der 7. Session der Haager Konferenz für Internationales Privatrecht vom 9. bis 31.10.1951 verabschiedet[252]. Es ist am 1.9.1964 für Belgien, Dänemark, Finnland, Frankreich, Italien und Norwegen in Kraft getreten und gilt heute ferner für Schweden, Niger und die Schweiz. Belgien hat das Übereinkommen mit Wirkung vom 1.9.1999 gekündigt[253].

Das Übereinkommen ist das erste Haager Kaufrechtsübereinkommen nach dem Zweiten Weltkrieg, dessen Ziel auf die Schaffung gemeinsamer Vorschriften betreffend das auf Kaufverträge über bewegliche körperliche Sachen anzuwendende Recht gerichtet ist. Es ist auf internationale Kaufverträge, nämlich „Käufe mit internationalem Charakter" (*ventes à caractère international*)[254] über bewegliche körperliche Sachen anzuwenden (Art. 1 I). Es ist nicht anwendbar auf Kaufverträge über Wertpapiere, auf Kaufverträge über eingetragene See- und Binnenschiffe oder Luftfahrzeuge sowie gerichtliche Veräußerungen und die Zwangsverwertung infolge Pfändung. Dagegen ist es auf Verkäufe durch Übergabe von Warenpapieren anzuwenden (Art. 1 II). Ausgenommen sind ferner Rechts- und Geschäftsfähigkeit der Parteien, Form des Vertrags, Eigentumsübergang, sowie Wirkungen des Kaufvertrags auf Dritte (Art. 5). Außerdem versteht sich das Übereinkommen als *loi uniforme* (Art. 7)[255].

---

[251] Authentisch ist allein der französische Text, in: RabelsZ 17 (1952) 269; Rev. crit. DIP 1951, 725; Recueil des Conventions, Nr. III. Amtliche Schweizer Übersetzung (AS 1972, S. 1882; Schweizer BBl. 1971 II S. 1049) abgedr. bei *Jayme/Hausmann*, Nr. 76.
[252] Vgl. dazu den Bericht *Dölle*, RabelsZ 17 (1952) 161-184.
[253] Siehe hierzu *Jayme/Hausmann*, Anm. 1 zu Nr. 76.
[254] Zum Begriff des Kaufes mit internationalem Charakter siehe den Bericht *Dölle*, RabelsZ 17 (1952) 163-167.
[255] Vgl. dazu *Kegel/Schurig*, S. 212, 600; *Dölle*, RabelsZ 17 (1952) 163, 182-184.

bb) Parteiautonomie

Was das auf internationale Kaufverträge über bewegliche Sachen anzuwendende Recht angeht, so wird es in erster Linie durch eine uneingeschränkte Parteiautonomie bestimmt: Der Kaufvertrag untersteht vor allem dem **innerstaatlichen Recht** (*loi interne*) des von den vertragschließenden Parteien bezeichneten Staates (Art. 2 I)[256]. Die Bezeichnung muss Gegenstand einer ausdrücklichen Abrede sein oder sich unzweifelhaft aus den Bestimmungen des Vertrags ergeben (Art. 2 II)[257]. Genügt der Vertrag dieser Anforderung nicht, so unterliegt er dem innerstaatlichen Recht, das durch die objektive Anknüpfung des Art. 3 des Übereinkommens für anwendbar erklärt wird[258].

cc) Objektive Anknüpfung

Mangels einer Rechtswahl unterliegt der Kaufvertrag dem **innerstaatlichen Recht** (dem Sachrecht) des Staates, in dem der Verkäufer seinen gewöhnlichen Aufenthalt hat (*la loi interne du pays où le vendeur a sa résidence habituelle*), und zwar im Zeitpunkt des Empfangs der Bestellung. Wird die Bestellung von einer geschäftlichen Niederlassung des Verkäufers entgegengenommen, dann unterliegt der Kaufvertrag dem **innerstaatlichen Recht** (*loi interne*) des Staates, in dem sich diese geschäftliche Niederlassung des Verkäufers befindet (Art. 3 I). Der Kaufvertrag unterliegt jedoch dem **innerstaatlichen Recht** (*loi interne*) des Staates, in dem der Käufer seinen gewöhnlichen Aufenthalt hat oder die geschäftliche Niederlassung besitzt, welche die Bestellung aufgegeben hat, wenn die Bestellung in diesem Staat vom Verkäufer, seinem Vertreter, Agenten oder Handelsreisenden entgegengenommen wurde (Art. 3 II). Wenn es sich aber um ein Börsengeschäft oder um einen Verkauf durch Versteigerung handelt, dann unterliegt der Kaufvertrag dem **innerstaatlichen Recht** (*loi interne*) des Staates, in dem sich die Börse befindet oder die Versteigerung stattfindet (Art. 3 III). Ausnahmsweise ist **das innerstaatliche Recht** (*loi interne*) des Staates, in dem die aufgrund des Kaufvertrags gelieferten beweglichen körperlichen Sachen zu prüfen sind, maßgebend für die Form und die Fristen dieser Prüfung und für die bei einer Annahmeverweigerung zu treffenden Vorkehrungen, solange eine

[256] Der offizielle französische Wortlaut des Art. 2 I des Haager Kaufrechtsübereinkommens von 1955:
"La vente est régie par la loi interne du pays désigné par les parties contractantes."
[257] Der offizielle französische Wortlaut des Art. 2 II des Haager Kaufrechtsübereinkommens von 1955:
"Cette désignation doit faire l'objet d'une clause expresse, ou résulter indubitablement des dispositions du contrat."
[258] Vgl. dazu *Dölle*, RabelsZ 17 (1952) 172.

ausdrückliche, entgegenstehende Klausel nicht besteht (Art. 4)[259]. Es stellt ein Sonderstatut gegenüber dem den Kaufvertrag beherrschenden Hauptstatut dar und kann durch eine ausdrückliche, anders lautende Vereinbarung im Kaufvertrag ausgeschaltet und durch ein von den vertragschließenden Parteien bestimmtes anderes Statut ersetzt werden[260].

dd) Ausdrücklicher absoluter Ausschluss des Renvoi

aaa) Begründung

Das Übereinkommen verweist mehrfach auf **das innerstaatliche Recht** (*loi interne*) der berufenen Rechtsordnung, die von den Parteien aufgrund der Parteiautonomie als maßgebend bezeichnet oder durch objektive Anknüpfung berufen wird. Wie bereits bei der Begründung des Ausschlusses des Renvoi in staatsvertraglichen Kollisionsnormen zu Beginn des Zweiten Teils der vorliegenden Arbeit angedeutet wurde[261], soll der Renvoi im Sinne von Rechtssicherheit und Voraussehbarkeit im internationalen Schuldvertragsrecht ausdrücklich ausgeschlossen werden.

bbb) Ausschluss des Renvoi durch die Bezugnahme auf das innerstaatliche Recht (*loi interne*)

Der Ausschluss des Renvoi wird vor allem gekennzeichnet durch die Bezugnahme auf **das innerstaatliche Recht** (*loi interne*) der von den Parteien als maßgebend gewählten Rechtsordnung gemäß Art. 2 I und II des Übereinkommens. Auch bei den objektiven Anknüpfungen wird der Renvoi unmissverständlich ausgeschlossen durch die Bezugnahme auf **das innerstaatliche Recht** (*loi interne*) der berufenen Rechtsordnungen. Darunter sind die Sachnormen (die Sachvorschriften) im Gegensatz zu den Kollisionsnormen, und zwar nicht nur die gesetzlichen, sondern auch die gewohnheitsrechtlich gebildeten oder aus anderen Rechtsquellen fließenden **Sachnormen der jeweils berufenen Rechtsordnung** zu verstehen[262]. Mit

---

[259] Der offizielle französische Wortlaut des Art. 4 des Haager Kaufrechtsübereinkommens von 1955:
"A moins de clause expresse contraire, la loi interne du pays où doit avoir lieu l'examen des objets mobiliers corporels délivrés en vertu de la vente est applicable, en ce qui concerne la forme et les délais dans lesquels doivent avoir lieu l'examen et les notifications relatives à l'examen, ainsi que les mesures à prendre en cas de refus des objets."
[260] Vgl. dazu *Dölle*, RabelsZ 17 (1952) 177.
[261] Siehe oben § 3 I 4, § 3 II 1 a und b.
[262] Vgl. dazu *Dölle*, a.a.O. 172.

dieser Bezeichnung wird jegliche Rück- oder Weiterverweisung ausgeschlossen[263].

ee) Würdigung

Der Ausschluss des Renvoi durch die Kollisionsnormen des Haager Kaufrechtsübereinkommens von 1955 entspricht dem allgemeinen Argument für den Ausschluss des Renvoi in staatsvertraglichen Kollisionsnormen und dem speziellen Argument für den Ausschluss des Renvoi im internationalen Schuldvertragsrecht[264]. **Methodisch** gesehen ist es die erste Haager Konvention nach dem Zweiten Weltkrieg, die den Renvoi durch die Bezugnahme auf **das innerstaatliche Recht** (*loi interne*) der durch subjektive und objektive Anknüpfungen berufenen Rechtsordnungen ausschließt. Dieses Lösungsmodell wird bis zu den 80er Jahren des 20. Jahrhunderts von vielen weiteren Haager Konventionen nachgeahmt.

b) Haager Übereinkommen über den Eigentumsübergang beim internationalen Kauf beweglicher Sachen von 1958

aa) Allgemeines

aaa) Stand des Übereinkommens

Da das Haager Kaufrechtsübereinkommen von 1955 in seinem Art. 5 III auf Regelungen über den Eigentumsübergang verzichtete, verabschiedete die 8. Session der Haager Konferenz für Internationales Privatrecht durch deren *Acte final* vom 3.10.1956 einen Übereinkommensentwurf über den Eigentumsübergang[265]. Dieser Entwurf ist bekannt als das bisher nicht in Kraft getretene Haager Übereinkommen über das auf den Eigentumserwerb bei internationalen Käufen beweglicher Sachen anzuwendende Recht vom 15.4.1958 (*Convention du 15 avril 1958 sur la loi applicable au transfert de la propriété en cas de vente à caractère international d'objets mobiliers corporels*)[266]. Es ist lediglich von Italien ratifiziert und von Griechenland unterzeichnet worden[267].

---

[263] Vgl. dazu *Graue*, RabelsZ (57) 1993, S. 42, 43.
[264] Siehe oben § 3 I und II 1 der vorliegenden Arbeit.
[265] Siehe den Bericht *Petersten*, in: RabelsZ 24 (1959) 10-21.
[266] Authentisch ist allein der französische Text, in: RabelsZ 24 (1959) 145; Rev. crit. DIP 1956, 750; Recueil des Conventions, Nr. IV.
[267] Siehe hierzu *Jayme/Hausmann*, Anm. 4 zu Nr. 76.

bbb) Anwendungsbereich

Das Übereinkommen ist nach seinem Art. 1 I auf internationale Kaufverträge über bewegliche Sachen anzuwenden. Nach Art. 1 II gilt es nicht für Kaufverträge über Wertpapiere, über eingetragene See- und Binnenschiffe oder Luftfahrzeuge sowie auf gerichtliche Veräußerungen und die Zwangsverwertung infolge Pfändung. Dagegen ist es auf Verkäufe durch Übergabe von Warenpapieren anzuwenden. Art. 1 dieses Übereinkommens stimmt inhaltlich mit Art. 1 des Haager Kaufrechtsübereinkommens von 1955 überein und ist daher vom Letzteren unabhängig.

bb) Kollisionsnormen des Übereinkommens

Der Eigentumsübergang auf den Käufer hinsichtlich aller Personen, die nicht Vertragsparteien sind, bestimmt sich nach dem **innerstaatlichen Recht** (*loi interne*) des Lageortes der verkauften Sachen in dem Zeitpunkt, in dem in Bezug auf sie ein Anspruch geltend gemacht wird (*au moment où se produit une réclamation les concernant*, Art. 3 I). Das Eigentum des Käufers, das er nach dem **innerstaatlichen Recht** (*loi interne*) eines der Länder erworben hat, wo sich die verkaufte Sache vorher befand, soll anerkannt werden. Entsprechendes gilt für den Kauf mit Dokumenten (Art. 3 II).

Die Rechte des unbezahlten Verkäufers gegenüber Gläubigern des Käufers unterstehen dem **innerstaatlichen Recht** (*loi interne*) desjenigen Staates, in dem sich die gekaufte Sache zu dem Zeitpunkt befindet, in dem der erste Anspruch auf sie geltend gemacht oder die erste Beschlagnahme der Sache vorgenommen wird (Art. 4)[268]. Entsprechendes gilt für die Rechte des Käufers gegenüber Dritten, der das Eigentum oder ein sonstiges dingliches Recht an der Ware zu haben behauptet (Art. 5).

Art. 8 des Übereinkommens verpflichtet die Vertragsstaaten, die Bestimmungen der Artt. 1-7 in ihre nationale Rechtsordnung zu übernehmen, damit sie auch dann zur Anwendung gebracht werden, wenn das gewählte Recht oder das Recht des Lageortes das Recht eines Nichtvertragsstaates sein sollte[269].

---

[268] Vgl. dazu *Petersten*, in: RabelsZ 24 (1959) 12-20.
[269] Vgl. dazu *Graue*, RabelsZ 57 (1993) 45.

cc) Ausschluss des Renvoi durch die Bezugnahme auf das innerstaatliche Recht (*loi interne*)

Bei der Bestimmung des auf den Eigentumsübergang anzuwendenden Rechts durch das Übereinkommen wird jegliche Rück- oder Weiterverweisung dadurch ausgeschlossen, dass die Kollisionsnormen des Übereinkommens auf **das innerstaatliche Recht** (*loi interne*) der berufenen Rechtsordnung Bezug nehmen. Darunter sind die Sachnormen (die Sachvorschriften) der berufenen Rechtsordnung zu verstehen.

dd) Würdigung

Der Ausschluss des Renvoi durch das Haager Übereinkommen über den Eigentumsübergang beim internationalen Kauf beweglicher Sachen von 1958 entspricht dem speziellen Argument für den Ausschluss des Renvoi in internationalem Schuldvertragsrecht [270]. **Methodisch** gesehen folgt das Übereinkommen von 1958 dem Lösungsmodell des Haager Kaufrechtsübereinkommens von 1955, wonach der Renvoi durch die Bezugnahme auf **das innerstaatliche Recht** (*loi interne*) der berufenen Rechtsordnung ausgeschlossen wird.

c) Haager Minderjährigenschutzübereinkommen (MSA) von 1961

aa) Allgemeines

Das Haager Übereinkommen über die Zuständigkeit der Behörden und das anzuwendende Recht auf dem Gebiet des Schutzes von Minderjährigen (MSA) vom 5.10.1961 (*Convention du 5 octobre 1961 concernant la compétence des autorités et la loi applicable en matière de protection des mineurs*)[271] wurde anlässlich der 9. Session der Haager Konferenz für Internationales Privatrecht am 5.10.1961 verabschiedet[272]. Es ist für die Bundesrepublik Deutschland am 17.9.1971 in Kraft getreten[273].

---

[270] Siehe oben § 3 II 1 der vorliegenden Arbeit.

[271] Authentisch ist allein der französische Text, in: RabelsZ 27 (1962/63) 547; Rev. crit. DIP 1960, 685; Recueil des Conventions, Nr. X. Englische Übersetzung in: Am.J.Comp.L. 1960, 708 ff.; deutsche Übersetzung bei *Jayme/Hausmann*, Nr. 54 sowie BGBl. 1971 II S. 219.

[272] Vgl. dazu den Bericht *Dölle*, RabelsZ 17 (1952) 428 ff.

[273] Das MSA gilt heute ferner für Frankreich, Italien, Polen, Portugal, Lettland, Litauen, Luxemburg, die Niederlande, Österreich, Spanien, die Schweiz und die Türkei; nach dem Übergang der Hoheitsrechte über Macao von Portugal an die Volksrepublik China am 20.12.1999 bleibt es im Sonderverwaltungsregion Macao anwendbar. Siehe hierzu *Jayme/Hausmann*, Anm. 1 zu Nr. 54; http://www.hcch.net/f/status/stat10f.html (Stand: 30.4.2004).

Ziel des Übereinkommens ist es, gemeinsame Bestimmungen über die Zuständigkeit der Behörden und das anzuwendende Recht auf dem Gebiet des Schutzes von Minderjährigen festzulegen[274].

Zum Gegenstand hat das Übereinkommen alle Maßnahmen zum Schutz der Person oder des Vermögens des Minderjährigen (*mesures tendant à la protection de sa personne ou de ses biens*, Art. 1 a.E. MSA). Es gilt für alle Minderjährigen, die ihren gewöhnlichen Aufenthalt in einem der Vertragsstaaten haben (Art. 13 I MSA).

bb) Regelungen über die internationale Zuständigkeit

Anders als das Haager Vormundschaftsabkommen von 1902 wird die Frage des anwendbaren Rechts im MSA nicht mehr in den Vordergrund gestellt. Stattdessen rückt die Frage der internationalen Zuständigkeit der Behörden in den Vordergrund. Die internationale Zuständigkeit, Maßnahmen zum Schutz der Person und des Vermögens eines Minderjährigen zu treffen, wird in erster Linie den Behörden (Gerichten oder Verwaltungsbehörden) des Staates, in dem der Minderjährige seinen gewöhnlichen Aufenthalt hat (*les autorités de l'Etat de résidence habituelle*), gewidmet (Art. 1 MSA). Zur Begründung lässt sich sagen, dass der gewöhnliche Aufenthalt **der tatsächliche Mittelpunkt der Lebensbeziehungen** der Minderjährigen ist[275]. Diese Zuständigkeit wird jedoch durch die in Art. 9 MSA vorgesehene Eilzuständigkeit ergänzt: In allen dringenden Fällen (*dans tous les cas d'urgence*) haben die Behörden jedes Vertragsstaates, in dessen Hoheitsgebiet sich der Minderjährige oder sein Vermögen befindet (*les autorités de chaque Etat contractant sur le territoire duquel se trouvent le mineur ou des biens lui appartenant*), die notwendigen Schutzmaßnahmen zu treffen.

---

[274] Das MSA tritt nach seinem Art. 18 I im Verhältnis der Vertragsstaaten zueinander an die Stelle des Haager Abkommens zur Regelung der Vormundschaft über Minderjährige (Haager Vormundschaftsabkommen) vom 12.6.1902 und ist daher mit Wirkung vom 17.9.1971 im Verhältnis zu Luxemburg und Portugal an die Stelle des Haager Vormundschaftsabkommens getreten. Das MSA wird im Verhältnis zu den Vertragsstaaten des neuen Haager Kinderschutzübereinkommens (KSÜ) vom 19.10.1996 (Vertragsstaaten sind heute Monaco, die Slowakische Republik und die Tschechische Republik, Australien, Ecuador, Estland, Lettland und Marokko; ab dem 1.9.2004 auch Litauen) zueinander durch das am 1.1.2002 in Kraft getretene KSÜ ersetzt (Art. 51 KSÜ). Siehe hierzu *Jayme/Hausmann*, Anm. 2 zu Nr. 54; http://www.hcch.net/f/status/stat34f.html (Stand: 30.4.2004).

[275] Vgl. dazu *Ferid*, RabelsZ 27 (1962) 434.

cc) Das anzuwendende Recht

Das MSA hat einen gewissen Gleichlauf zwischen Behördenzuständigkeit und anzuwendendem Recht hergestellt[276].

Die nach Art. 1 MSA international zuständigen Behörden haben die nach ihrem **innerstaatlichen Recht** (*loi interne*) vorgesehenen Maßnahmen zu treffen (Art. 2 I MSA)[277]. Da hiernach nur **das innerstaatliche Recht** (*loi interne*) berufen wird, bezieht sich die staatsvertragliche Verweisung nicht auf die Kollisionsnormen der berufenen Rechtsordnung[278].

Wird der gewöhnliche Aufenthalt eines Minderjährigen aus einem Vertragsstaat in einen anderen verlegt, so bleiben die von den Behörden des Staates des früheren gewöhnlichen Aufenthalts getroffenen Maßnahmen so lange in Kraft, bis die Behörden des neuen gewöhnlichen Aufenthalts sie aufheben oder ersetzen (Art. 5 I MSA). Wird der gewöhnliche Aufenthalt eines Minderjährigen, der unter dem Schutz der Behörden des Staates gestanden hat, dem er angehört, verlegt, so bleiben die von diesem nach ihrem **innerstaatlichen Recht** (*loi interne*) getroffenen Maßnahmen im Staat des neuen gewöhnlichen Aufenthalts in Kraft (Art. 5 III MSA).

Ein Gewaltverhältnis (*un rapport d'autorité*), das nach dem **innerstaatlichen Recht** (*loi interne*) des Heimatstaates des Minderjährigen kraft Gesetzes (*ex lege*) besteht, ist in allen Vertragsstaaten anzuerkennen (Art. 3 MSA). Es handelt sich hier um eine Sachnormverweisung[279].

Sind die Behörden des Heimatstaates des Minderjährigen der Auffassung, dass das Wohl des Minderjährigen es erfordert, so können sie nach ihrem **innerstaatlichen Recht** (*loi interne*) zum Schutz der Person oder des Vermögens des Minderjährigen Maßnahmen treffen, nachdem sie die Behörden des Staates des gewöhnlichen Aufenthalts des Minderjährigen verständigt haben (Art. 4 I MSA).

Die Artt. 3, 4 und 5 III MSA schließen nicht aus, dass die Behörden des Staates, in dem der Minderjährige seinen gewöhnlichen Aufenthalt hat, Maßnahmen zum Schutz des Minderjährigen treffen, soweit er in seiner Person oder in seinem Vermögen ernstlich gefährdet ist (Art. 8 I MSA).

---

[276] Vgl. dazu *Ferid*, RabelsZ 27 (1962) 429; *Staudinger-Kropholler* (1994), Vorbem. zu Art. 19 EGBGB, Rn. 252; *Gottschalk*, Allgemeine Lehren, S. 92, 93.

[277] Der offizielle französische Wortlaut des Art. 2 I MSA von 1961:
"Les autorités compétentes aux termes de l'article premier prennent les mesures prévues par leur loi interne."

[278] Vgl. dazu *Lindenau*, Einführung des Renvoi, S. 236.

[279] Zur Begründung siehe sogleich unten.

Ferner entscheidet das innerstaatliche Recht (*loi interne*) des Heimatstaates eines Minderjährigen **und** das innerstaatliche Recht (*loi interne*) des Staates seines gewöhnlichen Aufenthalts über die Minderjährigkeit (Art. 12 MSA). Hier wird die kumulative Anwendung zweier Rechtsordnungen angeordnet, nämlich des Heimatrechts und des Rechts des Aufenthaltsstaates[280]. Das MSA hat also *per se* keine Definition der Minderjährigkeit geschaffen, sondern überlässt diese Frage dem Heimatrecht **und** dem Aufenthaltsrecht.

dd) Ausdrücklicher absoluter Ausschluss des Renvoi im MSA

aaa) Ausschluss des Renvoi durch die Bezugnahme auf das „innerstaatliche Recht" (*loi interne*)

Die ausdrückliche Bezugnahme durch Artt. 2, 4, 5 und 12 MSA auf das „innerstaatliche Recht" (*loi interne*) der berufenen Rechtsordnung spricht unmissverständlich für die Sachnormverweisung. Dadurch wird der Renvoi mehrfach ausgeschlossen[281].

bbb) Ausschluss des Renvoi in Art. 3 MSA

Umstritten bleibt jedoch, ob Art. 3 MSA, wonach ein Gewaltverhältnis, das nach dem innerstaatlichen Recht (*loi interne*) des Heimatstaates des Minderjährigen kraft Gesetzes (*ex lege*) besteht, in allen Vertragsstaaten anzuerkennen ist, überhaupt keinen Raum für den Renvoi lässt. In der Lehre gehen die Auffassungen auseinander[282]. Trotz der ausdrücklichen Bezugnahme auf das „innerstaatliche Recht" (*loi interne*), spricht sich insbesondere *Ferid* dafür aus, dass bei Art. 3 MSA der Renvoi durch das Heimatrecht des Minderjährigen zu beachten sei, denn in Art. 3 MSA werde nicht das auf den Lebensfall anzuwendende Recht bestimmt, sondern lediglich auf ein nach einem bestimmten Recht bestehendes Gewaltverhältnis Rücksicht genommen[283]. Diese Ansicht ist abzulehnen, denn sie gefährdet den internationalen Entscheidungseinklang zwischen den Vertragsstaaten und erschwert die Rechtsanwendung. Daraus ergibt sich, dass es sich bei Art. 3 MSA ebenfalls um eine Sachnormverweisung handelt[284].

---

[280] Vgl. dazu *Ferid*, RabelsZ 27 (1962) 431, 442.

[281] Vgl. dazu *Staudinger-Kropholler* (1994), Vorbem. zu Art. 19 EGBGB, Rn. 298-302.

[282] Siehe insbesondere *Kropholler*, IPR (5. Aufl. 2004), § 48 II 1 d; *Staudinger-Kropholler* (1994), Vorbem. zu Art. 19 EGBGB, Rn. 301.

[283] Vgl. dazu *Ferid*, IPR, Rn. 8-239.

[284] So die h.M., vgl. auch *Kropholler*, Das Haager Abkommen über den Schutz Minderjähriger, S. 24 f.; *ders.*, NJW 1972, 371; *ders.*, ZfRV 1975, 207, 211; *Allinger*,

ee) Würdigung

Der Ausschluss des Renvoi in den Kollisionsnormen des MSA ist eindeutig und absolut. Er entspricht dem speziellen Argument für die Ablehnung des Renvoi in staatsvertraglichen Kollisionsnormen zum Schutz der Minderjährigen[285] und dient infolgedessen dem Kindeswohl.

d) Haager Testamentsformübereinkommen von 1961

aa) Allgemeines

aaa) Stand des Übereinkommens

Das Haager Übereinkommen über das auf die Form letztwilliger Verfügungen anzuwendende Recht vom 5.10.1961 (*Convention du 5 octobre 1961 sur les conflits de lois en matière de forme des dispositions testamentaires/Convention of 5 October 1961 on the Conflict of Laws Relating to the Form of Testamentary Dispositions*)[286] wurde auf der 9. Session der Haager Konferenz für Internationales Privatrecht vom 5. bis 26.10.1960 verabschiedet[287]. Es ist ein Ergebnis der schon von der 1. Haager Konferenz (1893) bis zur 6. Haager Konferenz (1928) unternommenen Versuche zur Vereinheitlichung des Kollisionsrechts in der Frage der Testamentsform[288] und schafft damit gemeinsame Regelungen über die Rechtskonflikte bezüglich der Testamentsformen. Es ist für die Bundesrepublik Deutschland am 1.1.1966 in Kraft getreten[289]. Es gilt heute für nahezu 40 Vertragsstaaten, nicht nur kontinentaleuropäische Länder, sondern auch zahlreiche Länder des

Minderjährigenschutzabkommen, S. 105; *Droz*, Clunet 100 (1973) 603, 612; *Henrich*, in: FS Schwind, S. 79, 84 f.; *Jayme*, JR 1973, 177, 182, 195; *Luther*, FamRZ 1973, 411; *Meyer-Sparenberg*, Staatsvertragliche Kollisionsnormen, S. 141 f.; Oberloskamp, Haager Minderjährigenschutzabkommen, Art. 3 MSA Rn. 52; *v. Overbeck*, Mélanges Deschenaux, S. 477, 460 f.; *Schwinmann*, JBl 1976, 233, 237 f.; *Staudinger-Hausmann* (2003), Art. 4 EGBGB, Rn. 132; MünchKomm-*Siehr*, Anh. I zu Art. 19 EGBGB, Rn. 166; *Lindenau*, Einführung des Renvoi, S. 236, 237; *Gottschalk*, Allgemeine Lehren, S. 93-99; *Sonnentag*, Renvoi, S. 87, Fn. 62; *Palandt-Heldrich* (63. Aufl. 2004), Anh. zu Art. 24 EGBGB, Rn. 22.

[285] Siehe oben § 3 II 2 der vorliegenden Arbeit.

[286] Geschehen in französischer und englischer Sprache, im Fall von Abweichungen ist der französische Text maßgebend. Französischer und englischer Text in: BGBl. 1965 II S. 1145 sowie Recueil des Conventions, Nr. XI. Französischer Text auch in: Rev. crit. DIP 1960, 682. Deutsche Übersetzung bei *Jayme/Hausmann*, Nr. 60.

[287] Vgl. dazu den Bericht *Ferid*, RabelsZ 27 (1962) 411-413, 417-428.

[288] Zur Entstehungsgeschichte vgl. *Ferid*, a.a.O. 417, 418.

[289] Bek. vom 29.12.1965, BGBl. 1966 II S. 11.

Commonwealth, die skandinavischen Staaten, Israel und Japan. Ferner gilt es seit dem 1.7.1997 auch für die chinesische Sonderverwaltungsregion Hongkong[290].

bbb) Zweisprachiger Text

Das Übereinkommen ist die erste Haager Konvention zum Internationalen Privatrecht, die **gleichzeitig in französischer und englischer Sprache verabschiedet** wurde, obwohl gemäß der Schlussformel **der französische Text** im Fall von Abweichungen immer noch den Vorrang hat (*Fait ... en français et anglais, le texte français faisant foi en cas de divergence entre les textes*, Art. 20). Dies soll dazu dienen, die internationale Anerkennung der Formgültigkeit letztwilliger Verfügungen erheblich zu erleichtern.

ccc) *Loi uniforme*

Zudem versteht sich das Übereinkommen als *loi uniforme*. Die Anwendung der darin aufgestellten Regeln über das anzuwendende Recht hängt nämlich nicht von der Gegenseitigkeit ab (Art. 6 I); das Übereinkommen ist auch dann anzuwenden, wenn die Beteiligten nicht Staatsangehörige eines Vertragsstaates sind oder wenn das aufgrund der Kollisionsnormen des Übereinkommens anzuwendende Recht nicht das eines Vertragsstaates ist (Art. 6 II).

bb) Kollisionsnormen des Übereinkommens

Die Kollisionsnormen des Übereinkommens gehen vom Grundgedanken eines weitgehenden *favor testamenti* aus, um die großen sachrechtlichen Unterschiede der einzelnen Staaten bezüglich der Form von letztwilligen Verfügungen zu überwinden.

Eine letztwillige Verfügung ist hinsichtlich ihrer Form gültig, wenn sie dem **innerstaatlichen Recht** (*loi interne*) des Errichtungsortes, oder des Heimatstaates des Erblassers im Zeitpunkt der letztwilligen Verfügung oder im Zeitpunkt des Todes, oder des Wohnsitzes des Erblassers im Zeitpunkt der letztwilligen Verfügung oder im Zeitpunkt des Todes, oder des gewöhnlichen Aufenthalts des Erblassers im Zeitpunkt der letztwilligen Verfügung oder im Zeitpunkt des Todes, oder des Lageortes, soweit es sich um unbewegliches

---

290 Siehe hierzu *Jayme/Hausmann*, Anm. 1 zu Nr. 60; http://www.hcch.net/f/status/stat11f.html (Stand: 30.4.2004).

Vermögen handelt, entspricht (Art. 1 I)[291]. Somit bietet das Übereinkommen insgesamt acht Rechtsordnungen, nach denen die Formgültigkeit letztwilliger Verfügung anerkannt werden kann. Die durch das Übereinkommen für das Formstatut alternativ zur Verfügung gestellte Mehrheit von Anknüpfungspunkten soll in erster Linie die Formgültigkeit letztwilliger Verfügung erleichtern (*favor testamenti*). Dadurch werden hinkende Testamente weitgehend vermieden[292].

Art. 1 des Übereinkommens gilt auch für letztwillige Verfügungen, durch die eine frühere letztwillige Verfügung widerrufen wird (Art. 2 I). Der Widerruf ist auch dann formgültig, wenn dessen Form einer der acht Rechtsordnungen entspricht, nach denen die widerrufene letztwillige Verfügung gemäß Art. 1 gültig gewesen ist (Art. 2 II). Hat z.B. der Erblasser nach der Testamentserrichtung seinen Wohnsitz gewechselt, so ist der Widerruf formgültig, wenn er die Form des früheren Wohnsitzrechts wahrt. Ferner ist das Übereinkommen auf die Form der von zwei oder mehreren Personen in derselben Urkunde errichteten letztwilligen Verfügungen anzuwenden (Art. 4). Gemeint sind damit etwa gemeinschaftliche Testamente von Ehegatten oder Geschwistern[293].

cc) Absoluter Ausschluss des Renvoi

aaa) Ausschluss des Renvoi durch die Bezugnahme auf das innerstaatliche Recht (*loi interne*) bei Artt. 1 I, 2 und 4

Die Bezugnahme auf **das innerstaatliche Recht** (*loi interne*) der jeweils berufenen Rechtsordnungen durch Artt. 1 I, 2 und 4 des Übereinkommens spricht eindeutig gegen eine Gesamtverweisung. Verweisungen durch diese Kollisionsnormen sind mithin Sachnormverweisungen. Erfüllt eine letztwillige Verfügung die Voraussetzungen des „innerstaatlichen Rechts" der jeweils berufenen Rechtsordnung, so ist die letztwillige Verfügung formgültig. Die

[291] Der offizielle französische Wortlaut des Art. 1 I des Haager Testamentsformübereinkommens von 1961:
"Une disposition testamentaire est valable quant à la forme si celle-ci répond à la loi interne:
a) du lieu où le testateur a disposé, ou
b) d'une nationalité possédée par le testateur, soit au moment où il a disposé, soit au moment de son décès, ou
c) d'un lieu dans lequel le testateur avait son domicile, soit au moment où il a disposé, soit au moment de son décès, ou
d) du lieu dans lequel le testateur avait sa résidence habituelle, soit au moment où il a disposé, soit au moment de son décès, ou
e) pour les immeubles, du lieu de leur situation."

[292] Vgl. dazu *Ferid*, RabelsZ 27 (1962) 418, 419.

[293] Vgl. dazu *Ferid*, a.a.O. 423.

Rück- und Weiterverweisung durch diese Kollisionsnormen bleibt folglich außer Betracht[294].

bbb) Ausschluss des Renvoi bei Artt. 1 III und 9 durch Interpretation

Diskutabel sind jedoch zwei Vorschriften über das Vorliegen des Wohnsitzes. Die Frage, ob der Erblasser an einem bestimmten Ort einen Wohnsitz gehabt hat oder nicht, wird durch **das** an diesem Ort geltende **Recht** geregelt (Art. 1 III)[295]. Abweichend hiervon kann jeder Vertragsstaat sich das Recht vorbehalten, den Ort, an dem der Erblasser seinen Wohnsitz gehabt hat, **nach dem** am Gerichtsort geltenden **Recht** (*selon la loi du for*) zu bestimmen (Art. 9). Das Vorliegen eines Wohnsitzes beurteilt sich also nach dem Recht des betreffenden Ortes, im Fall eines Vorbehalts im Sinne von Art. 9, nach der *lex fori*. Hier sind die jeweils betroffenen Rechtsordnungen nicht auf ihr innerstaatliches Recht abgestellt, sind daher auslegungsbedürftig.

Wird dem Recht des betroffenen Ortes die Entscheidung über das Vorliegen eines Wohnsitzes überlassen (Art. 1 III), so bedeutet dies freilich, dass nur die **Sachnormen** dieser Rechtsordnung maßgebend sind, um den Wohnsitz im Sinne dieser Rechtsordnung festzustellen. Die Kollisionsnormen dieser Rechtsordnung kommen daher nicht in Betracht.

Art. 9 ist an sich ein Ergebnis des Kompromisses mit den Ländern, die in dieser Frage nicht so weit gehen wollen, etwa Großbritannien mit dem *domicile* im Sinne des englischen Rechts. Maßgebend sollen dabei ausschließlich die **Sachnormen** der *lex fori* sein; das englische materielle Recht des Ortes des Gerichtsstandes entscheidet beispielsweise über die Frage, ob der Erblasser ein *domicile* im englischen Sinne gehabt hat. Diejenigen Staaten, die von diesem Vorbehaltsrecht Gebrauch machen[296], wollen verständlicherweise nach ihren Sachnormen beurteilen.

Vom Wortlaut her scheinen Artt. 1 III und 9 des Übereinkommens zwar nicht so eng wie Art. 12 MSA, der für die Minderjährigkeit eine Kumulation des

---

[294] Vgl. dazu *Ferid*, RabelsZ 27 (1962) 423; *Staudinger-Dörner* (2000), Vorbem. zu Art. 25 f. EGBGB, Rn. 45; *Gottschalk*, Allgemeine Lehren, S. 88, 89.

[295] Der offizielle französische Wortlaut des Art. 1 III des Haager Testamentsformübereinkommens von 1961:
"La question de savoir si le testateur avait un domicile dans un lieu déterminé est régie par la loi de ce même lieu."

[296] Bisher haben Antigua und Barbuda, Botsuana, die Volksrepublik China in Bezug auf die Sonderverwaltungsregion Hongkong, Fidschi, Grenada, Lesotho, Luxemburg, Mauritius, Südafrika, Swasiland, Tonga, die Türkei und das Vereinigte Königreich den Vorbehalt nach Art. 9 erklärt. Siehe hierzu *Jayme/Hausmann*, Anm. 3 zu Nr. 60.

innerstaatlichen Rechts des Rechts des Heimatstaates und des Rechts des Aufenthaltsstaates vorsieht. Sie sind aber eng auszulegen.

ccc) Ergebnis

Insgesamt lässt sich sagen, dass das Haager Testamentsformübereinkommen von 1961 jeglichen Renvoi ausschließt.

dd) Stellungnahme

Der Ausschluss des Renvoi durch das Haager Testamentsformübereinkommen von 1961 bestätigt den Grundsatz des Ausschlusses des Renvoi in den Haager Konventionen und entspricht überdies dem Gedanken, dass in Formfragen kein Platz für den Renvoi sein solle[297]. Angesichts der hohen Anzahl der Teilnahme am Übereinkommen (beinahe 40 Vertragsstaaten) können die Regelungen dieses Übereinkommens als gelungen angesehen werden. Seine Haltung zum Ausschluss des Renvoi wirkt nicht zuletzt auf die autonomen nationalen Regelungen über das auf die Form letztwilliger Verfügungen anzuwendende Recht aus (siehe z.B. Art. 26 I EGBGB).

e) Haager Übereinkommen über Straßenverkehrsunfälle von 1971

aa) Allgemeines

aaa) Stand des Übereinkommens

Das Haager Übereinkommen über das auf Straßenverkehrsunfälle anzuwendende Recht vom 4.5.1971 (*Convention du 4 mai 1971 sur la loi applicable en matière d'accidents de la circulation routière/Convention of 4 May 1971 on the Law Applicable to Traffic Accidents*)[298] wurde auf der 11. Session der Haager Konferenz für Internationales Privatrecht vom 7. bis 26.10.1968 durch *Acte final* verabschiedet[299]. Es ist am 4.5.1971 von den ersten

---

[297] Siehe oben § 3 II 3 der vorliegenden Arbeit.

[298] Authentisch sind gleichberechtigt der französische und der englische Text, in: RabelsZ 33 (1969) 342; Recueil des Conventions, Nr. XIX. Französischer Text auch in: Rev. crit. DIP 1968, 796. Amtliche österreichische Übersetzung (öst. BGBl. 1975, Nr. 387) abgedr. bei *Jayme/Hausmann*, Nr. 100.

[299] Zur Entstehungsgeschichte des Übereinkommens vgl. den Bericht (Rapport explicatif) *Essé*, in: Actes et document de la Onzième session (1968), tome III, S. 193, 200. Vgl. auch *Beitzke*, RabelsZ 33 (1969) 204 ff.

Staaten unterzeichnet worden und am 3.6.1975 in Kraft getreten[300]. Die Bundesrepublik Deutschland hat es bisher nicht unterzeichnet.

bbb) *Loi uniforme*

Das Übereinkommen versteht sich als *loi uniforme* des Internationalen Privatrechts und ist auch anzuwenden, wenn das anzuwendende Recht nicht das Recht eines Vertragsstaates ist (Art. 11 S. 2).

ccc) Gegenstand und Anwendungsbereich

Das Übereinkommen betrifft ausschließlich die Frage des anzuwendenden Rechts auf Straßenverkehrsunfälle. Die Probleme der Zuständigkeit, der Anerkennung sowie der Vollstreckung der Entscheidungen auf diesem Gebiet werden nicht betrachtet[301].

Der Anwendungsbereich wird positiv und negativ bestimmt. Das Übereinkommen bestimmt das auf die außervertragliche zivilrechtliche Haftung aus einem Straßenverkehrsunfall anzuwendende Recht (Art. 1 I). Straßenverkehrsunfall im Sinne des Übereinkommens ist jeder Unfall, an dem ein oder mehrere Fahrzeuge, ob Motorfahrzeuge oder nicht, beteiligt sind und der mit dem Verkehr auf öffentlichen Straßen, auf öffentlichen zugänglichem Gelände oder auf nichtöffentlichem, aber einer gewissen Anzahl befugter Personen zugänglichem Gelände zusammenhängt (Art. 1 II)[302].

---

[300] Vertragsstaaten sind heute Belgien, Bosnien-Herzegowina, Frankreich, Jugoslawien, Kroatien, Lettland, Litauen (Seit dem 24.3.2002), Luxemburg, Mazedonien, Polen (seit dem 28.5.2002), die Niederlande, Österreich, die Slowakische Republik, Slowenien, die Schweiz, Spanien, die Tschechische Republik und Weißrussland. Siehe hierzu *Jayme/Hausmann*, Anm. 1 zu Nr. 100; http://www.hcch.net/f/status/stat19f.html (Stand: 30.4.2004).

[301] Vgl. dazu den Rapport explicatif *Essé*, in: Actes et document de la Onzième session (1968), tome III, S. 200, 202.

[302] Vom Anwendungsbereich des Haager Übereinkommens über Straßenverkehrunfälle von 1971 ausgeschlossen sind folgende Materien: die Haftung von Fahrzeugherstellern, Fahrzeugverkäufern und Reparaturunternehmen; die Haftung des Eigentümers des Verkehrwegs oder jeder anderen Person, die für die Instandhaltung des Weges oder die Sicherheit der Benutzer zu sorgen hat; die Haftung für Dritte, ausgenommen die Haftung des Fahrzeugeigentümers oder des Geschäftsherrn; Rückgriffsansprüche zwischen haftpflichtigen Personen; Rückgriffsansprüche und der Übergang von Ansprüchen, soweit Versicherer betroffen sind; Ansprüche und Rückgriffsansprüche, die von Einrichtungen der sozialen Sicherheit, Trägern der Sozialversicherung oder anderen ähnlichen Einrichtungen und öffentlichen Kraftfahrzeug-Garantiefonds oder gegen sie geltend gemacht werden, sowie der Haftungsausschluss, der in dem für diese Einrichtungen maßgebenden Recht vorgesehen ist (Art 2 II).

bb) Kollisionsnormen des Übereinkommens und absoluter Ausschluss des Renvoi

aaa) Grundregel

Kernvorschriften über das anzuwendende Recht sind in Artt. 3-6 des Übereinkommens geregelt. Art. 3 stellt die Grundregel wie folgt dar: Das anzuwendende Recht ist **das innerstaatliche Recht** (*loi interne/internal law*) des Staates, in dessen Hoheitsgebiet sich der Unfall ereignet hat. Hier gilt also das Prinzip der *lex loci delicti commissi*. Dies entspricht auch der Praxis der meisten Mitgliedsstaaten der Haager Konferenz für Internationales Privatrecht [303].

Das Übereinkommen verwendet in Art. 3 den seit dem Haager Kaufrechtsübereinkommen von 1955 üblicherweise von den Haager Konventionen gebrauchten Ausdruck des **„innerstaatlichen Rechts"** (*loi interne/internal law*). Anzuwenden sind danach die Sachvorschriften des Rechts des Staates, in dessen Hoheitsgebiet sich der Unfall ereignet hat. Die Kollisionsnormen des Rechts des Staates des Unfallortes kommen nicht in Betracht. Eine Rückverweisung von diesem Recht auf das Recht eines Vertragsstaates oder eine Weiterverweisung auf das Recht des Drittstaates wird also ausgeschlossen. Dies entspricht auch der allgemeinen Praxis der Haager Konferenz für Internationales Privatrecht, die hinsichtlich dieser Frage den Renvoi grundsätzlich ausschließt, um Konflikte zwischen den Systemen zu vermeiden und zu beseitigen[304].

bbb) Ausnahmen

Die in Art. 3 geregelte Grundregel hat jedoch ihre Ausnahmen. Solche Ausnahmen sind in Artt. 4, 5 und 6 des Übereinkommens geregelt.

Ist nur ein Fahrzeug am Unfall beteiligt und ist dieses Fahrzeug in einem anderen als dem Staat des Unfallortes zugelassen, so ist **das innerstaatliche Recht** (*loi interne/internal law*) des Zulassungsstaates anzuwenden auf die Haftung gegenüber dem Fahrzeugführer, dem Halter, dem Eigentümer oder jeder anderen Person, die hinsichtlich des Fahrzeuges ein Recht hat, ohne Rücksicht auf ihren gewöhnlichen Aufenthalt; auf die Haftung gegenüber einem Geschädigten, der Fahrgast war, wenn er seinen gewöhnlichen Aufenthalt in einem anderen als dem Staat des Unfallortes hatte, sowie auf die Haftung gegenüber einem Geschädigten, der sich am Unfallort außerhalb des Fahrzeuges

---

[303] Vgl. dazu den Rapport explicatif *Essé*, in: Actes et document de la Onzième session (1968), tome III, S. 201, 205.

[304] Vgl. dazu den Rapport explicatif *Essé*, in: Actes et document de la Onzième session (1968), tome III, S. 206.

befand, wenn er seinen gewöhnlichen Aufenthalt im Zulassungsstaat hatte (Art. 4 lit. a). Sind mehrere Fahrzeuge am Unfall beteiligt, so ist Buchstabe a des Art. 4 nur anzuwenden, wenn alle Fahrzeuge im selben Staat zugelassen sind (Art. 4 lit. b). Sind Personen am Unfall beteiligt, die sich am Unfallort außerhalb der Fahrzeuge befanden, so sind die Buchstaben a und b des Art. 4 nur anzuwenden, wenn alle diese Personen ihren gewöhnlichen Aufenthalt im Zulassungsstaat haben, auch wenn sie Geschädigte des Unfalls sind (Art. 4 lit. c). Durch die Bezeichnung auf **das innerstaatliche Recht** (*loi interne/internal law*) des Zulassungsstaates wird die Rück- und Weiterverweisung ausgeschlossen.

Das Recht, das auf die Haftung für Schäden an dem außerhalb des oder der Fahrzeuge befindlichen Vermögen anzuwenden ist, ist das Recht des Staates des Unfallortes (Art. 5 III 1). Bemerkenswert ist es, dass hier das Recht des Staates des Unfallortes nicht ausdrücklich auf das innerstaatliche Recht abstellt. Bedeutet dies eine Zulassung des Renvoi? Nein, weil es sich hierbei um nichts anderes als eine Konstellation der Anwendung des Art. 3 handelt. Hier gilt wiederum die Grundregel *lex loci delicti commissi* im Sinne von Art. 3[305]. Anzuwenden ist also das innerstaatliche (materielle) Recht des Staates des Unfallortes.

Die Haftung für Schäden an der außerhalb der Fahrzeuge befindlichen persönlichen Habe des Geschädigten unterliegt jedoch dem **innerstaatlichen Recht** (*loi interne/internal law*) des Zulassungsstaates, wenn dieses Recht auf die Haftung gegenüber dem Geschädigten nach Art. 4 anzuwenden ist (Art. 5 III 2). Der Renvoi ist ebenfalls ausgeschlossen.

Bei nicht zugelassenen oder in mehreren Staaten zugelassenen Fahrzeugen, tritt **das innerstaatliche Recht** (*loi interne/internal law*) des gewöhnlichen Standortes an die Stelle des Rechts des Zulassungsstaates (Art. 6 S. 1)[306]. Gleiches gilt, wenn weder der Eigentümer noch der Halter noch der Führer des Fahrzeuges zur Zeit des Unfalls ihren gewöhnlichen Aufenthalt im Zulassungsstaat hatten (Art. 6 S. 2). Das innerstaatliche Recht des gewöhnlichen Standortes soll als materielles Recht des gewöhnlichen Standortes verstanden werden. Der Renvoi kommt mithin nicht in Betracht.

---

[305] Vgl. dazu den Rapport explicatif *Essé*, in: Actes et document de la Onzième session (1968), tome III, S. 210.

[306] Die amtliche österreichische Übersetzung (öst. BGBl. 1975, Nr. 387, abgedr. bei *Jayme/Hausmann*, Nr. 100) hat in Art. 6 S. 1 einen Fehler, weil sie lautet: „tritt an die Stelle des innerstaatlichen Rechts des Zulassungsstaates das Recht des Staates des gewöhnlichen Standorts".
Der offizielle französische Wortlaut:
"la loi interne de l'Etat du stationnement habituel remplace celle de l'Etat d'immatriculation."
Der offizielle englische Wortlaut:
"the internal law of the State in which they are habitually stationed shall replace the law of the State of registration."

cc) Stellungnahme zum ausdrücklichen und absoluten Ausschluss des Renvoi

Bei den Kollisionsnormen des Haager Übereinkommens über Straßenverkehrunfälle von 1971 kommt der Ausschluss des Renvoi deutlich zum Ausdruck durch die Bezugnahme auf das innerstaatliche Recht (*loi interne/internal law*) der jeweils berufenen Rechtsordnung. Abgesehen von der Grundregel *lex loci delicti commissi* von Art. 3 verwendet das Übereinkommen eine Methode von *grouping of connecting points*. Für bestimmte Situationen, in denen sich die Anknüpfungspunkte um eine andere Rechtsordnung als diejenige des Unfallortes gruppieren, werden spezielle Regelungen zugunsten dieser anderen Rechtsordnung vorgesehen (z.B. Artt. 4, 5 und 6)[307]. Das ist nichts anderes als eine Ausprägung des Grundsatzes der engsten Verbindung und stellt eine Auflockerung der Regel *lex loci delicti commissi* dar. Eine Zulassung des Renvoi würde diesen Gedanken in Frage stellen und die Rechtsanwendung erschweren.

Zusammenfassend lässt sich sagen, dass der ausdrückliche Ausschluss der jeglichen Rück- oder Weiterverweisung durch Kollisionsnormen des Haager Übereinkommens über Straßenverkehrunfälle von 1971 gerechtfertigt ist[308].

f) Haager Unterhaltsübereinkommen (HUÜ) von 1973

aa) Allgemeines

Das Haager Übereinkommen über das auf Unterhaltspflichten anzuwendende Recht (HUÜ) vom 2.10.1973 (*Convention du 2 octobre 1973 sur la loi applicable aux obligations alimentaires/Convention of 2 October 1973 on the Law Applicable to Maintenance Obligations*)[309] ist für die Bundesrepublik Deutschland am 1.4.1987 im Verhältnis zu Frankreich, Italien, Japan, Luxemburg, den Niederlanden, Portugal, der Schweiz, Spanien und der Türkei

---

[307] Der Berichterstatter der Haager Konferenz für Internationales Privatrecht sprach von einem neuen Beitrag zur Beilegung der Rechtskonflikte hinsichtlich der außervertraglichen Haftung. Vgl. dazu den Rapport explicatif *Essé*, in: Actes et document de la Onzième session (1968), tome III, S. 201, 206; *Loussouarn/Bourel*, DIP, S. 502.

[308] Vgl. dazu *Graue*, RabelsZ 57 (1993) 50, 51; *Staudinger-v. Hoffmann*, Art. 38 EGBGB, Rn. 309; *Gottschalk*, Allgemeine Lehren, S. 109, 110.

[309] Authentisch sind gleichberechtigt der französische und der englische Text, in: BGBl. 1986 II S. 837; Recueil des Conventions, Nr. XXIV. Französischer Text auch in: Rev. crit. DIP 1973, 398; englischer Text auch in Am.J.Comp.L. 1973, 596. Deutsche Übersetzung bei *Jayme/Hausmann*, Nr. 41.

in Kraft getreten[310]. Es gilt heute ferner für Polen, Litauen, Estland sowie (seit dem 1.9.2003) für Griechenland[311].

Das Übereinkommen gilt für Unterhaltspflichten, die sich aus Familienbeziehungen, Verwandtschaft, Ehe oder Schwägerschaft ergeben, einschließlich der Unterhaltspflicht gegenüber nichtehelichen Kindern (Art. 1 HUÜ). Somit geht es über das Haager Unterhaltsübereinkommen von 1956 weit hinaus.

Ferner versteht sich das Übereinkommen als *loi uniforme*: Das vom Übereinkommen bestimmte Recht ist auch dann anzuwenden, wenn es das Recht eines Nichtvertragsstaates ist (Art. 3 HUÜ).

bb) Kollisionsnormen des HUÜ und ausdrücklicher absoluter Ausschluss des Renvoi

Das HUÜ unterstellt die in Art. 1 genannten Unterhaltspflichten dem am gewöhnlichen Aufenthalt des Unterhaltsberechtigten geltenden **innerstaatlichen Recht** (*loi interne/internal law*, Art. 4 I HUÜ) [312]. Im Fall eines Aufenthaltswechsels vom Unterhaltsberechtigten ist vom Zeitpunkt des Aufenthaltswechsels an das **innerstaatliche Recht** (*loi interne/internal law*) des neuen gewöhnlichen Aufenthalts anzuwenden (Art. 4 II HUÜ). Die ausdrückliche Bezugnahme auf das innerstaatliche Recht (*loi interne/internal law*) des Aufenthaltsrechts spricht für eine Sachnormverweisung und schließt folglich die Rück- und Weiterverweisung aus[313].

Kann der Berechtigte nach dem in Art. 4 HUÜ bestimmten Recht vom Verpflichteten keinen Unterhalt erhalten, so ist das Recht des Staates anzuwenden, dem sie gemeinsam angehören (Art. 5 HUÜ). Dem Wortlaut nach ist hier – anders als bei Art. 4 HUÜ – das gemeinsame Heimatrecht zwar nicht ausdrücklich auf dessen Sachnormen beschränkt, der Sache nach ist aber davon auszugehen, dass hiermit das materielle Recht des gemeinsamen Heimatrechts

[310] Bek. vom 26.3.1987, BGBl. 1987 II S. 225.

[311] Siehe hierzu *Jayme/Hausmann*, Anm. 1 zu Nr. 41; BGBl. 1996 II S. 664; BGBl. 2003 II S. 2169; IPRax 2004, 172.

[312] Der offizielle französische Wortlaut des Art. 4 I des Haager Unterhaltsübereinkommens (HUÜ) von 1973:
"La loi interne de la résidence habituelle du créancier d'aliments régit les obligations alimentaires visées à l'article premier. "
Der offizielle englische Wortlaut:
"The internal law of the habitual residence of the maintenance creditor shall govern the maintenance obligations referred to in Article 1."

[313] Vgl. dazu *Lindenau*, Einführung des Renvoi, S. 237.

unter Ausschluss der Kollisionsnormen gemeint ist[314], denn eine Zulassung der Rück- oder Weiterverweisung könnte in diesem Fall nicht dazu beitragen, dem Berechtigten die Gewährung des Unterhalts sicherzustellen.

Kann der Berechtigte nach dem in Artt. 4 und 5 HUÜ bestimmten Recht immer noch vom Verpflichteten keinen Unterhalt erhalten, dann ist **das innerstaatliche Recht** (*loi interne/internal law*) der angerufenen Behörde anzuwenden (Art. 6 HUÜ). Eine Rück- oder Weiterverweisung wird ebenfalls durch die ausdrückliche Bezugnahme auf das innerstaatliche Recht (*loi interne/internal law*) der *lex fori* ausgeschlossen.

Bei Unterhaltspflichten zwischen Verwandten in der Seitenlinie oder Verschwägerten kann der Verpflichtete dem Anspruch des Berechtigten entgegenhalten, dass nach ihrem gemeinsamen Heimatrecht oder nach dem innerstaatlichen Recht (*loi interne/internal law*) am gewöhnlichen Aufenthalt des Verpflichteten eine solche Pflicht nicht besteht (Art. 7 HUÜ). Aus dem oben erwähnten Grund lässt das Übereinkommen hier für den Renvoi auch keinen Raum[315].

Das auf die Scheidung angewandte Recht ist aber in einem Vertragsstaat, in dem eine Ehescheidung ausgesprochen oder anerkannt worden ist, für die Unterhaltspflichten zwischen den geschiedenen Ehegatten und die Änderung von Entscheidungen über diese Pflichten maßgebend (Art. 8 HUÜ). Ferner ist für das Recht einer öffentliche Aufgaben wahrnehmenden Einrichtung auf Erstattung der dem Unterhaltsberechtigten erbrachten Leistungen das Recht, dem die Einrichtung untersteht, maßgebend (Art. 9 HUÜ). Die Verweisung auf das Scheidungsstatut und das Einrichtungsstatut ist ebenfalls als Verweisung auf die Sachnormen zu verstehen[316].

Nach Art. 15 HUÜ kann jeder Vertragsstaat gemäß Art. 24 HUÜ einen Vorbehalt machen, dass seine Behörden sein **innerstaatliches Recht** (*loi interne/internal law*) anwenden werden, wenn sowohl der Berechtigte als auch der Verpflichtete Staatsangehörige dieses Staates sind und der Verpflichtete dort seinen gewöhnlichen Aufenthalt hat[317]. Im Fall des Zusammentreffens der *lex fori*, des gemeinsamen Heimatrechts und des Rechts des gewöhnlichen

---

[314] So auch *Staudinger-v. Bar/Mankowski*, Anh. I zu Art. 18 EGBGB, Rn. 17; *Gottschalk*, Allgemeine Lehren, S. 82.

[315] Vgl. dazu *Meyer-Sparenberg*, Staatsvertragliche Kollisionsnormen, S. 137.

[316] Vgl. dazu *Gottschalk*, Allgemeine Lehren, S. 83.

[317] Alle Vertragsstaaten vorbehaltlich Frankreichs und Japans haben bei der Ratifizierung des Haager Unterhaltsübereinkommens (HUÜ) von 1973 von diesem Vorbehalt Gebrauch gemacht. Es handelt sich hierbei um ein Zugeständnis an das Staatsangehörigkeitsprinzip. Vgl. dazu *Gottschalk*, Allgemeine Lehren, S. 81.

Aufenthaltsortes des Verpflichteten gilt also das innerstaatliche Recht der *lex fori*. Der Ausschluss des Renvoi ist eindeutig.

cc) Würdigung

Insgesamt sprechen sich alle Kollisionsnormen des HUÜ von 1973 für die Sachnormverweisung aus[318]; insoweit ist der Ausschluss des Renvoi absolut. Abweichend von Art. 1 des Haager Unterhaltsübereinkommens von 1956 beziehen sich die wichtigsten Kollisionsnormen des HUÜ von 1973 in dessen Artt. 4, 6, 7 und 15 auf **das innerstaatliche Recht** (*loi interne/internal law*) der berufenen Rechtsordnung und schließen die Rück- und Weiterverweisung ausdrücklich aus. Die **Methode** des HUÜ von 1973 ist offenbar einsichtiger.

g) Haager Nachlassverwaltungsübereinkommen von 1973

aa) Allgemeines

Das Haager Übereinkommen über die internationale Verwaltung von Nachlässen vom 2.10.1973 (*Convention du 2 october 1973 sur l'adminstration internationale des successions/Convention of 2 October 1973 Concerning the International Administration of the Estates of Deceased Persons*)[319] wurde auf der 12. Session der Haager Konferenz für Internationales Privatrecht vom 1.10. bis 21.10.1972 beschlossen [320]. Das Übereinkommen ist bisher von der Bundesrepublik Deutschland nicht unterzeichnet worden. Es gilt heute für Portugal, die Tschechische Republik und die Slowakische Republik [321].

Das Übereinkommen bezweckt die Einführung eines internationalen Zeugnisses (*certificat international*), das die Person oder Personen bezeichnet, die berechtigt sind, den beweglichen Nachlass eines Erblassers zu verwalten und deren Befugnisse angibt (Art. 1 I). Dieses Zeugnis wird in dem in Art. 2 bestimmten Vertragsstaat nach einem dem Übereinkommen beigefügten Muster ausgegeben; es ist in den anderen Vertragsstaaten anzuerkennen (Art. 1 II). Zuständig für die Ausstellung des Zeugnisses sind die Behörden in dem Vertragsstaat des gewöhnlichen Aufenthalts des Erblassers zum Zeitpunkt seines

[318] Vgl. dazu *Meyer-Sparenberg*, Staatsvertragliche Kollisionsnormen, S. 139; *Lindenau*, Einführung des Renvoi, S. 237.

[319] Authentisch sind gleichberechtigt der französische und der englische Text, in: RabelsZ 39 (1975) 104; Recueil des Conventions, Nr. XXI. Französischer Text auch in: Rev. crit. DIP 1972, 806. Inoffizielle deutsche Übersetzung bei *Staudinger-Firsching*, 12. Aufl. 1991, Vorbem. 397 zu Artt. 24-26 EGBGB.

[320] Vgl. dazu Actes et Doc. 1972 I 25.

[321] Siehe hierzu *Jayme/Hausmann*, Anm. 1 vor Nr. 60.

Todes (Artt. 2 und 32). Zu diesem Zweck soll jeder Vertragsstaat die zur Ausgabe des Zeugnisses zuständige Behörde (Gericht oder Verwaltungsbehörde) bestimmen (Art. 6).

bb) Kollisionsnormen des Übereinkommens

Bei der Bezeichnung des Inhabers des Zeugnisses sowie der Angabe seiner Befugnisse wendet die zuständige Behörde des Aufenthaltsstaates grundsätzlich ihr eigenes **innerstaatliches Recht** (*sa loi interne/its internal law*) an. Ausnahmeweise wendet sie **das innerstaatliche Recht** (*loi interne/internal law*) des Heimatstaates des Erblassers an, wenn sowohl der Aufenthaltsstaat wie auch der Heimatstaat erklärt haben, dass das **innerstaatliche Recht** (*loi interne/internal law*) des Heimatstaates anzuwenden ist (Artt. 3 Nr. 1 und 31)[322], oder wenn zwar der Heimatstaat, aber nicht der Aufenthaltsstaat eine solche Erklärung abgegeben hat, und der Erblasser vor seinem Tod im Aufenthaltsstaat weniger als fünf Jahre ständig gelebt hat (Artt. 3 Nr 2 und 31)[323]. Ein Vertragsstaat kann jedoch zum Ausdruck bringen, dass er zur Bezeichnung des Inhabers des Zeugnisses sowie zur Angabe der Befugnisse entgegen Art. 3 sein

---

[322] Der offizielle französische Wortlaut des Art. 31 des Haager Nachlassverwaltungsübereinkommens von 1973:
"Aux fins et sous les conditions de l'article 3, tout Etat contractant a la faculté de déclarer que sa loi interne doit être appliquée, si le défunt est un de ses ressortissants, pour désigner le titulaire du certificat et indiquer ses pouvoirs."
Der offizielle englische Wortlaut:
"For the purpose of, and subject to, the conditions set out in Article 3, a Contracting State may declare that if the deceased was a national of that State its internal law shall be applied in order to designate the holder of the certificate and to indicate his powers."

[323] Der offizielle französische Wortlaut des Art. 3 des Haager Nachlassverwaltungsübereinkommens von 1973:
"Pour désigner le titulaire du certificat et indiquer ses pouvoirs, l'autorité applique sa loi interne, sauf dans les cas suivants, où elle appliquera la loi interne de l'Etat dont le défunt était ressortissant:
1. lorsque tant l'Etat de la résidence habituelle que celui dont le défunt était ressortissant ont fait la déclaration prévue à l'article 31;
2. lorsque l'Etat dont le défunt était ressortissant, mais non celui de la résidence habituelle, a fait la déclaration prévue à l'article 31 et que le défunt n'avait pas habité depuis au moins 5 ans avant son décès dans l'Etat de l'autorité émettrice du certificat."
Der offizielle englische Wortlaut:
"For the purpose of designating the holder of the certificate and indicating his powers, the competent authority shall apply its internal law except in the following cases, in which it shall apply the internal law of the State of which the deceased was an national –
(1) if both the State of his habitual residence and the State of his nationality have made the declaration provided for in Article 31;
(2) if the State of which he was a national, but not the State of his habitual residence has made the declaration provided for in Article 31, and if the deceased had lived in the State of the issuing authority for less than 5 years immediately prior to his death."

eigenes **innerstaatliches Recht** (*sa loi interne/its internal law*) oder **das innerstaatliche Recht** des Heimatstaates des Erblassers anwendet, je nach der Wahl, die der Erblasser trifft (Art. 4)[324].

cc) Ausdrücklicher absoluter Ausschluss des Renvoi

Was staatsvertragliche Kollisionsnormen angeht, so bringt das Übereinkommen durch die mehrfache Bezugnahme auf das innerstaatliche Recht (*loi interne/internal law*) unmissverständlich zum Ausdruck, dass hier die materiellen Rechtsnormen unter Ausschluss der Kollisionsnormen gemeint sind. Somit lässt das Übereinkommen keinen Raum mehr für die Rück- und Weiterverweisung und ist als Beispiel des absoluten Ausschlusses des Renvoi anzusehen[325].

dd) Stellungnahme

Der absolute Ausschluss des Renvoi durch die Kollisionsnormen des Haager Nachlassverwaltungsübereinkommens von 1973 durch die ausdrückliche Bezugnahme auf das innerstaatliche Recht der berufenen Rechtsordnung ist deshalb gerechtfertigt, weil er die Rechtsanwendung erleichtert.

h) Haager Produkthaftpflichtübereinkommen von 1973

aa) Allgemeines

Das Haager Übereinkommen über das auf die Produkthaftpflicht anzuwendende Recht vom 2.10.1973 (*Convention du 2 octobre 1973 sur la loi applicable à la responsabilité du fait des produits/Convention of 2 October 1973 on the Law Applicable to Products Liability*)[326] wurde durch *Acte final* vom 21.10.1972 auf der 12. Session der Haager Konferenz für Internationales Privatrecht verabschiedet. Es ist am 1.10.1977 in Kraft getreten und gilt heute für Finnland, Frankreich, Jugoslawien, Kroatien, Mazedonien, die Niederlande, Norwegen, Luxemburg, Slowenien und Spanien[327].

---

[324] Vgl. dazu *Staudinger-Dörner* (2000), Vorbem. 123 zu Art. 25 f. EGBGB.

[325] *Lipstein* ist der Ansicht, dass die Verweisung des Übereinkommens auf das *internal law* und nicht auf das *domestic law* unterstreiche, dass ein Renvoi ausgeschlossen werden solle. Vgl. dazu *Lipstein*, RabelsZ 39 (1975) 41, Fn. 65.

[326] Authentisch sind gleichberechtigt der französische und der englische Text, in: RabelsZ 37 (1973) 594; Recueil des Conventions, Nr. XXII. Französischer Text auch in: Rev. crit. DIP 1972, 818. Deutsche Übersetzung in: *Staudinger-v. Hoffmann*, Art. 38 EGBGB, Rn. 472.

[327] Siehe hierzu *Jayme/Hausmann*, Anm. 1 vor Nr. 100.

bb) Kollisionsnormen des Übereinkommens

aaa) Grundsatzanknüpfung

Das Übereinkommen unterstellt die Produkthaftpflicht dem **innerstaatlichen Recht** (*loi interne/internal law*) des Staates des Deliktsortes, solange dieser Staat zugleich gewöhnlicher Aufenthaltsort des unmittelbar Geschädigten, oder Hauptniederlassung der haftpflichtig gemachten Person, oder Ort des Erwerbes des Produkts durch den unmittelbar Geschädigten ist (Art. 4).

bbb) Abweichungen

Artt. 5 und 6 stellen Abweichungen von der Grundsatzanknüpfung dar. Das anwendbare Recht ist **das innerstaatliche Recht** (*loi interne/internal law*) des Staates des gewöhnlichen Aufenthalts des unmittelbar Geschädigten, solange dieser Staat zugleich Hauptniederlassung der haftpflichtig gemachten Person oder Ort des Erwerbes des Produkts durch den unmittelbar Geschädigten ist (Art. 5). Wenn aber keines der in Artt. 4 und 5 bezeichneten Rechte Anwendung findet, dann ist das anwendbare Recht **das innerstaatliche Recht** (*loi interne/internal law*) des Staates der Hauptniederlassung der haftpflichtig gemachten Person, es sei denn, dass der Kläger seinen Anspruch auf das Recht des Staates des Deliktsortes stützt (Art. 6).

cc) Ausdrücklicher absoluter Ausschluss des Renvoi

Die von den Kollisionsnormen des Übereinkommens stets auf das materielle Recht (das innerstaatliche Recht, *loi interne/internal law*) eines bestimmten Staates verwiesene Rechtsordnung spricht eindeutig für eine Sachnormverweisung. Somit lässt das Übereinkommen im Verhältnis der Vertragsstaaten zueinander für den Renvoi überhaupt keinen Raum[328].

dd) Stellungnahme

Die Grundsatzanknüpfung des Art. 4 des Haager Produkthaftpflichtübereinkommens von 1973 geht nicht allein von der Regel *lex loci delicti commissi* aus, sondern verknüpft den Deliktsort mit dem gewöhnlichen Aufenthaltsort des unmittelbar Geschädigten, der

---

[328] Vgl. dazu *Lorenz*, RabelsZ 37 (1973) 321; *Gottschalk*, Allgemeine Lehren, S. 116.

Hauptniederlassung der haftpflichtig gemachten Person und dem Ort des Erwerbes des Produkts. Die *lex loci delicti commissi* scheidet gemäß Art. 5 sogar aus, wenn sich der gewöhnliche Aufenthaltsort des unmittelbar Geschädigten, die Hauptniederlassung der haftpflichtig gemachten Person und der Ort des Erwerbes des Produkts um einen Staat gruppieren. Diese Kollisionsnormen verankern den Grundsatz der engsten Verbindung und stellen eine Auflockerung der Regel *lex loci delicti commissi* dar. Eine Zulassung des Renvoi würde diesen Gedanken wieder in Frage stellen.

Der Ausschluss des Renvoi durch die Kollisionsnorm des Art. 6 des Übereinkommens ist deshalb gerechtfertigt, weil er auf den Praktikabilitätsgedanken beruht und die Rechtsanwendung erleichtert.

i) Haager Stellvertretungsübereinkommen von 1978

aa) Allgemeines

Das Haager Übereinkommen über das auf Vertreterverträge und die Stellvertretung anzuwendende Recht vom 14.3.1978 (*Convention du 14 mars 1978 sur la loi applicable aux contrats d'intermédiaires et à la représentation/Convention of 14 March 1978 on the Law Applicable to Agency*) [329] wurde anlässlich der 13. Session der Haager Konferenz für Internationales Privatrecht vom 16.6.1977 verabschiedet[330]. Es ist am 1.5.1992 in Kraft getreten und gilt heute für Argentinien, Frankreich, die Niederlande und Portugal[331].

Der Anwendungsbereich des Übereinkommens beschränkt sich auf Abschluss-, Übermittlungs- und Verhandlungsvollmacht, Handeln im eigenen wie in fremdem Namen, regelmäßiges oder gelegentliches Handeln (Art. 1)[332].
Das Übereinkommen versteht sich als *loi uniforme*: Das durch das Übereinkommen bezeichnete Recht gilt auch dann, wenn es sich um das Recht eines Nichtvertragsstaates handelt (Art. 4).

---

[329] Authentisch sind gleichberechtigt der französische und der englische Text, in: Recueil des Conventions, Nr. XXVII; RabelsZ 43 (1979) 176. Französischer Text auch in: Rev. crit. DIP 1977, 639.

[330] Vgl. dazu den Bericht *Müller-Freienfels*, RabelsZ 43 (1979) 80-115; *Reese*, Am.J.Comp.L. 1977, 393-404.

[331] Siehe hierzu *Jayme/Hausmann*, Anm. 1 vor Nr. 70.

[332] Ausgenommen vom Anwendungsbereich des Haager Stellvertretungsübereinkommens von 1978 sind Geschäftsfähigkeit, Formerfordernis, gesetzliche Vertretung im Familien-, Ehegüter- und Erbrecht, Vertretung vor Gericht oder in gerichtlichem Auftrag, Stellvertretungsmacht des Kapitäns in Wahrnehmung seiner Funktion als solcher (Art. 2) sowie Gesellschaftsorgane und Treuhänder (Art. 3). Vgl. dazu *Kegel/Schurig*, IPR, S. 547.

bb) Kollisionsnormen des Übereinkommens

Die Kollisionsnormen des Übereinkommens unterscheiden Anknüpfungen auf Innen- und Außenverhältnis.

aaa) Innenverhältnis

Das Innenverhältnis zwischen Vertreter und Vertretenem untersteht dem von den Parteien gewählten **innerstaatlichen Recht** (*la loi interne choisie par les parties/the internal law chosen by the principal and the agent*). Die Rechtswahl muss ausdrücklich sein oder mit vernünftiger Sicherheit aus den Vertragsbestimmungen oder den Umständen des Einzelfalls resultieren (Art. 5). Mangels einer Rechtswahl durch die Parteien untersteht das Innenverhältnis dem **innerstaatlichen Recht** (*loi interne/internal law*) des Staates, in dem der Vertreter bei dem Zustandekommen des Vertretungsverhältnisses seine geschäftliche Niederlassung, mangels einer solchen, seinen gewöhnlichen Aufenthalt hat (Art. 6 I). **Das innerstaatliche Recht** (*loi interne/internal law*) des Staates, in dem der Vertreter hauptsächlich handeln soll, greift jedoch ein, wenn der Vertretene seine geschäftliche Niederlassung, mangels einer solchen, seinen gewöhnlichen Aufenthalt in diesem Staat hat (Art. 6 II).

bbb) Außenverhältnis

Für das Außenverhältnis zwischen Vertretenem und Drittem gilt **das innerstaatliche Recht** (*loi interne/internal law*) des Staates, in dem der Vertreter im Zeitpunkt des Handelns seine geschäftliche Niederlassung hatte (Art. 11 I). Jedoch ist **das innerstaatliche Recht** (*loi interne/internal law*) des Staates, in dem der Vertreter gehandelt hat, anwendbar, wenn der Vertretene dort seine geschäftliche Niederlassung (hilfsweise seinen gewöhnlichen Aufenthalt) hat und der Vertreter im Namen des Vertretenen gehandelt hat, oder der Dritte dort seine geschäftliche Niederlassung (hilfsweise seinen gewöhnlichen Aufenthalt) hat, oder der Vertreter an einer Börse oder auf einer Versteigerung gehandelt hat, oder der Vertreter gar keine geschäftliche Niederlassung hat (Art. 11 II).

Das auf das Verhältnis zwischen Vertretenem und Drittem anzuwendende Recht gilt auch für das Verhältnis zwischen Vertreter und Drittem, entstehend aus der Tatsache, dass der Vertreter in den Grenzen seiner Vertretungsmacht gehandelt, die Vertretungsmacht überschritten oder ohne Vollmacht gehandelt hat (Art. 15)[333].

cc) Ausdrücklicher absoluter Ausschluss des Renvoi

aaa) Ausschluss des Renvoi bei der subjektiven Anknüpfung

Bei der subjektiven Anknüpfung durch Art. 5 des Übereinkommens an das auf die Stellvertretung anzuwendende Recht ist der Renvoi ausgeschlossen. Im Sinne von Rechtssicherheit und Voraussehbarkeit ist im Fall der Wahl des anzuwenden Rechts aufgrund der Parteiautonomie ohnehin **das materielle Recht** der gewählten Rechtsordnung zugelassen[334]. Die zusätzliche Bezugnahme durch Art. 5 auf das innerstaatliche Recht (*loi interne/internal law*) lässt freilich für den Renvoi keinen Raum.

bbb) Ausschluss des Renvoi bei den objektiven Anknüpfungen

Auch die objektiven Anknüpfungen durch die Kollisionsnormen des Übereinkommens schließen die Rück- und Weiterverweisung mittels der ausdrücklichen Beschränkung auf das materielle Recht (das innerstaatliche Recht, *loi interne/internal law*) unmissverständlich aus[335].

Zwei weitere Vorschriften des Übereinkommens verdienen eine kurze Überprüfung, ob sie den Renvoi zulassen oder nicht. Was immer das auf Vertretungsverhältnis anzuwendende Recht sein sollte, ist das **Recht** des Erfüllungsortes zu berücksichtigen hinsichtlich der Erfüllungsmodalitäten (Art. 9). Bei der Anwendung des Übereinkommens sind die Zwangsvorschriften eines Staates, mit welchem der Fall eine erhebliche Verbindung aufweist, zu berücksichtigen, wenn und soweit diese Zwangsvorschriften nach dem **Recht** dieses Staates anzuwenden sind, was immer das durch seine Kollisionsnormen bezeichnete Recht sein sollte (Art. 16). Dabei handelt es sich um zwei „Beachtungsklauseln" im Übereinkommen [336]. Hier wird jeweils die Bezeichnung „Recht" nicht wie üblich auf das innerstaatliche Recht eingeschränkt; dennoch ist sie eng auszulegen. Eine **Auslegung** nach dem Wortlaut des Rechts des Erfüllungsortes führt dazu, dass hiermit das materielle Recht unter Ausschluss der Kollisionsnormen gemeint ist. Ebenso weisen die Gedanken der engeren Verbindung auf die materiellen Zwangsvorschriften des mit dem Fall erheblich verbundenen Staates hin. Eine Rück- oder

---

333 Vgl. dazu *Kegel/Schurig*, IPR, S. 548; *Kropholler*, IPR (5. Aufl. 2004), § 41 I 1 c.
334 Siehe oben § 3 II 1 a der vorliegenden Arbeit.
335 Vgl. dazu *Graue*, RabelsZ 57 (1993) 55.
336 Vgl. dazu *Kegel/Schurig*, IPR, S. 256, 257.

Weiterverweisung vom Recht des Erfüllungsortes bzw. des mit dem Fall erheblich verbundenen Staates kommt mithin nicht in Betracht.

dd) Würdigung

Insgesamt sprechen sich die Kollisionsnormen des Haager Stellvertretungsübereinkommens von 1978 für die Sachnormverweisung aus. Im Fall einer Rechtswahl durch die Parteien soll eine Rück- oder Weiterverweisung - wie bei der subjektiven Anknüpfung an das auf Schuldverhältnisse mit Auslandsberührung anzuwendende Recht üblich – ohnehin nicht zugelassen werden. Der Ausschluss des Renvoi bei den objektiven Anknüpfungen stimmt nicht zuletzt mit der h.M. bezüglich des auf Stellvertretung anzuwendenden Rechts überein[337]. Die Haltung dieses Übereinkommens zum Ausschluss des Renvoi ist daher zu begrüßen.

j) Entwurf eines Haager Verbraucherkaufvertragsübereinkommens von 1980

aa) Allgemeines

Angesichts der Tatsache, dass das Haager Kaufrechtsübereinkommen von 1955 dem Verbraucher den Schutz der zwingenden Vorschriften des Staates seines gewöhnlichen Aufenthalts bzw. Wohnsitzes nicht ausreichend berücksichtigte[338], wurde durch *Acte final* der 14. Session der Haager Konferenz für Internationales Privatrecht vom 6. bis 25.10.1980 ein Entwurf eines Übereinkommens über das auf bestimmte Kaufverträge mit Verbrauchern anzuwendende Recht (*Convention sur la loi applicable à certaines ventes aux consommateurs/Convention on the Law Applicable to Certain Consumer Sales*)[339] beschlossen. Der Entwurf enthält nur zehn Artikel. Es fehlen die formalen Vertragsvorschriften betreffend Unterzeichnung, Ratifikation, Annahme, Genehmigung, In-Kraft-Treten, Beitritt sowie Kündigung[340]. Die Haager Konferenz für Internationales Privatrecht ließ absichtlich die Frage offen, ob diese Artikel in eine vorgesehene neue Generalkonvention über Kaufverträge aufgenommen werden sollen, oder ob sie Gegenstand eines selbstständigen

---

[337] Vgl. z.B. *Palandt-Heldrich* (63. Aufl. 2004), Anh. zu Art. 32 EGBGB, Rn. 1; *Bamberger/Roth-Mäsch* (2003), Anh. zu Art. 10 EGBGB, Rn. 4; *Erman-Hohloch*, Art. 37 EGBGB, Rn. 18; *Kropholler*, IPR (5. Aufl. 2004), § 41 I 4.

[338] Vgl. dazu den Bericht *Batiffol*, Rev. crit. DIP 1981, 237, 238.

[339] Text (französisch/englisch) in: RabelsZ 46 (1982) 794. Französischer Text auch in: Rev. crit. DIP 1980, 909-911. Siehe den Bericht *Böhmer*, RabelsZ 46 (1982) 657-662.

[340] Vgl. dazu den Bericht *Böhmer*, RabelsZ 46 (1982) 659.

Übereinkommens über das auf Kaufverträge mit Verbrauchern anzuwendende Recht werden sollen.

bb) Kollisionsnormen

aaa) Subjektive Anknüpfung: Parteiautonomie

Den vertragschließenden Parteien wird die Parteiautonomie eingeräumt: Der Kaufvertrag mit Verbrauchern unterliegt in erster Linie dem von den Parteien gewählten **innerstaatlichen Recht** (*loi interne/internal law*, Art. 6 I). Jedoch darf die Rechtswahl der Parteien dem Verbraucher in keinem Fall den Schutz entziehen, den ihm die zwingenden Vorschriften des **innerstaatlichen Rechts** (*loi interne/internal law*) des Staates seines gewöhnlichen Aufenthalts im Zeitpunkt der Bestellung gewähren (Art. 6 II). Die Rechtswahl der Parteien muss Gegenstand einer ausdrücklichen Bezeichnung sein und bedarf schriftlicher Form (Art. 6 III)[341]. Die Voraussetzungen betreffend das Bestehen, die Gültigkeit und die Form der Einigung der Parteien hinsichtlich der Wahl des anzuwendenden Rechts unterliegen dem **innerstaatlichen Recht** (*loi interne/internal law*) des gewöhnlichen Aufenthalts des Verbrauchers im Zeitpunkt der Bestellung (Art. 6 IV).

bbb) Objektive Anknüpfung

Mangels einer Rechtswahl durch die Parteien ist **das innerstaatliche Recht** (*loi interne/internal law*) des Staates des gewöhnlichen Aufenthalts des Verbrauchers im Zeitpunkt der Bestellung anzuwenden (Art. 7)[342].

---

[341] Der französische Wortlaut des Art. 6 eines Entwurfs des Übereinkommens über das auf bestimmte Kaufverträge mit Verbrauchern anzuwendende Recht von 1980:
"Article 6
La loi interne choisie par les parties régit les contrats visés par la Convention. Néanmoins, le choix des parties ne peut en aucun cas priver le consommateur de la protection que lui accordent les dispositions impératives de la loi interne du pays de sa résidence habituelle au moment de la commande.
La loi choisie doit faire l'objet d'une désignation expresse et par écrit.
Les conditions relatives à l'existence, à la validité et à la forme du consentement des parties quant au choix de la loi applicable sont régies par la loi interne du pays de la résidence habituelle du consommateur au moment de la commande."

[342] Der französische Wortlaut des Art. 7 eines Entwurfs des Übereinkommens über das auf bestimmte Kaufverträge mit Verbrauchern anzuwendende Recht von 1980:
"Article 7
A défaut de loi déclarée applicable par les parties, la loi interne du pays de la résidence habituelle du consommateur au moment de la commande régit les contrats visés par la Convention."

cc) Ausdrücklicher absoluter Ausschluss des Renvoi

Es versteht sich von selbst, dass die von den Parteien getroffene Bestimmung über das auf die Verbraucherverträge anzuwendende Recht sich lediglich auf die Sachvorschriften des gewählten Rechts unter Ausschluss der Kollisionsnormen richtet. Das Argument der Rechtssicherheit und Voraussehbarkeit bei einer Rechtswahl durch die Parteien spricht bereits gegen eine Rück- oder Weiterverweisung[343]. Auch die Bezugnahme auf das innerstaatliche Recht (*loi interne/internal law*) der jeweils berufenen Rechtsordnungen durch die objektiven Anknüpfungen lässt für den Renvoi keinen Raum. Somit wird jeglicher Renvoi ausgeschlossen[344].

dd) Stellungnahme

Der absolute Ausschluss des Renvoi durch die Kollisionsnormen des Entwurfs eines Haager Verbraucherkaufvertragsübereinkommens von 1980 stimmt mit dem speziellen Argument völlig überein, wonach der Renvoi auf dem Gebiet des internationalen Schuldvertragsrechts unbeachtlich bleiben soll[345].

k) Haager Trustübereinkommen von 1985

aa) Allgemeines

aaa) Stand des Übereinkommens

Das Haager Übereinkommen über das auf Trusts anzuwendende Recht und über ihre Anerkennung vom 1.7.1985 (*Convention du premier juillet 1985 relative à la loi applicable au trust et à sa reconnaissance/Convention of 1 July 1985 on the Law Applicable to Trusts and on their Recognition*)[346] wurde durch *Acte final* der 15. Session der Haager Konferenz für Internationales Privatrecht vom 8. bis 20.10.1984 verabschiedet[347]. Es ist am 1.1.1992 in Kraft getreten und gilt heute für Australien, Italien, Kanada, Malta, Luxemburg (seit dem 1.1.2004), Niederlande und das Vereinigte Königreich. Ferner findet das Übereinkommen

343 Siehe oben § 3 II 1 a der vorliegenden Arbeit.
344 Vgl. dazu *Graue*, RabelsZ 57 (1993) 57.
345 Siehe oben § 3 II 1 der vorliegenden Arbeit.
346 Authentisch sind gleichberechtigt der französische und der englische Text, in: RabelsZ 50 (1986) 678; Recueil des Conventions, Nr. XXX. Französischer Text auch in: Rev. crit. DIP 1984, 771. Inoffizielle deutsche Übersetzung in: IPRax 1987, 55.
347 Vgl. dazu den Bericht *Pirrung*, in: IPRax 1987, 52 ff.

seit dem 1.7.1997 auch auf die chinesische Sonderverwaltungsregion Hongkong Anwendung[348].

bbb) Ziel des Übereinkommens

Ziel des Übereinkommens ist es, gemeinsame Bestimmungen über das auf Trusts anzuwendende Recht aufzustellen und die wichtigsten Fragen bezüglich der Anerkennung von Trusts zu regeln.

ccc) Trust im Sinne des Übereinkommens

Trust ist ein Rechtsinstitut, das im angloamerikanischen Recht beheimatet ist[349]. Trust im Sinne des Übereinkommens sind die von einer Person, dem Begründer, - durch Rechtsgeschäft unter Lebenden oder für den Todesfall – geschaffenen Rechtsbeziehungen, wenn Vermögen zugunsten eines Begünstigten oder für einen bestimmten Zweck der Aufsicht eines Trustees unterstellt worden ist (Art. 2 I)[350].

ddd) Anwendungsbereich des Übereinkommens

Der Anwendungsbereich des Übereinkommens ist in Kap. I geregelt. Es gilt nur für Trusts, die freiwillig errichtet und schriftlich bestätigt worden sind (Art. 3). Dagegen liegen Vorfragen in Bezug auf die Gültigkeit von Testamenten oder anderen Rechtsgeschäften, durch die dem Trust Vermögen übertragen wird, außerhalb des Anwendungsbereichs des Übereinkommens (Art. 4). Ferner ist das Übereinkommen nicht anzuwenden, soweit das nach Kap. II des Übereinkommens maßgebende Recht über Trusts oder die Art von Trusts, um die es geht, keine Vorschriften enthält (Art. 5)[351].

---

348 Siehe hierzu *Jayme/Hausmann*, Anm. 2 vor Nr. 110; http://www.hcch.net/f/status/stat30f.html (Stand: 30.4.2004).

349 Vgl. dazu *Staudinger-Hausmann* (2003), Art. 4 EGBGB, Rn. 141.

350 Ein Trust hat folgende Eigenschaften: a) das Vermögen des Trusts stellt ein getrenntes Sondervermögen dar und ist nicht Bestandteil des persönlichen Vermögens des Trustees; b) die Rechte in Bezug auf das Vermögen des Trusts lauten auf den Namen des Trustees oder auf den einer anderen Person in Vertretung des Trustees; c) der Trustee hat die Befugnis und die Verpflichtung, über die er Rechenschaft abzulegen hat, das Vermögen in Übereinstimmung mit den Trustbedingungen und den ihm durch das Recht auferlegten besonderen Verpflichtungen zu verwalten, zu verwenden oder darüber zu verfügen (siehe Art. 2 II des Haager Trustübereinkommens von 1985).

351 Vgl. dazu *Pirrung*, IPRax 1987, 53.

Wie sich aus dem Titel des Übereinkommens ergibt, bestimmt das Übereinkommen das auf Trusts anzuwendende Recht und regelt ihre Anerkennung (Art. 1). Für die Problematik der Rück- und Weiterverweisung sind lediglich die Regelungen des auf Trusts anzuwendenden Rechts, nämlich **die** in Kap. II des Übereinkommens geregelten **staatsvertraglichen Kollisionsnormen**, von Bedeutung.

bb) Kollisionsnormen des Übereinkommens

aaa) Subjektive Anknüpfung

Der Trust untersteht dem vom Begründer (*constituant/settlor*) gewählten Recht. Die Rechtswahl muss ausdrücklich sein oder sich aus den Bestimmungen der Errichtungsurkunde oder des Schriftstücks ergeben, das den Trust bestätigt, wobei diese, soweit erforderlich, nach den Umständen des Falles auszulegen sind (Art. 6 I). Wenn aber das nach Art. 6 I des Übereinkommens gewählte Recht Trusts oder die Art von Trusts, um die es geht, nicht vorsieht, so ist die Rechtswahl unwirksam und das in Art. 7 des Übereinkommens objektiv bestimmte Recht anzuwenden (Art. 6 II).

bbb) Objektive Anknüpfungen

Mangels einer Rechtswahl untersteht der Trust dem Recht, mit dem er die engsten Verbindungen aufweist (Art. 7 I). Bei der Bestimmung des Rechts, mit dem der Trust die engsten Verbindungen aufweist, ist insbesondere Folgendes zu berücksichtigen: a) der vom Begründer bezeichnete Ort der Verwaltung des Trusts; b) die Belegenheit des Vermögens des Trusts; c) der Ort des gewöhnlichen Aufenthalts oder der Niederlassung des Trustees; d) die Zwecke des Trusts und die Orte, an denen sie erfüllt werden sollen (Art. 7 II)[352]. Ein

[352] Der offizielle französische Wortlaut des Art. 7 des Haager Trustübereinkommens von 1985: "Article 7
Lorsqu'il n'a pas été choisi de loi, le trust est régi par la loi avec laquelle il présente les liens les plus étroits.
Pour déterminer la loi avec laquelle le trust présente les liens les plus étroits, il est tenu compte notamment:
a) du lieu d'administration du trust désigné par le constituant;
b) de la situation des biens du trust;
c) de la résidence ou du lieu d'établissement du *trustee*;
d) des objectifs du trust et des lieux où ils doivent être accomplis."
Der offizielle englische Wortlaut:
"Where no applicable law has been chosen, a trust shall be governed by the law with which it is most closely connected.
In ascertaining the law with which a trust is most closely connected reference shall be made in

abtrennbarer Teilbereich des Trusts, insbesondere die Verwaltung des Trusts, kann einem anderen subjektiv oder objektiv angeknüpften Recht unterliegen (Art. 9). Das auf die Gültigkeit des Trusts anzuwendende Recht bestimmt, ob dieses Recht oder das für einen abtrennbaren Teilbereich des Trusts maßgebende Recht nachträglich durch ein anderes Recht ersetzt werden kann (Art. 10)[353].

cc) Ausdrücklicher absoluter Ausschluss des Renvoi

Für die Renvoi-Problematik ist die **allgemeine Bestimmung** in Art. 17 des Haager Trustübereinkommens von entscheidender Bedeutung. Danach bedeutet im Übereinkommen der Ausdruck **„Recht"** (*loi/law*) **die in einem Staat geltenden Rechtsnormen unter Ausschluss seiner Kollisionsnormen** (*les règles de droit en vigueur dans un Etat à l'exclusion des règles de conflit de lois/the rules of law in force in a State other than its rules of conflict of laws*)[354]. Daraus ergibt sich, dass alle Verweisungen durch das Übereinkommen Sachnormverweisungen sind[355]. Die nach den Kollisionsnormen des Übereinkommens bestimmte für Trusts maßgebende Rechtsordnung eines Staates beschränkt sich also auf ihre Sachnormen (Sachvorschriften). Somit kommt eine Rück- oder Weiterverweisung von dieser Rechtsordnung nicht in Betracht. Der Renvoi ist im Verhältnis der Vertragsstaaten zueinander ausnahmslos ausgeschlossen.

dd) Würdigung

Es ist schließlich bemerkenswert, dass der Ausschluss des Renvoi im Haager Trustübereinkommen von 1985 durch eine **allgemeine Bestimmung**, nämlich den separaten Artikel 17, zum Ausdruck kommt[356], und nicht – wie die meisten früheren Haager Konventionen zum Internationalen Privatrecht nach dem

---

particular to –
a) the place of administration of the trust designated by the settlor;
b) the situs of the assets of the trust;
c) the place of residence or business of the trustee;
d) the objects of the trust and the places where they are to be fulfilled."

[353] Vgl. dazu *Pirrung*, IPRax 1987, 53; *Kötz*, RabelsZ 50 (1986) 570, 571; *ders.*, IPRax 1985, 207.

[354] Der offizielle französische Wortlaut des Art. 17 des Haager Trustübereinkommens von 1985:
"Au sens de la Convention, le terme «loi» désigne les règles de droit en vigueur dans un Etat à l'exclusion des règles de conflit de lois."
Der offizielle englische Wortlaut:
"In the Convention the word 'law' means the rules of law in force in a State other than its rules of conflict of laws."

[355] Vgl. dazu *Pirrung*, IPRax 1987, 53.

[356] Vgl. dazu *Gottschalk*, Allgemeine Lehren, S. 133.

Zweiten Weltkrieg – durch die Bezugnahme auf das innerstaatliche Recht der durch die jeweiligen staatsvertraglichen Kollisionsnormen berufenen Rechtsordnung. Deswegen macht das Haager Trustübereinkommen den Ausschluss des Renvoi auf eine allgemeine Weise deutlich. **Methodisch** gesehen ist diese Novellierung, die dem Lösungsmodell des römischen Schuldvertragsübereinkommens (EVÜ) von 1980 folgen sollte, **sehr zu begrüßen**. Art. 17 des Haager Trustübereinkommens von 1985 wird an sich von den späteren Haager Konventionen zum Internationalen Privatrecht nachgeahmt (siehe z.B. Art. 15 des Haager Kaufrechtsübereinkommens von 1986, Art. 17 des Haager Erbrechtsübereinkommens von 1989 und Art. 21 I des Haager Kinderschutzübereinkommens von 1996). Was den Ausschluss des Renvoi in staatsvertraglichen Kollisionsnormen anbelangt, so schafft eine solche **allgemeine Bestimmung** Klarheit.

l) Haager Kaufrechtsübereinkommen von 1986

aa) Allgemeines

aaa) Stand des Übereinkommens

Das Haager Übereinkommen betreffend das auf internationale Kaufverträge über bewegliche Sachen anzuwendende Recht vom 22.12.1986 (*Convention du 22 décembre 1986 sur la loi applicable aux contrats de vente internationale de marchandises/Convention of 22 December 1986 on the Law Applicable to Contracts for the International Sale of Goods*)[357] wurde durch *Acte final* der Diplomatischen Konferenz über das auf internationale Warenkaufverträge anwendbare Recht anlässlich einer außerordentlichen Session der Haager Konferenz für Internationales Privatrecht vom 14. bis 30.10.1985 unter der Beteiligung von mehr als 50 Staaten aus allen Erdteilen verabschiedet[358]. Es stellt ein neues Haager Kaufrechtsübereinkommen nach dem Haager Kaufrechtsübereinkommen von 1955 dar und hat die Absicht, das Letztere abzulösen[359]. Es ist lediglich von Argentinien und Moldau ratifiziert sowie von den Niederlanden, der Tschechischen Republik und der Slowakischen Republik unterzeichnet worden; es ist noch nicht in Kraft getreten[360].

[357] Authentisch sind gleichberechtigt der französische und der englische Text, in: RabelsZ 51 (1987) 196; Recueil des Conventions, Nr. XXXI. Französischer Text auch in: Rev. crit. DIP 1985, 774.

[358] Vgl. dazu den Bericht *Loussouarn*, Rev. crit. DIP 1986, 271; *Czerwenka*, Rechtsanwendungsprobleme, S. 69; *Graue*, RabelsZ 57 (1993) 43.

[359] Vgl. dazu *Lando*, RabelsZ 57 (1993) 157.

[360] Siehe hierzu *Jayme/Hausmann*, Anm. 3 zu Nr. 76.

bbb) Zweck des Übereinkommens

Das Übereinkommen bezweckt die Vereinheitlichung der Kollisionsnormen betreffend internationale Warenkaufverträge und soll dem materiellrechtlichen Wiener UN-Übereinkommen über Verträge über den internationalen Warenkauf (CISG [361]) vom 11.4.1980 [362] Rechnung tragen. Es hält sich in seinem Geltungsbereich weitgehend an das Wiener UN-Kaufrechtsübereinkommen (CISG) von 1980 und wird zugleich vom römischen Schuldvertragsübereinkommen (EVÜ) von 1980 beeinflusst[363].

ccc) Anwendungsbereich

Das Haager Kaufrechtsübereinkommen von 1986 hat einen breiteren Anwendungsbereich als sein Vorgänger. Es bestimmt das auf Warenkaufverträge anzuwendende Recht, wenn die Parteien ihre Niederlassung in verschiedenen Staaten haben (Art. 1 lit. a); es gilt in allen anderen Fällen, in denen die Situation einen Konflikt zwischen den Rechten verschiedener Staaten mit sich bringt, es sei denn, ein solcher Konflikt ergibt sich lediglich aus der Rechtswahl durch die Parteien, auch wenn eine Gerichtsstands- oder Schiedsvereinbarung zugefügt wird (Art. 1 lit. b). Als Waren im Sinne des Übereinkommens werden auch Schiffe aller Art, Luftkissenfahrzeuge, Flugzeuge sowie elektrischer Strom angesehen (Art. 3). Es gilt ferner für Werklieferungsverträge, wenn der Unternehmer im Ganzen oder im Wesentlichen den Stoff stellt, es sei denn, dass die Hauptleistung des Lieferanten in Arbeit oder Diensten besteht (Art. 4)[364].

ddd) *Loi uniforme*

Ferner versteht sich das Übereinkommen als *loi uniforme*: Das durch die Kollisionsnormen des Übereinkommens berufene Recht findet auch dann Anwendung, wenn es sich dabei um das Recht eines Nichtvertragsstaates handelt (Art. 6). Die Vertragsstaaten wenden demzufolge dieses Recht auch in ihrem Verhältnis zu den Drittstaaten an[365].

---

[361] (United Nations) Convention on Contracts for the International Sale of Goods.
[362] BGBl. 1989 II S. 586.
[363] Vgl. dazu *Czerwenka*, Rechtsanwendungsprobleme, S. 70; *Kegel/Schurig*, IPR, S. 214, 602.
[364] Vgl. dazu *Kegel/Schurig*, IPR, S. 602.
[365] Vgl. dazu *Loussouarn*, Rev. crit. DIP 1986, 274.

bb) Kollisionsnormen des Übereinkommens

aaa) Subjektive Anknüpfung: Parteiautonomie

Das Übereinkommen räumt den Vertragschließenden die Parteiautonomie ein. Ein Kaufvertrag unterliegt an erster Stelle dem von den Parteien gewählten Recht. Die Vereinbarung über die Rechtswahl muss ausdrücklich sein oder sich klar aus den Vertragsbestimmungen und dem Verhalten der Parteien in ihrer Gesamtheit ergeben (Art. 7 I 1). Die Rechtswahl darf sich nur auf einen Teil des Kaufvertrags beschränken (Art. 7 I 2). Die Anerkennung der sog. „Statutenspaltung" (*dépeçage*) geht auf Art. 3 I 2 des römischen Schuldvertragsübereinkommens (EVÜ) von 1980 zurück[366]. Eine nachträgliche Rechtswahl ist auch zulässig, unabhängig davon, ob die Parteien schon vorher das anzuwendende Recht gewählt haben (Art. 7 II 1). Die Formgültigkeit sowie die Rechte Dritter bleiben jedoch unberührt (Art. 7 II 2).

Ein Kauf auf privaten Versteigerungen oder auf Börsen unterliegt auch dem von den Parteien nach Art. 7 gewählten Recht, soweit das Recht des Staates des Versteigerungs- oder Börsenortes die Rechtswahl nicht verboten hat (Art. 9 I).

bbb) Objektive Anknüpfungen

Mangels einer Rechtswahl unterliegt der Kaufvertrag dem Recht des Staates, in dem der Verkäufer seine Niederlassung im Augenblick des Vertragsabschlusses hat (Art. 8 I). Der Kaufvertrag unterliegt jedoch dem Recht des Staates, in dem der Käufer seine Niederlassung im Augenblick des Vertragsabschlusses hat, wenn die Vertragsverhandlungen und der Vertragsabschluss unter Anwesenheit der Parteien im Staat des Käufers stattfinden (Art. 8 II lit. a), oder wenn der Kaufvertrag ausdrücklich vorsieht, dass der Verkäufer seine Lieferungspflicht im Staat des Käufers erfüllen muss (Art. 8 II lit. b), oder wenn der Kauf in Übereinstimmung mit den hauptsächlich vom Käufer bestimmten Bedingungen und aufgrund einer vom ihm an mehrere Personen gerichteten Ausschreibung (*appel d'offres/call for tenders*) zustande gekommen ist (Art. 8 II lit. c).

Art. 8 III enthält eine Ausweichklausel: Wenn nach den Gesamtheitsumständen, z.B. den Geschäftsverbindungen zwischen den Parteien, der Kaufvertrag mit einem anderen Recht als dem, das gemäß Art. 8 I oder II anwendbar wäre, „offensichtlich enger verbunden ist" (*présente des liens manifestement plus étroits/is manifestly more closely connnected*), dann ist dieses Recht ausnahmsweise anzuwenden. Diese Ausweichklausel findet jedoch keine Anwendung, wenn der Verkäufer und der Käufer beim Vertragsabschluss ihre

---

[366] Vgl. dazu *Czerwenka*, Rechtsanwendungsprobleme, S. 77.

Niederlassung in den Staaten haben, die sich nach Art. 21 I lit. b die Nichtanwendung der Ausweichklausel vorbehalten haben. Die Ausweichklausel findet ferner keine Anwendung, wenn der Verkäufer und der Käufer beim Vertragsabschluss ihre Niederlassung in verschiedenen Vertragsstaaten des Wiener UN-Kaufrechtsübereinkommens (CISG) von 1980 haben (Art. 8 V). Dies soll dazu dienen, einen etwaigen Konventionskonflikt zu vermeiden[367].

In Bezug auf den Kauf auf privaten Versteigerungen oder auf Börsen und in Ermangelung einer Rechtswahl oder in dem Umfang, in dem die Rechtswahl verboten wird, findet schließlich das Recht des Staates des Versteigerungs- oder Börsenortes Anwendung (Art. 9 II).

cc) Ausdrücklicher absoluter Ausschluss des Renvoi

Das Haager Kaufrechtsübereinkommen von 1986 geht vom Grundsatz der Sachnormverweisung aus. Im Sinne des Übereinkommens **bedeutet der Ausdruck „Recht" das in einem Staat geltende Recht unter Ausschluss seiner Kollisionsnormen** (Art. 15)[368]. Gemeint ist hiermit das Sachrecht (das materielle Recht) der durch die Kollisionsnormen des Übereinkommens berufenen Rechtsordnung. Somit wird jegliche Rück- oder Weiterverweisung deutlich ausgeschlossen.

dd) Würdigung

Anders als Artt. 2 I und 3 des Haager Kaufrechtsübereinkommens von 1955, wonach der Kaufvertrag dem „innerstaatlichen Recht" (*loi interne*) der jeweils berufenen Rechtsordnung unterstellt werden soll, kommt der Ausschluss des Art. 15 des Haager Kaufrechtsübereinkommens von 1986 in Form einer **allgemeinen Bestimmung** zum Ausdruck. Diese Formulierung des neuen Haager Kaufrechtsübereinkommens von 1986 ist Art. 15 des römischen Schuldvertragsübereinkommens (EVÜ) von 1980 und Art. 17 des Haager Trustübereinkommens von 1985 nachgebildet[369]. Dieses Lösungsmodell ist **sehr zu begrüßen**.

---

[367] Vgl. dazu *Czerwenka*, a.a.O. 78.

[368] Der offizielle französische Wortlaut des Art. 15 des Haager Kaufrechtsübereinkommens von 1986:
"Au sens de la Convention, le terme «loi» désigne le droit en vigueur dans un Etat, à l'exclusion des règles de conflit de lois."
Der offizielle englische Wortlaut:
"In the Convention 'law' means the law in force in a State other than its choice of law rules."

[369] Vgl. dazu *Czerwenka*, a.a.O. 80.

Der absolute Ausschluss des Renvoi durch Art. 15 des Haager Kaufrechtsübereinkommens von 1986 bestätigt schließlich das spezielle Argument für die Ablehnung des Renvoi auf dem Gebiet des internationalen Schuldvertragsrechts[370].

m) Haager Erwachsenenschutzübereinkommen (ESÜ) von 2000

aa) Allgemeines

aaa) Stand des Übereinkommens

Das Haager Übereinkommen über den internationalen Schutz Erwachsener (ESÜ) vom 13.1.2000 (*Convention du 13 janvier 2000 sur la protection internationale des adultes/Convention of 13 January 2000 on the International Protection of Adults*) [371] ist vom 20.9. bis 1.10.1999 von einer Spezialkommission bei der diplomatischen Konferenz der Mitgliedsstaaten der Haager Konferenz für Internationales Privatrecht ausgearbeitet worden; es wurde am 13.1.2000 von den Niederlanden unterzeichnet und erhielt somit dieses Datum [372]. Neben den Niederlanden ist auch Frankreich Unterzeichnerstaat. Es ist noch nicht in Kraft getreten[373].

bbb) Verhältnis zum Haager Entmündigungsabkommen

Dieses neue Erwachsenenschutzübereinkommen wird nach seinem In-Kraft-Treten das Haager Abkommen über die Entmündigung und gleichartige Fürsorgenmaßnahmen vom 17.7.1905 (*Convention du 17 juillet 1905 concernant l'interdiction et les mesures de protection analogues*) ersetzen, soweit dieses überhaupt noch gilt (Art. 48 ESÜ)[374].

ccc) Gegenstand des ESÜ

Das ESÜ gilt für den Schutz in internationalen Situationen (*situations à caractère international/international situations*) von Erwachsenen (*des adultes/of adults*), die aufgrund einer Beeinträchtigung oder Unzulänglichkeit

---

370 Siehe § 3 II 1 der vorliegenden Arbeit.

371 Authentisch sind gleichberechtigt der französische und der englische Text, in: Recueil des Conventions, Nr. XXXV. Französischer Text auch in: Rev. crit. DIP 1999, 877; englischer Text auch in: RabelsZ 64 (2000) 752.

372 Vgl. dazu *Siehr*, FS Henrich, 567; *Lagarde*, Rev. crit. DIP 2000, 160.

373 Siehe hierzu *Jayme/Hausmann*, Anm. 1 vor Nr. 20.

374 Vgl. dazu *Lagarde*, Rev. crit. DIP 2000, 161.

ihrer persönlichen Fähigkeiten nicht in der Lage sind, ihre Interessen wahrzunehmen (*en raison d'une altération ou d'une insuffisance de leurs facultés personnelles, ne sont pas en état de pourvoir à leurs intérêts/by reason of an impairment or insufficiency of their personal faculties, are not in a position to protect their interests*, Art. 1 I ESÜ).

Eine erwachsene Person im Sinne des Übereinkommens ist jede Person, die das 18. Lebensjahr vollendet hat (Art. 2 I ESÜ). Somit schließt sich das ESÜ lückenlos dem Haager Kinderschutzübereinkommen (KSÜ) an, das für alle Personen unter 18 Jahren gilt (Art. 2 KSÜ). Das ESÜ ist auch dann anzuwenden, wenn die nun mindestens 18 Jahre alte Person dieses Alter noch nicht erreicht hatte, als Schutzmaßnahmen ergriffen worden waren (Art. 2 II)[375].

Nach Art. 1 II behandelt das ESÜ für hilfsbedürftige Erwachsene die folgenden fünf Materien: die internationale Zuständigkeit für Schutzmaßnahmen (Kap. II), das auf Schutzmaßnahmen und auf die Vertretung Erwachsener anzuwendende Recht (Kap. III), die Anerkennung und Vollstreckung der Schutzmaßnahmen in allen Vertragsstaaten (Kap. IV) sowie die Zusammenarbeit zwischen den Behörden der Vertragsstaaten (Kap. V)[376].

ddd) Anwendungsbereich

Die in Art. 1 bestimmten Schutzmaßnahmen richten sich insbesondere auf die folgenden sieben Materien: die Feststellung der Handlungsunfähigkeit und die Begründung einer Schutzbeziehung; das Stellen der erwachsenen Person unter den Schutz einer Justiz- oder Verwaltungsbehörde; die Vormundschaft, Pflegschaft und entsprechende Einrichtungen; die Bestimmung und der Aufgabenbereich jeder Person oder Stelle, die die Person vertritt oder ihr beisteht; die Unterbringung der erwachsenen Person in einem Heim oder einer anderen Stelle, wo Schutz gewährt werden kann; die Verwaltung und Erhaltung des Vermögens der erwachsenen Person und die Verfügung darüber; die Ermächtigung zu einem besonderen Eingriff zum Schutz der Person oder ihres Vermögens (Art. 3)[377].

---

[375] Vgl. dazu *Siehr*, RabelsZ 64 (2000) 721; *Lagarde*, Rev. crit. DIP 2000, 165; *Bucher*, RSDIE 2000, 40.
[376] Vgl. dazu *Siehr*, RabelsZ 64 (2000) 720, 726; *Lagarde*, Rev. crit. DIP 2000, 166.
[377] Ausgenommen aus dem Anwendungsbereich des ESÜ von 2000 sind folgende Materien: Unterhaltspflichten; die Begründung, Nichtigerklärung und Auflösung einer Ehe oder einer ähnlichen Beziehung (wie etwa das *pacte civil de solidarité* im Sinne des französischen Gesetzes vom 15.11.1999) sowie die gerichtliche Trennung; Trusts und Erbschaften; soziale Sicherheit; öffentliche Maßnahmen allgemeiner Art in Angelegenheiten der Gesundheit; öffentliche Maßnahmen, die bei einer Person infolge von Straftaten angeordnet werden, welche diese Person begangen hat; Entscheidungen über Asylrecht und Einwanderung; Maßnahmen, die ausschließlich aus Gründen der öffentlichen Sicherheit getroffen werden

bb) Internationale Zuständigkeit

aaa) Prinzipalzuständigkeit

Das ESÜ folgt dem Modell des Haager Kinderschutzübereinkommens (KSÜ) von 1996 und sieht in erster Linie die sog. Prinzipalzuständigkeit (*compétence principale*) der Behörden des gewöhnlichen Aufenthalts vor. Die Behörden (Gerichte oder Verwaltungsbehörden) des Vertragsstaates, in dem die erwachsene Person ihren gewöhnlichen Aufenthalt hat, sind zuständig, Schutzmaßnahmen ihrer Person oder ihres Vermögens zu treffen (Art. 5 I). Bei einem Wechsel des gewöhnlichen Aufenthalts ist der neue gewöhnliche Aufenthalt maßgebend (Art. 5 II). Für Personen, die infolge von Unruhen von ihrem Land in ein anderes Land gelangt sind, sind jedoch die Behörden des Vertragsstaates, in dem die Flüchtlinge anwesend sind, für Schutzmaßnahmen zuständig (Art. 6 I). Die Vorschrift des Art. 6 I erstreckt sich auf erwachsene Personen, deren gewöhnlicher Aufenthalt nicht festgestellt werden kann (Art. 6 II)[378].

bbb) Konkurrierende Zuständigkeiten

Anders als das KSÜ von 1996 sieht das ESÜ von 2000 neben der Aufenthaltszuständigkeit noch zwei konkurrierende Zuständigkeiten (*compétences concurrentes*) vor, und zwar die Heimatzuständigkeit (Art. 7) und die Belegenheitszuständigkeit (Art. 9). Die Prinzipalzuständigkeit des Staates des gewöhnlichen Aufenthalts ist infolgedessen im ESÜ nicht mehr exklusiv[379].

Mit Ausnahmen von erwachsenen Personen, die Flüchtlinge sind und infolge von Unruhen von ihrem Land in ein anderes Land gelangt sind, sind die Behörden eines Vertragsstaates, dem die erwachsene Person angehört, zuständig, die Maßnahmen zum Schutz ihrer Person oder Vermögen zu treffen, wenn sich der Heimatstaat besser als der Aufenthaltsstaat in der Lage sieht, die Interessen der erwachsenen Person wahrzunehmen (Art. 7 I). Ferner sind die Behörden eines Vertragsstaates, in dem das Vermögen der erwachsenen Person belegen ist, zuständig, die Schutzmaßnahmen betreffend ihr Vermögen zu treffen, sofern die Schutzmaßnahmen des Belegenheitsstaates den Maßnahmen der nach Artt. 5–8 zuständigen Behörden nicht widersprechen (Art. 9).

(Art. 4 I). Vgl. dazu *Siehr*, RabelsZ 64 (2000) 726, 727; *Bucher*, RSDIE 2000, 41, 42.

[378] Vgl. dazu *Bucher*, RSDIE 2000, 45.

[379] Vgl. dazu *Lagarde*, Rev. crit. DIP 2000, 168.

ccc) Eilzuständigkeit

Schließlich wird eine Eilzuständigkeit vorgesehen: In allen Eilfällen sind die Behörden jedes Vertragsstaates, in dem sich die erwachsene Person oder deren Vermögen befindet, international zuständig, alle notwendigen Schutzmaßnahmen zu ergreifen (Art. 10 I)[380].

cc) Kollisionsnormen des ESÜ

aaa) Grundregel

Kap. III (Artt. 13-21) des ESÜ befasst sich mit dem auf Schutzmaßnahmen und auf die Vertretung Erwachsener anzuwendenden Recht. Dieses Kapitel ist anzuwenden, selbst wenn das darin bestimmte Recht das eines Nichtvertragsstaates ist (Art. 18). Demnach verstehen sich die Kollisionsnormen dieses Kapitels als *loi uniforme.*

Die zuständigen Behörden des jeweiligen Vertragsstaates wenden in der Regel auf die Schutzmaßnahmen **ihr eigenes Recht** (*leur loi/their own law*) an (Art. 13 I). Die zuständigen Behörden wenden folglich ihre *lex fori* an, d.h. die Aufenthaltsbehörden das Recht des Staates des gewöhnlichen Aufenthalts der erwachsenen Person, die Heimatbehörden das Heimatrecht der erwachsenen Person und die Belegenheitsbehörden die *lex rei sitae.*

bbb) Ausnahmen

Die Regel der Anwendung der *lex fori* in Art. 13 I hat jedoch ihre Ausnahmen. Sofern der Schutz der Person oder des Vermögens einer erwachsenen Person es erfordert, können die zuständigen Behörden eines Vertragsstaates ausnahmsweise das Recht eines anderen Staates anwenden oder berücksichtigen, zu dem der Sachverhalt **eine enge Verbindung** (*un lien étroit/a substantial connection*) hat (Art. 13 II).

Ist eine in einem Vertragsstaat getroffene Maßnahme in einem anderen Vertragsstaat durchgesetzt, dann unterstehen die Bedingungen dieser Durchsetzung dem Recht des anderen Staates (Art. 14)[381]. Eine Vorsorge-Vollmacht nach Art. 15 kann dem Recht eines anderen Staates unterstehen. Mangels einer Rechtswahl unterstehen das Bestehen, der Umfang und die Änderung der vorsorglichen Bevollmächtigung (*pouvoirs de*

[380] Vgl. dazu *Siehr*, RabelsZ 64 (2000) 728-734.
[381] Vgl. dazu *Siehr*, RabelsZ 64 (2000) 736, 737.

représentation/powers of representation), sei sie durch Vereinbarung oder einseitiges Geschäft erteilt, dem Recht des Staates, in dem die erwachsene Person im Zeitpunkt der Vereinbarung oder des einseitigen Geschäfts ihren gewöhnlichen Aufenthalt hat. Die Bezeichnung des auf die Vorsorge-Vollmacht anzuwendenden Rechts muss ausdrücklich in Schriftform erfolgen (Art. 15 I). Erlaubt ist das Recht eines der folgenden Staaten: der Staat, dem die erwachsene Person angehört; der Staat eines früheren gewöhnlichen Aufenthalts der erwachsenen Person; der Staat, in dem das Vermögen der erwachsenen Person belegen ist, was ihr Vermögen angeht (Art. 15 II). Die Möglichkeit, das Recht eines anderen Staates als diese zu wählen, besteht nicht[382].

dd) Ausdrücklicher absoluter Ausschluss des Renvoi

aaa) Bedeutung des Begriffs „Recht“

Der Begriff „Recht“ im Sinne des Kap. III (Artt. 13-21) des ESÜ über das anzuwendende Recht bedeutet **das in einem Staat geltende Recht mit Ausnahme des Kollisionsrechts** (Art. 19 ESÜ) [383] . Daher ist die staatsvertragliche Verweisung durch das ESÜ als Sachnormverweisung anzusehen; das IPR bzw. Kollisionsrecht der berufenen Rechtsordnung ist unbeachtlich. Die Rück- oder Weiterverweisung ist mithin ausgeschlossen.

bbb) Keine akzeptierte Weiterverweisung

Eine Zulassung der sog. akzeptierten Weiterverweisung wie in Art. 21 II des Haager Kinderschutzübereinkommens (KSÜ) von 1996 findet bei Art. 19 ESÜ von 2000 keine Parallelität.

Zur Begründung heißt es: Während beim Haager Kinderschutzübereinkommen (KSÜ) von 1996 auf die gesetzliche Verantwortung nach dem Recht (einschließlich des Internationalen Privatrechts) eines Nichtvertragsstaates Rücksicht zu nehmen ist, ist beim Erwachsenenschutz die Berücksichtigung der Kollisionsnormen eines Nichtvertragsstaates überflüssig, denn das ESÜ von 2000 hat – im Unterschied zum KSÜ von 1996 - für die Erwachsenen keine

---

[382] Vgl. dazu *Lagarde*, Rev. crit. DIP 2000, 176, 177; *Bucher*, RSDIE 2000, 52.

[383] Der offizielle französische Wortlaut des Art. 19 des Haager Erwachsenenschutzübereinkommens von 2000:
"Au sens du présent chapitre, le terme «loi» désigne le droit en vigueur dans un Etat, à l'exclusion des règles de conflit de lois."
Der offizielle englische Wortlaut:
"In this Chapter the term 'law' means the law in force in a State other than its choice of law rules."

Regelungen über die Vertretung *ex lege*, die auch aus dem Recht eines Nichtvertragsstaates hergeleitet werden könnte, getroffen[384].

Obwohl die Kollisionsnormen des Kap. III sich als *loi uniforme* verstehen (Art. 18), bleibt das Kollisionsrecht eines Nichtvertragsstaates unbeachtlich.

ee) Stellungnahme

Art. 19 ESÜ von 2000, der die Rück- und Weiterverweisung nicht zulässt, entspricht dem Grundsatz des Ausschlusses des Renvoi in den Haager Konventionen. Aus der Sicht der Rechtssicherheit, Voraussehbarkeit und der Erleichterung der Rechtsanwendung ist der Ausschluss des Renvoi beim Erwachsenenschutz zugleich gerechtfertigt.

Ebenso wie Art. 17 des Haager Trustübereinkommens von 1985, Art. 15 des Haager Kaufrechtsübereinkommens von 1986, Art. 17 des Haager Erbrechtsübereinkommens von 1989 und Art. 21 I des Haager Kinderschutzübereinkommens (KSÜ) von 1996 handelt es sich bei Art. 19 ESÜ von 2000 hinsichtlich des Ausschlusses des Renvoi auch um einen separaten Artikel im Konventionstext[385], der zu den **allgemeinen Bestimmungen** über das anzuwendende Recht gehört. Somit erlangt der absolute Ausschluss des Renvoi innerhalb des Kap. III eine allgemeine Bedeutung und gilt für alle in diesem Kapitel enthaltenen Kollisionsnormen. In den Fällen von Artt. 13 I und II, 14, 15 und 17 I ESÜ bedeutet demnach der Ausdruck „Recht" das in einem Staat geltende Sachrecht unter Ausschluss des Kollisionsrechts, ohne auf „das innerstaatliche Recht" (*loi interne/internal law*) der jeweils berufenen Rechtsordnung Bezug zu nehmen[386]. **Methodisch** gesehen ist dieses neue Lösungsmodell einsichtiger als die Bezugnahme auf „das innerstaatliche Recht" der betroffenen Rechtsordnung und ist deshalb sehr zu begrüßen.

---

384 Vgl. dazu *Lagarde*, Rapport explicatif/Explanatory Report, Nr. 112; *Siehr*, RabelsZ 64 (2000) 742.
385 Vgl. dazu *Gottschalk*, Allgemeine Lehren, S. 133.
386 Vgl. dazu *Bucher*, RSDIE 2000, 51, Fn. 21.

n) Haager Übereinkommen über die auf bestimmte Rechte in Bezug auf intermediär-verwahrte Wertpapiere anzuwendende Rechtsordnung

aa) Allgemeines

aaa) Stand des Übereinkommens

Das Haager Übereinkommen über die auf bestimmte Rechte in Bezug auf intermediär-verwahrte Wertpapiere anzuwendende Rechtsordnung (*Convention sur la loi applicable à certains droits sur des titres détenus auprès d'un intermédiaire/Hague Convention on the Law Applicable to Certain Rights in respect of Securities held with an Intermediary*)[387] wurde am 13.12.2002 durch die Haager Konferenz für Internationales Privatrecht auf ihrer 19. Diplomatischen Konferenz verabschiedet[388]. Da es noch nicht unterzeichnet worden ist, trägt es noch kein Datum.

bbb) Ziel und Anwendungsbereich

Ziel des Übereinkommens ist es, gemeinsame Bestimmung über die auf intermediär-verwahrte Wertpapiere anzuwendende Rechtsordnung und die diesbezügliche Rechtssicherheit und Voraussehbarkeit zu schaffen (siehe Präambel des Übereinkommens).

Intermediär im Sinne des Übereinkommens ist eine Person, die im Rahmen einer geschäftlichen oder anderen regelmäßigen Tätigkeit für fremde oder sowohl für eigene als auch für fremde Rechnung Depotkonten führt und in dieser Eigenschaft tätig ist (Art. 1 I lit. c).

Das Übereinkommen beschränkt sich darauf, die auf die dinglichen Aspekte einer Wertpapiertransaktion anzuwendende Rechtsordnung zu bestimmen (Art. 2 I).

Die Anwendung des Übereinkommens setzt die Internationalität voraus: Es ist auf alle Sachverhalte anzuwenden, die eine Verbindung zu den Rechtsordnungen verschiedener Staaten aufweisen (Art. 3).

---

[387] Authentisch sind gleichberechtigt der französische und der englische Text, in: Recueil des Conventions, Nr. XXXVI. Englischer Text auch in: NILR 2003, 104. Amtliche deutsche Übersetzung in: IPRax 2003, 550.
[388] Vgl. dazu den Bericht *Reuschle*, IPRax 2003, 495.

ccc) *Loi uniforme*

Das Übereinkommen versteht sich als *loi uniforme* und beansprucht die allgemeine Anwendbarkeit: Es findet auch dann Anwendung, wenn die anzuwendende Rechtsordnung die eines Nichtvertragsstaates ist (Art. 9).

bb) Kollisionsnormen des Übereinkommens

aaa) PRIMA-Grundsatz

Die Kollisionsnormen des Übereinkommens gehen vom Grundsatz der Festlegung des Ortes des maßgeblichen Intermediärs als Anknüpfungspunkt aus (PRIMA – *Place of the Relevant Intermediary Approach*). Dabei kommt es darauf an, wie der Ort des maßgeblichen Intermediärs in Kontovereinbarungen mit Intermediären bestimmt wird.

bbb) Hauptanknüpfung in Art. 4

Auf die in Art. 2 I des Übereinkommens genannten dinglichen Aspekte in Bezug auf intermediär-verwahrte Wertpapiere ist in erster Linie die geltende Rechtsordnung des Staates anzuwenden, dessen Rechtsordnung in der Kontovereinbarung ausdrücklich als maßgebend vereinbart wurde (Art. 4 I S. 1 HS 1), oder eine andere Rechtsordnung, wenn die Anwendbarkeit dieser anderen Rechtsordnung in der Kontovereinbarung ausdrücklich vorgesehen ist (Art. 4 I S. 1 HS 2). Die so bestimmte Rechtsordnung ist nur anzuwenden, wenn der maßgebliche Intermediär im Zeitpunkt der Vereinbarung eine Geschäftstelle in diesem Staat hat und die in Art. 4 I 2 lit. a oder b genannten weiteren Voraussetzungen erfüllt.

ccc) Subsidiäre Anknüpfungen in Art. 5

Art. 5 des Übereinkommens sieht einige subsidiäre Anknüpfungen vor.

Ist die anzuwendende Rechtsordnung nach Art. 4 nicht bestimmt, wird jedoch in einer schriftlichen Kontovereinbarung ausdrücklich und unmissverständlich erklärt, dass der maßgebliche Intermediär die Kontovereinbarung über eine bestimmte Geschäftsstelle geschlossen hat, so ist die geltende Rechtsordnung des Staates oder der Gebietseinheit eines Mehrrechtsstaates anzuwenden, in dem oder der diese Geschäftsstelle damals belegen war, wenn diese Geschäftsstelle damals die in Art. 4 II S. 2 genannten Vorraussetzungen erfüllte (Art. 5 I S. 1).

Weitere anwendbare Rechtsordnungen sind: die Rechtsordnung, die im Zeitpunkt des Abschlusses der schriftlichen Kontovereinbarung oder in Ermangelung einer solchen Vereinbarung im Zeitpunkt der Eröffnung des Depotkontos in dem Staat oder der Gebietseinheit eines Mehrrechtsstaates gilt, nach dessen oder deren Rechtsordnung der maßgebliche Intermediär als juristische Person gegründet oder in anderer Weise organisiert ist; die Rechtsordnung, die im Zeitpunkt des Abschlusses der schriftlichen Kontovereinbarung oder in Ermangelung einer solchen Vereinbarung im Zeitpunkt der Eröffnung des Depotkontos in der Gebietseinheit dieses Mehrrechtsstaates gilt, in welcher der maßgebliche Intermediär seinen Geschäftssitz oder seinen Hauptgeschäftssitz hat (Art. 5 II); die Rechtsordnung, die im Zeitpunkt des Abschlusses der schriftlichen Kontovereinbarung oder in Ermangelung einer solchen Vereinbarung im Zeitpunkt der Eröffnung des Depotkontos in dem Staat oder in der Gebietseinheit eines Mehrrechtsstaates gilt, in welchem oder in welcher der maßgebliche Intermediär seinen Geschäftssitz oder seinen Hauptgeschäftssitz hat (Art. 5 III).

cc) Ausdrücklicher absoluter Ausschluss des Renvoi

Der Ausschluss der Rück- und Weiterverweisung (Renvoi) wird in Art. 10, einer der allgemeinen Bestimmungen des Übereinkommens, zum Ausdruck gebracht. Danach bezeichnet in diesem Übereinkommen der Ausdruck **„Rechtsordnung" das in einem Staat geltende Recht mit Ausnahme seiner Kollisionsnormen**[389].

Daher ist die staatsvertragliche Verweisung aufgrund des Übereinkommens als Sachnormverweisung anzusehen. Das IPR bzw. Kollisionsrecht der berufenen Rechtsordnung bleibt unbeachtlich. Alle Rück- und Weiterverweisungen (einschließlich einer sog. akzeptierten Weiterverweisung) sind mithin ausgeschlossen.

---

[389] Der offizielle französische Wortlaut des Art. 10 des Haager Übereinkommens über die auf bestimmte Rechte in Bezug auf intermediär-verwahrte Wertpapiere anzuwendende Rechtsordnung:
"Article 10 Exclusion du renvoi
Au sens de la présente Convention, le terme «loi» désigne le droit en vigueur dans un Etat, à l'exclusion des règles de conflit de lois."
Der offizielle englische Wortlaut:
"Article 10 Exclusion of choice of law rules (renvoi)
In this Convention, the term 'law' means the law in force in a State other than its choice of law rules."

dd) Würdigung

Art. 10 des Haager Übereinkommens über die auf bestimmte Rechte in Bezug auf intermediär-verwahrte Wertpapiere anzuwendende Rechtsordnung, der die Rück- und Weiterverweisung ausdrücklich ablehnt, entspricht dem Grundsatz des Ausschlusses des Renvoi in den Haager Konventionen. Der in den Kollisionsnormen des Übereinkommens verankerte PRIMA-Grundsatz der Festlegung des Ortes des maßgeblichen Intermediärs als Anknüpfungspunkt, wie er in Kontovereinbarungen mit Intermediären bestimmt wird, sollte die erforderliche Rechtssicherheit und Voraussehbarkeit im Hinblick auf die anzuwendende Rechtsordnung schaffen (siehe Präambel des Übereinkommens). Eine Zulassung des Renvoi würde diesen Grundsatz wieder in Frage stellen.

Art. 10 ist in Kap. III (Artt. 9-14) enthalten und gehört zu den **allgemeinen Bestimmungen** des Übereinkommens. Diese **Methode** ist schon in Art. 17 des Haager Trustübereinkommens von 1985, Art. 15 des Haager Kaufrechtsübereinkommens von 1986, Art. 17 des Haager Erbrechtsübereinkommens von 1989, Art. 21 I KSÜ von 1996 und Art. 19 ESÜ von 2000 verwendet worden. Sie ist einsichtiger als die Bezugnahme auf „das innerstaatliche Recht" der jeweils berufenen Rechtsordnung. Da es sich um die jüngste kollisionsrechtliche Haager Konvention handelt, kann durchaus gefolgert werden, dass der Ausschluss des Renvoi durch eine allgemeine Bestimmung eine neue **Tendenz** bei den Haager Konventionen darstellt.

II. Grundsätzlicher Ausschluss des Renvoi mit Abweichungen in den Haager Konventionen

1. Allgemeine Bemerkung

Der Ausschluss des Renvoi in den Haager Konventionen ist nicht immer absolut. In einigen Haager Konventionen ist der Renvoi zwar grundsätzlich ausgeschlossen, wird jedoch unter bestimmten Voraussetzungen zugelassen. Diese Haager Konventionen haben zwei Seiten: Einerseits schließen sie den Renvoi grundsätzlich aus, andererseits lassen sie den Renvoi für bestimmte Umstände zu. Dadurch unterscheiden sie sich von denjenigen Haager Konventionen, die den Renvoi ausdrücklich oder stillschweigend, aber in absoluter Weise ausschließen.

Aufgabe der vorliegenden Untersuchung ist festzustellen, dass der Renvoi grundsätzlich ausgeschlossen ist. Dabei werden die staatsvertraglichen Kollisionsnormen in den Haager Konventionen genau und gründlich überprüft im Hinblick auf die Frage, wie der Ausschluss des Renvoi erfolgt und in welcher Weise Spielraum für die Zulassung des Renvoi gegeben wird. Die Zulassung des

Renvoi ist jedoch nicht der Forschungsgegenstand dieses Teiles der vorliegenden Arbeit; sie wird nämlich im Dritten Teil untersucht.

2. Grundsätzlicher Ausschluss des Renvoi mit Abweichungen in den einzelnen Haager Konventionen

a) Haager Unterhaltsübereinkommen von 1956

aa) Allgemeines

aaa) Stand des Übereinkommens

Das Haager Übereinkommen über das auf Unterhaltsverpflichtungen gegenüber Kindern anzuwendende Recht vom 24.10.1956 (*Convention du 24 octobre 1956 sur la loi applicable aux obligations alimentaires envers les enfants*)[390] ist für die Bundesrepublik Deutschland am 1.1.1962 im Verhältnis zu Italien, Luxemburg und Österreich in Kraft getreten[391]. Es gilt heute ferner im Verhältnis zu den Niederlanden, Frankreich, der Schweiz, Portugal, Belgien, der Türkei, Liechtenstein, Spanien und Japan. Auch nach dem Übergang der Hoheitsrechte über Macao von Portugal an die Volksrepublik China am 20.12.1999 bleibt es im Sonderverwaltungsregion Macao anwendbar.

Wegen des Vorrangs des Haager Übereinkommens über das auf Unterhaltspflichten anzuwendende Recht (HUÜ) vom 2.10.1973 ist das Übereinkommen vom 24.10.1956 seit dem 1.4.1987 nur noch im Verhältnis zu Belgien, Liechtenstein und Österreich anzuwenden[392]. Es kommt zur Anwendung, wenn das unterhaltsberechtigte Kind seinen gewöhnlichen Aufenthalt in einem dieser drei Staaten hat. Somit hat es weitgehend an Bedeutung verloren[393].

bbb) Anwendungsbereich

Das Übereinkommen gilt für die Unterhaltsverpflichtungen gegenüber allen ehelichen, nichtehelichen oder an Kindes statt angenommenen Kindern, die unverheiratet sind und das 21. Lebensjahr noch nicht vollendet haben (Art. 1 IV); es beschränkt sich kollisionsrechtlich nur auf das Gebiet der Unterhaltspflicht

---

[390] Authentisch ist allein der französische Text, in: BGBl. 1961 II S. 1013; Rev. crit. DIP 1956, 753; Recueil des Conventions, Nr. VIII. Englische Übersetzung in: Am.J.Comp.L. 1956, 656 ff. Deutsche Übersetzung bei *Jayme/Hausmann*, Nr. 40.
[391] Bek. vom 27.12.1961, BGBl. 1962 II S. 16.
[392] Siehe hierzu *Jayme/Hausmann*, Anm. 1 zu Nr. 40.
[393] Vgl. dazu *Gottschalk*, Allgemeine Lehren, S. 77.

und findet daher keine Anwendung auf die unterhaltsrechtlichen Beziehungen zwischen Verwandten in der Seitenlinie (Art. 5 I und II).

bb) Kollisionsnormen des Übereinkommens

Die Unterhaltsverpflichtungen gegenüber Kindern, nämlich die Fragen „ob, in welchem Ausmaß und von wem ein Kind Unterhalt verlangen kann" sowie „wer die Unterhaltsklage erheben kann und welche Fristen für die Klageerhebung gelten", bestimmen sich grundsätzlich nach dem Recht des Staates, in dem das Kind seinen gewöhnlichen Aufenthalt hat (Art. 1 I). Wechselt das Kind seinen gewöhnlichen Aufenthalt, so unterstehen die Unterhaltsverpflichtungen vom Zeitpunkt des Aufenthaltswechsels an dem Recht des Staates, in dem das Kind seinen neuen gewöhnlichen Aufenthalt hat (Art. 1 II).

cc) Grundsätzlicher Ausschluss des Renvoi

aaa) Sachnormverweisung bei Art. 1 I und II des Übereinkommens durch Interpretation

Dem Wortlaut von Art. 1 I und II des Übereinkommens ist nicht zu entnehmen, ob die Verweisung auf das Recht des Staates des gewöhnlichen Aufenthalts des Kindes (*la loi de la résidence habituelle de l'enfant*) sich lediglich auf die Sachnormen dieser Rechtsordnung bezieht. Nach allgemeiner Ansicht sind damit nur die Sachnormen gemeint[394]. Diese Ansicht ist m.E. zu bejahen, und zwar mit folgender **Begründung**:

Obwohl das Übereinkommen den Ausdruck „innerstaatliches Recht" (*loi interne*) nicht verwendet, wie es im oben erwähnten Haager Kaufrechtsübereinkommen von 1955 der Fall ist, hielt die Kommission zur Bearbeitung des Übereinkommens eine ausdrückliche Klarstellung für überflüssig. Nach dem Berichterstatter sei die Meinung, die für die Einführung des Wortes *interne* („innerstaatlich") nach *loi* („Recht") sprach, abgelehnt worden, da die Kommission davon ausgegangen sei, dass im Übereinkommen der Ausdruck *loi* („Recht") des gewöhnlichen Aufenthalts des Kindes die innerstaatlichen Vorschriften dieser Rechtsordnung, nicht aber ihr Internationales Privatrecht bedeute[395]. Daher ist eine Rück- oder Weiterverweisung vom Recht des Staates, in dem das Kind seinen gewöhnlichen Aufenthalt hat, unbeachtlich.

[394] Vgl. z.B. MünchKomm-*Siehr*, Art. 18 EGBGB, Anh. II, Rn. 23; *Staudinger-Kropholler* (1979), Vorbem. zu Art. 18 EGBGB, Rn. 65.
[395] Vgl. dazu *de Winter*, Actes VIII 310; *Meyer-Sparenberg*, Staatsvertragliche Kollisionsnormen, S. 140.

bbb) Stellungnahme unter Berücksichtigung des deutschen IPR

Der Ausschluss des Renvoi im Haager Unterhaltsübereinkommen von 1956 lässt sich vor allem dadurch rechtfertigen, dass das Übereinkommen nach seinem Art. 6 nur auf Fälle Anwendung findet, in denen das in Art. 1 des Übereinkommens bezeichnete Recht das Recht eines Vertragsstaates ist[396]. Das Übereinkommen versteht sich also nicht als *loi uniforme* und gilt nicht im Verhältnis zu Nichtvertragsstaaten. Der internationale Entscheidungseinklang, der im autonomen nationalen Kollisionsrecht für die Zulassung des Renvoi spricht, wird durch die Vereinheitlichung der Kollisionsnormen zwischen den Vertragsstaaten bereits erreicht; das IPR der Drittstaaten soll gerade den internationalen Entscheidungseinklang innerhalb der Vertragsstaaten nicht stören[397].

Das autonome deutsche IPR hat die wesentlichen Vorschriften des Haager Unterhaltsübereinkommens von 1956 in Art. 18 EGBGB übernommen. Anders als das Übereinkommen schließt Art. 18 I EGBGB eine Rück- oder Weiterverweisung von dem auf die Unterhaltsverpflichtungen gegenüber Kindern anzuwendenden Recht aus, und zwar durch die ausdrückliche Bezugnahme auf die „**Sachvorschriften**" der berufenen Rechtsordnung. Die unmissverständliche Haltung des deutschen Gesetzgebers zum Ausschluss des Renvoi ist zu begrüßen, denn sie schafft Klarheit.

ccc) Ein Grundsatz mit Ausnahme

Geht man vom Grundsatz des Ausschlusses des Renvoi im Haager Unterhaltsübereinkommen von 1956 aus, so kann daraus noch nicht gefolgert werden, dass dieser Ausschluss absolut ist.
Wenn das Recht des Staates, in dem das Kind seinen gewöhnlichen Aufenthalt hat, dem Kind jeden Anspruch auf Unterhalt versagt, dann findet das **Recht** (*loi*) Anwendung, das nach den innerstaatlichen Kollisionsnormen der zuständigen Behörde maßgebend ist (Art. 3).

Die Vorschrift von Art. 3 des Haager Unterhaltsübereinkommens von 1956 eröffnet die Möglichkeit des Renvoi für manche Vertragsstaaten (wie etwa Österreich), selbst wenn dies selten geschehen dürfte. Es stellt eine **Ausnahme**

---

[396] Der offizielle französische Wortlaut des Art. 6 des Haager Unterhaltsübereinkommens von 1956:
"La Convention ne s'applique qu'aux cas où la loi désignée par l'article premier, est celle d'un des Etats contractants."
[397] Vgl. dazu *v. Bar/Mankowski*, IPR, Bd. I (2. Aufl. 2003), § 7 Rn. 225; *Gottschalk*, Allgemeine Lehren, S. 79.

vom Grundsatz des Ausschlusses des Renvoi dar und wird im Dritten Teil der vorliegenden Arbeit noch behandelt werden.

b) Haager Adoptionsübereinkommen von 1965

aa) Allgemeines

aaa) Stand des Übereinkommens

Das Haager Übereinkommen über die behördliche Zuständigkeit, das anzuwendende Recht und die Anerkennung von Entscheidungen auf dem Gebiet der Annahme an Kindes statt vom 15.11.1965 (*Convention du 15 novembre 1965 concernant la compétence des autorités, la loi applicable et la reconnaissance des décisions en matière d'adoption/Convention of 15 November 1965 on Jurisdiction, Applicable Law and Recognition of Decrees Relating to Adoptions*)[398] wurde auf der 10. Session der Haager Konferenz für Internationales Privatrecht[399] vom 7. bis 26.10.1964 durch *Acte final* der Konferenz verabschiedet[400]. Das Übereinkommen ist bisher von der Bundesrepublik Deutschland nicht unterzeichnet worden. Es ist am 23.10.1978 für Österreich, die Schweiz und das Vereinigte Königreich in Kraft getreten[401].

bbb) Gleichwertigkeit der zwei Sprachen

Aufgrund einer Regelung der Sprachenfrage in der abschließenden Vollsitzung vom 27.10.1964 wurde die **Gleichwertigkeit der französischen und der englischen Sprache** beschlossen. Seither sind für die Haager Konventionen zum Internationalen Privatrecht der französische und der englische Text gleichberechtigt authentisch[402].

ccc) Anwendungsbereich

Das Übereinkommen ist auf Adoptionen anzuwenden zwischen **einer Person**, die die Staatsangehörigkeit eines der Vertragsstaaten und ihren gewöhnlichen

---

[398] Authentisch sind gleichberechtigt der französische und der englische Text, in: Recueil des Conventions, Nr. XIII; öst. BGBl. 1978, Nr. 581. Französischer Text auch in: Rev. crit. DIP 1964, 815. Deutsche Übersetzung im öst. BGBl. 1978, Nr. 581 sowie in der Schweizer AS 1978, S. 2090.

[399] Vgl. dazu den Bericht *Ficker*, RabelsZ 30 (1966) 606 ff.

[400] Zur Entstehungsgeschichte siehe *Ficker*, RabelsZ 30 (1966) 609-614.

[401] Siehe hierzu *Jayme/Hausmann*, Anm. 1 vor Nr. 53; *Cheshire/North*, PIL, S. 906, Fn. 16.

[402] Vgl. dazu *Ficker*, RabelsZ 30 (1966) 609.

Aufenthalt in einem dieser Staaten hat, oder **Ehegatten**, von denen jeder die Staatsangehörigkeit eines Vertragsstaates und seinen gewöhnlichen Aufenthalt in einem dieser Staaten hat, und **einem Kind**, das im Zeitpunkt des Adoptionsantrages das 18. Lebensjahr noch nicht vollendet hat, noch nicht verheiratet ist, die Staatsangehörigkeit eines Vertragsstaates sowie seinen gewöhnlichen Aufenthalt in einem dieser Staaten hat (Art. 1).

Das Übereinkommen ist nicht anwendbar, wenn die Adoptiveltern weder dieselbe Staatsangehörigkeit noch ihren gewöhnlichen Aufenthalt in demselben Vertragsstaat haben (Art. 2 lit. a), oder der Adoptierende oder die Adoptiveltern und das Kind dieselbe Staatsangehörigkeit haben und zudem alle ihren gewöhnlichen Aufenthalt in dem Staat haben, dessen Staatsangehörige sie sind (Art. 2 lit. b), oder über die Adoption nicht von einer gemäß Art. 3 zuständigen Behörde entschieden wurde (Art. 2 lit. c).

bb) Regelungen über die internationale Zuständigkeit

Bei den Regelungen internationaler Zuständigkeit für die Entscheidung über die Adoption wird die Zuständigkeit gleichermaßen an den gewöhnlichen Aufenthalt wie an die Staatsangehörigkeit angeknüpft[403]: Bei der Einzeladoption sind die Behörden des Staates des gewöhnlichen Aufenthalts oder des Heimatstaates des Adoptierenden zuständig, bei der Adoption durch Ehegatten sind die Behörden des Staates des gemeinsamen gewöhnlichen Aufenthalts oder des gemeinsamen Heimatstaates zuständig (Art. 3 I).

cc) Kollisionsnormen des Übereinkommens und grundsätzlicher Gleichlauf zwischen internationaler Zuständigkeit und anzuwendendem Recht

Die Kollisionsnormen des Übereinkommens werden an die Zuständigkeitsnormen angeknüpft. Vorbehaltlich des Art. 5 I wenden die in Art. 3 I genannten Behörden auf die Voraussetzungen der Adoption **ihr innerstaatliches Recht** (*leur loi interne/their internal law*) an (Art. 4 I)[404]. Das bedeutet: Die nach Art. 3 I des Übereinkommens international zuständigen

---

[403] Vgl. dazu *Ficker*, RabelsZ 30 (1966) 622.

[404] Der offizielle französische Wortlaut des Art. 4 I des Haager Adoptionsübereinkommens von 1965:
"Les autorités visées à l'article 3, alinéa premier, appliquent, sous réserve de l'article 5, alinéa premier, leur loi interne aux conditions de l'adoption."
Der offizielle englische Wortlaut:
"The authorities who have jurisdiction under the first paragraph of article 3 shall, subject to the provisions of the first paragraph of article 5, apply their internal law to the conditions governing an adoption."

Behörden des Staates des gewöhnlichen Aufenthalts des Adoptierenden oder des gemeinsamen gewöhnlichen Aufenthalts der Adoptiveltern, oder des Heimatstaates des Adoptierenden oder des gemeinsamen Heimatstaates der Adoptiveltern haben im Regelfall auf die Voraussetzungen der Adoption **ihr innerstaatliches Recht** (*leur loi interne/their internal law*) anzuwenden.

Der Gleichlauf zwischen der internationalen Zuständigkeit und dem anzuwendenden Recht in Art. 4 I wird jedoch zugunsten des Heimatrechts des Kindes unterbrochen[405]: Auf die Zustimmung und Anhörung anderer Personen als des Adoptierenden, seiner Familie und seines Ehegatten, haben die in Art. 3 I genannten Behörden das Heimatrecht des Kindes (*loi nationale de l'enfant/national law of the child*) anzuwenden (Art. 5 I).

Der Gleichlauf zwischen der internationalen Zuständigkeit und dem anzuwendenden Recht in Art. 4 I wird ferner zugunsten des Heimatrechts der Adoptiveltern unterbrochen: Alle Adoptionsverbote, die das Heimatrecht (*loi nationale/national law*) des Adoptierenden oder das gemeinsame Heimatrecht (*loi nationale commune/common national law*) der Adoptiveltern enthält, müssen von den aufgrund des gewöhnlichen Aufenthalts zuständigen Behörden beachtet werden (Art. 4 II), wenn der betreffende Staat diese Verbote zum Gegenstand einer ausdrücklichen Erklärung gemacht hat (Art. 13).

Das Übereinkommen sieht Sonderregelungen über die internationale Zuständigkeit und das anwendbare Recht für die Nichtigerklärung oder Aufhebung vor. Dafür zuständig sind die Behörden des Staates des gewöhnlichen Aufenthalts des Adoptierten oder des Adoptierenden oder des gemeinsamen gewöhnlichen Aufenthalts der Adoptiveltern im Zeitpunkt der Antragsstellung auf Nichtigerklärung oder Aufhebung. Zuständig sind ferner die Behörden des Staates, in dem über die Adoption entschieden worden war (Art. 7 I). Auf die Nichtigerklärung anwendbar sind entweder **das innerstaatliche Recht** (*loi interne/internal law*) des Adoptionsortes (Art. 7 II lit. a), oder das Heimatrecht (*loi nationale/national law*) des Adoptierenden oder der Adoptiveltern im Zeitpunkt der Adoptionsentscheidung, sofern die Nichtigkeit ihre Ursache in der Verletzung eines der in Art. 4 II bezeichneten Adoptionsverbote hat (Art. 7 II lit. b), oder das Heimatrecht (*loi nationale/national law*) des Adoptierten, sofern die Nichtigkeit ihre Ursache in dem Mangel oder Fehler einer der vom Heimatrecht (*loi nationale/national law*) des Adoptierten geforderten Zustimmungen hat (Art. 7 II lit. c). Auf die Aufhebung ist **das innerstaatliche Recht** (*loi interne/internal law*) der angerufenen Behörde anwendbar (Art. 7 III)[406].

---

[405] Vgl. dazu *Ficker*, RabelsZ 30 (1966) 626.

[406] Der offizielle französische Wortlaut des Art. 7 II und III des Haager Adoptionsübereinkommens von 1965:
"(alinéa 2) Une adoption peut être annulée en application:

dd) Grundsätzlicher Ausschluss des Renvoi

aaa) Sachnormverweisung als Grundsatz

Unter dem innerstaatlichen Recht (*loi interne/internal law*) in Artt. 4 I, 7 II lit. a und 7 III des Haager Adoptionsübereinkommens von 1965 sind die Sachnormen unter Ausschluss der Kollisionsnormen der jeweils berufenen Rechtsordnung zu verstehen. Somit gehen die Kollisionsnormen in Artt. 4 I, 7 II lit. a und 7 III prinzipiell von der Sachnormverweisung aus. Der Renvoi wird insoweit ausgeschlossen.

bbb) Ein Grundsatz mit Ausnahmen

Abgesehen von Artt. 4 I, 7 II lit. a und 7 III des Übereinkommens ist die mehrfache Bezugnahme auf das jeweilige Heimatrecht (*loi nationale/national law*) durch die Kollisionsnormen des Übereinkommens dem Wortlaut nach nicht auf die Sachnormen beschränkt. Daher ist der Ausschluss des Renvoi im Übereinkommen nicht absolut[407]. Einzelheiten werden im Dritten Teil der vorliegenden Arbeit noch behandelt werden.

---

a) soit de la loi interne de l'autorité qui a statué sur l'adoption;
b) soit de la loi nationale de l'adoptant ou des époux au moment où il a été statué sur l'adoption lorsque la nullité a pour cause la violation d'une des interdictions visées par l'article 4, alinéa 2;
c) soit de la loi nationale de l'adopté lorsque la nullité a pour cause le défaut ou le vice de l'un des consentements requis par cette loi.
(alinéa 3) Une adoption peut être révoquée en application de la loi interne de l'autorité saisie."
Der offizielle englische Wortlaut:
"An adoption may be annulled –
a) on any ground permitted by the internal law of the State which granted the adoption; or
b) in accordance with the national law of the adopter or adopters at the time when that adoption was granted in cases where the application to annul is based on failure to comply with a prohibition to which the second paragraph of Article 4 applies; or
c) in accordance with the national law of the person adopted at the time when the adoption was granted in cases where the application to annul is based on failure to obtain a consent required by that law.
An adoption may be revoked in accordance with the internal law of the authority exercising jurisdiction. "

[407] Vgl. dazu *Graue*, RabelsZ 57 (1993) 49.

ee) Stellungnahme

Der im Haager Adoptionsübereinkommen von 1965 vorgesehene grundsätzliche Gleichlauf zwischen der internationalen Zuständigkeit und dem anzuwendenden Recht führt im Ergebnis zur Anwendung des Rechts des Staates des gewöhnlichen Aufenthalts oder des Adoptionsortes. Da der gewöhnliche Aufenthalt der **Lebensschwerpunkt** des Adoptierten und des Adoptierenden darstellt, ist die Anknüpfung daran wenig renvoi-freundlich. Die Anwendung des Rechts des Staates des Adoptionsortes kann überdies durch die Bezugnahme auf dessen Sachnormen erleichtert werden. Insofern ist der grundsätzliche Ausschluss des Renvoi gerechtfertigt.

c) Haager Eheschließungsübereinkommen von 1978

aa) Allgemeines

Das Haager Übereinkommen über die Eheschließung und die Anerkennung der Gültigkeit von Ehen vom 14.3.1978 (*Convention du 14 mars 1978 sur la célébration et la reconnaissance de la validité des mariages/Convention of 14 March 1978 on Celebration and Recognition of the Validity of Marriages*)[408] wurde anlässlich der 13. Session der Haager Konferenz für Internationales Privatrecht vom 4. bis 23.10.1976 verabschiedet[409]. Es ist von Australien, Luxemburg und den Niederlanden ratifiziert worden und ist am 1.5.1991 für diese Staaten in Kraft getreten. Die Bundesrepublik Deutschland hat es bisher nicht ratifiziert[410].

Das Übereinkommen tritt im Verhältnis der Vertragsstaaten zueinander an die Stelle des Haager Abkommens zur Regelung des Geltungsbereichs der Gesetze auf dem Gebiet der Eheschließung vom 12.6.1902 (Art. 22).

Das Übereinkommen besteht aus drei Kapiteln. Kap. I (Artt. 1-6) regelt die Frage, nach welchen Normen sich die erforderlichen Vorrausetzungen für die in einem Vertragsstaat erfolgte Eheschließung beurteilen. Kap. II (Artt. 7-15) legt die Vorrausetzungen für die Anerkennung in den Vertragsstaaten einer im Ausland geschlossenen Ehe fest[411]. Kap. III (Art. 16-23) enthält die allgemeinen Bestimmungen.

[408] Authentisch sind gleichberechtigt der französische und der englische Text, in: Recueil des Conventions, Nr. XXVI. Englischer Text auch in: Am.J.Comp.L. 1977, 399; französischer Text auch in: Rev. crit. DIP 1976, 828; Schw. Jb. Int. R. 1978, 456. Inoffizielle deutsche Übersetzung in: StAZ 1977, 202.

[409] Vgl. dazu den Bericht *Böhmer*, in: StAZ 1977, 185-187.

[410] Siehe hierzu *Jayme/Hausmann*, Anm. 3 zu Nr. 30.

[411] Vgl. dazu *Böhmer*, StAZ 1977, 185.

Was staatsvertragliche Kollisionsnormen angeht, so sind lediglich die Vorschriften des Kap. I von Bedeutung. Die Untersuchung der vorliegenden Arbeit beschränkt sich daher auf dieses Kapitel.

bb) Ausschluss des Renvoi bei den sachlichen Voraussetzungen der Eheschließung

aaa) Kollisionsnormen über die sachlichen Voraussetzungen

Die sachlichen Voraussetzungen der Eheschließung werden im Sinne von *favor matrimonii* alternativ angeknüpft[412]: Eine Ehe soll geschlossen werden, wenn die künftigen Ehegatten die sachlichen Voraussetzungen erfüllen, die nach dem **innerstaatlichen Recht** (*loi interne/internal law*) des Eheschließungsstaates vorgesehen sind, und einer von den beiden künftigen Ehegatten Staatsangehöriger des Eheschließungsstaates ist oder dort seinen gewöhnlichen Aufenthalt hat (Art. 3 Nr. 1), **oder** wenn beide künftigen Ehegatten die sachlichen Voraussetzungen erfüllen, die nach dem **innerstaatlichen Recht** (*loi interne/internal law*) vorgesehen sind, auf welches die Kollisionsnormen des Eheschließungsstaates verweisen (Art. 3 Nr. 2).

bbb) Ausschluss des Renvoi in Art. 3 Nr. 1 und 2

Die Bezugnahme auf **das innerstaatliche Recht** (*loi interne/internal law*) des Eheschließungsstaates in Art. 3 Nr. 1 spricht eindeutig für die Sachnormverweisung. Ein Renvoi ist demnach ausgeschlossen. Jeder Vertragsstaat kann sich jedoch abweichend von Art. 3 Nr. 1 vorbehalten, sein innerstaatliches Recht (d.h. materielles Eheschließungsrecht) nicht auf die sachlichen Vorrausetzungen der Eheschließung bei dem Ehegatten anzuwenden, der weder Angehöriger dieses Staates ist, noch dort seinen gewöhnlichen Aufenthalt hat (Art. 6). Diese Vorbehaltsklausel ändert jedoch nicht die Tatsache, dass der Renvoi in Art. 3 Nr. 1 ausgeschlossen wird.

Die Vorschrift des Art. 3 Nr. 2 schafft an sich eine Superkollisionsnorm[413], indem sie zuerst auf die Kollisionsnormen des Eheschließungsstaates verweist, schließt dann den Renvoi durch die Bezugnahme auf **das innerstaatliche Recht** (*loi interne/internal law*) aus.

---

[412] Vgl. dazu *Böhmer* (vorige Note) 185; *Kropholler*, FS Henrich, S. 396.
[413] Vgl. dazu *Kropholler*, FS Henrich, S. 396.

ccc) Stellungnahme

Durch die ausdrückliche Bezugnahme auf **das innerstaatliche Recht** (*loi interne/internal law*) der berufenen Rechtsordnung aufgrund des Art. 3 Nr. 1 und 2 des Übereinkommens wird der Renvoi in Bezug auf die sachlichen Voraussetzungen der Eheschließung ausgeschlossen[414].

Der Ausschluss des Renvoi in Art. 3 Nr. 1 und Nr. 2 des Übereinkommens soll der Rechtsklarheit bei der Anwendung des Übereinkommens dienen[415].

cc) Zulassung des Renvoi bei den Formerfordernissen der Eheschließung als Ausnahme

Anders sind **die Formerfordernisse der Eheschließung**. Diese richten sich nach dem **„Recht"** (*droit/law*) des Eheschließungsstaates (Art. 2). Statt des „innerstaatlichen Rechts" wird hier lediglich auf „das Recht" verwiesen, somit lässt das Übereinkommen dem Renvoi für die Erfordernisse der Eheschließung Raum. Darauf wird im Dritten Teil der vorliegenden Arbeit noch näher eingegangen.

d) Haager Ehegüterrechtsübereinkommen von 1978

aa) Allgemeines

Das Haager Übereinkommen über das auf Ehegüterstände anzuwendende Recht vom 14.3.1978 (*Convention du 14 mars 1978 sur la loi applicable aux régimes matrimoniaux/Convention of 14 March 1978 on the Law Applicable to Matrimonial Property Regimes*)[416] wurde durch *Acte final* der 13. Session der Haager Konferenz für Internationales Privatrecht vom 4. bis 23.10.1976 verabschiedet[417]. Es ist am 1.9.1992 für Frankreich, Luxemburg und die Niederlande in Kraft getreten[418].

---

[414] Vgl. dazu *Graue*, RabelsZ 57 (1993) 53.

[415] Vgl. dazu den Bericht *Malmström*, Actes et doc. de la Treizième session ... 1976 III (1978) 296 Nr. 15 a.E.; *Kropholler*, FS Henrich, S. 396.

[416] Authentisch sind gleichberechtigt der französische und der englische Text, in: RabelsZ 41 (1977) 554; Recueil des Conventions, Nr. XXV. Französischer Text auch in: Rev. crit. DIP 1976, 821; englischer Text auch in: Am.J.Comp.L. 1977, 393 ff.

[417] Vgl. dazu den Bericht *Beitzke*, in: RabelsZ 41 (1977) 457 ff.

[418] Siehe hierzu *Jayme/Hausmann*, Anm. 2 nach Nr. 32.

Das Übereinkommen soll an die Stelle des Haager Ehewirkungsabkommens von 1905 treten[419].

Ziel des Übereinkommens ist in erster Linie die Vereinheitlichung der Kollisionsnormen des Ehegüterrechts sowie die Feststellung des auf Ehegüterstände anzuwendenden Rechts (Art. 1 I). Es gilt nicht für Unterhaltsverpflichtungen zwischen den Ehegatten, das Erbrecht des überlebenden Ehegatten und die Geschäftsfähigkeit der Ehegatten (Art. 1 II).

Ferner versteht sich das Übereinkommen als *loi uniforme*: Nach Art. 2 gilt es auch gegenüber Angehörigen von Drittstaaten.

bb) Kollisionsnormen des Übereinkommens

aaa) Subjektive Anknüpfung aufgrund der Parteiautonomie

Die Befugnis, das auf Ehegüterstände anzuwendende Recht zu wählen, wird den Ehegatten eingeräumt. Das Prinzip der Parteiautonomie ist also der beherrschende Ansatzpunkt des Übereinkommens [420]. Der Ehegüterstand untersteht in erster Linie dem von den Ehegatten vor oder nach der Eheschließung einverständlich bezeichneten **innerstaatlichen Recht** (*loi interne/internal law*, Artt. 3 I und 6 I)[421], wobei die Rechtswahlmöglichkeiten in jeweils unterschiedlicher Weise begrenzt werden (Artt. 3 II und 6 II)[422]: Vor der Eheschließung können die Ehegatten nur das Heimatrecht oder das Recht des Staates des gewöhnlichen Aufenthalts eines Ehegatten im Zeitpunkt der Bezeichnung oder das Recht des ersten Staates wählen, in dem wenigstens einer der Ehegatten einen neuen gewöhnlichen Aufenthalt nach der Eheschließung begründen wird; nach der Eheschließung können sie lediglich das Heimatrecht

[419] Vgl. dazu *Staudinger-Hausmann* (2003), Art. 4 EGBGB, Rn. 140.
[420] Vgl. dazu *Beitzke*, RabelsZ 41 (1977) 461.
[421] Der offizielle französische Wortlaut des Art. 3 I des Haager Ehegüterrechtsübereinkomms von 1978:
"Le régime matrimonial est soumis à la loi interne désignée par les époux avant le mariage."
Der offizielle englische Wortlaut:
"The matrimonial property regime is governed by the internal law designated by the spouses before marriage."
Der offizielle französische Wortlaut des Art. 6 I des Haager Ehegüterrechtsübereinkomms von 1978:
"Les époux peuvent, au cours du mariage, soumettre leur régime matrimonial à la loi interne autre que celle jusqu'alors applicable."
Der offizielle englische Wortlaut:
"During marriage the spouses may subject their matrimonial property regime to an internal law other than that previously applicable."
[422] Vgl. dazu *Graue*, RabelsZ 57 (1993) 54.

eines Ehegatten oder das Recht des Staates eines Ehegatten im Zeitpunkt der Bezeichnung wählen. Die Bezeichnung des anzuwendenden Rechts muss entweder ausdrücklich bestimmt sein oder unzweifelhaft aus den Bestimmungen eines Güterrechtsvertrags erfolgen (Art. 11). Die Bezeichnung des anzuwendenden Rechts durch die selbstständige ausdrückliche Bestimmung muss der Form eines Ehevertrags entsprechen, entweder durch das von den Ehegatten bezeichnete **innerstaatliche Recht** (*loi interne/internal law*) oder durch **das innerstaatliche Recht** (*loi interne/internal law*) des Ortes, wo die Bestimmung getroffen wurde. Sie kann stets getroffen werden in Schriftform mit Datum und Unterschrift der Ehegatten (Art. 13)[423].

bbb) Objektive Anknüpfungen über das auf Ehegüterstände anzuwendende Recht mangels einer Rechtswahl

Haben die Ehegatten vor der Eheschließung keine Wahl über das auf ihre Ehegüter anzuwendende Recht getroffen, so gilt **das innerstaatliche Recht** (*loi interne/internal law*) des ersten gemeinsamen gewöhnlichen Aufenthalts der Ehegatten nach der Eheschließung (Art. 4 I). Wenn aber die Ehegatten weder das anzuwendende Recht bezeichnet noch einen Ehevertrag abgeschlossen haben, dann gilt auch **das innerstaatliche Recht** (*loi interne/internal law*) des Staates des ersten gemeinsamen gewöhnlichen Aufenthalts der Ehegatten nach der Eheschließung, und zwar anstelle des zuvor für ihre Ehegüter geltenden Rechts, allerdings nur unter bestimmten Voraussetzungen (Art. 7 II).

Mangels einer Rechtswahl vor der Eheschließung unterstehen die Ehegüter ausnahmsweise dem **innerstaatlichen Recht** (*loi interne/internal law*) des gemeinsamen Heimatstaates der Ehegatten in folgenden Fällen (Art. 4 II):

Erster Fall: Die in Art. 5 bestimmte Erklärung vom gemeinsamen Heimatstaat der Ehegatten ist abgegeben worden und ihre Wirkung wird nicht durch Art. 5 II ausgeschlossen. Nach Art. 5 kann jeder Staat nicht später als bis zum Zeitpunkt der Ratifikation, Annahme, Genehmigung oder Beitritt eine Erklärung abgeben, um die Anwendung seines eigenen **innerstaatlichen Rechts** (*loi interne/internal law*) zu verlangen (Art. 5 I). Die Wirkung einer solchen Erklärung wird jedoch für die Ehegatten ausgeschlossen, die beide ihren gewöhnlichen Aufenthalt in dem Staat, in dem sie bei der Eheschließung beide ihren gewöhnlichen Aufenthalt mindestens seit fünf Jahren hatten, es sei denn, dass dieser ein Vertragsstaat ist, der die in Art. 5 I bestimmte Erklärung abgegeben hat, oder ein Nichtvertragsstaat dieses Übereinkommens ist und dessen Internationales Privatrecht (*droit international privé/rules of private international law*) die Anwendung des Heimatrechts vorschreibt (Art. 5 II).

---

[423] Vgl. dazu *Beitzke*, RabelsZ 41 (1977) 465.

Zweiter Fall: Der gemeinsame Heimatstaat der Ehegatten ist keine Vertragspartei dieses Übereinkommens und nach dessen **Internationalem Privatrecht** (*droit international privé/rules of private international law*) ist sein eigenes innerstaatliches Recht (*loi interne/internal law*) anwendbar und die Ehegatten begründen ihren ersten gewöhnlichen Aufenthalt nach der Eheschließung in einem Staat, der die in Art. 5 bestimmte Erklärung abgegeben hat (Art. 4 II Nr. 2 a) oder in einem Staat, der keine Vertragspartei dieses Übereinkommens ist und dessen Internationales Privatrecht (*droit international privé/rules of private international law*) schreibt ebenfalls die Anwendung ihres Heimatrechts vor (Art. 4 II Nr. 2 b).

Dritter Fall: Die Ehegatten begründen nicht ihren ersten gewöhnlichen Aufenthalt im selben Staat nach der Eheschließung (Art. 4 II Nr. 3).
Die Regelungen des Art. 4 II stellen einen Kompromiss zugunsten der dem Staatsangehörigkeitsprinzip folgenden Staaten gegenüber den dem Domizilprinzip folgenden Staaten dar[424].

Schließlich gilt Art. 4 III als Korrekturklausel: Haben die Ehegatten weder ihren gewöhnlichen Aufenthalt im selben Staat noch die gemeinsame Staatsangehörigkeit, so unterliegen ihre Ehegüter dem innerstaatlichen Recht (*loi interne/internal law*) des Staates, mit welchem die Ehegüter **die engsten Verbindungen** (*les liens les plus étroits/most closely connected*) aufweisen.

cc) Wandelbarkeit des Ehegüterstatuts

Das nach dem Übereinkommen maßgebende Recht bleibt insoweit anwendbar als die Ehegatten ein anderes anwendbares Recht nicht bezeichnet haben, unabhängig davon, ob sie die Staatsangehörigkeit oder den gewöhnlichen Aufenthalt geändert haben oder nicht (Art. 7 I).

Ein automatischer Wandel des Ehegüterrechtsstatuts ist nur für bestimmte Fälle vorgesehen. Haben die Ehegatten weder das anwendbare Recht bezeichnet, noch einen Ehevertrag abgeschlossen, dann tritt an die Stelle des bisherigen maßgebenden Rechts **das innerstaatliche Recht** (*loi interne/internal law*) des Staates des gemeinsamen gewöhnlichen Aufenthalts der Ehegatten, und zwar von dem Zeitpunkt an, in dem die Ehegatten den gewöhnlichen Aufenthalt nach der Eheschließung im Staat der gemeinsamen Staatsangehörigkeit begründen, oder von dem Zeitpunkt an, in dem sie nachträglich gemeinsam die Staatsangehörigkeit des Staates ihres gewöhnlichen Aufenthalts erwerben (Art. 7 II Nr. 1). In solchen Fällen des Zusammenfallens von gemeinsamem

---

[424] Vgl. dazu *Beitzke*, RabelsZ 41 (1977) 469.

gewöhnlichem Aufenthalt und gemeinsamer Staatsangehörigkeit gehen diese selbstverständlich den anderen Anknüpfungspunkten vor. Ein automatischer Statutenwechsel findet auch statt, wenn die Ehegatten nach der Eheschließung den gemeinsamen gewöhnlichen Aufenthalt für mehr als zehn Jahre in einem anderen Staat haben als demjenigen, dessen Recht zunächst maßgebend war (Art. 7 II Nr. 2)[425]. Schließlich findet ein automatischer Statutenwechsel vom zunächst maßgeblichen Recht zum Recht des Staates des gemeinsamen gewöhnlichen Aufenthalts auch statt, wenn das bisherige maßgebliche Recht das Recht des gemeinsamen Heimatstaates der Ehegatten ist, und dessen Maßgeblichkeit ausschließlich Art. 4 II Nr. 3 des Übereinkommens zugrunde liegt, weil die Ehegatten nicht nach der Eheschließung ihren ersten gewöhnlichen Aufenthalt im selben Staat begründen (Art. 7 II Nr. 3).

dd) Grundsätzlicher Ausschluss des Renvoi

Vorbehaltlich der Vorschriften von Artt. 4 II 2 und 5 II bringt die mehrfache Bezugnahme auf **das innerstaatliche Recht** (*loi interne/internal law*) durch die Kollisionsnormen des Übereinkommens zum Ausdruck, dass die Verweisung des Übereinkommens sich grundsätzlich als Sachnormverweisung versteht. Bei der subjektiven Anknüpfung können die Ehegatten ohnehin nur die Sachvorschriften wählen; der Ausschluss des Renvoi ist bei der Rechtswahl durch die Parteien selbstverständlich[426]. Bei den objektiven Anknüpfungen gehen die Kollisionsnormen im Wesentlichen vom Grundgedanken der engsten Verbindung aus, was eindeutig gegen die Zulassung des Renvoi spricht. Daher ist festzustellen, dass das Übereinkommen die Rück- und Weiterverweisung prinzipiell ausschließt.

ee) Ein Grundsatz mit Ausnahmen

Mit den äußerst komplizierten Regelungen von Artt. 4 II 2 und 5 II wird allerdings dem Renvoi Raum gegeben: Er wird in besonderer Weise zugelassen[427]. Darauf wird im Dritten Teil der vorliegenden Arbeit noch näher eingegangen.

---

[425] Vgl. dazu *Beitzke*, RabelsZ 41 (1977) 471.

[426] Siehe oben § 3 II 1 a der vorliegenden Arbeit.

[427] Vgl. dazu *Graue*, RabelsZ 57 (1993) 26, 54; *v. Bar*, RabelsZ 57 (1993) 63, 97.

e) Haager Erbrechtsübereinkommen von 1989

aa) Allgemeines

aaa) Stand des Übereinkommens

Das Haager Übereinkommen über das auf die Rechtsnachfolge von Todes wegen anzuwendende Recht vom 1.8.1989 (*Convention du premier août 1989 sur la loi applicable aux successions à cause de mort/Convention of 1 August 1989 on the Law Applicable to Succession to the Estates of Deceased Persons*)[428] wurde auf der 16. Session der Haager Konferenz für Internationales Privatrecht verabschiedet. Das Übereinkommen ist bisher lediglich von Argentinien, Luxemburg und der Schweiz unterzeichnet und von den Niederlanden am 27.9.1996 ratifiziert worden. Es ist noch nicht in Kraft getreten[429].

Die Niederlande haben überdies das Haager Erbrechtsübereinkommen von 1989 durch ein nationales Gesetz (Gesetz über das Kollisionsrecht der Erbfolge vom 4.9.1996[430]), welches das Übereinkommen rezipiert, zum 1.10.1996 in Kraft gesetzt.

bbb) Ziel und Anwendungsbereich

Ziel des Übereinkommens ist es, gemeinsame Bestimmungen über das auf die Rechtsnachfolge von Todes wegen anzuwendende Recht festzulegen. Daher bestimmt das Übereinkommen lediglich das anwendbare Recht (Art. 1 I). Die internationale Zuständigkeit sowie die Anerkennung und Vollstreckung ausländischer Entscheidungen im Bereich des Erbrechts sind hingegen nicht geregelt. Das Übereinkommen gilt nicht für die Form der Verfügungen von Todes wegen, die Testierfähigkeit, Fragen des ehelichen Güterrechts, sowie Recht und Vermögenswerte, die auf andere Weise als durch das Erbrecht geschaffen oder übertragen werden, wie etwa gemeinschaftliches Eigentum mit Anwartschaft des Übergangs auf den Überlebenden, Rentenpläne, Versicherungsverträge und ähnliche Vereinbarungen (Art. 1 II).

---

[428] Authentisch sind gleichberechtigt der französische und der englische Text, in: Recueil des Conventions, Nr. XXXII. Französischer Text auch in: Rev. crit. DIP 1988, 807; nichtamtliche deutsche Übersetzung in: IPRax 2000, 53.

[429] Siehe hierzu *Jayme/Hausmann*, Anm. 2 vor Nr. 60.

[430] Der niederländische Originaltext und die deutsche Übersetzung abgedr. in: IPRax, 2000, 59. Siehe dazu *Kropholler*, FS Henrich, S. 398, 399.

ccc) *Loi uniforme*

Ferner versteht sich das Übereinkommen als *loi uniforme*, weil es auch dann anzuwenden ist, wenn das darin bezeichnete Recht das eines Nichtvertragsstaates ist (*La Convention est applicable même si la loi qu'elle désigne est celle d'un Etat non contractant/The Convention applies even if the applicable law is that of a non-Contracting State*, Art. 2).

bb) Kollisionsnormen des Übereinkommens und Anknüpfungsgrundsätze

aaa) Objektive Anknüpfung

Eine Grundnorm für die objektive Anknüpfung bildet Art. 3 des Übereinkommens[431]. Danach unterliegt die Rechtsnachfolge von Todes wegen in erster Linie dem Recht des Staates, in dem der Erblasser im Zeitpunkt seines Todes seinen gewöhnlichen Aufenthalt hatte, wenn er in diesem Zeitpunkt die Staatsangehörigkeit dieses Staates besaß (Art. 3 I). In diesem Fall ist das Heimatrecht des Erblassers zugleich das Recht des Staates seines gewöhnlichen Aufenthalts. Ist das Heimatrecht des Erblassers nicht ohne weiteres das Recht des Staates seines gewöhnlichen Aufenthalts, dann unterliegt die Rechtsnachfolge von Todes wegen dem Recht des Staates, in dem der Erblasser im Zeitpunkt seines Todes seinen gewöhnlichen Aufenthalt hatte, wenn er sich mindestens fünf Jahre unmittelbar vor seinem Tode in diesem Staat aufgehalten hat (Art. 3 I 1). Ausnahmsweise ist das Heimatrecht des Erblassers anzuwenden, wenn er unter außergewöhnlichen Umständen im Zeitpunkt seines Todes offensichtlich mit dem Heimatstaat enger verbunden war (Art. 3 I 2). Dabei wollten die Verfasser des Übereinkommens die Staatsangehörigkeit und den gewöhnlichen Aufenthalt als zwei wichtige Anknüpfungspunkte im Übereinkommen balancieren[432]. In anderen Fällen unterliegt die Rechtsnachfolge von Todes wegen dem Heimatrecht des Erblassers im Zeitpunkt seines Todes, es sei denn, dass er in diesem Zeitpunkt mit einem anderen Staat enger verbunden war, was dazu führt, das Recht dieses anderen Staates anzuwenden ist (Art. 3 III).

Insgesamt werden drei Anknüpfungspunkte in Art. 3 verwendet: der gewöhnliche Aufenthalt (*résidence habituelle/habitual residence*), die Staatsangehörigkeit (*nationalité/nationality*) und die offensichtlich engere Verbindung (*des liens manifestement plus étroits/the manifestly closer connections*).

---

[431] Vgl. dazu *Kropholler*, FS Henrich, S. 398.

[432] Siehe *Waters*, Rapport explicatif/Explanatory Report, S. 37 = Actes et Doc. de la Seizième session, S. 548, 549.

bbb) Rechtswahl des Erblassers (*officio iuris*)

Das Übereinkommen erkennt *officio iuris* an und lässt eine Rechtswahl durch den Erblasser zu: Eine Person kann das Recht eines bestimmten Staates wählen, dem die Rechtsnachfolge in ihren gesamten Nachlass unterstehen soll (Art. 5 I 1). Die Rechtswahl ist allerdings zeitlich und räumlich begrenzt: Sie wird nur wirksam, wenn diese Person im Zeitpunkt der Rechtswahl oder ihres Todes die Staatsangehörigkeit dieses Staates besaß oder dort ihren gewöhnlichen Aufenthalt hatte (Art. 5 I S. 2). Diese Rechtswahl muss in einer Erklärung ausgedrückt sein, die den Formerfordernissen einer Verfügung von Todes wegen entspricht (Art. 5 II S. 1). Das Zustandekommen und die materielle Wirksamkeit der Rechtswahl unterliegen dem gewählten Recht (Art. 5 II S. 2). Ist die Rechtswahl nach diesem Recht unwirksam, so bestimmt sich das auf die Rechtsnachfolge von Todes wegen anzuwendende Recht nach Art. 3 (Art. 5 II S. 3). Eine Person kann ausnahmsweise die Rechtsnachfolge in bestimmte Vermögenswerte ihres Nachlasses dem Recht eines oder mehrerer Staaten unterstellen. Diese Rechtswahl berührt jedoch nicht die Anwendung der zwingenden Bestimmungen des nach Art. 3 oder Art. 5 I anzuwendenden Rechts (Art. 6).

ccc) Grundsatz der Nachlasseinheit

Das Haager Erbrechtsübereinkommen geht vom Grundsatz der Nachlasseinheit aus[433]. Es macht von einer einheitlichen Methode Gebrauch, d.h. der gesamte Nachlass, wozu auch bewegliche und unbewegliche Sachen zählen, wird grundsätzlich derselben Rechtsordnung unterstellt[434]: Vorbehaltlich des Art. 6 unterliegt der gesamte Nachlass dem nach Artt. 3 und 5 I des Übereinkommens anzuwendenden Recht, wo auch immer die Vermögenswerte belegen sind (Art. 7 I).

ddd) Vertragliche Rechtsnachfolge von Todes wegen

Kap. III des Übereinkommens (Artt. 8-12) ist der vertraglichen Rechtsnachfolge von Todes wegen (*pactes successoraux/agreements as to succession*) gewidmet. Betrifft der Erbvertrag den Nachlass einer einzigen Person, so unterliegen seine materielle Wirksamkeit, seine Wirkungen und Umstände, die zum Erlöschen der Wirkungen führen, dem Recht, das nach Art. 3 oder Art. 5 I des

---

[433] Vgl. dazu *Kropholler*, FS Henrich, S. 399.

[434] Vgl. dazu den Bericht *Waters*, in: Actes et Doc. der la Seizième session, S. 534.

Übereinkommens auf die Rechtsnachfolge dieser Person anwendbar gewesen wäre, wenn sie an dem Tag der Errichtung des Erbvertrags verstorben wäre (Art. 9 I). Ist der Erbvertrag nach diesem Recht unwirksam, so wird er dennoch als wirksam angesehen, wenn er nach dem im Zeitpunkt des Todes gemäß Art. 3 oder Art. 5 I des Übereinkommens auf die Rechtsnachfolge anzuwendenden Recht wirksam ist (Art. 9 II 1). Betrifft aber der Erbvertrag den Nachlass mehr als einer Person, so ist er nur dann materiell wirksam, wenn jedes der Rechte ihn als wirksam ansieht, die nach Art. 3 oder Art. 5 I 1 des Übereinkommens auf die Rechtsnachfolge jeder dieser Personen anwendbar gewesen wären, wenn sie am Tag der Errichtung des Erbvertrags verstorben wären (Art. 10 I). Die Parteien können durch ausdrückliche Rechtswahl vereinbaren, den Erbvertrag hinsichtlich seiner materiellen Wirksamkeit, seiner Wirkungen und der Umstände, die zum Erlöschen der Wirkungen führen, dem Recht eines Staates zu unterstellen, in dem die Person oder eine der Personen, deren Nachlass betroffen ist, im Zeitpunkt der Errichtung des Erbvertrags ihren gewöhnlichen Aufenthalt hat oder dem sie in diesem Zeitpunkt angehört (Art. 11).

cc) Grundsätzlicher Ausschluss des Renvoi

aaa) Bedeutung des „Rechts" nach Art. 17

Das Haager Erbrechtsübereinkommen von 1989 geht vom Grundsatz des Ausschlusses des Renvoi aus. Vorbehaltlich des Art. 4 bedeutet der Ausdruck **„Recht"** (*loi/law*) in diesem Übereinkommen die in einem Staat geltenden **Rechtsnormen unter Ausschluss derjenigen des Kollisionsrechts** (Art. 17)[435]. Der Renvoi ist – außer im Fall von Art. 4 - ausgeschlossen.

bbb) Würdigung

Der grundsätzliche Ausschluss des Renvoi im Haager Erbrechtsübereinkommen entspricht der traditionellen Doktrin und Methode über den Ausschluss des Renvoi durch die Haager Konventionen[436].

---

[435] Der offizielle französische Wortlaut des Art. 17 des Haager Erbrechtsübereinkommens von 1989:
"Au sens de la Convention, et sous réserve de l'article 4, le terme loi désigne le droit en vigueur dans un Etat, à l'exclusion des règles de conflit de lois. "
Der offizielle englische Wortlaut:
"In this Convention, and subject to Article 4, law means the law in force in a State other than its choice of law rules."

[436] Siehe den Bericht *Waters*, in: Actes et Doc. der la Seizième session, 592, 593.

Rechtstechnisch lässt sich die **Methode** in Art. 17 des Haager Erbrechtsübereinkommens von den vorherigen Haager Konventionen (mit Ausnahmen von Art. 17 des Haager Trustübereinkommens von 1985 und Art. 15 des Haager Kaufrechtsübereinkommens von 1986) unterscheiden: Der Ausschluss des Renvoi ist nicht mehr durch die Einschränkung der jeweils von den Kollisionsnormen des Übereinkommens berufenen Rechtsordnung auf deren innerstaatliches Recht (*loi interne/internal law*) gekennzeichnet, sondern durch eine in Kap. IV des Übereinkommens enthaltene **allgemeine Bestimmung** zum Ausdruck gebracht. Aus der Sicht der Rechtsanwendung ist diese bereits im Haager Trustübereinkommen von 1985 und Haager Kaufrechtsübereinkommen von 1986 verwendete **Methode** sehr zu begrüßen, denn man braucht nicht mehr jedes Mal zu untersuchen, ob es sich bei der Verweisung durch die jeweiligen staatsvertraglichen Kollisionsnormen um das innerstaatliche Recht der berufenen Rechtsordnung handelt oder nicht. Zu diesem Zweck reicht eine allgemeine Bestimmung ja schon aus. Aus diesem Grund dienen die (von Art. 15 EVÜ von 1980 beeinflussten) Vorschriften von Art. 17 des Haager Trustübereinkommens, Art. 15 des Haager Kaufrechtsübereinkommens von 1986 und Art. 17 des Haager Erbrechtsübereinkommens von 1989 als Modell für einige jüngere Haager Konventionen (wie z.B. Art. 21 I des Haager Kinderschutzübereinkommens von 1996, Art. 19 des Haager Erwachsenenschutzübereinkommens von 2000 sowie Art. 10 des Haager Übereinkommens über die auf bestimmte Rechte in Bezug auf intermediär-verwahrte Wertpapiere anzuwendende Rechtsordnung).

dd) Ein Grundsatz mit Ausnahme

Der Vorbehalt des Art. 4 des Haager Erbrechtsübereinkommens von 1989 stellt einen Ausnahmefall der Beachtlichkeit des Renvoi im Verhältnis zu Nichtvertragsstaaten dar, worauf der Dritte Teil der vorliegenden Arbeit näher eingehen wird.

f) Haager Kinderschutzübereinkommen (KSÜ) von 1996

aa) Grundzüge

aaa) Stand des Übereinkommens

Das Haager Übereinkommen über die Zuständigkeit, das anzuwendende Recht, die Anerkennung, Vollstreckung und Zusammenarbeit auf dem Gebiet der elterlichen Verantwortung und der Maßnahmen zum Schutz von Kindern (KSÜ) vom 19.10.1996 (*Convention du 19 octobre 1996 concernant la compétence, la loi applicable, la reconnaissance, l'exécution et la coopération en matière de responsabilité parentale et de mesures de protection des enfants/Convention of 19 October 1996 on Jurisdiction, Applicable Law, Recognition, Enforcement and Co-operation in Respect of Parental Responsibility and Measures for the Protection of Children*)[437] wurde auf der 18. Session der Haager Konferenz für Internationales Privatrecht vom 30.9.1996 bis 19.10.1996 verabschiedet[438]. Es wurde am 19.10.1996 von Marokko unterzeichnet und erhielt somit dieses Datum[439]. Es ist am 1.1.2002 für Monaco, die Slowakische Republik und die Tschechische Republik in Kraft getreten und gilt heute ferner für Australien (seit dem 1.8.2003), Ecuador (seit dem 1.9.2003), Estland (seit dem 1.6.2003), Lettland (seit dem 1.4.2003) und Marokko (seit dem 1.12.2003); es wird am 1.9.2004 für Litauen in Kraft treten[440].

bbb) Verhältnis zu anderen Haager Konventionen

Das KSÜ ist das dritte Haager Übereinkommen über das Thema Vormundschaft und Kinderschutz[441]. Gemäß Art. 51 KSÜ ersetzt es im Verhältnis der Vertragsstaaten zueinander das Haager Übereinkommen über die Zuständigkeit der Behörden und das anzuwendende Recht auf dem Gebiet des Schutzes von Minderjährigen (MSA) vom 5.10.1961 und das Haager Übereinkommen zur Regelung der Vormundschaft über Minderjährige (Haager Vormundschaftsabkommen) vom 12.6.1902. Es lässt aber das Haager Übereinkommen über die zivilrechtlichen Aspekte internationaler Kindesentführung vom 25.10.1980[442] im Verhältnis zwischen den Vertragsparteien beider Übereinkommen unberührt (Art. 50 KSÜ).

ccc) Ziel und Anwendungsbereich

Was das anzuwendende Recht angeht, so ist es Ziel des KSÜ, das von den zuständigen Behörden bei der Ausübung ihrer Zuständigkeit anzuwendende Recht und das auf die elterliche Verantwortung anzuwendende Recht zu bestimmen (Art. 1 litt. b und c). Der Begriff **„elterliche Verantwortung“** (*responsabilité parentale/parental responsibility*) im Sinne

---

[437] Authentisch sind gleichberechtigt der französische und der englische Text, in: Recueil des Conventions, Nr. XXXIV. Französischer Text auch in: Rev. crit. DIP 1996, 813. Deutsche Übersetzung in: RabelsZ 62 (1998) 502; abgedr. bei *Jayme/Hausmann*, Nr. 55.

[438] Siehe den Bericht *Lagarde*, Rev. crit. DIP 1997, 220 und den Bericht *Bucher*, RSDIE 1997, 67 ff.

[439] Vgl. dazu *Siehr*, RabelsZ 62 (1998) 469.

[440] Siehe hierzu *Jayme/Hausmann*, Anm. 1 zu Nr. 55; *Staudinger-Sturm/Sturm* (2003), Einl. zum IPR, Rn. 371; http://www.hcch.net/f/status/stat34f.html (Stand: 30.4.2004).

[441] Vgl. dazu *Nygh*, NILR 1998, 2.

[442] Siehe unten § 10 VI im Dritten Teil der vorliegenden Arbeit.

des KSÜ umfasst die elterliche Sorge und jedes andere entsprechende Sorgeverhältnis, das die Rechte, Befugnisse und Pflichten der Eltern, des Vormunds oder eines anderen gesetzlichen Vertreters in Bezug auf die Person oder das Vermögen des Kindes bestimmt (Art. 1 II). Der Begriff „Gewaltverhältnis" (*rapport d'autorité*) aus dem MSA von 1961 ist infolgedessen im KSÜ von 1996 durch die elterliche Verantwortung ersetzt worden. Im Wesentlichen umfasst der Begriff „elterliche Verantwortung" im KSÜ von 1996 alles, was der Begriff „Gewaltverhältnis" im MSA von 1961 schon umfasste. Dennoch ist der heutige Begriff „elterliche Verantwortung" wohl breiter als der frühere Begriff „Gewaltverhältnis". Er stimmt nicht zuletzt mit der Formulierung der UN-Kinderrechtskonvention von 1989[443] überein. Der Begriff „Gewaltverhältnis" ist aus heutiger Sicht mit der Idee unvereinbar, dass Kinder Rechte haben[444].

Anders als das MSA von 1961, welches die Frage der Definition der Minderjährigkeit dem Heimatrecht **und** dem Aufenthaltsrecht überlässt (siehe Art. 12 MSA), schafft das KSÜ eine eigene Definition dazu[445]. Es ist auf Kinder von ihrer Geburt bis zur Vollendung des 18. Lebensjahres anzuwenden (Art. 2 KSÜ). „Kinder" im Sinne des KSÜ sind also diejenigen, die das 18. Lebensjahr noch nicht vollendet haben.

Was den zeitlichen Anwendungsbereich anbelangt, so ist das KSÜ nur auf Maßnahmen anzuwenden, die in einem Staat getroffen werden, nachdem das KSÜ für diesen Staat in Kraft getreten ist (Art. 53 I). Es ist auf die Anerkennung und Vollstreckung von Maßnahmen anzuwenden, die getroffen wurden, nachdem es im Verhältnis zwischen dem Staat, in dem die Maßnahmen getroffen wurden, und dem ersuchten Staat in Kraft getreten ist (Art. 53 II).

bb) Kollisionsnormen des KSÜ

aaa) *Loi uniforme*

Kollisionsnormen sind hauptsächlich in Kap. III (Artt. 15-22) des KSÜ geregelt. Dieses Kapitel ist anzuwenden, selbst wenn das darin bestimmte Recht das eines Nichtvertragsstaates ist (Art. 20 KSÜ). Die Kollisionsnormen in Kap. III des KSÜ verstehen sich also als *loi uniforme*.

---

[443] Das New Yorker Übereinkommen über die Rechte des Kindes vom 20.11.1989 (BGBl. 1992 II S. 121).
[444] Vgl. dazu *Nygh*, NILR 1998, 11, 12.
[445] Vgl. dazu *Nygh*, NILR 1998, 9.

bbb) Gewisser Gleichlauf zwischen internationaler Zuständigkeit und anzuwendendem Recht sowie dessen Folge: gewöhnlicher Aufenthalt des Kindes als Hauptanknüpfungspunkt

Bei der Ausübung ihrer Zuständigkeit wenden die zuständigen Behörden der Vertragsstaaten **ihr eigenes Recht** (*leur loi/their law*) an (Art. 15 I KSÜ). Zwischen der internationalen Zuständigkeit der Behörden und dem anzuwendenden Recht besteht daher ein gewisser **Gleichlauf**[446]. Da die Behörden (Gerichte oder Verwaltungsbehörden) des Vertragsstaates, in dem das Kind seinen gewöhnlichen Aufenthalt hat, im Regelfall für die Maßnahmen zum Schutz der Person oder des Vermögens des Kindes zuständig sind (Art. 5 I KSÜ), wenden die zuständigen Behörden in der Regel das Recht des Staates des **gewöhnlichen Aufenthalts des Kindes** an. Soweit es der Schutz der Person oder des Vermögens des Kindes erfordert, können die Behörden jedoch ausnahmsweise das Recht eines anderen Staates anwenden oder berücksichtigen, zu dem der Sachverhalt eine **enge Verbindung** hat (Art. 15 II KSÜ). Wechselt der gewöhnliche Aufenthalt des Kindes in einen anderen Vertragsstaat, so bestimmt das Recht dieses anderen Staates vom Zeitpunkt des Wechsels an die Bedingungen, unter denen die im Staat des früheren gewöhnlichen Aufenthalts getroffenen Maßnahmen angewendet werden (Art. 15 III KSÜ).

Auch die Zuweisung oder das Erlöschen der elterlichen Verantwortung kraft Gesetzes ohne Einschreiten eines Gerichts oder einer Verwaltungsbehörde bestimmt sich nach dem Recht des Staates des gewöhnlichen Aufenthalts des Kindes (Art. 16 I KSÜ). Die Zuweisung oder das Erlöschen der elterlichen Verantwortung durch eine Vereinbarung oder ein einseitiges Rechtsgeschäft ohne Einschreiten eines Gerichts oder einer Verwaltungsbehörde bestimmt sich nach dem Recht des Staates des gewöhnlichen Aufenthalts des Kindes in dem Zeitpunkt, in dem die Vereinbarung oder das einseitige Rechtsgeschäft wirksam wird (Art. 16 II KSÜ). Wechselt der gewöhnliche Aufenthalt des Kindes, so bestimmt sich die Zuweisung der elterlichen Verantwortung kraft Gesetzes an eine Person, die diese Verantwortung nicht bereits hat, nach dem Recht des Staates des neuen gewöhnlichen Aufenthalts (Art. 16 IV KSÜ).

Die Ausübung der elterlichen Verantwortung untersteht auch dem Recht des Staates des gewöhnlichen Aufenthalts des Kindes (Art. 17 S. 1 KSÜ). Im Fall eines Wechsels des gewöhnlichen Aufenthalts des Kindes ist das Recht des Staates des neuen gewöhnlichen Aufenthalts maßgebend (Art. 17 S. 2 KSÜ).

---

[446] Vgl. dazu *Gottschalk*, Allgemeine Lehren, S. 99.

cc) Grundsätzlicher Ausschluss des Renvoi

aaa) Bedeutung des Begriffs „Recht“ nach Art. 21 I KSÜ

Die Verweisungen des KSÜ sind grundsätzlich Sachnormverweisungen. Der Begriff „Recht“ (*loi/law*) in Kap. III des KSÜ bedeutet das in einem Staat geltende Recht mit Ausnahme des Kollisionsrechts (Art. 21 I KSÜ)[447]. Demzufolge sind die Verweisungen in Artt. 15, 16 und 17 KSÜ grundsätzlich Sachnormverweisungen. Insofern ist der Renvoi ausgeschlossen.

bbb) Interpretation

Der grundsätzliche Ausschluss des Renvoi durch Art. 21 I KSÜ ist vom Wortlaut her weitgehend nach dem Modell von Art. 17 des Haager Trustübereinkommens von 1985, Art. 15 des Haager Kaufrechtsübereinkommens von 1986 und Art. 17 des Haager Erbrechtsübereinkommens von 1989 formuliert[448]. Systematisch gesehen ist Art. 21 I KSÜ jedoch nicht in einem Kapitel der allgemeinen Bestimmungen des ganzen Übereinkommens geregelt (wie es bei Art. 17 des Haager Erbrechtsübereinkommens von 1989 der Fall ist), sondern in einem Kapitel über das anzuwendende Recht. Das liegt daran, dass das Haager Erbrechtsübereinkommen von 1989 eine Konvention ausschließlich über das anwendbare Recht ist, während das KSÜ von 1996 eine Konvention über die Zuständigkeit, das anzuwendende Recht, die Anerkennung, Vollstreckung und Zusammenarbeit auf dem Gebiet der elterlichen Verantwortung und der Maßnahmen zum Schutz von Kindern darstellt. Innerhalb des Kap. III des KSÜ hat Art. 21 I KSÜ jedoch die Funktion einer **allgemeinen Bestimmung**. Der Ausdruck „Recht“ in diesem Kapitel bedeutet infolgedessen das Sachrecht (das materielle Recht) eines Staates unter Ausschluss des Kollisionsrechts. Dies wird durch einen separaten Artikel im Konventionstext deutlich gemacht[449].

---

[447] Der offizielle französische Wortlaut des Art. 21 I des Haager Kinderschutzübereinkommens (KSÜ) von 1996:
“Au sens du présent chapitre, le terme «loi» désigne le droit en vigueur dans un Etat, à l’exclusion des règles de conflit de lois.”
Der offizielle englische Wortlaut:
“In this Chapter the term ‘law’ means the law in force in a State other than its choice of law rules.”

[448] *Kropholler* deutet zutreffend darauf hin, dass die Regelung des Renvoi in Art. 21 KSÜ fast wörtlich der im Haager Erbrechtsübereinkommen von 1989 entspreche. Vgl. dazu *Kropholler*, FS Henrich, 400.

[449] Vgl. dazu *Gottschalk*, Allgemeine Lehren, S. 133.

ccc) Stellungnahme

Art. 21 I KSÜ von 1996, der die Rück- und Weiterverweisung nicht zulässt, entspricht dem Grundsatz des Ausschlusses des Renvoi in den Haager Konventionen.

Das KSÜ wendet grundsätzlich das Recht des gewöhnlichen Aufenthalts des Kindes an, und zwar unter Berücksichtigung der engsten Verbindung mit dem Sachverhalt, was mehr für die Sachnormverweisung als für die Kollisionsnormverweisung (Gesamtverweisung) spricht. Daher ist der grundsätzliche Ausschluss des Renvoi beim Schutz von Kindern gerechtfertigt. Ebenso wie Art. 17 des Haager Trustübereinkommens von 1985, Art. 15 des Haager Kaufrechtsübereinkommens von 1986 und Art. 17 des Haager Erbrechtsübereinkommens von 1989 handelt es sich bei Art. 21 I KSÜ von 1996 hinsichtlich des Ausschlusses des Renvoi auch um einen separaten Artikel im Konventionstext, der zu den **allgemeinen Bestimmungen** über das anzuwendende Recht gehört. Somit erlangt der grundsätzliche Ausschluss des Renvoi innerhalb des Kap. III des KSÜ eine allgemeine Bedeutung und gilt für alle in diesem Kapitel enthaltenen Kollisionsnormen. **Methodisch** gesehen ist dieses neue Lösungsmodell einsichtiger als die Bezugnahme auf „das innerstaatliche Recht" der betroffenen Rechtsordnung (wie etwa Art. 3 Nr. 1 und 2 des Haager Eheschließungsübereinkommens von 1978) und ist deshalb **sehr zu begrüßen.**

dd) Ein Grundsatz mit Ausnahmen

Eine Ausnahme von der Regel des Ausschlusses des Renvoi besteht nur in den Fällen, in denen das berufene Recht das eines Nichtvertragsstaates ist, und das Kollisionsrecht dieses Staates auf das Recht eines anderen Nichtvertragsstaates weiterverweist (Art. 21 II KSÜ)[450]. Darauf wird im Dritten Teil der vorliegenden Arbeit näher eingegangen.

---

[450] Vgl. dazu *Siehr*, RabelsZ 62 (1998) 487; *Nygh*, NILR 1998, 23; *Gottschalk*, Allgemeine Lehren, S. 134; *Rauscher*, IPR, S. 202.

§ 5 Ausschluss des Renvoi in weiteren kollisionsrechtlichen Staatsverträgen auf universaler Ebene außer den Haager Konventionen

I. Übereinkommen des Völkerbundes

1. Genfer Abkommen über das internationale Wechselprivatrecht von 1930

a) Allgemeines

Das Genfer Abkommen über Bestimmungen auf dem Gebiet des internationalen Wechselprivatrechts vom 7.6.1930 (*Convention de Genève du 7 juin 1930 destinée à régler certains conflits de lois en matière de lettres de change et de billets à ordre/Convention of Geneva of 7 July 1930 for the settlement of certain conflicts of laws in connection with bills of exchange and promissory notes*)[451] ist ein Abkommen mit vereinheitlichten Kollisionsnormen auf dem Gebiet des internationalen Wechselprivatrechts parallel zu dem vereinheitlichten materiellen Wechselrecht, nämlich dem Genfer Abkommen über das einheitliche Wechselgesetz vom 7.6.1930[452].

Der deutsche Gesetzgeber hat Artt. 2-9 des Genfer Abkommens über Bestimmungen auf dem Gebiet des internationalen Wechselprivatrechts in Artt. 91-98 des Wechselgesetzes (WG) vom 21.6.1933[453] übernommen[454]. Somit ist die Verpflichtung nach Art. 1 des Abkommens erfüllt worden, wonach die Vertragsparteien sich gegenseitig verpflichten, zur Lösung der in Artt. 2 ff. bezeichneten Fragen des internationalen Wechselprivatrechts die darin enthaltenen Bestimmungen anzuwenden[455].

---

[451] Authentisch sind gleichberechtigt der französische und der englische Text, in: RGBl. 1933 II S. 377, 444.

[452] RGBl. 1933 II S. 377. Dieses Übereinkommen gilt im Verhältnis der Vertragsstaaten des Genfer Abkommens über Bestimmungen auf dem Gebiet des internationalen Wechselprivatrechts; es gilt ferner für Litauen, Aserbaidschan und Kirgisistan. Siehe hierzu *Jayme/Hausmann*, Anm. 2 zu Nr. 120; BGBl. 2003 II S. 2170; IPRax 2004, 172.

[453] RGBl. 1933 I S. 399.

[454] Vgl. dazu *Siehr*, IPR, S. 322.

[455] Das Abkommen ist für das Deutsche Reich am 1.1.1934 im Verhältnis zu Belgien, Dänemark, Finnland, Griechenland, Italien, Japan, den Niederlanden, Norwegen, Österreich und Schweden in Kraft getreten. Es gilt heute ferner für Monaco, Portugal, Frankreich, Polen, die Schweiz, Brasilien, Luxemburg, Ungarn, die Russische Föderation, Weißrussland, Kasachstan und die Ukraine. Die Bundesrepublik Deutschland hat nach dem Zweiten Weltkrieg die Wiederanwendung im Verhältnis zu allen Vertragsparteien erklärt (Bek. vom 30.5.1953, BGBl 1953 II S. 148). Siehe hierzu *Jayme/Hausmann*, Anm. 1 zu Nr. 120.

b) Ausschluss des Renvoi durch die Kollisionsnormen des Abkommens mit Ausnahme von Art. 2 I

aa) Ausdrückliche Zulassung des Renvoi bei Art. 2 I

Für die Untersuchung der vorliegenden Arbeit zum Thema Renvoi in staatsvertraglichen Kollisionsnormen ist Art. 2 I des Genfer Abkommens über das internationale Wechselprivatrecht von 1930 eine bemerkenswerte Vorschrift. Er unterstellt die Fähigkeit einer Person, eine Wechselverbindlichkeit einzugehen, dem Recht des Landes, dem sie angehört. Erklärt dieses Recht das Recht eines anderen Landes für maßgebend, so ist dieses letztere Recht anzuwenden. Die Wechselfähigkeit einer Person bestimmt sich also nach ihrem Heimatrecht (*sa loi nationale/his national law*, Art. 2 I 1). Eine Rück- oder Weiterverweisung vom Heimatrecht auf das Recht eines anderen Landes (*la loi d'un autre pays/the law of another country*) ist jedoch zu beachten (Art. 2 I 2). Es handelt sich dabei um eine ausdrückliche Berücksichtigung der Rück- und Weiterverweisung, welche Gegenstand einer eingehenden Untersuchung im Dritten Teil der vorliegenden Arbeit sein wird.

bb) Stillschweigender Ausschluss des Renvoi bei Artt. 3-9 durch Interpretation

Allerdings ist Art. 2 I nicht die einzige Kollisionsnorm im Genfer Abkommen über das internationale Wechselprivatrecht von 1930. Außer Art. 2 I schreiben Artt. 3-9 des Abkommens noch weitere Kollisionsnormen vor. Danach unterliegt die Form der Wechselerklärung dem Recht des Unterschriftsortes, die Wirkungen der Wechselerklärungen dem Recht des Zahlungs- bzw. Unterschriftsortes, die Fristen für Rückgriff dem Recht des Ausstellungsortes, die Form des Protestes und die Fristen für die Protesterhebung sowie die Form der übrigen zur Ausübung oder Erhaltung der Wechselrechte erforderlichen Handlungen dem Recht des Erhebungs- oder Vornahmeortes. Bei all diesen Anknüpfungen wird nicht ausdrücklich angeordnet, ob es sich dabei um eine Sachnormverweisung oder eine Kollisionsnormverweisung (IPR-Verweisung) handelt, da der Ausdruck „Recht“(*loi/law*) sich nicht ausdrücklich auf das materielle Recht der jeweils berufenen Rechtsordnung beschränkt. Deshalb sind sie auslegungsbedürftig.

Da das Genfer Abkommen über das internationale Wechselprivatrecht von 1930 eine Vereinheitlichung der Kollisionsnormen in diesem Bereich bezweckt, soll im Sinne von Rechtssicherheit bei der Konventionsanwendung **im Verhältnis der Vertragsstaaten zueinander** - abgesehen von der ausdrücklichen Zulassung der Rück- und Weiterverweisung in Art. 2 I 2 – der Ausdruck „Recht“ (*loi/law*) nur als **Sachrecht** der berufenen Rechtsordnung verstanden werden.

cc) Stellungnahme

Vorbehaltlich des Art. 2 I 2 schließen die Kollisionsnormen des Genfer Abkommens über das internationale Wechselprivatrecht von 1930 den Renvoi grundsätzlich stillschweigend aus (Artt. 3-9). Die Beachtlichkeit des Renvoi bei Art. 2 I 2 soll insgesamt als Ausnahme vom Grundsatz des Ausschlusses des Renvoi angesehen werden.

2. Genfer Abkommen über das internationale Scheckprivatrecht von 1931

a) Allgemeines

Das Genfer Abkommen über Bestimmungen auf dem Gebiet des internationalen Scheckprivatrechts vom 19.3.1931 (*Convention de Genève du 19 mars 1931 destinée à régler certains conflits de lois en matière de chèques/Convention of Geneva of 19 March 1931 for the Settlement of Certain Conflicts of Laws in Connection with Cheques*) [456] ist ein Abkommen mit vereinheitlichten Kollisionsnormen auf dem Gebiet des internationalen Scheckprivatrechts parallel zu dem vereinheitlichten materiellen Scheckrecht, nämlich dem Genfer Abkommen über das einheitliche Scheckgesetz vom 19.3.1931[457].

Der deutsche Gesetzgeber hat Artt. 2-8 des Genfer Abkommens über Bestimmungen auf dem Gebiet des internationalen Scheckprivatrechts in die Artt. 60-66 des Scheckgesetzes (ScheckG) vom 14.8.1933[458] übernommen[459]. Somit ist die Verpflichtung nach Art. 1 des Abkommens erfüllt worden, wonach die Vertragsparteien sich gegenseitig verpflichten, zur Lösung der in Artt. 2 ff. bezeichneten Fragen des internationalen Scheckprivatrechts die darin enthaltenen Bestimmungen anzuwenden[460].

---

[456] Authentisch sind gleichberechtigt der französische und der englische Text, in: RGBl. 1933 II S. 537, 594.

[457] RGBl. 1933 II S. 537. Dieses Abkommen gilt im Verhältnis der Vertragsstaaten des Genfer Abkommens über Bestimmungen auf dem Gebiet des internationalen Scheckprivatrechts; es gilt ferner für Malawi und Litauen. Siehe hierzu *Jayme/Hausmann*, Anm. 2 zu Nr. 121.

[458] RGBl. 1933 I S. 597.

[459] Vgl. dazu *Siehr*, IPR, S. 323.

[460] Das Abkommen ist für das Deutsche Reich am 1.1.1934 im Verhältnis zu Dänemark, Finnland, Italien, Japan, Monaco, Nicaragua, Norwegen und Schweden in Kraft getreten. Es gilt heute ferner für die Niederlande, Griechenland, Portugal, Frankreich, Polen, die Schweiz, Brasilien, Indonesien, Österreich, Belgien, Ungarn und Luxemburg. Die Bundesrepublik Deutschland hat nach dem Zweiten Weltkrieg die Wiederanwendung im Verhältnis zu allen Vertragsparteien erklärt. Siehe hierzu *Jayme/Hausmann*, Anm. 1 zu Nr. 121.

b) Ausschluss des Renvoi durch die Kollisionsnormen des Abkommens mit Ausnahme von Art. 2 I

aa) Ausdrückliche Zulassung des Renvoi bei Art. 2 I

Für die Untersuchung der vorliegenden Arbeit zum Thema Renvoi in staatsvertraglichen Kollisionsnormen ist Art. 2 I des Genfer Abkommens über das internationale Scheckprivatrecht von 1931 eine bemerkenswerte Vorschrift. Er unterstellt die Fähigkeit einer Person, eine Scheckverbindlichkeit einzugehen, dem Recht des Landes, dem sie angehört. Erklärt dieses Recht das Recht eines anderen Landes für maßgebend, so ist dieses letztere Recht anzuwenden. Die Scheckfähigkeit einer Person bestimmt sich also nach ihrem Heimatrecht (*sa loi nationale/his national law*, Art. 2 I 1). Eine Rück- oder Weiterverweisung vom Heimatrecht auf das Recht eines anderen Landes (*la loi d'un autre pays/the law of another country*) ist jedoch zu beachten (Art. 2 I 2). Es handelt sich dabei um eine ausdrückliche Zulassung der Rück- und Weiterverweisung, welche Gegenstand einer eingehenden Untersuchung im Dritten Teil der vorliegenden Arbeit sein wird.

bb) Stillschweigender Ausschluss des Renvoi bei Artt. 3-9 durch Interpretation

Allerdings ist Art. 2 I nicht die einzige Kollisionsnorm im Genfer Abkommen über das internationale Scheckprivatrecht von 1931. Außer Art. 2 I schreiben Artt. 2-8 des Abkommens noch weitere Kollisionsnormen vor. Danach unterliegt die Form der Scheckerklärung dem Recht des Unterschrifts- oder Zahlungsortes, die Wirkungen der Scheckerklärungen dem Recht des Unterschriftsortes, die Fristen für Rückgriff dem Recht des Ausstellungsortes, die Form des Protestes und die Fristen für die Protesterhebung sowie die Form der übrigen zur Ausübung oder Erhaltung der Scheckrechte erforderlichen Handlungen dem Recht des Erhebungs- oder Vornahmeortes. Bei allen diesen Anknüpfungen wird nicht ausdrücklich angeordnet, ob es sich dabei um eine Sachnormverweisung oder eine Kollisionsnormverweisung (IPR-Verweisung) handelt, da der Ausdruck „Recht“(*loi/law*) sich nicht ausdrücklich auf das materielle Recht der jeweils berufenen Rechtsordnung beschränkt. Deshalb sind sie auslegungsbedürftig.

Da das Genfer Abkommen über das internationale Scheckprivatrecht von 1931 eine Vereinheitlichung der Kollisionsnormen in diesem Bereich bezweckt, soll im Sinne von Rechtssicherheit bei der Konventionsanwendung **im Verhältnis der Vertragsstaaten zueinander** - abgesehen von der ausdrücklichen Zulassung der Rück- und Weiterverweisung in Art. 2 I 2 – der Ausdruck

„Recht“ (*loi/law*) nur als **Sachrecht** der berufenen Rechtsordnung verstanden werden.

cc) Stellungnahme

Vorbehaltlich des Art. 2 I 2 wird der Renvoi durch die Kollisionsnormen des Genfer Abkommens über das internationale Scheckprivatrecht von 1931 grundsätzlich stillschweigend ausgeschlossen (Artt. 3-9). Die Beachtlichkeit des Renvoi bei Art. 2 I 2 soll insgesamt als Ausnahme vom Grundsatz des Ausschlusses des Renvoi angesehen werden.

II. Übereinkommen der Vereinten Nationen

1. Genfer Flüchtlingsübereinkommen von 1951

Das Genfer UN-Übereinkommen über die Rechtsstellung der Flüchtlinge (*Convention relative au statut des réfugiés/Convention relating to the Status of Refugees*) [461] vom 28.7.1951 ist für die Bundesrepublik Deutschland am 22.4.1954 in Kraft getreten[462]. Es gilt heute für über 130 weitere Staaten[463].

a) Anknüpfungsgrundsatz in Art. 12 I

Das Übereinkommen unterstellt das Personalstatut (*statut personnel/ personal status*) eines Flüchtlings in erster Linie dem Recht des Staates seines Wohnsitzes (*la loi du pays de son domicile/ the law of the country of his domicile*). In Ermangelung eines Wohnsitzes bestimmt sich das Personalstatut des Flüchtlings nach dem Recht seines Aufenthaltslandes (*la loi du pays de sa résidence/the law of the country of his residence*, Art. 12 I)[464]. Das auf das Personalstatut eines Flüchtlings anzuwendende Recht ist also das Wohnsitzrecht bzw. das Aufenthaltsrecht. Für Vertragsstaaten, die dem Staatsangehörigkeitsprinzip anhängen, wird das autonome nationale IPR durch die in Art. 12 I verkörperte Anknüpfung an das Recht des Staates des

[461] Authentisch sind gleichberechtigt der französische und der englische Text, in: BGBl. 1953 II S. 559. Deutsche Übersetzung bei *Jayme/Hausmann*, Nr. 10.
[462] Bek. vom 25.5.1954, BGBl. 1954 II S. 619.
[463] Siehe hierzu *Jayme/Hausmann*, Anm. 1 zu Nr. 10.
[464] Der offizielle französische Wortlaut des Art. 12 I des Genfer Flüchtlingsübereinkommens von 1951:
"Le statut personnel de tout réfugié sera régi par la loi du pays de son domicile ou, à défaut de domicile, par la loi du pays de sa résidence."
Der offizielle englische Wortlaut:
"The personal status of a refugee shall be governed by the law of the country of his domicile or, if he has no domicile, by the law of the country of his residence."

Wohnsitzes bzw. des Aufenthaltsortes verdrängt. Man will die Anwendung des Rechts des Vertreibungs- bzw. Fluchtstaates aus menschenrechtlichen und humanitären Gründen vermeiden[465]. Deshalb tritt der Wohnsitz oder der Aufenthaltsort als Anknüpfungspunkt an die Stelle der Staatsangehörigkeit.

b) Renvoi-Problematik bei der staatsvertraglichen Verweisung durch Art. 12 I

aa) Meinungsstand

Es stellt sich die Frage, ob im Rahmen des Art. 12 I des Genfer Flüchtlingsübereinkommens die Verweisung auf das berufene Recht des Wohnsitz- bzw. Aufenthaltslandes eine Sachnormverweisung oder eine Gesamtverweisung (IPR- bzw. Kollisionsnormverweisung) ist. Zwar wird in der Literatur eine Ansicht vertreten, die eine Rück- und Weiterverweisung vom Recht des Wohnsitz- bzw. Aufenthaltsstaates befürwortet[466]; sie ist aber abzulehnen. Hingegen ist die Ansicht, die eine Rück- und Weiterverweisung nicht berücksichtigt[467], zu bejahen, und zwar mit folgender Begründung.

bb) Begründung für die Sachnormverweisung

Die staatsvertragliche Verweisung durch Art. 12 I des Genfer Flüchtlingsübereinkommens ist als **Sachnormverweisung** zu verstehen. Dies lässt sich vor allem damit begründen, dass anstatt des Staatsangehörigkeitsprinzips das Übereinkommen dem Wohnsitz- bzw. Aufenthaltsprinzip folgt. Im Verhältnis der Vertragsstaaten zueinander lässt Art. 12 I hinsichtlich des Personalstatuts keinen Raum für einen Renvoi. Selbst wenn das nach Art. 12 I berufene Recht das eines Nichtvertragsstaates ist, in dem der Flüchtling seinen Wohnsitz bzw. Aufenthalt hat und dieses auf sein Heimatrecht weiterverweisen würde, wäre es mit dem Sinn der Verweisung des Übereinkommens nicht übereinstimmend, weil dieses stets das Recht des Vertreibungs- bzw. Fluchtstaates darstellt. Das Übereinkommen möchte eigentlich Flüchtlingen in ihren (neuen) Staaten des Wohnsitzes bzw. des Aufenthalts „in möglichst großem Umfange die Ausübung der Menschenrechte

---

[465] Vgl. dazu *Bamberger/Roth-Lorenz* (2003), Art. 5 EGBGB, Rn. 29-32; *Gottschalk*, Allgemeine Lehren, S. 71, 74.

[466] Siehe z.B. *Bamberger/Roth-Lorenz* (2003), Art. 5 EGBGB, Rn. 33; *MünchKomm-Sonnenberger*, Art. 5 EGBGB, Anh. II, Rn. 83; *Staudinger-Blumenwitz*, Anh. zu Art. 5 EGBGB, Rn. 51.

[467] Siehe z.B. *Palandt-Heldrich* (63. Aufl. 2004), Anh. zu Art. 5 EGBGB, Rn. 28; *Soergel/Kegel*, Anh. zu Art. 5 EGBGB, Rn. 74; *Lass*, Der Flüchtling im dt. IPR, 1995, S. 124 f.

und Grundfreiheiten sichern"[468]. Dieser Zweck würde vereitelt, wenn es dazu führen würde, das Recht des Vertreibungs- bzw. Fluchtstaates anzuwenden. Ferner sprechen die rechtspolitische Betrachtung zum Schutz des Flüchtlings im Sinne von Parteiinteressen des Flüchtlings und die dafür notwendige Rechtssicherheit bei der Konventionsanwendung ebenfalls für die Sachnormverweisung. Eine Rück- oder Weiterverweisung von dem durch Art. 12 I des Übereinkommens berufenen Recht des Wohnsitz- bzw. Aufenthaltslandes ist mithin nicht zu beachten[469].

2. New Yorker Staatenlosenübereinkommen von 1954

a) Allgemeines

Das New Yorker UN-Übereinkommen über die Rechtsstellung der Staatenlosen vom 28.9.1954 (*Convention relative au statut des apatrides du 28 septembre 1954/Convention Relating to the Status of Stateless Persons of 28 September 1954*) [470] ist für die Bundesrepublik Deutschland am 24.1.1997 in Kraft getreten[471]. Es gilt heute für nahezu 50 Staaten[472].

b) Kollisionsnorm des Art. 12 I des Übereinkommens

Das New Yorker Staatenlosenübereinkommen enthält Vorschriften, die denen des Genfer Flüchtlingsübereinkommens von 1951 erheblich ähneln. Es unterstellt das Personalstatut eines Staatenlosen den Gesetzen seines Wohnsitzstaates; hat er keinen Wohnsitz, so bestimmt sich das Personalstatut nach den Gesetzen seines Aufenthaltsstaates (Art. 12 I). Maßgebend ist also die Rechtsordnung des Wohnsitz- bzw. Aufenthaltsstaates des Staatenlosen.

---

[468] Siehe die Präambel des Genfer Flüchtlingsübereinkommens von 1951, BGBl. 1953 II S. 559.

[469] Vgl. dazu *v. Bar/Mankowski*, IPR, Bd. I (2. Aufl. 2003), § 3 Rn. 66; *Staudinger-Hausmann* (2003), Art. 4 EGBGB, Rn. 125; *Gottschalk*, Allgemeine Lehren, S. 73-76.

[470] Authentisch sind gleichberechtigt der englische, französische und spanische Text. Der französische und der englische Wortlaut sowie die deutsche Übersetzung abgedr. in: BGBl. 1976 II S. 473.

[471] Bek. vom 10.2.1977, BGBl. 1977 II S. 235.

[472] Siehe hierzu *Jayme/Hausmann*, Anm. 1 zu Nr. 12. Das Übereinkommen ist am 22.9.2003 für Albanien in Kraft getreten (BGBl. 2003 II S. 725).

c) Stillschweigender Ausschluss des Renvoi durch Interpretation

Es wird im Wortlaut nicht erwähnt, ob die Verweisung im Rahmen des Art. 12 I des New Yorker Staatenlosenübereinkommens eine Sachnormverweisung auf das Recht des Staates, in dem der Staatenlose seinen Wohnsitz bzw. Aufenthalt hat, darstellt. Eine **teleologische Auslegung** führt dazu, dass es sich hierbei um eine Sachnormverweisung handelt. Eine Gesamt- bzw. Kollisionsnormverweisung wäre mit Sinn und Zweck des Übereinkommens nicht übereinstimmend, denn das Übereinkommen verwendet gerade den Wohnsitz und den Aufenthalt als Anknüpfungspunkte anstelle der Staatsangehörigkeit; für einen Staatenlosen ist die Staatsangehörigkeit als Anknüpfungspunkt ohnehin bedeutungslos. Die Rechtssicherheitsbetrachtung spricht ebenfalls für die Unbeachtlichkeit der Kollisionsnormen des berufenen Rechts. Somit ist der Renvoi ausgeschlossen.

d) Stellungnahme

In der Literatur ist strittig, ob der Renvoi im Rahmen des Art. 12 I des New Yorker Staatenlosenübereinkommens von 1954 zu beachten ist[473]. M.E. soll eine Rück- oder Weiterverweisung von den Gesetzen des Wohnsitzstaates bzw. Aufenthaltsstaates nicht zugelassen werden. Dies ist umso einleuchtender, wenn der Staatenlose zugleich ein Flüchtling ist, der unter das Genfer Flüchtlingsübereinkommen von 1951 fällt. Ein Renvoi würde mit dem Zweck der beiden Übereinkommen nicht übereinstimmen. Außerdem ist der Renvoi unwahrscheinlich, weil im Fall eines Staatenlosen die Staatsangehörigkeit als Anknüpfungspunkt sowieso unbrauchbar ist. Die Ansicht, wonach der Renvoi beachtlich sei, ist mithin abzulehnen.

III. UNIDROIT-Übereinkommen über gestohlene oder rechtswidrig ausgeführte Kulturgüter von 1995

1. Grundzüge

Das in Rom verabschiedete UNIDROIT-Übereinkommen über gestohlene oder rechtswidrig ausgeführte Kulturgüter vom 24.6.1995 (*Convention d'Unidroit du 4 juin 1995 sur les biens culturels volés ou illicitement exportés/Unidroit Convention of 24 June 1995 on Stollen or Illegally Exported Cultural*

[473] Bejahend *Bamberger/Roth-Lorenz* (2003), Art. 5 EGBGB, Rn. 54; *Soergel-Kegel*, Art. 5 EGBGB, Rn. 32; *MünchKomm-Sonnenberger*, Anh. I zu Art. 5 EGBGB, Rn. 11; *Staudinger-Hausmann* (2003), Art. 4 EGBGB, Rn. 126; verneinend *Staudinger-Blumenwitz*, Art. 5 EGBGB, Rn. 494; *Palandt-Heldrich* (63. Aufl. 2004), Anh. zu Art. 5 EGBGB, Rn. 2 i.V.m. Rn. 28.

Objects)[474] ist am 1.7.1998 in Kraft getreten[475]. Die Bundesrepublik Deutschland hat das Übereinkommen nicht unterzeichnet.

Das Übereinkommen gliedert sich in vier Kapitel. Kap. I definiert den Anwendungsbereich des Übereinkommens und enthält eine Begriffsbestimmung des Kulturgutes. Kap. II regelt die Rückgabe gestohlener Kulturgüter; Kap. III regelt die Rückführung rechtswidrig ausgeführter Kulturgüter; Kap. IV und V. enthalten allgemeine Bestimmungen und Schlussbestimmungen.

2. Ausschluss des Renvoi

Das Übereinkommen ist – wie bei UNIDROIT-Übereinkommen üblich – im Grunde ein multilateraler Staatsvertrag des materiellen Rechts. Daher kommt die Frage der Rück- oder Weiterverweisung im Regelfall nicht zum Zug. Allerdings können zwei Vorschriften von Artt. 8 III und 9 I des Übereinkommens mittelbar als staatsvertragliche Verweisungsnormen verstanden und in diesem Zusammenhang noch geprüft werden.

a) Art. 8 III des Übereinkommens

Art. 8 III des Übereinkommens schreibt vor: Auf vorläufige (einschließlich schützende) Maßnahmen nach dem Recht des Vertragsstaates, in dem sich das Gut befindet, kann zurückgegriffen werden, wenn die Klage oder der Anspruch auf Rückgabe oder Rückführung des Gutes in einem anderen Vertragsstaat erhoben wird. Demzufolge kann ein Gericht oder eine zuständige Behörde eines anderen Vertragsstaates als des Vertragsstaates, in dem sich das Gut befindet, das Recht des Letzteren anwenden.

Es stellt sich die Frage, ob man hier mit einer Sachnormverweisung zu tun hat. Nach dem Zweck des Übereinkommens handelt es sich hierbei um eine Sachnormverweisung, denn Kulturgüter erfahren im internationalen Sachenrecht keine Sonderbehandlung und es gelten die allgemeinen Regeln[476]. In diesem Sinne soll das auf vorläufige (einschließlich schützende) Maßnahmen anzuwendende Recht das Recht des Vertragsstaates sein, in dem sich das Gut

---

[474] Authentisch sind gleichberechtigt der französische und der englische Text, in: Unif.L.Rev./Rev.dr.unif., 2001, 566-581; französischer Text auch in: Rev. crit. DIP 1997, 282. Nichtamtliche deutsche Übersetzung abgedr. in: ZVglRWiss 1996, 214; *Jayme/Hausmann*, Nr. 111.

[475] Vertragsstaaten sind heute Argentinien, Bolivien, Brasilien, VR China, Ecuador, El Salvador, Finnland, Italien, Litauen, Norwegen, Paraguay, Peru, Rumänien und Ungarn. Siehe hierzu *Jayme/Hausmann*, Anm. 1 zu Nr. 111.

[476] Vgl. dazu *Fuchs*, IPRax 2000, 284.

befindet (Grundsatz der *lex rei sitae*). Es ist die Rechtsordnung, wonach das Kulturgut am effektivsten geschützt werden kann. Eine Berücksichtigung der Kollisionsnormen dieser Rechtsordnung würde der Grundsatz der *lex rei sitae* wieder in Frage stellen und dem **Zweck** des Übereinkommens entgegenstehen.

b) Art. 9 I des Übereinkommens

Art. 9 I schreibt vor, dass dieses Übereinkommen einen Vertragsstaat nicht daran hindert, **alle Vorschriften** anzuwenden, die für die Rückgabe oder Rückführung gestohlener oder rechtswidrig ausgeführter Kulturgüter **günstiger** sind als die in diesem Übereinkommen Vorgesehenen. Der vom Übereinkommen verfolgte Günstigkeitsgrundsatz führt dazu, dass selbst das Recht eines Nichtvertragsstaates (z.B. das deutsche Recht) angewandt werden kann. Geht man von einer **teleologischen Auslegung** im Hinblick auf dieses UNIDROIT-Übereinkommen des vereinheitlichten materiellen Rechts aus, so kommt man zum selben Ergebnis der Sachnormverweisung wie bei Art. 8 III. Folglich ist eine Rück- oder Weiterverweisung im Rahmen des Übereinkommens ausgeschlossen.

3. Stellungnahme

Obwohl die Vorschriften von Artt. 8 III und 9 I des UNIDROIT-Übereinkommens über gestohlene oder rechtswidrig ausgeführte Kulturgüter von 1995 mittelbar als staatsvertragliche Verweisungsnormen verstanden werden können, sollen die daraus entstandenen Verweisungen mit Hilfe der Auslegung als Sachnormverweisungen betrachtet werden. Somit bleibt der Renvoi unbeachtlich.

§ 6 Ausschluss des Renvoi in staatsvertraglichen Kollisionsnormen auf regionaler Ebene

Der grundsätzliche Ausschluss des Renvoi in staatsvertraglichen Kollisionsnormen wird nicht nur in multilateralen Staatsverträgen auf universaler Ebene verankert, sondern kommt auch in den mehrseitigen Staatsverträgen auf regionaler Ebene zum Ausdruck. Bedeutsam sind dabei fünf Typen der Konventionen regionalen Charakters, die sich um die Vereinheitlichung des Internationalen Privatrechts bemühen: die interamerikanischen Konventionen zum IPR, insbesondere die der Organisation Amerikanischer Staaten (OAS), die nordischen Konventionen, die Benelux-Konventionen, die europäischen multilateralen Staatsverträge sowie die Übereinkommen der Internationalen Kommission für das Zivilstandeswesen (CIEC). In all diesen völkerrechtlichen Verträgen wird der Renvoi grundsätzlich ausgeschlossen, soweit es um staatsvertragliche Kollisionsnormen geht.

I. Ausschluss des Renvoi in interamerikanischen Konventionen zum IPR

In Lateinamerika wurden die Bemühungen um die Vereinheitlichung des Internationalen Privat- und Verfahrensrechts durch Staatsverträge bereits vor mehr als 115 Jahren – noch früher als die Haager Konferenz für Internationales Privatrecht - betrieben. Die dort geschaffenen multilateralen Staatsverträge schließen den Renvoi meistens konkludent, nur selten ausdrücklich, aus.

1. Ausschluss des Renvoi in den Verträgen von Montevideo von 1889/1940

Unter den acht Verträgen von Montevideo von 1889[477] enthalten zwei Verträge Kollisionsnormen, nämlich der Vertrag über internationales bürgerliches Recht vom 12.2.1889[478] und der Vertrag über internationales Handelsrecht vom 12.2.1889[479].

1940 wurden vier neue Verträge nebst Zusatzprotokoll von Montevideo verabschiedet[480]. Kollisionsnormen enthalten der Vertrag über internationales

[477] Vertragsstaaten sind Argentinien, Paraguay, Uruguay, Bolivien und Peru. Vgl. dazu *Kegel/Schurig*, IPR, S. 222; *Kropholler*, IPR (5. Aufl. 2004), § 9 III 2.

[478] Offizieller Text: spanische, französische und deutsche Übersetzung bei *Makarov*, Quellen des IPR, 2. Aufl., Bd. 2, S. 83-98.

[479] Offizieller Text: spanische, französische und deutsche Übersetzung bei *Makarov*, Quellen des IPR, 2. Aufl., Bd. 2, S. 723-733.

[480] Vertragsstaaten sind nur Argentinien, Paraguay und Uruguay. Vgl. dazu *Kegel/Schurig*, IPR, S. 222; *Kropholler*, IPR (5. Aufl. 2004), S. § 9 III 2.

bürgerliches Recht vom 19.3.1940[481], der Vertrag über das internationale Handelsrecht vom 19.3.1940[482] und der Vertrag über das internationale Handelsschifffahrtsrecht vom 19.3.1940[483].

Alle diese Verträge von Montevideo schweigen sich über den Renvoi aus. Die darin enthaltenen Kollisionsnormen sprechen stets vom „Gesetz" oder „Recht" eines bestimmten Staates. Darunter ist jedoch das Sachrecht des jeweiligen Staates zu verstehen. Da die Verträge nur für 3 bzw. 5 Vertragsstaaten gelten, die im Wesentlichen die gleichen Anknüpfungspunkte verwenden, ist die Bedeutung des Renvoi gering. Folglich kann man davon ausgehen, dass sich diese Verträge für die Sachnormverweisung aussprechen. Der Renvoi kommt mithin nicht in Betracht.

2. Der *Código Bustamante*

a) Keine Aussage zum Renvoi

Der *Código Bustamante* (das „Gesetzbuch des Internationalen Privatrechts") von 1928, das bekannteste Vertragswerk in Lateinamerika, nimmt bedauerlicherweise keine Stellung zum Renvoi. Da er die Anknüpfung des Personalstatuts nicht einheitlich festlegt, sondern die Frage den einzelnen Vertragsstaaten überlässt (Art. 7)[484], kann man davon ausgehen, dass der Verfasser des *Código* die Renvoi-Problematik ignorierte.

b) Stellungnahme

Angesicht der Tatsache, dass die Vertragsstaaten des *Código Bustamante* im Wesentlichen die gleichen Anknüpfungspunkte verwenden, spricht das Argument des internationalen Entscheidungseinklangs zwischen den Vertragsstaaten im Zweifel für die Sachnormverweisung.

---

[481] Offizieller Text: spanische, französische und deutsche Übersetzung bei *Makarov*, Quellen des IPR, 2. Aufl., Bd. 2, S. 97-117.
[482] Offizieller Text: spanische, französische und deutsche Übersetzung bei *Makarov*, Quellen des IPR, 2. Aufl., Bd. 2, S. 733-744.
[483] Offizieller Text: spanische, französische und deutsche Übersetzung bei *Makarov*, Quellen des IPR, 2. Aufl., Bd. 2, S. 773-781.
[484] Vgl. dazu *Kropholler*, IPR (5. Aufl. 2004), § 9 III 2.

3. Interamerikanische Konventionen der OAS

a) Allgemeines

Unter den Auspizien der Organisation der Amerikanischen Staaten (OAS) werden seit 1975 neue interamerikanische Konventionen auf Spezialkonferenzen fürs IPR (*Specialized Conferences on Private International Law*, CIDIP) erarbeitet. Die Bemühungen um die Vereinheitlichung des Kollisionsrechts in Lateinamerika setzten sich fort. Bisher haben fünf interamerikanische IPR-Spezialkonferenzen (CIDIP) stattgefunden: 1975 in Panama (CIDIP-I), 1979 in Montevideo (CIDIP-II), 1984 in La Paz (CIDIP-III), 1989 in Montevideo (CIDIP-IV) sowie 1994 in Mexiko (CIDIP-V). Insgesamt wurden 23 Konventionen verabschiedet[485]. Darunter enthalten 12 Konventionen Kollisionsnormen[486].

[485] Vgl. dazu *Fletscher*, Georgia J. Int. and Comp. L. 1999, S. 479, 480; *Kegel/Schurig*, IPR, S. 223, 224; *Kropholler*, IPR (5. Aufl. 2004), § 9 III 2; *Loussouan/Bourel*, DIP, p. 26.

[486] Interamerikanische Konventionen von Panama von 1975 über das Wechselkollisionsrecht (Inter-American Convention on Conflict of Laws Concerning Bills of Exchange, Promissory Notes and Invoices); Interamerikanische Konventionen von Panama von 1975 über das Scheckkollisionsrecht (*Inter-American Convention on Conflict of Laws Concerning Checks*); Interamerikanische Konvention von Montevideo von 1979 über Allgemeine Grundsätze des IPR (*Inter-American Convention on General Rules of Private International Law*), Text (englisch) in: RabelsZ 44 (1980) 379; Interamerikanische Konvention von Montevideo von 1979 über das IPR der Handelsgesellschaften (*Inter-American Convention on Conflict of Laws Concerning Commercial Companies*), Text (englisch) in: RabelsZ 44 (1980) 382; Interamerikanische Konvention von Montevideo von 1979 über das Scheckkollisionsrecht (*Inter-American Convention on Conflicts of Laws Concerning Checks*); Interamerikanische Konvention von La Paz von 1984 über die Adoption (*Inter-American Convention on Conflict of Laws Concerning the Adoption of Minors*); Interamerikanische Konvention von La Paz von 1984 über juristische Personen (*Inter-American Convention on Personality and Capacity of Judicial Persons in Private International Law*); Interamerikanische Konvention von Montevideo von 1989 über die Rückführung von Minderjährigen (Inter-American Convention on the International Return of Children); Interamerikanische Konvention von Montevideo von 1989 über die Unterhaltsverpflichtungen (*Inter-American Convention on Support Obligations*); Interamerikanische Konvention von Montevideo von 1989 über den Gütertransport auf Straßen (*Inter-American Convention on Contracts for the International Carriage of Goods by Road*), Text (englisch) in: RabelsZ 56 (1992) 170; Interamerikanische Konvention von Mexiko von 1994 über das auf internationale Schuldverträge anwendbare Recht (*Inter-American Convention on the Law Applicable to International Contracts*); Interamerikanische Konvention von Mexiko von 1994 über den Kinderhandel (*Inter-American Convention on International Traffic in Minors*).

b) Stellungnahme zur Renvoi-Problematik in den neuen interamerikanischen Konventionen

Die Renvoi-Problematik wird in den neuen interamerikanischen Konventionen zum IPR im Wesentlichen ignoriert. Die meisten von ihnen – ausgenommen die Schuldvertragskonvention von Mexiko von 1994 – schweigen sich über den Renvoi aus. Ebenso wenig regelt die Konvention von Montevideo von 1979 über Allgemeine Grundsätze des IPR den Renvoi[487], wie sie es hätte machen sollen. Die darin geregelten staatsvertraglichen Kollisionsnormen sprechen regelmäßig vom „Recht" eines Staates, meistens eines Vertragsstaates, da die Konventionen zwischen den Vertragsstaaten untereinander gelten. Die OAS hat überdies keine Stellung dazu genommen, ob es sich bei den Verweisungen durch die interamerikanischen Konventionen um Sachnorm- oder IPR-Verweisungen handelt[488]. Somit lassen die meisten neuen interamerikanischen Konventionen zum IPR hinsichtlich der Rück- und Weiterverweisung große Lücken, die auszufüllen sind.

Angesicht der Tatsache, dass die Vertragsstaaten der neuen interamerikanischen Konventionen im Wesentlichen die gleichen Anknüpfungspunkte verwenden, spricht das Argument des internationalen Entscheidungseinklangs zwischen den Vertragsstaaten im Zweifel für die Sachnormverweisung.

Eine Ausnahme bildet jedoch die Schuldvertragskonvention von Mexiko von 1994, die den Renvoi ausdrücklich ablehnt. Daher verdient sie größere Aufmerksamkeit.

c) Interamerikanische Schuldvertragskonvention von Mexiko von 1994

aa) Allgemeines

aaa) Stand der Konvention

Die Interamerikanische Konvention über das auf internationale Schuldverträge anwendbare Recht (*Inter-American Convention on the Law Applicable to International Contracts*) vom 17.3.1994 [489] wurde in Mexiko vom 14 bis 18.3.1994 auf der 5. Spezialkonferenz fürs IPR (CIDIP-V) von Bolivien, Brasilien, Uruguay und Venezuela unterzeichnet; ferner wurde sie am

---

[487] Vgl. dazu *Kropholler*, IPR (5. Aufl. 2004), § 9 III 2.

[488] Vgl. dazu *Bruch*, Am.J.Com.L. 1992, S. 824, Fn. 34.

[489] Authentisch sind gleichberechtigt der englische, der französische, der portugiesische und der spanische Text. Text (spanisch/englisch) in: IPRax 1998, 404; englischer Text auch in: I.L.M. 33 (1994) 732; französischer Text auch in: Rev. crit. DIP 1995, 173.

27.11.1995 von Mexiko unterzeichnet. Sie ist gemäß ihrem Art. 28 am 15.12.1996 für Mexiko und Venezuela in Kraft getreten[490].

bbb) Anwendungsbereich

Die Konvention soll das auf internationale Schuldverträge anzuwendende Recht bestimmen (Art. 1 I). Was ein internationaler Vertrag im Sinne der Konvention ist, bestimmt die Konvention durch eine Definition der Internationalität: Ein Vertrag ist international, wenn die vertragschließenden Parteien ihre gewöhnlichen Aufenthalte oder Niederlassungen in verschiedenen Vertragsstaaten haben, oder wenn der Vertrag objektive Verbindungen mit mehr als einem Vertragsstaat aufweist (Art. 1 II). Jedoch sind mehrere Materien vom Anwendungsbereich der Konvention ausgeschlossen (Art. 5), etwa Schuldverhältnisse aus Wechseln und Schiedsgerichtsbarkeitsvereinbarungen sowie Gerichtsstandsvereinbarungen.

ccc) *Loi uniforme*

Das von der Konvention bezeichnete Recht ist auch dann anzuwenden, wenn es das Recht eines Nichtvertragsstaates ist (Art. 2). Die Konvention versteht sich daher als *loi uniforme*. Eine ähnliche Vorschrift findet man bereits in Art. 2 des römischen EVÜ von 1980 und Art. 6 des Haager Kaufrechtsübereinkommens von 1986.

bb) Kollisionsnormen der Konvention

aaa) Subjektive Anknüpfung: Parteiautonomie

Wie beim römischen EVÜ von 1980 steht die Parteiautonomie auch bei der Konvention von Mexiko von 1994 im Vordergrund. Der Vertrag unterliegt in erster Linie dem von den Parteien gewählten Recht (Art. 7 I S. 1). Die Rechtswahl muss ausdrücklich sein oder sich konkludent aus den Verhalten der Parteien oder den Vertragsbestimmungen ergeben, die als Ganzes zu betrachten sind (Art. 7 I S. 2). Eine Rechtswahl bezüglich eines Teiles des Vertrags, nämlich die „Statutenspaltung" (*dépeçage*)[491], ist zulässig (Art. 7 I S. 3, vgl. Art. 3 I 3 des römischen EVÜ von 1980).

---

[490] Siehe hierzu http://www.oas.org/juridico/english/Sigs/b-56.html (Stand: 30.4.2004).

[491] Zum Begriff des *dépeçage* vgl. *v. Bar/Mankowski*, IPR, Bd. I (2. Aufl. 2003), IPR, Bd. I, § 1 Rn. 28.

bbb) Objektive Anknüpfungen

Mangels einer Rechtswahl durch die Parteien oder im Fall der Unwirksamkeit der Rechtswahl unterliegt der Vertrag dem Recht des Staates, mit dem er **die engsten Verbindungen** aufweist (Art. 9 I). Bei der Bewertung der engsten Verbindungen hat das Gericht nicht nur alle objektiven und subjektiven Elemente des Vertrags (Art. 9 II S. 1) sondern auch die von internationalen Organisationen anerkannten allgemeinen Grundsätze des internationalen Handelsrechts zu berücksichtigen (Art. 9 II S. 2). Im Vergleich mit dem römischen EVÜ von 1980 und dem Haager Kaufrechtsübereinkommen von 1986 stellt die Methode des Art. 9 II der Konvention von Mexiko von 1994 ein Novum dar[492].

Ungeachtet der objektiven Anknüpfungen der Konvention greift die *lex fori* ein, wenn deren Vorschriften von zwingender Natur sind (Art. 11 I).

Ferner ist ein Statutenwechsel zulässig. Auch hier sieht man die Ähnlichkeiten zwischen der interamerikanischen Konvention von Mexiko von 1994 und dem römischen EVÜ von 1980. Das nach subjektiven oder objektiven Anknüpfungen bestimmte Recht kann nachträglich von den Parteien geändert werden (Art. 8 S. 1, vgl. Art. 3 II 1 des römischen EVÜ von 1980). Die Formgültigkeit und die Rechte eines Dritten bleiben jedoch unberührt (Art. 8 S. 2, vgl. Art. 3 II 2 des römischen EVÜ von 1980).

cc) Ausdrücklicher absoluter Ausschluss des Renvoi durch Art. 17

Art. 17 der interamerikanischen Schuldvertragskonvention von 1994 enthält eine Vorschrift, welche Art. 15 des römischen EVÜ von 1980 entspricht[493]: Im Sinne dieser Konvention ist der Ausdruck **„Recht"** als **das in einem Staat geltende Recht unter Ausschluss der die Rechtskonflikte betreffenden Normen** zu verstehen[494]. Dies gilt sowohl bei der Rechtswahl für das von den Parteien vereinbarte Recht, als auch für das mangels einer Rechtswahl nach objektiven Anknüpfungen bestimmte Recht. Alle Verweisungen sind daher Sachnormverweisungen.

---

[492] Vgl. dazu *Fletscher*, Georgia J. Int. Law and Comp. L. 1999, S. 481.

[493] Vgl. dazu *Fletscher*, Georgia J. Int. Law and Comp. L. 1999, S. 487, 490-492.

[494] Der offizielle englische Wortlaut des Art. 17 der interamerikanischen Schuldvertragskonvention von Mexiko von 1994:
"For the purposes of this Convention, 'law' shall be understood to mean the law current in a State, excluding rules concerning conflict of laws."

dd) Würdigung

Trotz der etwas ungeeigneten Stellung in Kap. IV der Konvention unter der Übersicht „Umfang des anwendbaren Rechts“ ist die Regelung von Art. 17 der interamerikanischen Schuldvertragskonvention von Mexiko von 1994 **sehr zu begrüßen**. Denn durch diese **separate Vorschrift allgemeinen Charakters** wird zum ersten Mal in einer interamerikanischen Konvention zum Ausdruck gebracht, dass die staatsvertragliche Verweisung eine Sachnormverweisung bedeutet. Der in den vorangegangenen interamerikanischen Konventionen zum IPR bestehende Zweifel kann dadurch beseitigt werden. Der Renvoi wird mithin ausdrücklich und absolut ausgeschlossen.

Der ausdrückliche absolute Ausschluss des Renvoi durch die Kollisionsnormen der interamerikanischen Schuldvertragskonvention von Mexiko von 1994 entspricht nicht zuletzt der allgemeinen staatsvertraglichen Praxis auf dem Gebiet des internationalen Schuldvertragsrechts, wo eine weitgehende Parteiautonomie stets eingeräumt wird. Im Sinne von Rechtssicherheit, Voraussehbarkeit sowie Vereinfachung der Rechtsanwendung soll der Ronvoi auf diesem Gebiet ohnehin ausgeschlossen werden[495].

Die interamerikanische Schuldvertragskonvention von Mexiko von 1994 wurde bei der Ausarbeitung zwar von dem römischen EVÜ von 1980 sowie dem Haager Kaufrechtsübereinkommen von 1986 beeinflusst, hat jedoch einige bemerkenswerte **Innovationen**[496] und trägt zur fortschreitenden Entwicklung sowie zur Kodifikation des IPR zwischen den Mitgliedsstaaten der OAS bei[497]. Insgesamt ist der ausdrückliche absolute Ausschluss des Renvoi bei Art. 17 der interamerikanischen Schuldvertragskonvention von Mexiko von 1994 durchaus positiv zu bewerten.

II. Ausschluss des Renvoi in den Konventionen zwischen den nordischen Staaten

1. Allgemeines

Zwischen den nordischen Staaten Dänemark, Finnland, Island, Norwegen und Schweden sind mehrere Konventionen zur Vereinheitlichung des internationalen Privat- und Zivilverfahrensrechts geschlossen worden[498]. Zwei davon betreffen

[495] Siehe bereits oben § 3 II 1 der vorliegenden Arbeit.
[496] Vgl. dazu *Burman*, Vanderbilt Journal of Transnational Law, 1995, S. 377; *Fletscher*, Georgia J. Int. and Comp. L. 1999, S. 481-487.
[497] Siehe die Präambel der Konvention.
[498] Vgl. dazu *Kropholler*, Einheitsrecht, S. 109 ff.; *Loussouarn/Bourel*, DIP, S. 26.

vereinheitlichtes Kollisionsrecht auf dem Gebiet des Familien- und Erbrechts[499]: das Abkommen vom 6.2.1931 enthaltend gewisse Bestimmungen des Internationalen Privatrechts über Ehe, Adoption und Vormundschaft (zuletzt geändert 1973)[500] und das Abkommen vom 19.11.1934 über Erbschaften, Testamente und Nachlassregelung[501].

2. Ausschluss des Renvoi

In den oben genannten zwei nordischen Konventionen, die vereinheitlichtes Kollisionsrecht betreffen[502], ist der Renvoi nicht geregelt. Die darin enthaltenen Kollisionsnormen sprechen bei der Bezeichnung des anzuwendenden Rechts lediglich vom „Recht" eines Vertragsstaates. Da die nordischen Staaten (mit Ausnahme von Finnland) eine eindeutig ablehnende Haltung zum Renvoi haben und diese Konventionen im Normalfall nur **zwischen den Vertragsstaaten** gelten, ist davon auszugehen, dass die Verweisungen durch die beiden Konventionen Sachnormverweisungen sind. Somit wird der Renvoi auch in den nordischen Konventionen ausgeschlossen.

3. Stellungnahme

Bei den nordischen Konventionen, welche die Rechtsvereinheitlichung zwischen den Vertragsstaaten bezwecken, wird der Renvoi zwar nicht erwähnt, aber keineswegs zugelassen.

Ein Ausnahmefall entsteht etwa durch das heute in Dänemark, Finnland, Norwegen und Schweden geltende Genfer Abkommen über das internationale Wechselprivatrecht von 1930 und das ebenfalls in diesen vier Staaten geltende Genfer Abkommen über das internationale Scheckprivatrecht von 1931, wonach der Renvoi bezüglich der Wechsel- und Scheckfähigkeit zu beachten ist. Dies geht jedoch auf die Vertragsverpflichtungen aus zwei Übereinkommen auf universaler Ebene zurück und ändert nicht die Tatsache, dass die Bestrebungen um die Rechtsvereinheitlichung innerhalb der nordischen Staaten auf regionaler

---

[499] Vgl. dazu *Kegel/Schurig*, IPR, S. 220; *Kropholler*, IPR (5. Aufl. 2004), § 9 III 1; *Korkisch*, RabelsZ 23 (1958) 601, 618.

[500] Offizieller Text: dänisch, finnisch, isländisch, norwegisch und schwedisch. In Kraft getreten am 1.1.1931. Französische und deutsche Übersetzung in der Fassung des Übereinkommens vom 26.3.1953 bei *Makarov*, Quellen des IPR, 2. Aufl., Bd. II, S. 551-559.

[501] Offizieller Text: dänisch, finnisch, isländisch, norwegisch und schwedisch. In Kraft getreten am 1.1.1936. Französische und deutsche Übersetzung bei *Makarov*, Quellen des IPR, 2. Aufl., Bd. II, S. 687-695.

[502] Das Abkommen vom 6.2.1931 enthaltend gewisse Bestimmungen des Internationalen Privatrechts über Ehe, Adoption und Vormundschaft und das Abkommen vom 19.11.1934 über Erbschaften, Testamente und Nachlassregelung.

Ebene durch die nordischen Konventionen den Renvoi überhaupt nicht berücksichtigen.

III. Ausschluss des Renvoi in den Verträgen des Benelux

1. Allgemeines

Jeder der Benelux-Staaten (Belgien, Niederlande und Luxemburg) hat sein eigenes IPR. Die Differenzierungen existierten insbesondere zwischen den Rechtsordnungen Belgiens und der Niederlande[503]. Kurz nach 1950 wurden Anstrengungen betrieben, die kollisionsrechtlichen Regelungen in diesen drei Staaten zu vereinheitlichen[504]. Ein Benelux-Vertrag über die Vereinheitlichung des IPR wurde am 11.5.1951 unterzeichnet. Er ist allerdings nie in Kraft getreten[505]. Eine neue Fassung des Benelux-Vertrags über das Einheitliche IPR-Gesetz wurde am 3.7.1969 unterzeichnet. Dieser Benelux-Vertrag über das Einheitliche IPR-Gesetz[506] ist bislang nicht in Kraft getreten, sondern zugunsten einer Rechtsvereinheitlichung innerhalb der Europäischen Gemeinschaften fallengelassen geworden[507].

2. Ausschluss des Renvoi in den Verträgen des Benelux

a) Grundsätzlicher Ausschluss des Renvoi im Benelux-Vertrag von 1951

Der Benelux-Vertrag vom 11.5.1951 zur Einführung eines einheitlichen Gesetzes über das IPR in den Niederlanden, in Belgien und in Luxemburg (*Traité du 11 mai 1951 concernant l'introduction aux Pays-Bas, en Belgique et au Luxembourg d'une loi uniforme sur le droit international privé*)[508] ist lediglich von Luxemburg ratifiziert worden[509], er ist bisher nicht in Kraft getreten. Der Vertrag enthält in seiner Anlage ein Einheitliches Gesetz über das Internationale Privatrecht (*Loi uniforme relative au droit international privé*), welches 28 Artikel umfasst.

---

[503] Siehe den Rapport de la Commission, Rev. crit. DIP 1951, 716.

[504] Vgl. dazu *Sauveplanne*, Renvoi, S. 18.

[505] Siehe dazu *de Winter*, Rev. crit. DIP 1968, 578; *Kegel/Schurig*, IPR, S. 220.

[506] Text (französisch) in: Rev. crit. DIP 1968, 812-815.

[507] Vgl. dazu *Kropholler*, Einheitsrecht, S. 177; *Cheshire/North*, PIL, S. 12.

[508] Offizieller Text: französisch und niederländisch. Französischer Text in: Rev. crit. DIP 1951, 710-714; abgedr. bei *Makarov*, Quellen des IPR, 2. Aufl., Bd. 2, S. 125-138. Englische Übersetzung in: ICLQ 1952, 426 ff.

[509] Siehe *Makarov*, Quellen des IPR, 2. Aufl., Bd. 2, S. 125; *Nadelmann*, Am.J.Comp.L. 1970, S. 407.

Das Einheitliche Gesetz über das IPR lehnt den Renvoi grundsätzlich ab. Dies kommt durch Art. 1 I, der an der Spitze dieses Einheitlichen IPR-Gesetzes steht, zum Ausdruck. Er lautet in deutscher Übersetzung:

„Wenn nichts anderes bestimmt ist, werden in den folgenden Artikeln unter dem Recht eines Staates die in diesem Staat geltenden Rechtsregeln verstanden unter Ausschluss derjenigen über das Internationale Privatrecht."[510]

Demzufolge ist die Verweisung durch den Benelux-Vertrag von 1951 im Regelfall als Sachnormverweisung zu verstehen. Eine Rück- oder Weiterverweisung von der berufenen Rechtsordnung wird prinzipiell nicht zugelassen[511].

Der Ausschluss des Renvoi durch den Benelux-Vertrag von 1951 ist jedoch nicht absolut, sondern setzt voraus, dass „nichts anderes bestimmt ist". Solche abweichenden Bestimmungen sind beispielsweise in Art. 15 Nr. 2 und 3 geregelt. Damit wird sich der Dritte Teil der vorliegenden Arbeit beschäftigen.

b) Grundsätzlicher Ausschluss des Renvoi im Benelux-Vertrag von 1969

Ein neuer Vertrag wurde am 3.7.1969 von den drei Benelux-Staaten unterzeichnet. Dieser enthält ebenfalls ein Einheitliches Gesetz über das Internationale Privatrecht (*Loi uniforme relative au droit international privé*)[512] umfassend 24 Artikel.

Das neue Einheitliche IPR-Gesetz von 1969 lehnt in seinem Art. 1 I den Renvoi grundsätzlich ab. Der Wortlaut ist völlig identisch mit dem des alten Einheitlichen IPR-Gesetzes von 1951, dessen deutsche Übersetzung lautet:

„Wenn nichts anderes bestimmt ist, werden in den folgenden Artikeln unter dem Recht eines Staates die in diesem Staat geltenden Rechtsregeln verstanden unter Ausschluss derjenigen über das Internationale Privatrecht."[513]

---

[510] Der offizielle französische Text des Art. 1 I des Benelux-Einheitlichen IPR-Gesetzes von 1951:
"Sauf disposition contraire, la loi d'un pays s'entend, dans les articles suivants, des règles de droit en vigueur dans ce pays, à l'exclusion des règles de droit international privé."

[511] Vgl. dazu den Rapport de la Commission, Rev. crit. DIP 1951, 718; *Meijers*, Am.J.Comp.L. 1953, 2.

[512] Text (französisch) des Einheitlichen IPR-Gesetzes vom 3.7.1969 in: Rev. crit. DIP 1968, 812-815; Clunet 1969, 358-360. Deutsche Übersetzung in: StAZ 1969, 250-252. Englische Übersetzung in: Am.J.Comp.L. 1970, 420-425. Zur Entstehungsgeschichte des Vertrags siehe *Nadelmann*, Am.J.Comp.L. 1970, 407-409.

[513] Der offizielle französische Text des Art. 1 I des Benelux-Einheitlichen IPR-Gesetzes von 1969:

Im Sinne einer Sachnormverweisung umfasst das in den Kollisionsnormen des Einheitlichen IPR-Gesetzes in Bezug genommene Recht eines Staates dessen IPR nicht. Eine Rück- oder Weiterverweisung von der berufenen Rechtsordnung ist grundsätzlich nicht beachtlich[514], „wenn nichts anderes bestimmt ist". Abweichende Vorschriften findet man jedoch beispielsweise in Art. 11 Nr. 2 und Nr. 3, wo wesentliche Ausnahmen geregelt sind. Darauf wird im Dritten Teil der vorliegenden Arbeit eingegangen.

c) Würdigung

Die **Methode**, die in den Benelux-Verträgen von 1951/1969 beim Ausschluss des Renvoi verwendet wird, ist beachtlich. Durch eine **allgemeine Bestimmung** in Form einer Begriffsbestimmung dessen, was unter dem Recht eines Staates zu verstehen ist, wird der Renvoi grundsätzlich ausgeschlossen, allerdings nicht ohne Ausnahmen. Der Renvoi wird in bestimmten Fällen (z.B. Art. 15 II und III des Einheitlichen IPR-Gesetzes von 1951 sowie Art. 11 II und III des Einheitlichen IPR-Gesetzes von 1969) zugelassen. Angesichts der Tatsache, dass die beiden Benelux-Verträge nie in Kraft getreten sind, ist die Benelux-Lösung nur von rechtshistorischer Bedeutung. Diese ist erst mit dem In-Kraft-Treten des römischen EVÜ am 1.4.1991[515] Realität geworden (siehe Art. 15 EVÜ). Allerdings soll man den Verdienst der Lösung der beiden Benelux-Verträge als Vorreiterin von Art. 15 EVÜ sowie einer Reihe von Haager Konventionen nach 1985 nicht vergessen (siehe z.B. Art. 17 des Haager Trustübereinkommens von 1985, Art. 15 des Haager Kaufrechtsübereinkommens von 1986, Art. 17 des Haager Erbrechtsübereinkommens von 1989, Art. 21 I KSÜ von 1996 und Art. 19 ESÜ von 2000).

IV. Europäische multilaterale Staatsverträge

1. Luxemburger Europäisches Sorgerechtsübereinkommen von 1980

a) Grundzüge

Das Luxemburger Europäische Übereinkommen über die Anerkennung und Vollstreckung von Entscheidungen über das Sorgerecht für Kinder und die

"Sauf disposition contraire, la loi d'un pays s'entend, dans les articles suivants, des règles de droit en vigueur dans ce pays, à l'exclusion des règles de droit international privé."

[514] Vgl. dazu *de Winter*, Rev. crit. DIP 1968, 580; *Ferid*, StAZ 1969, 243; *Ma Hanbao*, FS Siehr, S. 425, Fn. 28.

[515] Bek. vom 12.7.1991, BGBl. II S. 871.

Wiederherstellung des Sorgeverhältnisses vom 20.5.1980 [516] ist für die Bundesrepublik Deutschland am 1.2.1991 in Kraft getreten[517]. Es gilt heute ferner für über 20 europäische Staaten[518].

Das Übereinkommen schließt nicht aus, dass eine andere internationale Übereinkunft zwischen dem Ursprungsstaat und dem ersuchten Staat oder das nichtvertragliche Recht des ersuchten Staates angewendet wird, um die Anerkennung oder Vollstreckung einer Entscheidung zu erwirken (Art. 19). Ferner lässt das Übereinkommen Verpflichtungen unberührt, die ein Vertragsstaat gegenüber einem Nichtvertragsstaat aufgrund einer internationalen Übereinkunft hat, die sich auf in diesem Übereinkommen geregelte Angelegenheiten erstreckt (Art. 20 I). Dazu gehört insbesondere die sich aus dem Haager Kindesentführungsübereinkommen von 1980 ergebenden Verpflichtungen[519].

Zur Wahrnehmung der im Übereinkommen vorgesehenen Aufgaben werden in den Vertragsstaaten zentrale Behörden bestimmt (Artt. 2-6). Weitere wichtige Vorschriften sind enthalten in dem die Anerkennung und Vollstreckung von Entscheidungen und Wiederherstellung des Sorgeverhältnisses betreffenden Teil II (Artt. 7-12) und dem das Verfahren betreffenden Teil III (Artt. 13-16).

b) Grundsätzlicher Ausschluss des Renvoi mit Ausnahme

aa) Verweisungen durch das Übereinkommen

Das Luxemburger Europäische Sorgerechtsübereinkommen von 1980 versteht sich nicht als kollisionsrechtlicher Staatsvertrag. Doch kann es nach einigen Vorschriften zum Problem der Sachnorm- order Gesamtverweisung führen. Diese sind Artt. 1 lit. a, 8 II, 10 I lit. a und 19.

Gemäß Art. 1 lit. a bedeutet „Kind" im Sinne des Übereinkommens „eine Person gleich welcher Staatsangehörigkeit, die das 16. Lebensjahr noch nicht vollendet hat und noch nicht berechtigt ist, nach dem Recht ihres gewöhnlichen Aufenthalts, dem Recht des Staates, dem sie angehört oder dem innerstaatlichen Recht des ersuchten Staates, ihren eigenen Aufenthalt zu bestimmen."

---

[516] Authentisch sind gleichberechtigt der französische und der englische Text, in: BGBl. 1990 II S. 220. Deutsche Übersetzung bei *Jayme/Hausmann*, Nr. 184.
[517] Bek. vom 19.12.1990, BGBl. 1991 II S. 392.
[518] Siehe hierzu *Jayme/Hausmann*, Anm. 1 zu Nr. 184; BGBl. 2003 II S. 1543; IPRax 2004, 71 (Stand: 14.11.2003).
[519] Vgl. dazu § 12 des Ausführungsgesetzes vom 25.4.1990 (abgedr. bei *Jayme/Hausmann*, Nr. 222a), wonach das Haager Kindesentführungsübereinkommen von 1980 bezüglich der Rückgabe des Kindes grundsätzlich vorgeht.

Darüber hinaus ergeben sich staatsvertragliche Verweisungen aus Artt. 8 II, 10 I lit. a und 19 des Übereinkommens, wonach auf das Recht des ersuchten Staates (Art. 8 II), das Familien- und Kindschaftsrecht des ersuchten Staates (Art. 10 I lit. a) und das nichtvertragliche Recht des ersuchten Staates (Art. 19) jeweils verwiesen wird.

bb) Analyse

Bei Art. 1 lit. a knüpft der Begriff des Kindes an die Rechtsordnungen des Staates des gewöhnlichen Aufenthalts oder des Heimatstaates sowie des ersuchten Staates an. Die Bezugnahme auf **das innerstaatliche Recht des ersuchten Staates** (*la loi interne de l'Etat requis/the internal law of the State addressed*) führt zweifelsohne dazu, dass die Verweisung eine Sachnormverweisung darstellt. Eine Rück- oder Weiterverweisung vom Recht des ersuchten Staates ist mithin nicht zu beachten. Anders sind jedoch die Verweisungen auf das Recht des Staates des gewöhnlichen Aufenthalts oder des Heimatstaates, weil das Recht des Staates des gewöhnlichen Aufenthalts und das Recht des Heimatstaates nicht auf die Sachnormen der jeweiligen Rechtsordnungen abgestellt sind. Sie deuten auf eine Zulassung des Renvoi hin. Darauf wird im Dritten Teil der vorliegenden Arbeit noch näher eingegangen.

In den Fällen von Artt. 8 II und 19 sind die Verweisungen deshalb als Sachnormverweisungen zu verstehen, weil sie sich im Grunde genommen auf die verfahrensrechtlichen Angelegenheiten beziehen, die weitgehend dem Recht des Staates, in dem das ersuchte Gericht oder die ersuchte Verwaltungsbehörde sich befindet, unterliegen. Ferner rechtfertigt sich die Sachnormverweisung bei Art. 10 I lit. a dadurch, dass die offensichtliche Unvereinbarkeit der Wirkungen der Entscheidungen mit den Grundwerten des Familien- und Kindschaftsrechts im ersuchten Staat nur nach dessen Sachnormen besser zu beurteilen ist. Eine Rück- oder Weiterverweisung vom Recht des ersuchten Staates ist somit ausgeschlossen[520].

cc) Stellungnahme

Die Verweisungen durch Artt. 1 lit. a, 8 II, 10 I lit. a und 19 des Luxemburger Europäischen Sorgerechtsübereinkommens von 1980 sind im Wesentlichen als Sachnormverweisungen anzusehen. Eine Ausnahme besteht lediglich bei der Verweisung von Artt. 1 lit. a auf das Recht des Staates des gewöhnlichen Aufenthalts oder des Heimatstaates.

---

[520] Vgl. dazu *Gottschalk*, Allgemeine Lehren, S. 107.

Der grundsätzliche Ausschluss des Renvoi ist deshalb gerechtfertigt, weil das Übereinkommen ein verfahrensrechtliches Übereinkommen über die Anerkennung und Vollstreckung von Entscheidungen über das Sorgerecht für Kinder und die Wiederherstellung des Sorgeverhältnisses ist. Entscheidend ist daher das Sachrecht des ersuchten Staates. Die Zulassung des Renvoi darf nur ein Ausnahmefall bleiben.

2. Römisches Schuldvertragsübereinkommen (EVÜ) von 1980

a) Allgemeines

aa) Stand des Übereinkommens

Das römische EWG-Übereinkommen über das auf vertragliche Schuldverhältnisse anzuwendende Recht (EVÜ) vom 19.6.1980 (*Convention de Rome du 19 juin 1980 sur la loi applicable aux obligations contractuelles/Rome Convention of 19 June 1980 on the Law Applicable to Contractual Obligations*)[521] wurde in Rom am 19.6.1980 zur Unterzeichnung aufgelegt[522]. Es ist für die Bundesrepublik Deutschland am 1.4.1991 in Kraft getreten[523]. Es gilt heute für 15 EU-Mitgliedsstaaten[524].

bb) Verhältnis zum autonomen deutschen IPR

Die Bundesrepublik Deutschland hat das EVÜ im Wesentlichen (vorbehaltlich des Art. 7 I EVÜ) in Artt. 27-37 EGBGB übernommen. In Art. 1 I des Zustimmungsgesetzes [525] hat der deutsche Gesetzgeber im Interesse der Rechtsklarheit erklärt, dass die Zustimmung mit der Maßgabe erfolgt, dass die in Artt. 1 bis 21 des Übereinkommens enthaltenen Vorschriften innerstaatlich keine unmittelbare Anwendung finden.

---

[521] Authentisch sind gleichberechtigt der dänische, der deutsche, der englische, der französische, der irische, der italienische und der niederländische Text. Deutscher, englischer und französischer Text in: BGBl. 1986 II S. 810; deutscher Text auch bei *Jayme/Hausmann*, Nr. 70; französischer Text auch in: Rev. crit. DIP 1980, 875.

[522] Vgl. dazu den Bericht *Giuliano/Lagarde*, BT-Drucks. 10/503, 33 ff.

[523] BGBl. 1991 II S. 871.

[524] Belgien, Dänemark, Deutschland, Finnland, Frankreich, Griechenland, Irland, Italien, Luxemburg, die Niederlande, Österreich, Portugal, Schweden, Spanien und Vereinigtes Königreich. Siehe hierzu *Jayme/Hausmann*, Anm. 4 zu Nr. 70.

[525] Zustimmungsgesetz vom 25.7.1986 zu dem Übereinkommen vom 19.6.1980 über das auf vertragliche Schuldverhältnisse anzuwendende Recht, in: BGBl. 1986 II S. 809.

cc) Ziel des Übereinkommens und *loi uniforme*

Ziel des EVÜ ist es, die bereits begonnene IPR-Rechtsvereinheitlichung innerhalb der EWG fortzusetzen und die vereinheitlichten Regelungen betreffend das auf vertragliche Schuldverhältnisse anzuwendende Recht zu schaffen[526]. Das EVÜ versteht sich überdies als *loi uniforme*: Das hiernach bezeichnete Recht ist auch dann anzuwenden, wenn es das Recht eines Nichtvertragsstaates ist (Art. 2).

dd) Anwendungsbereich

Der Anwendungsbereich des EVÜ wird durch Art. 1 I positiv, und durch Art. 1 II bis IV negativ bestimmt[527]. Es gilt nur für „vertragliche Schuldverhältnisse bei Sachverhalten, die eine Verbindung zum Recht verschiedener Staaten aufweisen" (Art. 1 I). Es muss also ein Fall mit Auslandsberührung vorliegen. Es beschränkt sich auf **vertragliche Schuldverhältnisse** und umfasst nicht außervertragliche Schuldverhältnisse (insbesondere unerlaubte Handlungen), dingliche Rechte und Immaterialgüterrechte.

ee) Teilkodifikation des europäischen IPR

Das EVÜ ist nur ein Ergebnis der Teilkodifikation des europäischen IPR durch einen Staatsvertrag auf dem Gebiet der vertraglichen Schuldverhältnisse. Im Zug der Europäisierung des IPR werden neue Instrumente der EU wie z.B. eine auf Art. 65 lit. b EGV gestützte Verordnung über das auf außervertragliche Schuldverhältnisse anzuwendende Recht (Rom II)[528] geplant, oder gar eine das EVÜ ersetzende Verordnung (Rom I)[529]. Angesichts der massiven Europäisierung des IPR durch primäre und sekundäre EU-Rechtsakte, wird das EVÜ auch der einzige Staatsvertrag dieser Art bleiben[530].

---

[526] Siehe die Präambel des EVÜ.

[527] Vgl. dazu *Lagarde*, Rev. crit. DIP 1991, 292; *Fletscher*, Georgia J. Int. and Comp. L. 1999, S. 483, 484.

[528] Siehe hierzu den Vorschlag der EG-Kommission für eine Verordnung über das auf außervertragliche Schuldverhältnisse anzuwendende Recht vom 22.7.2003, KOM (2003) 427, abrufbar unter http://europa.eu.int/eur-lex/de/com/pdf/2003/com2003_0427de01.pdf (Stand: 30.4.2004).

[529] Siehe hierzu das Grünbuch vom 14.1.2003, KOM (2002) 654, abrufbar unter http://europa.eu.int/eur-lex/de/com/gpr/2002/com2002_0654de01.pdf (Stand: 30.4.2004). Siehe auch *v. Bar/Mankowski*, IPR, Bd. I (2. Aufl. 2003), § 3 Rn. 35-40; *Jayme/Kohler*, IPRax 2002, 470; *v. Hein*, ZVglRWiss 2003, 528.

[530] Vgl. dazu *Jayme/Kohler*, IPRax 1999, 401, 411.

b) Grundzüge der Kollisionsnormen des EVÜ

aa) Freie Rechtswahl – Parteiautonomie

Die **Parteiautonomie**, die in sämtlichen EWG-Staaten anerkannt ist, stellt im EVÜ das wichtigste Prinzip betreffend das auf vertragliche Schuldverhältnisse anzuwendende Recht dar.

Der Vertrag unterliegt dem von den Parteien gewählten Recht (Art. 3 I 1). Die Rechtswahl muss ausdrücklich sein oder sich mit hinreichender Sicherheit aus den Bestimmungen des Vertrags oder aus den Umständen des Falles ergeben (Art. 3 I 2). Die Parteien können die Rechtswahl für ihren ganzen Vertrag oder nur für einen Teil desselben treffen (Art. 3 I 3). Die sog. „Statutenspaltung" (*dépeçage*) ist also zulässig[531]. Die Parteien können jederzeit vereinbaren, dass der Vertrag nach einem anderen Recht zu beurteilen ist als dem, das zuvor maßgebend war (Art. 3 II 1). Die Formgültigkeit des Vertrags und Rechte Dritter werden jedoch durch eine nach Vertragsabschluss erfolgende Änderung der Bestimmung des anzuwendenden Rechts nicht berührt (Art. 3 II 2). Bei reinen Binnensachverhalten wird die Parteiautonomie jedoch ausgeschlossen (Art. 3 III). Für das Zustandekommen und die Wirksamkeit der Rechtswahlvereinbarung gelten die gleichen Grundsätze, wie sie in Artt. 8, 9 und 11 für den Hauptvertrag gelten (Art. 3 IV)[532].

bb) Objektive Anknüpfungen

aaa) Kriterien für die objektive Anknüpfung

Mangels einer Rechtswahl unterliegt der Vertrag dem Recht des Staates, mit dem er **die engsten Verbindungen** aufweist (Art. 4 I 1). Ist jedoch ein Teil des Vertrags von dem Recht des Vertrags abtrennbar und weist dieser Teil eine **engere Verbindung** mit einem anderen Staat auf, dann ist auf den Vertrag ausnahmsweise das Recht dieses anderen Staates anwendbar (Art. 4 I 2). Eine sog. „Statutenspaltung" (*dépeçage*) ist bei objektiven Anknüpfungen - ebenso wie bei subjektiver Anknüpfung - zulässig[533].

---

[531] Vgl. dazu *Lagarde*, Rev. crit. DIP 1991, 301, 202.
[532] Vgl. dazu *Firsching*, IPRax 1981, 38.
[533] Vgl. dazu *Andrae/Fincke*, EG-Übereinkommen, S. 24.

bbb) Vermutung der charakteristischen Leistung und ihre Ausnahme

Das EVÜ versucht, den etwas leeren Begriff von „den engsten Verbindungen“ zu konkretisieren[534]. Dies kommt in der Vermutung der charakteristischen Leistung zum Ausdruck.

Vorbehaltlich des die Verbraucherverträge betreffenden Art. 5 wird vermutet, dass der Vertrag die engsten Verbindungen mit dem Staat aufweist, in dem die Partei, welche die charakteristische Leistung zu erbringen hat, im Zeitpunkt des Vertragsabschlusses ihren gewöhnlichen Aufenthalt oder, wenn es sich um eine Gesellschaft, einen Verein oder eine juristische Person handelt, ihre Hauptverwaltung hat (Art. 4 II 1). Wenn aber der Vertrag in Ausübung einer beruflichen oder gewerblichen Tätigkeit dieser Partei geschlossen worden ist, so wird vermutet, dass er die engsten Verbindungen zu dem Staat aufweist, in dem sich deren Hauptniederlassung befindet oder in dem, wenn die Leistung nach dem Vertrag von einer anderen als der Hauptniederlassung zu erbringen ist, sich die andere Niederlassung befindet (Art. 4 II 2). Sofern der Vertrag ein dingliches Recht an einem Grundstück oder ein Recht zur Nutzung eines Grundstücks zum Gegenstand hat, wird vermutet, dass der Vertrag die engsten Verbindungen zu dem Belegenheitsstaat des Grundstücks aufweist (Art. 4 III). Bei Güterbeförderungsverträgen wird jedoch vermutet, dass sie mit dem Staat die engsten Verbindungen aufweisen, in dem der Beförderer im Zeitpunkt des Vertragsabschlusses seine Hauptniederlassung hat, sofern sich in diesem Staat auch der Verladeort oder der Entladeort oder die Hauptniederlassung des Absenders befindet (Art. 4 IV).

Die Vermutung nach Abs. 2 gilt jedoch nicht, wenn die charakteristische Leistung nicht bestimmbar ist (Art. 4 V 1). Ferner gelten die Vermutungen nach Abs. 2, 3 und 4 nicht, wenn sich aus der Gesamtheit der Umstände ergibt, dass der Vertrag **engere Verbindungen** mit einem anderen Staat aufweist (Art. 4 V 2). Es handelt sich hierbei um eine Ausweichklausel.

ccc) Sonderregelungen für bestimmte Vertragstypen und Sonderfragen

Art. 5 EVÜ enthält eine Spezialnorm für Verbraucherverträge. Den Parteien wird das Recht eingeräumt, die Rechtswahl für den Verbrauchervertrag zu treffen. Allerdings darf die Rechtswahl nicht dazu führen, dass dem Verbraucher der durch die zwingenden Bestimmungen des Rechts des Staates seines gewöhnlichen Aufenthalts gewährte Schutz entzogen wird (Art. 5 II).

---

[534] Vgl. dazu *Lagarde*, Rev. crit. DIP 1991, 307.

Art. 6 enthält Regelungen über das auf Arbeitsverträge und Arbeitsverhältnisse von Einzelpersonen anzuwendende Recht. In Arbeitsverträgen und Arbeitsverhältnissen können die Parteien zwar die Rechtswahl treffen, die Parteiautonomie unterliegt jedoch wesentlicher Einschränkung: Die Rechtswahl darf nicht dazu führen, dass dem Arbeitnehmer der Schutz entzogen wird, der ihm durch die zwingenden Bestimmungen des Rechts gewährt wird, das nach Absatz 2 mangels einer Rechtswahl anzuwenden wäre (Art. 6 I). Mangels einer Rechtswahl bestimmt sich das auf Arbeitsverträge und Arbeitsverhältnisse anzuwendende Recht nach dem Recht des Staates, in dem der Arbeitnehmer in Erfüllung des Vertrags gewöhnlich seine Arbeit verrichtet, selbst wenn er vorübergehend in einen anderen Staat entsandt ist, oder dem Recht des Staates, in dem sich die Niederlassung befindet, die den Arbeitnehmer eingestellt hat, sofern dieser seine Arbeit gewöhnlich nicht in ein und demselben Staat verrichtet, es sei denn, dass sich aus der Gesamtheit der Umstände ergibt, dass der Arbeitsvertrag oder das Arbeitsverhältnis **engere Verbindungen** zu einem anderen Staat aufweist; in diesem Fall ist das Recht dieses anderen Staates anzuwenden (Art. 6 II).

Ferner enthält das EVÜ Sonderregelungen über das auf die Formgültigkeit (Art. 9) sowie die Rechts-, Geschäfts- und Handlungsfähigkeit anzuwendende Recht (Art. 11).

c) Ausdrücklicher absoluter Ausschluss des Renvoi

aa) Renvoi-ablehnende Regelung des Art. 15 EVÜ

Bereits in Art. 21 des im Jahr 1972 vorgelegten Vorentwurfs eines EWG-Übereinkommens über das auf vertragliche und außervertragliche Schuldverhältnisse anzuwendende Recht wurde der Renvoi ausgeschlossen. Das EVÜ, das nunmehr sich auf das auf vertragliche Schuldverhältnisse anzuwendende Recht beschränkt, schließt den Renvoi dadurch aus, dass die Verweisung sich lediglich auf die Sachnormen, nicht aber auf die Kollisionsnormen der berufenen Rechtsordnung bezieht: Unter dem nach den Kollisionsnormen des EVÜ anzuwendenden Recht eines Staates sind die in diesem Staat geltenden **Rechtsnormen unter Ausschluss der Kollisionsnormen** zu verstehen (Art. 15)[535].

---

[535] Der offizielle französische Wortlaut des Art. 15 EVÜ von 1980:
"Article 15 Exclusion du renvoi
Lorsque la présente Convention prescrit l'application de la loi d'un pays, elle entend les règles de droit en vigueur dans ce pays à l'exclusion des règles de droit international privé."
Der offizielle englische Wortlaut:
"Article 15 Exclusion of renvoi
The application of the law of any country specified by this Convention means the application

Der offizielle deutsche Wortlaut des Art. 15 EVÜ von 1980:

„ Artikel 15 Ausschluss der Rück- und Weiterverweisung
Unter dem nach diesem Übereinkommen anzuwendenden Recht eines Staates sind die in diesem Staat geltenden Rechtsnormen unter Ausschluss derjenigen des Internationalen Privatrechts zu verstehen."

Die Regelung des Art. 15 EVÜ gilt sowohl bei der Rechtswahl für die von den Parteien vereinbarte Rechtsordnung, als auch für die mangels Rechtswahl nach objektiven Anknüpfungen bestimmten Rechtsordnungen[536].

bb) Ausschluss des Renvoi bei Rechtswahl durch die Parteien

Das von den Parteien gewählte Recht erstreckt sich im Zweifel lediglich auf die Sachvorschriften der gewählten Rechtsordnung, nicht aber auf deren Kollisionsnormen[537]. Demzufolge ist bei einer Rechtswahl durch die Parteien eine Rück- oder Weiterverweisung im Zweifel nicht beachtlich. Dies entspricht der allgemeinen Praxis der Übereinkommen zum Internationalen Privatrecht, welche die Parteiautonomie anerkennen, wie z.B. Art. 2 des Haager Kaufrechtsübereinkommens von 1955, Art. 5 des Haager Stellvertretungsübereinkommens von 1978, Artt. 3 und 6 des Haager Ehegüterrechtsübereinkommens von 1978, Art. 6 des Entwurfs eines Haager Verbraucherkaufvertragsübereinkommens von 1980 sowie Art. 7 des Haager Kaufrechtsübereinkommens von 1986. Ferner stimmt die Ausschaltung eines Renvoi bei einer Rechtswahl durch die Parteien schon deshalb mit der Vernunft überein, weil man in meisten Fällen davon ausgehen kann, dass die Parteien durch ihre Rechtswahl gerade versuchen, eine durch Kollisionsnormen ausgelöste Unvorhersehbarkeit[538] zu verhindern[539].

cc) Ausschluss des Renvoi bei objektiven Anknüpfungen

Auch das mangels einer Rechtswahl nach objektiven Anknüpfungen bestimmte Recht beschränkt sich auf die Sachvorschriften der berufenen Rechtsordnung,

---

of the rules of law in force in that country other than its rules of private international law."

[536] Vgl. dazu *Andrae/Fincke*, EG-Übereinkommen, S. 45; *Fletscher*, Georgia J. Int. and Comp. L. 1999, S. 492.

[537] Vgl. dazu *Gaudemet-Tallon*, Rev. trim. dr. europ. 1981, 257; *Mayer/Heuzé*, DIP, S. 480; *Bauer*, Renvoi im int. Schuld- und Sachenrecht, S. 61-79; *Bamberger/Roth-Spickhoff* (2003), Art. 27 EGBGB, Rn. 8, 34.

[538] *Juenger* spricht von einem „kollisionsrechtlichen Chaos". Siehe hierzu RabelsZ 46 (1982) 67.

[539] Siehe bereits oben § 3 II 1 a der vorliegenden Arbeit.

nicht aber auf deren Kollisionsnormen. Fehlt es an einer Rechtswahl durch die Parteien, dann geht man davon aus, dass die jeweils von den Kollisionsnormen des EVÜ berufene Rechtsordnung **die engste Verbindung** mit dem Sachverhalt aufweist. Das auf diese Weise von dem berufenen Richter angewandte Recht soll das Recht des Schwerpunktes (*centre de gravité*) des Vertrags sein. Eine Zulassung der Rück- oder Weiterverweisung würde dazu führen, dass das am Ende auf die vertraglichen Schuldverhältnisse angewandte Recht nicht die Rechtsordnung der engsten Verbindung darstellt. Das wollten die Verfasser des EVÜ gerade vermeiden[540].

Zudem haben wir hier mit einem internationalen Übereinkommen betreffend die Regelung der Kollisionsnormen zu tun. Hätten die Verfasser des EVÜ nicht daran geglaubt, dass die darin kodifizierten Kollisionsnormen befriedigend seien und die so bestimmten auf vertragliche Schuldverhältnisse anzuwendenden Rechtsordnungen die möglichst besten Lösungen darstellten, dann wollten sie selbstverständlich die von ihnen geschaffenen Kollisionsnormen nicht bei den objektiven Anknüpfungen durch die Eingriffe der Kollisionsnormen eines Staates wieder in Frage stellen[541].

„Es wäre nicht logisch, wenn der Richter trotz dieser ausdrücklichen Standortbestimmung den Vertrag im Wege der Rück- und Weiterverweisung dem Recht eines anderen Staates nur deshalb unterwirft, weil die Kollisionsnormen des Staates, auf den der Vertrag lokalisiert wurde, andere Anknüpfungsmerkmale enthalten."[542]

d) Würdigung

aa) Gesamtbewertung des EVÜ

Das EVÜ ist der wichtigste europäische multilaterale Staatsvertrag auf dem Gebiet des internationalen Schuldvertragsrechts. Es hat einheitliche Normen für die Bestimmung des auf vertragliche Schuldverhältnisse anzuwendenden Rechts geschaffen und gilt als ein Standardwerk des modernen IPR. Es ist eine klare Antwort des europäischen IPR mit traditioneller, Savigny'scher Prägung[543] zu Fragen, die sich während der Debatte in den späten 60er und 70er Jahren des 20. Jahrhunderts über die sog. amerikanische *conflicts revolution* stellten[544].

---

[540] Siehe bereits oben § 3 II 1 b der vorliegenden Arbeit.
[541] Vgl. dazu *Gaudemet-Tallon*, Rev. trim. dr. europ. 1981, 257, 258; *Bamberger/Roth-Spickhoff* (2003), Art. 28 EGBGB, Rn. 25.
[542] Bericht *Giuliano/Lagarde*, BT-Drucks. 10/503, 69.
[543] Siehe bereits *Lando*, Am.J.Comp.L. 1982, 19 ff.
[544] Vgl. dazu *v. Bar/Mankowski*, IPR, Bd. I (2. Aufl. 2003), § 3 Rn. 84.

Das EVÜ ist offenbar ein gelungenes Beispiel der IPR-Kodifikation mittels eines multilateralen Staatsvertrags. Seit seiner Unterzeichnung im Jahr 1980 und völkerrechtlichem In-Kraft-Treten am 1.4.1991 [545] hat das EVÜ beachtliche Ausstrahlungskraft gezeigt und nicht zuletzt die nationalen IPR-Kodifikationen auf dem Bereich des internationalen Schuldvertragsrechts stark beeinflusst. Dies gilt nicht nur für die EU-Mitgliedsstaaten (siehe nur Artt. 27-37 EGBGB), sondern auch für die Nichtvertragsstaaten (z.B. Artt. 116 ff. des schweizerischen IPRG). Seine Haltung zur Unbeachtlichkeit des Renvoi im IPR des internationalen Schuldvertragsrechts ist eindeutig und unmissverständlich.

bb) Bedeutung des Art. 15 EVÜ aus kollisionsrechtlicher Sicht

Art. 15 EVÜ, der den Renvoi in einer **separaten Vorschrift allgemeinen Charakters** kategorisch und systematisch ausschließt, schafft ein neues Modell für den Ausschluss des Renvoi in staatsvertraglichen Kollisionsnormen.

Vor dem EVÜ wurde der Renvoi in der Praxis der kollisionsrechtlichen Staatsverträge häufig in der Weise ausgeschlossen, dass auf das innerstaatliche Recht direkt durch die staatsvertraglichen Kollisionsnormen verwiesen wurde; wenn aber der Ausdruck „innerstaatliches Recht" in jeweiligen staatsvertraglichen Kollisionsnormen nicht verwendet wurde, dann wurde dies meistens durch Interpretation als Zulassung des Renvoi angesehen. Der Rechtsanwender musste also jedes Mal prüfen, ob in eingeschlagenen staatsvertraglichen Kollisionsnormen ausdrücklich auf das innerstaatliche Recht der berufenen Rechtsordnung verwiesen wird. Diese Auslegungsarbeit konnte eventuell sehr mühsam sein, wohingegen die Formulierung des Art. 15 EVÜ viel einsichtiger ist. Hierin wird der Renvoi einfach durch eine **allgemeine Bestimmung** für den Anwendungsbereich des Übereinkommens ausgeschlossen. Das Modell des Art. 15 EVÜ geht auf die Lösung in den Benelux-Verträgen von 1951/1969 zurück, die nie in Kraft getreten sind. Dem EVÜ ist es gelungen, die in den Benelux-Verträgen verkörperten Rechtsgedanken in Kraft zu setzen. Diesem Modell folgen die meisten späteren Haager Konventionen nach 1980, z.B. Art. 17 des Haager Trustübereinkommens von 1985, Art. 15 des Haager Kaufrechtsübereinkommens von 1986, Art. 17 des Haager Erbrechtsübereinkommens von 1989, Art. 21 I KSÜ von 1996, Art. 19 ESÜ von 2000 sowie Art. 10 des 2002 verabschiedeten Haager Übereinkommens über die auf bestimmte Rechte in Bezug auf intermediär-verwahrte Wertpapiere anzuwendende Rechtsordnung. Man kann durchaus sagen, dass die Formulierung des Art. 15 EVÜ ein von der Praxis der IPR-Übereinkommen gerne aufgenommenes Modell zum Ausschluss des Renvoi geworden ist. Sie ist deshalb **sehr zu begrüßen**.

---

[545] Bek. vom 12.7.1991, BGBl. II S. 871.

Im Verhältnis der Vertragsstaaten zueinander innerhalb der Europäischen Union erlangt die Regelung des Art. 15 EVÜ praktisch geringere Bedeutung, weil das Übereinkommen ohnehin das Vertragskollisionsrecht vereinheitlicht. Im Verhältnis zu Nichtvertragsstaaten, wobei das Übereinkommen ebenso – als *loi uniforme* - anzuwenden ist, kann die Bestimmung hingegen eine Rolle spielen[546].

Insgesamt lässt das EVÜ in seinem Anwendungsbereich für den Renvoi keinen Raum. Der Ausschluss des Renvoi in Art. 15 EVÜ dürfte zu einer Vereinfachung der Rechtslage führen. Schließlich ist der Ausschluss des Renvoi im EVÜ deshalb gerechtfertigt, weil die Rück- und Weiterverweisung im internationalen Schuldvertragsrecht ohnehin ausgeschlossen wird[547].

V. Ausschluss des Renvoi in den CIEC-Übereinkommen

1. Pariser CIEC-Übereinkommen zur Erleichterung der Eheschließung im Ausland von 1964

a) Allgemeines

Das Pariser CIEC-Übereinkommen zur Erleichterung der Eheschließung im Ausland vom 10.9.1964 (*Convention du 10 septembre 1964 tendant à faciliter la célébration des mariages à l'étranger*)[548] ist für die Bundesrepublik Deutschland am 25.7.1969 im Verhältnis zu den Niederlanden und zur Türkei in Kraft getreten[549]. Es gilt heute ferner für Spanien und Griechenland[550].

Ziel des Übereinkommens ist es, die Eheschließung für die Angehörigen eines Vertragsstaates in den anderen Vertragsstaaten zu erleichtern, insbesondere hinsichtlich der Befreiung von Ehehindernissen und des Aufgebots.

„Angehörige eines Staates" im Sinne des Übereinkommens sind die Staatsangehörigen dieses Staates sowie diejenigen, deren Personalstatut durch das Recht dieses Staates bestimmt wird (Art. 6).

Schließt der Angehörige eines Vertragsstaates in einem anderen Vertragsstaat die Ehe und hat er dort seinen gewöhnlichen Aufenthalt, so können ihm die

---

546 Vgl. dazu *Horn*, Int. Vertragsrecht, S. 150.

547 Vgl. dazu *Firsching*, IPRax 1981, 42; Bericht *Giuliano/Lagarde*, BT-Drucks. 10/503, S. 70; *Bamberger/Roth-Spickhoff* (2003), Art. 35 EGBGB, Rn. 1.

548 Authentisch ist allein der französische Text, in: BGBl 1969 II S. 451. Deutsche Übersetzung auszugsweise bei *Jayme/Hausmann*, Nr. 31.

549 Bek. vom 22.9.1969, BGBl. 1969 II S. 2054.

550 Siehe hierzu *Jayme/Hausmann*, Anm. 1 zu Nr. 31.

zuständigen Behörden des Eheschließungsstaates Befreiung von den Ehehindernissen erteilen, die in seinem Personalstatut begründet sind, und zwar unter den Voraussetzungen, die sein Personalstatut vorsieht (Art. 1).

b) Regelungen über die internationale Zuständigkeit

Zuständig für die oben genannte Erteilung von Befreiungen sind normalerweise diejenigen Behörden des Eheschließungsstaates, die nach dem innerstaatlichen Recht dieses Staates befugt sind, den eigenen Staatsangehörigen die gleichen Befreiungen zu erteilen (Art. 2 I). Wenn aber das innerstaatliche Recht eines Staates für die eigenen Staatsangehörigen solche Befreiungen nicht vorsieht, kann der Staat seinen Behörden die Befugnis übertragen, den Angehörigen der anderen Vertragsstaaten solche Befreiungen zu erteilen (Art. 2 II). Die Befugnis der Behörden des Heimatstaates des Verlobten, ihm Befreiung nach den Vorschriften seines Heimatrechts zu erteilen, wird allerdings durch das Übereinkommen nicht berührt (Art. 3).

c) Staatsvertragliche Kollisionsnormen

Kollisionsrechtlich von Bedeutung sind Artt. 4 und 5 des Übereinkommens. Das Aufgebot für eine Eheschließung, die in einem Vertragsstaat in der Form des Ortsrechts vorgenommen wird, beurteilt sich ausschließlich nach dem **innerstaatlichen Recht** (*loi interne*) des Eheschließungsstaates (Art. 4). Hierbei gilt ausschließlich das Sachrecht (das materielle Recht) der *lex loci celebrationis*. Schreibt das Recht eines Vertragsstaates die religiöse Eheschließung vor, so können in diesem Staat die diplomatischen oder konsularischen Vertreter der anderen Vertragsstaaten Eheschließung vornehmen, vorausgesetzt, dass sie nach ihrem Heimatrecht dazu ermächtigt sind, und wenigstens einer der Verlobten dem Staat angehört, der den diplomatischen oder konsularischen Vertreter entsandt hat, und schließlich keiner der Verlobten die Staatsangehörigkeit des Eheschließungsstaates besitzt (Art. 5 I). In diesem Fall beurteilt sich das Aufgebot ausschließlich nach dem **innerstaatlichen Recht** (*loi interne*) des Staates, der den diplomatischen oder konsularischen Vertreter entsandt hat (Art. 5 II). Hierbei gilt ausschließlich das Sachrecht (das materielle Recht) des entsendenden Staates des diplomatischen oder konsularischen Vertreters.

d) Ausschluss des Renvoi

Was das auf das Aufgebot anzuwendende Recht angeht, so bringt das Übereinkommen zum Ausdruck, dass hierbei das Sachrecht (das materielle Recht) des Eheschließungsstaates oder des Staates, der den diplomatischen oder konsularischen Vertreter entsandt hat, ausschließlich gilt. Somit ist eine Rück- oder Weiterverweisung bezüglich des auf das Aufgebot anzuwendenden Rechts ausgeschlossen.

e) Stellungnahme

Ein solcher durch die Bezugnahme auf **das innerstaatliche Recht** (*loi interne*) des jeweiligen Staates erfolgter Ausschluss des Renvoi, wie bei Artt. 4 und 5 des Pariser CIEC-Übereinkommens zur Erleichterung der Eheschließung im Ausland von 1964, dient offensichtlich der Rechtssicherheit sowie der Erleichterung der Rechtsanwendung für die betroffenen Vertragsstaaten.

2. Römisches Übereinkommen über die Legitimation durch nachfolgende Ehe von 1970

a) Allgemeines

Das römische CIEC-Übereinkommen über die Legitimation durch nachfolgende Ehe vom 10.9.1970 (*Convention de Rome du 10 septembre 1970 sur la légitimation par mariage*)[551] ist am 8.2.1976 für Frankreich und Österreich in Kraft getreten; es gilt heute ferner für die Türkei, die Niederlande, Italien, Luxemburg und Griechenland[552].

Das Übereinkommen versteht sich als *loi uniforme*: Seine kollisionsrechtlichen Bestimmungen sind gegenüber allen Staaten, selbst Nichtvertragsstaaten, anzuwenden (Art. 5 S. 1).

b) Ausdrücklicher absoluter Ausschluss des Renvoi

Das Übereinkommen unterstellt die Legitimation den **innerstaatlichen Bestimmungen** (*les dispositions de droit interne*) des Heimatrechts des Vaters oder der Mutter, unter der Voraussetzung, dass hiernach deren Ehe die Legitimation eines vorehelichen Kindes zur Folge hat (Art. 1 I). Dies gilt sowohl für Legitimationen, die sich aus der Eheschließung selbst ergeben, als auch für solche, die nachträglich durch eine gerichtliche Entscheidung festgestellt werden (Art. 1 II)[553]. Für die Legitimation sind daher die Sachnormen (**innerstaatliche**

---

[551] Authentisch ist allein der französische Text, in: Rev. crit. DIP 1976, 379. Amtliche österreichische Übersetzung in: öst. BGBl 1976 Nr. 102; abgedr. bei *Jayme/Hausmann*, Nr. 52.

[552] Siehe hierzu *Jayme/Hausmann*, Anm. 1 zu Nr. 52.

[553] Der offizielle französische Wortlaut des Art. 1 I des römischen Übereinkommens über die

Bestimmungen, *les dispositions de droit interne*) des Heimatrechts des Vaters oder der Mutter maßgebend.

Die ausdrückliche Bezugnahme durch Art. 1 I auf die innerstaatlichen Bestimmungen der berufenen Rechtsordnung lässt dem Renvoi freilich keinen Raum.

c) Würdigung

Der Ausschluss des Renvoi durch die Kollisionsnorm des Art. 1 I des Übereinkommens setzt voraus, dass die Ehe der Eltern nach dem Sachrecht des Heimatstaates des Vaters oder der Mutter die Legitimation eines vorehelichen Kindes zur Folge hat. Rechtspolitisch beruht der ausdrückliche und absolute Ausschluss des Renvoi auf dem **Günstigkeitsgrundsatz** zugunsten der Legitimation vorehelicher Kinder (*favor legitimitatis*). Würde der Renvoi zugelassen, würde die Rechtspolitik des *favor legitimitatis* wieder in Frage gestellt. Daher ist der Ausschluss des Renvoi zu begrüßen.

Legitimation durch nachfolgende Ehe von 1970:
"Lorsque, selon les dispositions de droit interne de la loi nationale du père ou de la mère, le mariage de ceux-ci a pour conséquence la légitimation d'un enfant naturel, cette légitimation est valable dans les Etats contractants."

§ 7 Ausschluss des Renvoi in Kollisionsnormen der bilateralen Staatsverträge

I. Allgemeine Bemerkung – die Renvoi-Feindlichkeit der bilateralen Staatsverträge

Die bilateralen Abkommen zum internationalen Rechtsverkehr im Privatrecht dienen vor allen Dingen der Vereinfachung des Rechtsverkehrs zwischen den vertragschließenden Staaten. Sie gehen auf die individuellen Probleme der beiden Staaten ein und sind nur den beiden Staaten gegenüber verbindlich. Kommen die Kollisionsnormen in bilateralen Staatsverträgen vor, so ist die Frage nach Sachnormverweisung oder Gesamtverweisung zu beantworten.

Die Kollisionsnormen der bilateralen Staatsverträge sind häufig in bilateralen Abkommen enthalten, die sich mit konsularischen Angelegenheiten, Handel, Navigation und Niederlassung befassen. Wegen des räumlich beschränkten Geltungsbereichs der bilateralen Abkommen sind sie zur kollisionsrechtlichen Vereinheitlichung nicht geeignet [554]. Dementsprechend nehmen sie selten Stellung zum Allgemeinen Teil des IPR. Dies gilt auch für die Problematik der Rück- und Weiterverweisung.

Da ein bilaterales Abkommen nur gegenüber den vertragschließenden Staaten verbindlich ist, verweisen die darin enthaltenen Kollisionsnormen in aller Regel auf die Rechtsordnung eines der beiden Staaten, die auf das Sachrecht (das materielle Recht) beschränkt sein soll. Wäre damit das gesamte Recht einschließlich der Kollisionsnormen gemeint, könnte dies dazu führen, dass die Rechtsordnung eines Drittstaates zur Anwendung gelangt. Dies würde dem Sinne eines bilateralen Abkommens widersprechen. Eine Zulassung des Renvoi in bilateralen Abkommen ist schon deshalb schwer nachvollziehbar, weil sie den Rechtsverkehr erschweren könnte. Zudem hat eine solche Zulassung des Renvoi zwischen den beiden vertragschließenden Staaten keinerlei praktische Bedeutung[555]. Demzufolge ist der Renvoi in Kollisionsnormen der bilateralen Staatsverträge auszuschließen.

In der Praxis des Ausschlusses des Renvoi in Kollisionsnormen der bilateralen Abkommen sind die folgenden zwei Hauptfälle zu unterscheiden: ausdrücklicher Ausschluss des Renvoi und stillschweigender Ausschluss des Renvoi in Kollisionsnormen der bilateralen Abkommen.

---

[554] Vgl. dazu *Kropholler*, Einheitsrecht, S. 98; *Meyer-Sparenberg*, Staatsvertragliche Kollisionsnormen, S. 21.

[555] Vgl. dazu *Derruppé*, Le renvoi dans les conventions internationales, 12; vgl. auch *Plaisant*, Les règles de conflit de lois dans les traités, Diss. Paris 1945, S. 77.

II. Ausdrücklicher Ausschluss des Renvoi in Kollisionsnormen der bilateralen Abkommen

1. Grundsätzliches

Ein Idealfall ist freilich, dass die bilateralen Abkommen Vorschriften enthalten, die den Renvoi ausdrücklich ausschließen. Ein solcher Fall kommt allerdings in der staatsvertraglichen Praxis ganz selten vor. Als Beispiel kann hier nur das französisch-marokkanische Abkommen betreffend die Stellung der Personen und der Familie und die gerichtliche Zusammenarbeit von 1981 genannt werden.

2. Französisch-marokkanisches Abkommen betreffend die Stellung der Personen und der Familie und die gerichtliche Zusammenarbeit von 1981

a) Ausdrücklicher absoluter Ausschluss des Renvoi

Das französisch-marokkanische Abkommen betreffend die Stellung der Personen und der Familie und die gerichtliche Zusammenarbeit vom 10.8.1981 (*Convention franco-marocaine du 10 août 1981 relative au statut des personnes et de la famille et à la coopération judiciaire*)[556] ist am 13.5.1983 in Kraft getreten.

Zur Frage nach dem anzuwendenden Recht verweisen die Kollisionsnormen des Abkommens auf das Recht eines der beiden Vertragsstaaten nach verschiedenen Anknüpfungskriterien, wie etwa die *lex patriae* (Artt. 1, 5, 7 I und 9 I), die *lex loci celebrationis* (Art. 6) und das Recht des Staates des gemeinsamen Wohnsitzes (Artt. 7 II und 9 II). Eine wichtige Regelung ist jedoch in einer allgemeinen Bestimmung enthalten, nämlich Art. 3 des Abkommens, der lautet:

> „Die Verweisung **auf das** Recht eines der beiden Staaten erstreckt sich auf **das innerstaatliche Recht** dieses Staates **unter Ausschluss des internationalen Systems der Rechtskonflikte**, das in diesem Staat in Kraft sein kann." (*La référence à la loi de l'un des deux Etats s'entend de la loi interne de cet Etat à l'exclusion du système international de conflits de lois qui peut y être en vigueur*).

Es handelt sich hierbei unmissverständlich um eine **Sachnormverweisung**. Daraus ergibt sich, dass bei der Verweisung auf das Recht eines der beiden Vertragsstaaten durch die Kollisionsnormen dieses französisch-marokkanischen

---

[556] Authentisch sind gleichberechtigt der französische und der arabische Text. Französischer Text in: Rev. crit. DIP 1983, 531.

bilateralen Abkommens jegliche Rück- und Weiterverweisung ausgeschlossen ist[557].

b) Würdigung

Der ausdrückliche und absolute Ausschluss des Renvoi im französisch-marokkanischen Abkommen betreffend die Stellung der Personen und der Familie und die gerichtliche Zusammenarbeit von 1981 ist sehr zu begrüßen, denn das durch die Kollisionsnormen des Abkommens berufene Recht bezieht sich auf eine der beiden Rechtsordnungen der Vertragsstaaten, und der Ausschluss des Renvoi bewahrt gerade die Entscheidungsharmonie zwischen den beiden Vertragsstaaten. Diese wäre vereitelt, wenn eine Rück- oder Weiterverweisung zugelassen würde.

Da die Regelung des Art. 3 des Abkommens in Form einer **allgemeinen Bestimmung** besteht und für alle Kollisionsnormen des Abkommens gilt, schafft diese Regelung für die rechtsanwendenden Behörden der beiden vertragschließenden Staaten Klarheit.

III. Stillschweigender Ausschluss des Renvoi in Kollisionsnormen der bilateralen Abkommen

Häufig schweigen sich die bilateralen Abkommen über den Renvoi aus, selbst wenn sie Kollisionsnormen enthalten. Der Ausschluss des Renvoi ergibt sich dann aus notwendiger **Auslegung**.

1. Deutsch-österreichisches Vormundschaftsabkommen von 1927

a) Allgemeines

Das Vormundschaftsabkommen zwischen dem Deutschen Reich und der Republik Österreich vom 5.2.1927[558] ist nach seinem Art. 10 II zum 31.12.2002 gekündigt worden und ist mit Ablauf des 30.6.2003 für die Bundesrepublik Deutschland und die Republik Österreich außer Kraft getreten[559].

[557] Vgl. dazu *Lequette*, Renvoi, 65.

[558] Text in: RGBl. 1927 II S. 511, auszugsweise abgedr. bei *Jayme/Hausmann*, Nr. 56.

[559] Das Abkommen ist am 24.10.1927 in Kraft getreten (RGBl. 1927 II S. 878). Es wurde nach dem Zweiten Weltkrieg mit Wirkung vom 21.10.1959 wieder angewandt (BGBl. 1959 II S. 1250). Nach der Bekanntmachung vom 8.5.2003 über das Außer-Kraft-Treten des deutsch-österreichischen Vormundschaftsabkommens (BGBl. 2003 II S. 540, Ber. BGBl. 2003 II S. 824) ist das Abkommen nach seinem Art. 10 II zum 31.12.2002 gekündigt worden und mit

Die Anknüpfungspunkte sind die Staatsangehörigkeit und der gewöhnliche Aufenthalt. Dementsprechend sind der Heimatstaat und der Aufenthaltsstaat maßgeblich. Ein Minderjähriger, der sich gewöhnlich in dem anderen Staat als seinem Heimatstaat aufhält, wird von den Behörden des Aufenthaltsstaates bevormundet (Art. 1 I). Die Behörden des Heimatstaates können jederzeit die Aufhebung der Vormundschaft verlangen (Art. 1 II S. 2). Verlegt ein Minderjähriger, der in seinem Heimatstaat bevormundet wird, seinen gewöhnlichen Aufenthalt in den anderen Staat, so ist er dort zu bevormunden, wenn die Vormundschaftsbehörde des Heimatstaates es verlangt (Art. 2).

b) Kollisionsnormen des Abkommens

Art. 4 des Abkommens enthält Kollisionsnormen. In den Fällen von Artt. 1 und 2 ist das Recht des Heimatstaates dafür maßgebend, wann und aus welchem Grunde eine Vormundschaft beginnt oder endet (Art. 4 I). In allen übrigen Beziehungen gilt das Recht des Staates, dessen Behörde die Vormundschaft führt; dabei kommen jedoch die Vorschriften des Aufenthaltsstaates, nach denen eine Vormundschaft ohne Anordnung der Vormundschaftsbehörde eintritt, für Angehörige des anderen Staates nur in Betracht, soweit der Aufenthaltsstaat dies bestimmt (Art. 4 II).

c) Stillschweigender Ausschluss des Renvoi durch Interpretation

Kurz gesagt ist grundsätzlich das Recht des Heimatstaates oder des Aufenthaltsstaates anwendbar. Es wird nicht ausdrücklich erwähnt, ob es sich hierbei um eine Sachnormverweisung oder eine Gesamtverweisung handelt. Mithilfe der teleologischen Auslegung sind jedoch hierunter jeweils das Sachrecht des Rechts des Heimatstaates oder des Aufenthaltsstaates zu verstehen. Denn als ein bilaterales Abkommen will es im Ergebnis entweder das deutsche Recht oder das österreichische Recht anwenden. Wäre damit das gesamte Recht des Heimatstaates oder des Aufenthaltsstaates einschließlich seines Kollisionsrechts gemeint, könnte es dazu führen, dass das Recht eines dritten Staates zur Anwendung gelangt. Dies würde dem Sinne eines bilateralen Abkommens widersprechen.

Rechtspolitisch betrachtet soll der Gedanke der Maßgeblichkeit des Heimatrechts oder des Aufenthaltsrechts zwischen dem deutschen und

---

Ablauf des 30.6.2003 außer Kraft getreten. Siehe dazu *Palandt-Heldrich* (63. Aufl. 2004), Anh. zu Art. 24 EGBGB, Rn. 94; *Staudinger-Sturm/Sturm* (2003), Einl. zum IPR, Rn. 555; IPRax 2003, 562.

österreichischen Recht nicht durch die Zulassung des Renvoi gefährdet werden. Die Kollisionsnormen des jeweiligen Staates kommen deshalb nicht in Betracht; der Renvoi ist ausgeschlossen.

d) Stellungnahme

Der Ausschluss des Renvoi im deutsch-österreichischen Vormundschaftsabkommen von 1927 ist zwar nicht ausdrücklich geregelt, ergibt sich aber aus der Auslegung. Dieser entspricht dem Sinn des Abkommens und ist zugleich rechtspolitisch gerechtfertigt.

2. Deutsch-türkischer Konsularvertrag von 1929

Der Konsularvertrag zwischen dem Deutschen Reich und der Türkischen Republik vom 28.5.1929[560] ist am 18.9.1931 in Kraft getreten[561]. Nach dem Zweiten Weltkrieg ist er mit Wirkung vom 1.3.1952 wieder angewendet worden[562]. Da das Haager Testamentsformübereinkommen von 1961 am 1.1.1966 für die Bundesrepublik Deutschland und am 22.10.1983 für die Türkei in Kraft getreten ist, ist der deutsch-türkische Konsularvertrag nebst dem als Anlage zu Art. 20 abgeschlossenen **Nachlassabkommen** hinsichtlich der Formgültigkeit des Testaments mit Wirkung vom 22.10.1983 ersetzt worden[563]. Für die Untersuchung der Haltung dieses Konsularvertrags zum Renvoi sind freilich allein die staatsvertraglichen Kollisionsnormen von Bedeutung.

a) Staatsvertragliche Kollisionsnormen

Die Kollisionsnormen des deutsch-türkischen Konsularvertrags, die in dem als Anlage zu Art. 20 abgeschlossenen **Nachlassabkommen** enthalten sind, beziehen sich auf die in dem Gebiet des einen vertragschließenden Staates befindlichen Nachlässe von Angehörigen des anderen Staates.

Hinsichtlich des unbeweglichen Nachlasses sind die Behörden des Staates, in dessen Gebiet sich dieser Nachlass befindet, berechtigt und verpflichtet, Verrichtungen nach Maßgabe der Landesgesetz und in derselben Weise vorzunehmen wie bei Nachlässen von Angehörigen ihres eigenen Staates (§ 12 I 1). Über die Frage, was zum beweglichen und zum unbeweglichen Nachlass

---

560 Der offizielle deutsche Wortlaut in: RGBl. 1930 II S. 748; deutscher Text auszugsweise (Artt. 16 und 20 mit Anlage §§ 12-18) auch abgedr. bei *Jayme/Hausmann*, Nr. 61.
561 Bek. vom 19.8.1931, RGBl. 1931 II S. 538.
562 Bek. vom 29.5.1952, GBGl. 1952 II S. 608.
563 Vgl. dazu *Staudinger-Dörner* (2000), Vorbem. zu Art. 25 f. EGBGB, Rn. 36.

gehört, entscheidet das Recht des Staates, in dem sich der Nachlass befindet (§ 12 III). Maßgebend ist also das Recht des Belegenheitsortes (*lex rei sitae*-Grundsatz).

Die erbrechtlichen Verhältnisse bezüglich des beweglichen Nachlasses unterliegen den Gesetzen des Landes, dem der Erblasser zur Zeit seines Todes angehörte (§ 14 I). Die erbrechtlichen Verhältnisse bezüglich des unbeweglichen Nachlasses unterliegen den Gesetzen des Landes, in dem dieser Nachlass liegt, und zwar in der gleichen Weise, wie wenn der Erblasser zur Zeit seines Todes Angehöriger dieses Landes gewesen wäre (§ 14 II).

Verfügungen von Todes wegen sind formgültig, wenn die Gesetze des Landes des Errichtungsortes oder die Gesetze des Heimatstaates des Erblassers zur Zeit der Errichtung beachtet sind (§ 16 I).

b) Ausschluss des Renvoi durch Interpretation

Dem Wortlaut nach sind die Kollisionsnormen des deutsch-türkischen Konsularvertrags von 1929 nicht ausdrücklich auf die Sachvorschriften der berufenen Rechtsordnung abgestellt. Der Konsularvertrag verwendet die Ausdrücke wie „das Landesgesetz", „das Recht des Staates" und „die Gesetze des Landes", die als Sachrecht zu verstehen sind. Die in § 12 I 1 vorgesehene „Anwendung des Landesgesetzes in derselben Weise vorzunehmen wie bei Nachlässen von Angehörigen ihres eigenen Staates" und die in § 14 II vorgesehene „Anwendung der Gesetze des Landes, in dem der unbewegliche Nachlass liegt, in der gleichen Weise, wie wenn der Erblasser zur Zeit seines Todes Angehöriger dieses Landes gewesen wäre", sprechen eindeutig dafür, dass die Verfasser dieses Konsularvertrags die Sachvorschriften der berufenen Rechtsordnungen anwenden wollten. Eine Rück- oder Weitverweisung ist also nicht beachtlich[564].

c) Stellungnahme

Die in der Anlage zu Art. 20 des deutsch-türkischen Konsularvertrags enthaltenen Kollisionsnormen sprechen sich stillschweigend für die Sachnormverweisung aus. Eine Auslegung nach dem Willen der Verfasser dieses zweiseitigen Staatsvertrags führt ebenso zum Ergebnis der Sachnormverweisung. Der Renvoi ist mithin auszuschließen.

---

[564] Vgl. dazu *Staudinger-Dörner* (2000), Vorbem. zu Art. 25 f. EGBGB, Rn. 175; *Erman-Hohloch*, Art. 4 EGBGB, Rn. 16; *Bamberger/Roth-Lorenz* (2003), Art. 25 EGBGB, Rn. 5.

Da die darin enthaltenen Kollisionsnormen im Wesentlichen durch das Haager Testamentsformübereinkommen von 1961 ersetzt worden sind, ist die praktische Bedeutung des Ausschlusses des Renvoi durch den Konsularvertrag jedoch gering.

3. Deutsch-iranisches Niederlassungsabkommen von 1929

a) Allgemeines

Das Niederlassungsabkommen zwischen dem Deutschen Reich und dem Kaiserreich Persien (Iran) vom 17.2.1929[565] ist am 11.1.1931 in Kraft getreten[566]. Seine Weitergeltung ist mit Wirkung vom 4.11.1954 bestätigt worden[567].

b) Kollisionsnormen des Abkommens

Das Abkommen enthält in seinem Art. 8 III eine Kollisionsnorm für das gesamte Personen-, Familien- und Erbrecht. Angeknüpft wird an die gemeinsame Staatsangehörigkeit der Ehepartner. Das Abkommen gilt nur für in Deutschland lebende Ehegatten gemeinsamer iranischer Staatsangehörigkeit und für im Iran lebende Ehegatten gemeinsamer deutscher Staatsangehörigkeit[568].

Art. 8 III des Abkommens lautet:

„In Bezug auf das Personen-, Familien- und Erbrecht bleiben die Angehörigen jedes der vertragschließenden Staaten im Gebiet des anderen Staates jedoch den Vorschriften ihrer heimischen Gesetze unterworfen. Die Anwendung dieser Gesetze kann von dem anderen vertragschließenden Staat nur ausnahmsweise und nur insoweit ausgeschlossen werden, als ein solcher Ausschluss allgemein gegenüber jedem anderen fremden Staat erfolgt."

Art. 8 III i.V.m. Ziff. I Abs. 3 des Schlussprotokolls verweist überdies für Scheidungssachen bezüglich rein iranischer Ehen im Inland und rein deutscher Ehen im Iran jeweils auf das Heimatrecht der Beteiligten[569].

Art. 8 III des Abkommens sieht in Bezug auf das Erbrecht unabhängig von Art und Belegenheit des Nachlasses die Anwendung des Heimatrechts vor.

---

[565] RGBl. 1930 II 1002, 1006; deutscher Text auch abgedr. bei *Jayme/Hausmann*, Nr. 23.
[566] Bek. vom 31.12.1930, RGBl. 1931 II S. 9.
[567] Bek. der Weitergeltung vom 15.8.1955, BGBl. 1955 II S. 829. Siehe dazu *Jayme/Hausmann*, Anm. 1 zu Nr. 23.
[568] Vgl. dazu *Bamberger/Roth-Otte* (2003), Art. 14 EGBGB, Rn. 3; *Erman-Hohloch*, Art. 14 EGBGB, Rn. 5.
[569] Vgl. dazu *Bamberger/Roth-Otte* (2003), Art. 17 EGBGB, Rn. 3.

c) Ausschluss des Renvoi durch Interpretation

Das in Art. 8 III des deutsch-iranischen Niederlassungsabkommens vorgesehene Heimatrecht ist als Sachrecht (materielles Recht) des Heimatstaates zu verstehen. Dies ergibt sich aus einer Auslegung nach dem Willen der Verfasser dieses Niederlassungsabkommens, der eindeutig für die Sachnormverweisung auf das Heimatrecht spricht. Der Heimatrechtsgrundsatz setzt sich im Abkommen in dem Maß durch, dass in Bezug auf das Erbrecht - unabhängig von Art und Belegenheit des Nachlasses - das Heimatrecht gilt. Eine Zulassung des Renvoi vom Heimatrecht auf ein anderes Recht würde diesen Grundsatz dadurch gefährden, dass die Rechtsordnung eines Drittstaates zur Anwendung gelangen könnte. Daher ist die Rück- und Weiterverweisung ausgeschlossen[570].

d) Stellungnahme

Die Kollisionsnormen des deutsch-iranischen Niederlassungsabkommens von 1929 folgen einem absoluten Heimatrechtsgrundsatz und lassen insofern keinen Raum für die Beachtlichkeit des Renvoi. Demnach ist der Renvoi stillschweigend, aber konsequent ausgeschlossen.

4. Deutsch-sowjetischer Konsularvertrag von 1958

a) Allgemeines

Der Konsularvertrag zwischen der Bundesrepublik Deutschland und der Union der sozialistischen Sowjetrepubliken vom 25.4.1958[571] ist am 24.5.1959 in Kraft getreten[572]. Er gilt heute für die Bundesrepublik im Verhältnis zu Russland und den übrigen Nachfolgestaaten der Sowjetunion weiter[573].

[570] Vgl. dazu *Bamberger/Roth-Lorenz* (2003), Art. 25 EGBGB, Rn. 11.
[571] BGBl. 1959 II S. 233. Nach der Auflösung der Sowjetunion ist die Weitergeltung deutsch-sowjetischer Verträge mit der Russischen Föderation (Bek. vom 14.8.1992, BGBl. 1992 II S. 1016) und den übrigen Nachfolgestaaten der Sowjetunion vereinbart worden.
[572] Bek. vom 30.4.1959, BGBl. II S. 469.
[573] Siehe dazu *Jayme/Hausmann*, Anm. 1 zu Nr. 33.

b) Ausschluss des Renvoi durch die Kollisionsnorm des Konsularvertrags

Der deutsch-sowjetische Konsularvertrag enthält eine erbrechtliche Kollisionsnorm in Art. 28 III[574]:

„**Art. 28.** (3) Hinsichtlich der unbeweglichen Nachlassgegenstände finden die Rechtsvorschriften des Staates Anwendung, in dessen Gebiet diese Gegenstände belegen sind."

Somit unterstellt Art. 28 III des deutsch-sowjetischen Konsularvertrags die Erbfolge hinsichtlich der unbeweglichen Nachlassgegenstände dem Recht des Belegenheitsortes. Damit sind nur die Sachvorschriften gemeint. Eine Kollisionsnormverweisung würde zum gegenteiligen Ergebnis führen. Insoweit ist eine Rück- oder Weiterverweisung ausgeschlossen[575].

c) Stellungnahme

Art. 28 III des deutsch-sowjetischen Konsularvertrags folgt dem Grundsatz der *lex rei sitae*, der wenig für die Kollisionsnormverweisung spricht. In diesem Sinne ist der Ausschluss des Renvoi zwar stillschweigend, aber konsequent.

5. Französisch-polnisches Abkommen vom 5.4.1967

a) Anknüpfungskriterien des Abkommens

Das französisch-polnische Abkommen vom 5.4.1967 betreffend das anzuwendende Recht, die Zuständigkeit und die Vollstreckung im Bereich des Personen- und Familienrechts (*Convention France-Pologne du 5 avril 1967 sur la loi applicable, la compétence et l'exequatur dans le droit des personnes et de la famille*)[576] schreiben mehrere unterschiedliche Anknüpfungspunkte vor, wie etwa die Staatsangehörigkeit (Artt. 2, 4 II, 5 II, 8 und 12 II), den Ort, an dem die Formalität erfolgt (Art. 3), den Trauungsort (Art. 4 I), den Wohnsitz (Artt. 5 I, 8 II, 10, 11, 12 I und 15 I), den gemeinsamen Wohnsitz (Art. 5 III), den Abschlussort (Art. 6 II und IV) sowie den Ort, an dem die Annahme als Kind stattfindet (Art. 12 III).

---

[574] Siehe hierzu *Jayme/Hausmann*, Anm. 3 vor Nr. 61.

[575] Vgl. dazu *Bamberger/Roth-Lorenz* (2003), Art. 25 EGBGB, Rn. 13.

[576] Authentisch sind gleichberechtigt der französische und der polnische Text. Französischer Text in: Rev. crit. DIP 1969, 329.

b) Ausschluss des Renvoi durch Interpretation

Was die Verweisung im Sinne des Kollisionsrechts anbelangt, so verweist das Abkommen stets auf das Recht des Vertragsstaates (*la loi de la Haute Partie contractante*), sei es französisches oder polnisches Recht. Obwohl es keine allgemeine Vorschrift wie Art. 3 des französisch-marokkanischen Abkommens von 1981 enthält, ist davon auszugehen, dass das berufene Recht des jeweiligen Vertragsstaates dessen Sachrecht ist. Es würde dem Zweck dieses Abkommens sowie dem Sinne der Verweisung widersprechen, wenn statt des Sachrechts das Kollisionsrecht hiermit gemeint wäre. Dem Renvoi soll in diesem Zusammenhang kein Raum eingeräumt werden.

Hinzu kommt, dass Art. 17 II dieses französisch-polnischen Abkommens Maßnahmen zum Schutz der Person und des Vermögens des Minderjährigen nach dem **innerstaatlichen Recht** (*loi interne*) der zuständigen Behörden des Heimatstaates des Minderjährigen anordnet. Die Bezugnahme auf das innerstaatliche Recht spricht eindeutig für die Sachnormverweisung.

c) Stellungnahme

Die Kollisionsnormen des französisch-polnischen Abkommens vom 5.4.1967 schließen in der Regel den Renvoi stillschweigend aus. Bei Art. 17 II wird jedoch jegliche Rück- und Weiterverweisung ausdrücklich ausgeschlossen. Der Ausschluss des Renvoi entspricht dem Zweck des Abkommens und dem Sinne der Verweisung.

6. Französisch-jugoslawisches Abkommen vom 18.5.1971

a) Ausschluss des Renvoi bei Kollisionsnormen des Abkommens

Das französisch-jugoslawische Abkommen vom 18.5.1971 betreffend das anzuwendende Recht und die Zuständigkeit im Bereich des Personen- und Familienrechts (*Convention France-Yougoslavie du 18 mai 1971 relative à la loi applicable et à la compétence en matière de droit des personnes et de la famille*) [577] enthält Kollisionsnormen, die lediglich auf das Recht eines Vertragsstaates (*la loi de la Partie contractante*) verweisen. Dabei sind mehrere Anknüpfungen vorgesehen: *lex patriae* (Artt. 1, 3 I, 5, 6, 8, 11, 13 und 14), *lex loci celebrationis* (Artt. 3 II und 4) sowie *lex domicilii* (Artt. 5, 6, 7 und 8). Es fehlt eine allgemeine Bestimmung, die den Renvoi ausdrücklich ausschließt. Da

---

[577] Authentisch sind gleichberechtigt der französische und der serbokroatische Text. Französischer Text in: Rev. crit. DIP 1973, 570.

das Abkommen ausschließlich die Rechtsverhältnisse der beiden Staaten zueinander regelt, ist davon auszugehen, dass es sich dabei stets um die Sachnormverweisung handelt.

In Art. 2 I und II dieses französisch-jugoslawischen Abkommens – ähnlich wie Art. 17 II des oben erwähnten französisch-polnischen Abkommens vom 5.4.1967 – wird das Treffen der entsprechenden Maßnahmen durch die zuständigen Behörden eines der beiden Vertragsstaaten vorgeschrieben. Danach sollen die Maßnahmen von den jeweiligen Behörden nach ihrem **innerstaatlichen Recht** (*loi interne*) getroffen werden. Es handelt sich dabei eigentlich um die Rechtsgrundlagen der entsprechenden Maßnahmen, jedoch lässt die Bezugnahme auf das innerstaatliche Recht (*loi interne*) keinen Raum für die Rück- und Weiterverweisung.

b) Stellungnahme

Die Kollisionsnormen des französisch-jugoslawischen Abkommens vom 18.5.1971 schließen in der Regel den Renvoi stillschweigend aus. Bei Art. 2 I und II wird jedoch jegliche Rück- und Weiterverweisung ausdrücklich ausgeschlossen. Der Ausschluss des Renvoi ist deshalb gerechtfertigt, weil das Abkommen die Sachverhalte mit Verbindungen zu den beiden Staaten behandelt. Er dient nicht zuletzt der Vereinfachung des Rechtsverkehrs zwischen den beiden Staaten und erleichtert die Rechtsanwendung.

IV. Zusammenfassende Würdigung

Zusammenfassend lässt sich schlussfolgern, dass die in den bilateralen Staatsverträgen enthaltenen Kollisionsnormen, die sich überwiegend auf die Sachverhalte mit Verbindungen zu den beiden Vertragsstaaten beziehen und auf das Recht eines der beiden Vertragsstaaten verweisen, als renvoi-feindlich bewertet werden können. Der Ausschluss des Renvoi in den Kollisionsnormen der bilateralen Staatsverträge ist ganz selten ausdrücklich, sondern erfolgt stillschweigend und ist mithilfe der teleologischen Auslegung zu entnehmen. Dies bestätigt den Grundsatz des Ausschlusses des Renvoi in staatsvertraglichen Kollisionsnormen. Es ist allerdings Erfolg versprechender, durch die in multilateralen Staatsverträgen enthaltenen Kollisionsnormen die einheitliche Haltung zum Renvoi zu gestalten.

Dritter Teil: Zulassung des Renvoi in staatsvertraglichen Kollisionsnormen als Ausnahme

Der Dritte Teil der vorliegenden Arbeit geht zunächst auf die dogmatische Betrachtung der Beachtlichkeit von Rück- und Weiterverweisung (Renvoi) in staatsvertraglichen Kollisionsnormen ein (§ 8), um die nachstehende Untersuchung darüber theoretisch zu fundieren. Demgegenüber sind §§ 9-11 praxisorientiert. Die Untersuchung beschäftigt sich mit den staatsvertraglichen Kollisionsnormen, die den Renvoi ausnahmsweise zulassen. Es wird unter anderem analysiert, inwieweit und auf welche Weise eine Rück- oder Weiterverweisung in staatsvertraglichen Kollisionsnormen zugelassen wird. Ebenso wie im Zweiten Teil der vorliegenden Arbeit stehen die Haager Konventionen aufgrund ihrer rechtsvereinheitlichenden Zielsetzung im Vordergrund. Unter ihnen verdient die sog. Haager Renvoi-Konvention[578] eine gewisse Aufmerksamkeit, weil sie bisher die einzige Haager Konvention ist, die sich überwiegend mit der Renvoi-Problematik beschäftigt, selbst wenn sie sich praktisch als ein Misserfolg erweisen sollte. Anschließend analysiert die vorliegende Arbeit die renvoi-freundlichen Kollisionsnormen, die in weiteren Staatsverträgen außer den Haager Konventionen enthalten sind.

§ 8 Dogmatische Betrachtung der Beachtlichkeit des Renvoi in staatsvertraglichen Kollisionsnormen

I. Allgemeine Bemerkung

Für die staatsvertraglichen Kollisionsnormen ist stets die Frage zu beantworten, ob es sich bei der staatsvertraglichen Verweisung um eine Sachnormverweisung oder um eine Gesamtverweisung (IPR-Verweisung) handelt. Bei einer Sachnormverweisung durch staatsvertragliche Kollisionsnormen hat der Renvoi freilich keinen Raum; sie spricht sich für den Ausschluss des Renvoi aus. Durch die Untersuchung im Zweiten Teil der vorliegenden Arbeit ist festgestellt worden, dass der Ausschluss des Renvoi in staatsvertraglichen Kollisionsnormen einen Grundsatz darstellt. Somit sind staatsvertragliche Kollisionsnormen in der Regel renvoi-feindlich[579]. Dies gilt sowohl für multilaterale Staatsverträge als auch für bilaterale Staatsverträge, nicht nur für kollisionsrechtliche Staatsverträge auf universaler Ebene, sondern auch für

[578] Das Haager Abkommen zur Regelung der Konflikte zwischen dem Heimatrecht und dem Domizilrecht vom 15.6.1955.

[579] Vgl. dazu *Gottschalk*, Allgemeine Lehren, S. 133.

diejenigen auf regionaler Ebene. Es ist eine Regel geworden, in der Praxis der Staatsverträge den Renvoi auszuschließen, soweit sie Kollisionsnormen enthalten.

„Keine Regel ohne Ausnahme.“ In Wirklichkeit findet man jedoch eine Reihe von Ausnahmen vom Grundsatz des Ausschlusses des Renvoi in staatsvertraglichen Kollisionsnormen, bei denen die staatsvertraglichen Kollisionsnormen eine Gesamtverweisung (IPR-Verweisung) aussprechen. Der Renvoi ist aus verschiedenen Gründen unter bestimmten Umständen zu beachten.

II. Zwei Grundkonstellationen

Bei der Auseinandersetzung über die Zulassung des Renvoi in staatsvertraglichen Kollisionsnormen sind grundsätzlich zwei Fälle zu unterscheiden. Erstens, die staatsvertraglichen Kollisionsnormen verweisen auf das IPR eines Vertragsstaates; zweitens, sie verweisen auf das IPR eines Nichtvertragsstaates[580]. In diesen Fällen wird die Fragestellung des Renvoi in staatsvertraglichen Kollisionsnormen unterschiedlich bewertet.

1. Renvoi durch staatsvertragliche IPR-Verweisung auf das Recht eines Vertragsstaates

a) IPR-Verweisung aus anderen Gründen als der *loi uniforme*

Das Haager Eheschließungsabkommen von 1902, das Genfer Abkommen über das internationale Wechselprivatrecht von 1930, das Genfer Abkommen über das internationale Scheckprivatrecht von 1931, die Benelux-Verträge von 1951/1969, die Haager Renvoi-Konvention von 1955, das Haager Unterhaltsübereinkommen von 1956, das Haager Adoptionsübereinkommen von 1965, das Haager Ehegüterrechtsübereinkommen von 1978, das Haager Eheschließungsübereinkommen von 1978 und das Haager Kindesentführungsübereinkommen von 1980 verweisen durch ihre Kollisionsnormen auf das IPR eines Vertragsstaates. Diese Staatsverträge sprechen zwar eine IPR-Verweisung aus, verstehen sich aber nicht als *loi uniforme*. Ob man durch die Zulassung des Renvoi den internationalen Entscheidungseinklang erreichen kann, ist *per se* fraglich.

---

[580] Vgl. dazu *Lindenau*, Einführung des Renvoi, S. 238.

b) Kompromisscharakter einiger Übereinkommen

Häufig geht es dabei um die Konzession an einzelne Staaten, insbesondere bei einigen älteren Übereinkommen, um dadurch die Beteiligung dieser Staaten an den Übereinkommen zu gewinnen. Solche staatsvertraglichen Kollisionsnormen lassen den Renvoi in Ausnahmefällen deshalb zu, weil sie einzelnen Staaten einen Anreiz zur Ratifizierung geben wollen[581]. Prototypen dafür sind Art. 1 des Haager Eheschließungsabkommens von 1902 (Zugeständnis an die Schweiz), Art. 2 I des Genfer Abkommens über das internationale Wechselprivatrecht von 1930 (Zugeständnis an einige dem Domizilprinzip anhängende Vertragsstaaten), Art. 2 I des Genfer Abkommens über das internationale Scheckprivatrecht von 1931 (Zugeständnis an einige dem Domizilprinzip anhängende Vertragsstaaten). Deshalb weisen solche Staatsverträge den Kompromisscharakter auf.

2. Renvoi durch staatsvertragliche IPR-Verweisung auf das Recht eines Nichtvertragsstaates

a) IPR-Verweisung aufgrund der *loi uniforme*

Das Berner Zusatzübereinkommen über die Haftung der Eisenbahn-Personenschäden von Reisenden von 1966, der Anhang A zum Berner internationalen Eisenbahn-Übereinkommen (COTIF) von 1980, das Münchener CIEC-Namensübereinkommen von 1980, das Haager Erbrechtsübereinkommen von 1989, das Haager Kinderschutzübereinkommen (KSÜ) von 1996 verweisen durch ihre Kollisionsnormen auf das IPR eines Nichtvertragsstaates. Die dadurch entstandene Rück- oder Weiterverweisung berücksichtigt den zwischen den Vertragsstaaten und den Nichtvertragsstaaten sowie unter den Nichtvertragsstaaten zueinander bereits bestehenden internationalen Entscheidungseinklang. Solche Staatsverträge sind meistens multilaterale Staatsverträge, die sich als *loi uniforme* verstehen.

b) Das Lösungsmodell der akzeptierten Weiterverweisung

Zwei jüngere Haager Konventionen, nämlich das Haager Erbrechtsübereinkommen von 1989 und das Haager Kinderschutzübereinkommen (KSÜ) von 1996 schließen einerseits den Renvoi durch eine allgemeine Bestimmung, durch welche die staatsvertragliche Verweisung sich auf die Sachnormen eines bestimmten Staates bezieht, aus, und lassen andererseits den Renvoi in Form einer „akzeptierten

[581] Vgl. dazu *Kropholler*, Einheitsrecht, § 22 III 1; *v. Bar/Mankowski*, IPR, Bd. I (2. Aufl. 2003), § 3 Rn. 115, Fn. 653.

Weiterverweisung“ vom Recht eines Nichtvertragsstaates auf das Recht eines anderen Nichtvertragsstaates zu (Art. 4 des Haager Erbrechtsübereinkommens von 1989 und Art. 21 II KSÜ von 1996). Somit berücksichtigen diese zwei Haager Konventionen den zwischen den Vertragsstaaten und den Nichtvertragsstaaten sowie unter den Nichtvertragsstaaten zueinander bereits bestehenden internationalen Entscheidungseinklang. Die beiden wörtlich weitgehend identischen Vorschriften sind ein Lösungsmodell der Haager Konventionen bezüglich der Zulassung des Renvoi geworden. Sie stellen in dieser Hinsicht ein Novum dar. Da der Renvoi den internationalen Entscheidungseinklang insbesondere zwischen den Vertragsstaaten und den Nichtvertragsstaaten fördert (siehe Art. 4 des Haager Erbrechtsübereinkommens von 1989 und Art. 21 II KSÜ von 1996), entspricht die Zulassung des Renvoi auf internationaler Ebene gerade dem Argument für die Zulassung des Renvoi in nationalen Rechtsordnungen. Daher ist dieses Lösungsmodell sehr zu begrüßen.

III. Zulassung des Renvoi aus Gründen der Parteiinteressen

Die Rück- und Weiterverweisung wird gelegentlich zugelassen aus Gründen der Parteiinteressen. Die Zulassung des Renvoi durch Art. 3 des Haager Unterhaltsübereinkommens von 1956 fördert beispielsweise die Gewährung des Unterhalts gegenüber den Kindern. Die Zulassung des Renvoi durch Art. 18 des Berner Zusatzübereinkommens über die Haftung der Eisenbahn-Personenschäden von Reisenden von 1966 sowie durch Art. 8 des Anhangs A des Übereinkommens über den internationalen Eisenbahnverkehr von 1980 ist als Auflockerung der Regelanknüpfung an die *lex loci delicti commissi* anzusehen. Sie beruht auf dem Grundgedanken der engsten Verbindung und dient daher den Parteiinteressen.

IV. Zulassung des Renvoi aus rechtspolitischen Gründen

Rechtspolitisch lässt sich sagen, dass die Zulassung des Renvoi durch Art. 2 des Haager Eheschließungsübereinkommens von 1978 den Formerfordernissen der Eheschließung, dem Zweck der Erleichterung der Eheschließung und der Anerkennung der Gültigkeit der Ehe dient.

V. IPR-Verweisung durch staatsvertragliche Kollisionsnormen der internationalen Schiedsgerichtsbarkeit

In Bezug auf die staatsvertragliche Gesamt- bzw. Kollisionsnormverweisung (IPR-Verweisung) sollen auch Staatsverträge der internationalen Schiedsgerichtsbarkeit angesprochen werden, denn bei staatsvertraglichen

Kollisionsnormen der internationalen Schiedsgerichtsbarkeit kann es zu einer Art von Kollisionsnormverweisung kommen. Die internationale Schiedsgerichtsbarkeit ist, verglichen mit dem staatlichen Gerichtsverfahren, ein privates Sonderverfahren. Dabei spielt der Parteiwille, auf den das Schiedsgericht achten muss, eine herausragende Rolle. Die Parteien können das auf die Hauptsache anzuwendende Recht wählen. Sie haben unter Umständen die Möglichkeit, ein bestimmtes IPR zu wählen (nach § 1051 I 2 ZPO muss dies ausdrücklich geschehen). Mangels einer solchen Rechtswahl durch die Parteien hat das Schiedsgericht ein bestimmtes IPR anzuwenden, etwa das IPR, welches es für geeignet hält (Art. VII Abs. 1 S. 2 des Genfer Europäischen Übereinkommens über die internationale Handelsschiedsgerichtsbarkeit von 1961). Das Schiedsgericht wird sogar ermächtigt, unter bestimmten Voraussetzungen nach Billigkeit, nach der *lex mercatoria* sowie nach Prinzipien für Internationale Handelsverträge zu entscheiden[582]. Es wird also nicht an ein staatliches IPR gebunden. Außerdem hat ein Schiedsgericht keine *lex fori*[583], weil ein Forum im eigentlichen Sinne nicht vorliegt. Anders als der international zuständige Richter eines bestimmten Staates ist der Schiedsrichter nicht verpflichtet, die Kollisionsnormen des Ortes der Schiedsgerichtsbarkeit anzuwenden. Infolgedessen könnten die notwendigen Voraussetzungen für die Rück- und Weiterverweisung wegfallen. Wenn sich aber das Schiedsgericht für die Anwendung des Kollisionsrechts eines bestimmten Staates entscheidet, dann kann eine Rück- oder Weiterverweisung entstehen. Bei der Auslegung des Art. 42 I des Washingtoner Weltbank-Übereinkommens zur Beilegung von Investitionsstreitigkeiten zwischen Staaten und Angehörigen anderer Staaten von 1965 wird die Meinung vertreten, dass es sich dabei um eine ausdrückliche Zulassung des Renvoi handele[584]. Diese Ansicht trifft nur zu, wenn das Schiedsgericht das Kollisionsrecht des Staates des Ortes der Schiedsgerichtsbarkeit anwendet. Auch wenn das Schiedsgericht das anzuwendende IPR wählen kann, wendet dieses im Zweifel die Sachvorschriften auf die Hauptsache an[585], weil eine IPR-Verweisung dem Sinn der Verweisung widersprechen könnte.

---

582 Vgl. dazu *Siehr*, IPR, S. 563.

583 Vgl. dazu *Zöller* ZPO (23. Aufl. 2002), zu § 1052, Rn. 11.

584 Vgl. dazu *Sauveplanne*, Renvoi, S. 13; *Lequette*, Renvoi, 67.

585 Vgl. dazu BT-Drucks. 13/5274, 53.

§ 9 Haager Renvoi-Konvention von 1955

Das Haager Abkommen zur Regelung der Konflikte zwischen dem Heimatrecht und dem Domizilrecht vom 15.6.1955 (*Convention du 15 juin 1955 pour régler les conflits entre la loi nationale et la loi du domicile*)[586], das auch als Haager Renvoi-Konvention bezeichnet wird, ist die einzige Haager Konvention, die sich überwiegend mit der Renvoi-Problematik beschäftigt. Das Abkommen verwendet allerdings den Begriff Renvoi überhaupt nicht, sondern bezweckt die Schaffung gemeinsamer Vorschriften über die Regelung der Konflikte zwischen dem Heimatrecht und dem Domizilrecht[587].

I. Entstehungsgeschichte der Haager Renvoi-Konvention

1. Vorentwurf der niederländischen Regierung zum Thema Renvoi

Der Entwurf eines Abkommens zur Regelung der Konflikte zwischen dem Heimatrecht und dem Domizilrecht beruhte auf einem Vorentwurf der niederländischen Regierung - dem Vorentwurf eines Abkommens über die Frage der Rück- und Weiterverweisung, der im Wesentlichen von *E.M. Meijers* entworfen wurde[588].

a) Grundsätzliche Bejahung des Renvoi

Der Vorentwurf der niederländischen Regierung ging von der grundsätzlichen Bejahung des Renvoi aus. Zunächst wurden die Kollisionen zwischen Staatsangehörigkeit-, Domizil- und Lageortsanknüpfungen beschrieben. Bei einem Konflikt zwischen Staatsangehörigkeits- und Domizilanknüpfung soll im Ergebnis die Domizilanknüpfung den Vorrang haben (Artt. 1 und 2 II des Vorentwurfs)[589]. Die mehrfache Rück- oder Weiterverweisung ist zulässig (Art. 2 I des Vorentwurfs). Im Fall der ausdrücklichen oder stillschweigenden Rechtswahl durch die Parteien soll jedoch der Renvoi allgemein ausgeschlossen werden (Art. 3 des Vorentwurfs). Ferner soll der übliche Vorbehalt der öffentlichen Ordnung (*ordre public*) nicht berührt werden (Art. 4 des Vorentwurfs). Das vorgeschlagene Abkommen soll ausschließlich für den

[586] Authentisch ist allein der französische Text, in: RabelsZ 17 (1952) 272 (auszugsweise); Rev. crit. DIP 1951, 730; Recueil des Conventions, Nr. VI. Englische Übersetzung in: Am.J.Comp.L. 1952, 280.
[587] Siehe die Präambel der Haager Renvoi-Konvention von 1955.
[588] Siehe den Text dieses Vorentwurfs, in: RabelsZ 17 (1952) 273, Fn. 1
[589] Siehe Deutsche Stellungnahme zum Thema Renvoi vom 10.10.1951, in: RabelsZ 17 (1952) 276.

Personenstand und die Geschäftsfähigkeit natürlicher Personen sowie für die sich aus dem Familien- und Erbrecht ergebenden Beziehungen gelten (Art. 5 des Vorentwurfs).

b) Internationaler Entscheidungseinklang als Ziel des Vorentwurfs und Widerstand der renvoi-ablehnenden Staaten

Ziel dieses Vorentwurfs war es, ein System für die Vertragsstaaten zu schaffen, das mit Hilfe der Rück- und Weiterverweisung ein höchstmögliches Maß von internationalem Entscheidungseinklang sichern sollte[590]. Dieses Ziel wurde jedoch wegen des Widerstandes der renvoi-feindlichen Auffassungen insbesondere von nordischen Ländern und Italien bei den Verhandlungen der 7. Session der Haager Konferenz für Internationales Privatrecht in Frage gestellt. Von den 11 Regierungen, deren Stellungnahmen zum Thema Renvoi der deutschen Bundesregierung bekannt geworden sind, haben speziell den Vorentwurf der niederländischen Regierung 4 überhaupt nicht beantwortet (Italien, Japan, Luxemburg und Vereinigtes Königreich), 4 völlig abgelehnt (Dänemark, Frankreich, Norwegen und Schweden), 2 mit erheblichen Einschränkungen akzeptiert (Finnland und Schweiz) und nur 1 (Österreich) grundsätzlich angenommen. Unter diesen Umständen erschien es notwendig, einen Kompromiss zwischen dem den Renvoi grundsätzlich bejahenden ursprünglichen Vorentwurf und den Renvoi-Gegnern zu schließen[591].

2. Gegenentwurf der deutschen Bundesregierung

a) Hintergrund

Die deutsche Bundesregierung nahm zum Vorentwurf der niederländischen Regierung zum Thema Renvoi Stellung[592] und legte einen Gegenentwurf[593] vor. In der vorläufigen Stellungnahme stimmte die deutsche Bundesregierung dem Abkommensvorentwurf der niederländischen Regierung zur Frage der Rück- und Weiterverweisung (Renvoi) weitgehend zu, hatte jedoch gewisse Bedenken bezüglich der Formulierung des Vorentwurfs vorgebracht. Der Gegenentwurf trug den Einwänden einiger Teilnehmerstaaten Rechnung.

---

[590] Vgl. dazu *Dölle*, RabelsZ 17 (1952) 200; *Sonnentag*, Renvoi, S. 78, 79.
[591] Siehe Deutsche Stellungnahme zum Thema Renvoi vom 10.10.1951, in: RabelsZ 17 (1952) 275; *Korkisch*, RabelsZ 23 (1958) 615.
[592] Siehe Deutsche Stellungnahme zum Thema Renvoi vom 10.10.1951, in: RabelsZ 17 (1952) 273-275.
[593] Abgedr. in: RabelsZ 17 (1952) 275.

b) Einige Kernpunkte

aa) Renvoi-freundliche Anknüpfungen

Im deutschen Gegenentwurf wurde zuerst vorgeschlagen, in dem Fall, in dem das nach den Kollisionsnormen des Gerichtsortes als Heimatrecht oder als *lex rei sitae* anwendbare Recht auf ein anderes Recht verweist, dieses andere Recht anzuwenden, sofern es nicht als *lex rei sitae* anwendbar sein soll (Art. 1 des deutschen Gegenentwurfs). Es wurde also vorgeschlagen, die Anknüpfungen an die Staatsangehörigkeit und an die *lex rei sitae* für renvoi-freundlich zu erklären, es sei denn, dass auf die *lex rei sitae* verwiesen werde. Dagegen solle die Anknüpfung an das Domizil als renvoi-feindlich betrachtet werden, da gerade die Staaten des Domizilprinzips den Renvoi ablehnten. Als sachliches Argument für die Renvoi-Freundlichkeit der Anknüpfung an die Staatsangehörigkeit erwähnte die deutsche Bundesregierung, dass die Staatsangehörigkeitsanknüpfung gegenüber Staaten mit mehreren regionalen Teilrechtsordnungen nicht eindeutig sei und daher in solchen Fällen ohnehin zu einer zweiten Anknüpfung zwinge, um eine bestimmte Rechtsordnung anwenden zu können[594].

bb) Zulassung der Weiterverweisung aus der Überlegung des internationalen Entscheidungseinklangs

Verweist das nach den Kollisionsnormen des Gerichtsortes anwendbare Recht unmittelbar oder mittelbar auf ein anderes Recht, so ist dieses andere Recht anzuwenden, falls es sich selbst für zuständig erklärt (Art. 2 des deutschen Gegenentwurfs). In diesem Fall sei eine Weiterverweisung jedenfalls immer zu beachten, da sie *in concreto* zum internationalen Entscheidungseinklang führe[595]. Der internationale Entscheidungseinklang als erstrebtes Ziel kam daher im deutschen Gegenentwurf deutlicher als im Vorentwurf der niederländischen Regierung zum Ausdruck[596].

cc) Ausdehnung der Verweisung auf Nichtvertragsstaaten

Schließlich sollten die im Gegenentwurf vorgeschlagenen Bestimmungen nicht nur im Verhältnis der Vertragsstaaten zueinander, sondern in allen einschlägigen Fällen gelten (Art. 5 des deutschen Gegenentwurfs). Es wurde also erwünscht,

---

[594] Siehe Deutsche Stellungnahme zum Thema Renvoi vom 10.10.1951, in: RabelsZ 17 (1952) 276, 277.

[595] Siehe Deutsche Stellungnahme zum Thema Renvoi vom 10.10.1951, in: RabelsZ 17 (1952) 275.

[596] Vgl. dazu *Graue*, RabelsZ 57 (1993) 37.

dass sich das vorgeschlagene Abkommen auch auf die Nichtvertragsstaaten erstrecke.

dd) Bewertung: grundsätzliche Annahme des Renvoi

Zusammenfassend lässt sich sagen, dass der deutsche Gegenentwurf den Renvoi grundsätzlich annahm. In dieser Hinsicht ging er noch weiter als der Vorentwurf der niederländischen Regierung[597].

3. Zustandekommen der Haager Renvoi-Konvention

Da der Widerstand der renvoi-ablehnenden Staaten zu groß war, steckte die Haager Konferenz für Internationales Privatrecht ihr Ziel erheblich zurück und versuchte nunmehr eine Einigung der Teilnehmerstaaten lediglich über die Frage herbeizuführen, welches Recht im Fall eines Konflikts zwischen dem Heimatrecht und dem Domizilrecht unmittelbar anzuwenden ist. Dabei hatte man **auf die Rechtsfigur des Renvoi** völlig **verzichten** müssen[598].

Das Ergebnis war der Entwurf eines Abkommens zur Regelung der Konflikte zwischen dem Heimatrecht und dem Domizilrecht, der auf der 7. Session der Haager Konferenz für Internationales Privatrecht durch *Acte final* vom 31.10.1951 verabschiedet wurde[599]. Das Abkommen wurde am 15.6.1955 geschlossen und den Teilnehmerstaaten zur Unterzeichnung vorgelegt. Das war die sog. **Haager Renvoi-Konvention**, deren endgültige Fassung vom Vorentwurf der niederländischen Regierung und vom deutschen Gegenentwurf gleichermaßen weit entfernt war[600].

---

[597] Vgl. dazu *Reichart*, Renvoi, S. 63.
[598] Vgl. dazu *Dölle*, RabelsZ 17 (1952) 200.
[599] Vgl. dazu *Dölle*, RabelsZ 17 (1952) 161, 162.
[600] Vgl. dazu *Graue*, RabelsZ 57 (1993) 37.

II. Kernvorschriften der Haager Renvoi-Konvention

1. Bestimmungen zur Regelung der Konflikte zwischen dem Heimatrecht und dem Domizilrecht

a) Grundsätze

Im Konflikt zwischen dem Domizilrecht und dem Heimatrecht räumt die Haager Renvoi-Konvention im Regelfall dem Domizilrecht den Vorrang ein[601]. Die einzelnen Fälle sind in den ersten drei Artikeln der Konvention geregelt[602].

aa) Erster Fall

aaa) Bestimmung des Art. 1

Wenn der Staat, in dem die Person ihren Wohnsitz hat, die Anwendung des Heimatrechts vorschreibt, der Heimatstaat (der Staat, dem diese Person angehört) seinerseits die Anwendung des Rechts des Wohnsitzstaates vorschreibt, dann wendet jeder Vertragsstaat das innerstaatliche Recht des Wohnsitzstaates an (Art. 1).

bbb) Interpretation

Dies wäre dann der Fall, wenn es sich um die Geschäftsfähigkeit einer im Vertragsstaat A domizilierten Person handelt, die dem Vertragsstaat B angehört. Während der Vertragsstaat A ein Anhänger des Staatsangehörigkeitsprinzips ist, folgt der Vertragsstaat B dem Domizilgrundsatz. Nach den Kollisionsnormen des A unterliegt die Geschäftsfähigkeit dieser Person ihrem Heimatrecht,

---

[601] Vgl. dazu *Dölle*, RabelsZ 17 (1952) 201; *Sonnentag*, Renvoi, S. 80.

[602] Der offizielle französische Wortlaut der Artt. 1-3 der Haager Renvoi-Konvention von 1955:
"Article premier
Lorsque l'Etat, où la personne intéressée est domiciliée, prescrit l'application de la loi nationale, mais que l'Etat dont cette personne est ressortissante, prescrit l'application de la loi du domicile, tout Etat contractant appliquera les dispositions du droit interne de la loi du domicile.
Article 2
Lorsque l'Etat, où la personne intéressée est domiciliée, et l'Etat, dont cette personne est ressortissante, prescrivent tous les deux l'application de la loi du domicile, tout Etat contractant appliquera les dispositions du droit interne de la loi du domicile.
Article 3
Lorsque l'Etat, où la personne intéressée est domiciliée, et l'Etat, dont cette personne est ressortissante, prescrivent tous les deux l'application de la loi nationale, tout Etat contractant appliquera les dispositions du droit interne de la loi nationale."

nämlich dem Recht des B; die Kollisionsnormen des B erklären hingegen das Recht des Wohnsitzstaates, nämlich das Recht des A für anwendbar. Nach Art. 1 der Haager Renvoi-Konvention müssen die Richter des A und des B das innerstaatliche Recht (d.h. das Sachrecht) des A anwenden. Ebenso haben Vertragsstaaten C, D, E und so weiter das Sachrecht des A anzuwenden.

Aus der Sicht des A handelt es sich zwischen den beiden Vertragsstaaten A und B um eine Rückverweisung vom Recht des B auf das Recht des A. Aus der Sicht eines dritten Vertragsstaates, dessen Kollisionsnormen auf das Recht des B verweisen, kann es auch eine Weiterverweisung vom Recht des B auf das Recht des A bedeuten. Von einer Rück- oder Weiterverweisung ist aber in Art. 1 keine Rede, da die maßgebende Rechtsordnung des A (das Domizilrecht) von allen Vertragsstaaten unmittelbar anzuwenden ist[603].

ccc) Gewöhnlicher Sprachgebrauch des innerstaatlichen Rechts und seine Folgen

Zudem begegnet man in Art. 1 der Haager Renvoi-Konvention von 1955 dem gewöhnlichen Sprachgebrauch der Haager Konferenz für Internationales Privatrecht, nämlich dem **innerstaatlichen Recht** (*loi interne*) der maßgebenden Rechtsordnung. Darunter ist **das Sachrecht der maßgebenden Rechtsordnung** zu verstehen. Durch die Einschränkung auf das innerstaatliche Recht ist eine mehrfache Rückverweisung hin und her oder eine weitergehende Weiterverweisung nicht zulässig. Ähnliches gilt für die Fälle in Artt. 2 und 3 der Konvention.

bb) Zweiter Fall

aaa) Bestimmung des Art. 2

Schreiben sowohl der Staat, in dem die Person ihren Wohnsitz hat, als auch der Staat, dem diese Person angehört, die Anwendung des Rechts des Wohnsitzstaates vor, dann wendet jeder Vertragsstaat das innerstaatliche Recht des Wohnsitzstaates an (Art. 2).

bbb) Interpretation

Hat z.B. eine Person, die dem Vertragsstaat B angehört, ihren Wohnsitz im Sinne der Haager Renvoi-Konvention (siehe Art. 5) im Vertragsstaat A, und erklären sowohl die Kollisionsnormen des A als auch die Kollisionsnormen des

[603] Vgl. dazu *Dölle*, RabelsZ 17 (1952) 201.

B das Domizilrecht für anwendbar auf die Frage der Geschäftsfähigkeit, dann ist das Sachrecht des A anzuwenden. Nicht nur die Richter der Vertragsstaaten A und B, die ohnehin Anhänger des Domizilprinzips sind, sondern auch diejenigen der anderen Vertragsstaaten C, D, E usw. haben das Sachrecht des A anzuwenden, unabhängig davon, ob sie dem Domizilprinzip folgen oder nicht. Es handelt sich um einen sog. positiven Konflikt zwischen dem Recht des B (dem Heimatrecht) und dem Recht des A (dem Domizilrecht). Durch die Anordnung des Art. 2 der Haager Renvoi-Konvention **wird** eindeutig **dem Domizilrecht der Vorrang eingeräumt**.

Aus der Sicht eines dritten Vertragsstaates, dessen Kollisionsnormen auf das Recht des B (das Heimatrecht) verweisen, kann Art. 2 zu einer Weiterverweisung vom Recht des B auf das Recht des A herbeiführen, gleichwohl ist von einer Weiterverweisung in der Konvention überhaupt keine Rede, und das Sachrecht der maßgebenden Rechtsordnung des A (des Domizilrechts) ist unmittelbar anzuwenden. Durch die einschränkende Bezeichnung des innerstaatlichen Rechts ist – ebenso wie bei Art. 1 – eine Weiterverweisung vom Recht des A auf das Recht eines anderen Staates nicht möglich.

cc) Dritter Fall

aaa) Bestimmung des Art. 3

Schreiben sowohl der Staat, in dem die Person ihren Wohnsitz hat, als auch der Staat, dem diese Person angehört, die Anwendung des Heimatrechts vor, dann wendet jeder Vertragsstaat das innerstaatliche Recht des Heimatstaates an (Art. 3). In diesem Fall folgen die beiden Rechtsordnungen (das Recht des Wohnsitzstaates und dasjenige des Heimatstaates) übereinstimmend dem Staatsangehörigkeitsprinzip. Jeder dritte Vertragsstaat hat das Gleiche zu tun, auch wenn er dem Domizilprinzip folgt[604].

bbb) Interpretation

Wenn sowohl der Vertragsstaat A, in dem die Person ihren Wohnsitz hat, als auch der Vertragsstaat B, dem sie angehört, Anhänger des Staatsangehörigkeitsprinzips sind und die Geschäftsfähigkeit einer Person stets nach ihrem Heimatrecht beurteilen, *in casu* das Recht des B, so haben nicht nur die beiden Vertragsstaaten A und B das Sachrecht des B (das Sachrecht des Heimatstaates) anzuwenden – was auch selbstverständlich zu sein erscheint –

[604] Vgl. dazu *Dölle*, RabelsZ 17 (1952) 201.

sondern hat jeder dritte Vertragsstaat das Sachrecht des B (das Sachrecht des Heimamtstaates) anzuwenden, auch wenn der dritte Vertragsstaat ein Anhänger des Domizilprinzips ist. Es handelt sich wiederum um einen sog. positiven Konflikt zwischen dem Recht des A (dem Domizilrecht) und dem Recht des B (dem Heimatrecht). Folgt beispielsweise der dritte Vertragsstaat C dem Domizilgrundsatz, dann müsste sein Richter normalerweise das Recht des A (das Domizilrecht) anwenden. Sie würden unter normalen Umständen die Verweisung vom Recht des A auf das Recht des B (das Heimatrecht) nicht beachten.

Durch die Anordnung des Art. 3 der Haager Renvoi-Konvention wird ausnahmsweise dem Heimatrecht der Vorrang eingeräumt. Hier wird der grundsätzliche Vorrang des Domizilrechts (siehe Artt. 1 und 2) zugunsten des **internationalen Entscheidungseinklangs** zwischen den Vertragsstaaten aufgegeben. Wäre Dänemark, ein Anhänger des Domizilprinzips und Gegner des Renvoi, ein Vertragsstaat, dann müssten die dänischen Richter die Geschäftsfähigkeit und die Beerbung eines in Deutschland domizilierten Italieners nach dem italienischen Heimatrecht beurteilen, ebenso wie die deutschen und die italienischen Richter, obschon die dänischen Richter nach autonomen dänischen Kollisionsnormen das deutsche Recht als Domizilrecht anwenden müssten, und die Verweisung vom deutschen Recht auf das italienische Recht (Heimatrecht) nicht beachten würden[605].

Aus der Sicht eines dritten Vertragsstaates, dessen Kollisionsnormen auf das Recht des A (das Domizilrecht) verweisen, kann Art. 3 eine Weiterverweisung auf das Recht des B führen, obwohl in der Konvention vom Renvoi keine Rede und das Sachrecht der maßgebenden Rechtsordnung des B unmittelbar anzuwenden ist. Durch die einschränkende Bezeichnung des innerstaatlichen Rechts ist eine weitergehende Weiterverweisung vom Recht des B auf das Recht eines anderen Staates nicht möglich.

b) Vorbedingungen der Anwendung von Artt. 1-3

aa) Anknüpfung an das Domizil oder die Staatsangehörigkeit durch das IPR eines Vertragsstaates

Kein Vertragsstaat sollte zur Anwendung der Regelungen der Artt. 1-3 der Haager Renvoi-Konvention verpflichtet sein, wenn seine Kollisionsnormen (*règles de droit international privé*) im gegebenen Fall weder die Anwendung des Wohnsitzrechts, noch die des Heimatrechts vorschreiben (Art. 4). Somit

---

[605] Vgl. dazu *Dölle*, RabelsZ 17 (1952) 202; vgl. auch das Beispiel bei *Graue*, RabelsZ 57 (1993) 39.

macht Art. 4 der Konvention die Anwendung von Artt. 1-3 davon abhängig, dass die Kollisionsnormen der zur Anwendung berufenen Rechtsordnung eines Vertragsstaates für den in Frage stehenden Tatbestand entweder die Anwendung des Domizilrechts oder des Heimatrechts vorschreiben. Ist das nicht der Fall, bestimmen z.B. die Kollisionsnormen eines Vertragsstaates, dass sich die Geschäftsfähigkeit oder die Beerbung einer Person nach der *lex rei sitae* beurteilt, dann findet die Konvention für diesen Vertragsstaat keine Anwendung[606]. Diese Voraussetzung sollte den Zweck der Konvention, nämlich die Regelung der Konflikte zwischen dem Domizilrecht und dem Heimatrecht, sichern.

bb) Von keiner Vorbehaltsbefugnis nach Art. 8 Gebrauch gemacht

Die Konvention räumt jedem Vertragsstaat die Vorbehaltungsbefugnis ein, bei der Unterzeichnung oder Ratifikation oder beim nachträglichen Beitritt zu erklären, dass er kollisionsrechtliche Tatbestände, die bestimmte Materien betreffen, aus dem Anwendungsbereich der Konvention ausschließe (Art. 8). Macht ein Vertragsstaat von dieser Befugnis Gebrauch, dann findet die Konvention ebenso für ihn keine Anwendung hinsichtlich der vorbehaltenen Materie[607].

2. Weitere wichtige Bestimmungen

a) Domizilbegriff

Die Haager Renvoi-Konvention versucht, das Domizil einheitlich zu definieren. Domizil (Wohnsitz) im Sinne der Konvention ist der Ort, wo sich eine Person gewöhnlich aufhält (*le lieu où une personne réside habituellement*), sofern es nicht vom Domizil einer anderen Person oder vom Sitz einer Behörde abhängt (*à moins qu'il ne dépende de celui d'une autre personne ou du siège d'une autorité*, Art. 5). Dadurch wird das Domizil im Sinne der Konvention weitgehend dem „gewöhnlichen Aufenthalt" gleichgestellt. Während der Wohnsitz einen rechtstechnischen Begriff darstellt, der von Land zu Land unterschiedlich ist, ist der gewöhnliche Aufenthalt objektiver und erkennbarer. Bei der Anwendung von Artt. 1-3 der Konvention ist für die Richter des Forumstaates maßgebend, dass die betreffende Person das Domizil im Sinne der Konvention, nämlich den gewöhnlichen Aufenthalt, in einem Vertragsstaat hat, gleichgültig, ob dieser Staat eine eigene abweichende Haltung zum Wohnsitz

---

[606] Vgl. dazu *Dölle*, RabelsZ 17 (1952) 202.
[607] Vgl. dazu *Dölle*, RabelsZ 17 (1952) 203; 205, Fn. 1; 206.

hat. Ein derartiger Begriff des Domizils dient zweifelsohne der Erleichterung einheitlicher Anwendung der Konvention[608].

b) *Ordre public*

Die Haager Renvoi-Konvention enthält eine *ordre public*-Klausel, wonach in jedem Vertragsstaat die Anwendung des durch die Konvention vorgeschriebenen Rechts aus Gründen des *ordre public* ausgeschaltet werden kann (Art. 6). Der *ordre public* verlangt in diesem Fall die Anwendung der *lex fori* zum Schutz des inländischen Rechtsverkehrs und zugunsten der öffentlichen Ordnung. Ein Beispiel wurde von *Hans Dölle* in seinem Bericht genannt, in dem das Sachrecht des Heimatstaates eines Ausländers gemäß Art. 3 der Konvention maßgebend ist, aber der inländische Geschäftspartner, der bezüglich der Geschäftsfähigkeit des Ausländers im guten Glauben ist, und in seinem Vertrauen geschützt werden muss[609].

c) Vertragsstaat als Voraussetzung für das Eingreifen der Konvention

Kein Vertragsstaat ist verpflichtet, die Bestimmungen der Haager Renvoi-Konvention anzuwenden, wenn der Wohnsitz- oder der Heimatstaat einer Person kein Vertragsstaat ist (Art. 7). Die Konvention versteht sich folglich nicht als *loi uniforme*. Einerseits ist lediglich der internationale Entscheidungseinklang zwischen den Vertragsstaaten angestrebt, andererseits wäre der internationale Entscheidungseinklang ohne die Vorschrift von Art. 7 nicht gewährleistet[610].

III. Kritische Würdigung

1. Eine Konvention ohne Verwendung des Ausdrucks Renvoi

Die Haager Renvoi-Konvention von 1955 **vermeidet** ganz bewusst **den Ausdruck Renvoi**. Der Begriff Renvoi kommt in den Bestimmungen der Konvention überhaupt nicht vor. Vielmehr geht es um eine Konvention, welche die Konflikte zwischen dem Heimatrecht (*loi nationale*) und dem Domizilrecht (*loi du domicile*) regelt. Die ursprüngliche Zielsetzung einer Konvention über die Anerkennung des Renvoi ist also nicht realisiert worden. Die Konvention

608 Vgl. dazu *Dölle*, RabelsZ 17 (1952) 203.
609 Vgl. dazu *Dölle*, RabelsZ 17 (1952) 205.
610 Siehe das während der Verhandlungen der Haager Konferenz für Internationales Privatrecht von E.M. *Meijers* genannte Beispiel, das von Hans *Dölle* in seinem Bericht wiedergegeben wurde, in: RabelsZ 17 (1952) 206.

stellt infolgedessen ein Produkt des mühsamen Kompromisses zwischen den Befürwortern und den Gegnern des Renvoi dar[611].

Da der Ausdruck Renvoi sich im ganzen Konventionstext nicht finden lässt[612], ist die gebräuchliche Bezeichnung der Konvention als „Renvoi-Konvention“ eigentlich ungenau[613].

2. Geregelte und nicht geregelte Fälle des Renvoi

a) Geregelte Fälle

Im Grunde genommen regelt die Haager Renvoi-Konvention von 1955 lediglich die Konflikte zwischen dem Heimatrecht und dem Domizilrecht. Sie erklärt die Verweisung vom Heimatrecht auf das Domizilrecht stets für beachtlich, die Verweisung vom Domizilrecht auf das Heimatrecht nur dann, wenn das Heimatrecht auch selbst angewendet sein will[614].

b) Nicht geregelte Fälle

Nicht geregelt sind dagegen die zahlreichen weiteren Fälle der Rück- und Weiterverweisung, etwa der Konflikt zwischen dem Staatsangehörigkeitsprinzip und dem Prinzip der *lex rei sitae* oder zwischen dem Domizilprinzip und dem Prinzip der *lex rei sitae*, sowie die Verweisung vom Heimatrecht auf das Heimatrecht und die Verweisung vom Domizilrecht auf das Domizilrecht[615].

3. Misserfolg

Die Haager Renvoi-Konvention ist bisher **lediglich von Belgien** (1962) und **den Niederlanden** (1960) **ratifiziert** sowie von Frankreich (1955), Luxemburg (1955) und Spanien (1957) unterzeichnet worden. Sie ist mangels der erforderlichen Anzahl von fünf Ratifikationsurkunden gemäß Art. 10 I noch nicht in Kraft getreten[616]. Eine Revision der Konvention ist nicht beabsichtigt[617].

---

[611] Vgl. dazu *Graue*, RabelsZ 57 (1993) 35.
[612] „Das Abkommen vermeidet aufs peinlichste den Ausdruck Renvoi, an Gespenstern sieht man vorbei.“ Siehe *Raape*, IPR (5. Aufl. 1961), S. 84.
[613] Vgl. dazu *Reichart*, Renvoi, S. 64, Fn. 8.
[614] Vgl. dazu *Kropholler*, IPR (5. Aufl. 2004), § 24 I 3 b; *Sonnentag*, Renvoi, S. 80.
[615] Vgl. dazu *Dölle*, RabelsZ 17 (1952) 205; *Sonnentag*, Renvoi, S. 80. Vgl. auch *Graue*, RabelsZ 57 (1993) 40 f., der die von der Konvention nicht geregelten Fälle der Rück- und Weiterverweisung ausgeführt und diese als „Mängelliste“ bezeichnet hat.
[616] Siehe hierzu *Jayme/Hausmann*, Anm. 1 vor Nr. 20.

Sie wird aller Wahrscheinlichkeit nach nie in Kraft treten. Sie kann als ein Misserfolg bewertet werden[618].

4. Gewisse Bedeutung

Allerdings ist die Haager Renvoi-Konvention von 1955 für die IPR-Theorie immerhin von gewisser Bedeutung, zumal sie nicht die Vereinheitlichung der Kollisionsnormen bezweckt, sondern die Konflikte zwischen den IPR-Systemen der verschiedenen Rechtsordnungen zu regeln versucht[619]. Ihr Scheitern hat die **Tendenz** verstärkt, **in staatsvertraglichen Kollisionsnormen den Renvoi grundsätzlich auszuschließen**[620].

[617] Vgl. dazu Actes et Doc. 141 (1982) 179 f.; *Kropholler*, IPR (5. Aufl. 2004), § 24 I 3 b; *Sonnentag*, Renvoi, S. 81.

[618] Eine kurze Würdigung ist bei *Sauveplanne* in seinem „Renvoi" zu lesen, in dem der Autor erwähnt, dass die durch die Haager Konferenz für Internationales Privatrecht angestrebten Bemühungen um die Schaffung allgemeiner Bestimmungen betreffend die Konflikte zwischen den Anknüpfungen an die *lex patriae* und die *lex domicilii* ein Misserfolg geblieben seien. Siehe *Sauveplanne*, Renvoi, S. 14.

[619] Vgl. dazu *Droz*, Conférence de La Haye, 31.

[620] Vgl. dazu *Graue*, RabelsZ 57 (1993) 35-41; *Lequette*, Renvoi, 70.

§ 10 Zulassung des Renvoi in den einzelnen Haager Konventionen

I. Haager Eheschließungsabkommen von 1902

1. Allgemeines

Das Haager Abkommen zur Regelung des Geltungsbereichs der Gesetze auf dem Gebiete der Eheschließung vom 12.6.1902 (*Convention du 12 juin 1902 pour régler les conflits de lois en matière de mariage*)[621] gilt seit dem 1.6.1989[622] nur noch im Verhältnis zwischen der Bundesrepublik Deutschland und Italien[623]. Das Abkommen wird nur auf solche Ehen angewendet, die in einem Vertragsstaat zwischen Personen geschlossen werden, von denen wenigstens eine Angehörige eines Vertragsstaates ist.

Kein Staat verpflichtet sich durch das Abkommen zur Anwendung eines Gesetzes, welches nicht dasjenige eines Vertragsstaates ist (Art. 8). Das Abkommen versteht sich also nicht als *loi uniforme*[624].

2. Kollisionsnorm des Abkommens (Art. 1)

a) Wortlaut

Für die Untersuchung zur Beachtlichkeit des Renvoi ist nur die Kollisionsnorm in Art. 1 des Abkommens bedeutsam, der in deutscher Übersetzung lautet:

„Das Recht zur Eingehung der Ehe bestimmt sich in Ansehung eines jeden der Verlobten nach dem Gesetze des Staates, dem er angehört (Gesetz des Heimatstaats), soweit nicht eine Vorschrift dieses Gesetzes ausdrücklich auf ein anderes Gesetz verweist."[625]

b) Interpretation

Das Abkommen unterstellt das Recht zur Eheschließung (*droit de contracter mariage*) grundsätzlich dem **Heimatrecht jedes Verlobten** (*la loi nationale de*

---

[621] Authentisch ist allein der französische Text, in: RGBl. 1904 S. 221; deutsche Übersetzung bei *Jayme/Hausmann*, Nr. 30.

[622] Kündigung von Luxemburg, Bek. vom 23.12.1988, BGBl. 1989 II S. 69.

[623] Bek. vom 24.12.1954, BGBl. 1955 II S. 1.

[624] *v. Bar/Mankowski*, IPR, Bd. I (2. Aufl. 2003), § 1 Rn. 28.

[625] Der offizielle französische Wortlaut des Art. 1 des Haager Eheschließungsabkommens von 1902:
"Le droit de contracter mariage est réglé par la loi nationale de chacun des futurs époux, à moins qu'une disposition de cette loi ne se réfère expressément à une autre loi."

chacun des futurs époux). Eine **Rück- oder Weiterverweisung vom Heimatrecht** dieses Verlobten auf eine andere Rechtsordnung wird jedoch insoweit berücksichtigt, als eine Vorschrift des Heimatrechts bezüglich des Rechts zur Eingehung der Ehe **ausdrücklich** auf eine andere Rechtsordnung verweist (*une disposition de cette loi ... se réfère expressément à une autre loi*). Der Renvoi wird also unmissverständlich zugelassen.

3. Kompromisscharakter des Art. 1

Das Haager Eheschließungsabkommen soll im Prinzip nur zwischen den Vertragsstaaten gelten, die dem Staatsangehörigkeitsprinzip folgen (1. HS des Art. 1). Daher kann die Zulassung der Rück- und Weiterverweisung nur für die Fälle gelten, in denen die Kollisionsnormen eines dieser Staaten auf das Recht eines Vertragsstaates verweisen, der dem Wohnsitzprinzip oder einem anderen Anknüpfungsprinzip folgt.

Ursprünglich war die Rück- und Weiterverweisung im Abkommen nicht vorgesehen[626], wurde aber **der Schweiz zuliebe** eingeführt, weil die Schweiz das dem Abkommen zugrunde liegende Staatsangehörigkeitsprinzip nicht akzeptieren wollte und deren Art. 7 f. des Bundesgesetzes betreffend die zivilrechtlichen Verhältnisse der Niedergelassenen und Aufenthalter (NAG) von 1891 bezüglich des Rechts zur Eingehung der Ehe auf das Recht des Eheschließungsortes verwies[627]. Daher war die im zweiten Halbsatz des Art. 1 des Haager Eheschließungsabkommens ausdrücklich zugelassene Rück- und Weiterverweisung ein **Zugeständnis an das im schweizerischen Recht vorherrschende Wohnsitzprinzip**, um die Schweiz zur Ratifikation des Abkommens zu bewegen[628].

4. Auslegungsfragen

a) Enge Auslegung in der Praxis des Deutschen Reichs

aa) Im Allgemeinen

Aus dem Ausdruck „eine Vorschrift dieses Gesetzes“ (*une disposition de cette loi)* im Halbsatz 2 des Art. 1 des Abkommens ergaben sich Auslegungsfragen. Die Praxis des Deutschen Reichs schränkte den Anwendungsbereich der Rück-

---

[626] Vgl. dazu *Jayme*, FS Beitzke, S. 541, 542, Fn. 12.
[627] Vgl. dazu *Gottschalk*, Allgemeine Lehren, S. 64.
[628] Vgl. schon *Meili/Mamelok*, Das IPR und IZPR der Haager Konventionen, 1911, S. 92 ff.; vgl. auch *v. Overbeck*, Rec. des Cours 233 (1992 II) 51; *Kropholler*, FS Henrich, S. 395; *Sonnentag*, Renvoi, S. 87, Fn. 63; *v. Bar/Mankowski*, IPR, Bd. I (2. Aufl. 2003), § 3 Rn. 73.

und Weiterverweisung dadurch ein, dass sie den Ausdruck „eine Vorschrift dieses Gesetzes“ wörtlich verstand und die Rück- oder Weiterverweisung nur berücksichtigte, wenn sie sich aus einer ausdrücklichen Gesetzesvorschrift ergab[629].

bb) Auslegung des Reichgerichts

Das Reichgericht entschied im einigen Rechtsstreiten zu dieser Frage zugunsten der engeren Auslegung. In einem dieser Fälle hatte die in Budapest geborene und früher wohnhafte Ehefrau gegen ihren Ehemann, einen preußischen Staatsangehörigen, die nach damaligem Recht noch mögliche Eheanfechtungsklage (heutzutage Eheaufhebungsklage) erhoben (§ 1333 a.F. BGB). Das Berufungsgericht hatte die Klage abgewiesen, ohne die Staatsangehörigkeit der Ehefrau festgestellt zu haben. Das Reichsgericht hob das Urteil auf und verlangte „Prüfung des ungarischen internationalen Privatrechts und, falls dort nicht auf deutsches Recht verwiesen ist, des innerungarischen Eherechts“; dies sei nur entbehrlich, wenn die Ehefrau schon als Verlobte Deutsche gewesen sei. Die Erforderlichkeit der Prüfung ergebe sich insbesondere aus dem Haager Eheschließungsabkommen, denn Ungarn habe dieses 1911 ratifiziert. Sollte hiernach ungarisches Recht anwendbar sein, so könne sich die im Abkommen vorgesehene Rückverweisung gemäß dem Abkommenswortlaut nur aus einer ausdrücklichen Gesetzesvorschrift ergeben[630].

cc) Analyse

Heute sieht man die Auslegung des Art. 1 HS 2 des Haager Eheschließungsabkommens durch das Reichsgericht als zu eng[631], weil der Ausdruck „eine Vorschrift dieses Gesetzes“ (*une disposition de cette loi)* sowohl eine Vorschrift des Gesetzes als auch eine Regelung der Rechtsordnung bedeuten kann.

Ursprünglich ging es bei den Bestimmungen dieses Abkommens um einen *favor matrimonii* in dem Sinne, dass neben der *lex patriae* die *lex domicilii* und die *lex loci celebrationis* maßgebend sein sollten, falls die Letzteren die Ehe gestatten[632].

---

[629] RG 15.12.1930 – Rep. VIII 419/30, JW 1931, S. 1340 f. = IPRspr. 1931, Nr. 58, S. 118 ff.; RG 15.2.1912 – Rep. IV 302/11, RGZ 78, 234 (237 f.) = JW 1912, S. 397.
[630] RG 15.12.1930, JW 1931, 1340 = IPRspr. 1931, Nr. 58 = WarnRspr. 1931, Nr. 49.
[631] Vgl. dazu *Gottschalk*, Allgemeine Lehren, S. 64.
[632] Vgl. dazu *Jayme*, FS Beitzke, S. 542, Note 12.

5. Bewertung

a) Gering gewordene Bedeutung des Art. 1 des Abkommens

Die den Renvoi für beachtlich erklärende Vorschrift des Art. 1 des Haager Eheschließungsabkommens war bereits zur Zeit ihres In-Kraft-Tretens[633] eine selten anzutreffende **Ausnahme**[634]. Sie hat ihre ohnehin geringe praktische Bedeutung deshalb verloren, nachdem eine Reihe von Vertragsstaaten das Abkommen gekündigt haben[635], darunter die **Schweiz**, für welche die Zulassung des Renvoi durch das Abkommen besonders von Bedeutung sein konnte, weil das schweizerische IPR auf dem Wohnsitzrechtsprinzip beruhte.

Wie in Deutschland werden heute auch in Italien die Ehevoraussetzungen nach Art. 27 des italienischen IPR-Gesetzes von 1995 an die Staatsangehörigkeit der Verlobten angeknüpft. Dies bedeutet, dass die beiden Staaten in der Frage der Eheschließungsvoraussetzungen auf dem Staatsangehörigkeitsprinzip beruhen. Insoweit ist die Vorschrift des Art. 1 HS 2 des Haager Eheschließungsabkommens von 1902, welche die Rück- und Weiterverweisung zulässt, praktisch gegenstandslos geworden[636].

b) Gesamtbewertung

Während die anderen älteren Haager Konventionen von 1902 und 1905 den Renvoi stillschweigend ausschlossen[637], war das Haager Eheschließungsabkommen von 1902 die erste Haager Konvention, welche die Rück- und Weiterverweisung **ausdrücklich** berücksichtigte[638]. Trotz der heute gering gewordenen praktischen Bedeutung des Art. 1 verdient das Abkommen immerhin eine gewisse Aufmerksamkeit, weil es die allererste Haager Konvention war, die den Renvoi ausnahmsweise in so einer ausdrücklichen

---

[633] Das Haager Eheschließungsabkommen ist am 31.7.1904 für das Deutsche Reich in Kraft getreten (Bek. vom 24.6.1904, RGBl. S. 249).

[634] Vgl. dazu *v. Bar/Mankowski*, IPR, Bd. I (2. Aufl. 2003), § 3 Rn. 73.

[635] Vor dem Zweiten Weltkrieg galt es im Verhältnis zu Italien, Luxemburg, den Niederlanden, Polen, Rumänien, Schweden, der Schweiz und Ungarn. Es wurde durch Schweden gekündigt zum 1.6.1959 (BGBl. II S. 582), durch die **Schweiz zum 1.6.1974** (BGBl. 1973 II S. 1028), durch die Niederlande zum 1.6.1979 (BGBl. 1977 II S. 448) und durch Luxemburg zum 1.6.1989 (Bek. vom 23.12.1988, BGBl. 1989 II S. 69).

[636] Vgl. dazu *Staudinger-Hausmann* (2003), Art. 4 EGBGB, Rn. 121; *Sonnentag*, Renvoi, S. 83, 84, Fn. 55; *Gottschalk*, Allgemeine Lehren, S. 65.

[637] Vgl. dazu *Graue*, RabelsZ 57 (1993) 33, 34; *Soergel-Kegel*, Art. 4 EGBGB, Rn. 30; *Kropholler*, FS Henrich, S. 394.

[638] Vgl. dazu *Meyer-Sparenberg*, Staatsvertragliche Kollisionsnormen, S. 137; *Graue*, RabelsZ 57 (1993) 30; *Kropholler*, FS Henrich, S. 395.

Weise zuließ. Die dadurch zum Ausdruck kommende **Kompromissbereitschaft** ist aus heutiger Sicht nach wie vor zu begrüßen.

II. Haager Unterhaltsübereinkommen von 1956

1. Sachnormverweisung als Grundsatz

Das Haager Übereinkommen über das auf Unterhaltsverpflichtungen gegenüber Kindern anzuwendende Recht vom 24.10.1956 ordnet an, dass die Unterhaltsverpflichtungen gegenüber Kindern grundsätzlich dem Recht des Staates, in dem das Kind seinen gewöhnlichen Aufenthalt hat, unterstehen (Art. 1 I). Im Fall eines Aufenthaltswechsels des Kindes, unterstehen die Unterhaltsverpflichtungen von diesem Zeitpunkt an dem Recht des Staates, in dem das Kind seinen neuen gewöhnlichen Aufenthalt hat (Art. 1 II).

Wie im Zweiten Teil der vorliegenden Arbeit bereits erwähnt wurde, ist das in Abs. 1 I und II bezeichnete Recht des Staates, in dem das Kind seinen gewöhnlichen Aufenthalt hat, als dessen Sachvorschriften zu verstehen. Der deutsche Gesetzgeber hat zwar in Art. 18 I 1 EGBGB die Bestimmungen des Art. 1 I und II des Haager Unterhaltsübereinkommens von 1956 im Wesentlichen übernommen, sieht aber zugleich vor, dass es sich hierbei um die Sachvorschriften des am jeweiligen gewöhnlichen Aufenthalt des Unterhaltsberechtigen geltenden Rechts handelt.

2. Mögliche Rück- oder Weiterverweisung als Ausnahme

Wenn aber das Recht des Staates, in dem das Kind seinen gewöhnlichen Aufenthalt hat, dem Kind jeden Anspruch auf Unterhalt versagt, dann findet das **Recht** (*loi*) Anwendung, das nach den innerstaatlichen Kollisionsnormen der zuständigen Behörde maßgebend ist (Art. 3)[639]. Anders als Art. 1 I und II knüpft Art. 3 nicht ausdrücklich an den gewöhnlichen Aufenthalt des Kindes an. Es wird auch nicht angeordnet, dass es sich hierbei um das innerstaatliche Recht der jeweiligen Rechtsordnung handelt. Somit öffnet Art. 3 des Abkommens eine Möglichkeit der Rück- oder Weiterverweisung von dem Recht, das nach den Kollisionsnormen der angerufenen Behörde eines Vertragsstaates (z.B. Österreich) maßgebend ist, der seinerseits für die Unterhaltsverpflichtung gegenüber Kindern eine Rück- oder Weiterverweisung zulässt. Für den Unterhaltsanspruch des Kindes verweisen beispielsweise §§ 24 und 25 II des

---

[639] Der offizielle französische Wortlaut des Art. 3 des Haager Unterhaltsübereinkommens von 1956:
"Contrairement aux dispositions qui précèdent, est appliquée la loi désignée par les règles nationales de conflit de l'autorité saisie, au cas où la loi de la résidence habituelle de l'enfant lui refuse tout droit aux aliments."

österreichischen IPRG von 1978 auf das Personalstatut des Kindes, was nach § 9 des österreichischen IPRG das Heimatrecht des Kindes bedeutet. Eine Rück- oder Weiterverweisung ist nach § 5 des österreichischen IPRG zu beachten[640]. Folglich stellt Art. 3 des Haager Unterhaltsübereinkommens von 1956 eine **Ausnahme** von der Grundregel des Ausschlusses des Renvoi dar.

3. Bewertung

Die in der Vorschrift des Art. 3 des Haager Unterhaltsübereinkommens von 1956 verankerte Grundidee war, dass im darin vorgeschriebenen Fall der Unterhalt gegenüber den Kindern nach Möglichkeit gewährt werden solle. Aus Gründen der Parteiinteressen dient die durch diese Vorschrift zugelassene Rück- oder Weiterverweisung dem Kindeswohl.

III. Haager Adoptionsübereinkommen von 1965

1. Ausschluss des Renvoi als Grundsatz

Das Haager Übereinkommen über die behördliche Zuständigkeit, das anzuwendende Recht und die Anerkennung von Entscheidungen auf dem Gebiet der Annahme an Kindes statt vom 15.11.1965 geht vom Grundsatz des Ausschlusses des Renvoi aus. Bezüglich der Voraussetzungen der Adoption schließt das Übereinkommen die Rück- und Weiterverweisung in seiner wichtigsten Kollisionsnorm in Art. 4 I grundsätzlich aus, und zwar durch die Bezugnahme auf das innerstaatliche Recht des Staates des gewöhnlichen Aufenthalts des Adoptierenden oder des gemeinsamen gewöhnlichen Aufenthalts der Adoptiveltern, oder des Heimatstaates des Adoptierenden oder des gemeinsamen Heimatstaates der Adoptiveltern. Zudem schließt das Übereinkommen bezüglich der Nichtigerklärung durch die Bezugnahme auf das innerstaatliche Recht des Adoptionsortes (Art. 7 II lit. a) und bezüglich der Aufhebung durch die Bezugnahme auf das innerstaatliche Recht der angerufenen Behörde (Art. 7 III) die Rück- und Weiterverweisung ebenfalls aus.

2. Ausnahmen vom Grundsatz

Der Ausschluss des Renvoi ist jedoch nicht absolut, denn das Übereinkommen lässt den Renvoi stillschweigend zu. Alle Adoptionsverbote, die **das Heimatrecht** (*loi nationale/national law*) des Adoptierenden oder **das**

---

[640] Vgl. dazu *Staudinger-Hausmann* (2003), Art. 4 EGBGB, Rn. 128; *Staudinger-Kropholler* (1996), Vorbem. zu Art. 18 EGBGB, Rn. 172, 173; *Graue*, RabelsZ 57 (1993) 67; *Gottschalk*, Allgemeine Lehren, S. 80.

gemeinsame Heimatrecht (*loi nationale commune/common national law*) der Adoptiveltern enthalten, müssen von den aufgrund des gewöhnlichen Aufenthalts zuständigen Behörden beachtet werden (Art. 4 II), wenn der betreffende Staat diese Verbote zum Gegenstand einer ausdrücklichen Erklärung gemacht hat (Art. 13).

Zudem müssen die in Art. 3 I des Übereinkommens genannten Behörden **das Heimatrecht des Kindes** (*loi nationale de l'enfant/national law of the child*) auf die Zustimmung und Anhörung anderer Personen als Adoptierenden, seiner Familie und seines Ehegatten anwenden. (Art. 5 I).

Auf die Nichtigerklärung können anwendbar sein – außer dem innerstaatlichen Recht des Adoptionsortes (Art. 7 II lit. a) - das **Heimatrecht** des Adoptierenden oder der Adoptiveltern im Zeitpunkt der Adoptionsentscheidung, sofern die Nichtigkeit ihre Ursache in der Verletzung eines der in Art. 4 II bezeichneten Adoptionsverbote hat (Art. 7 II lit. b), oder das **Heimatrecht** (*loi nationale/national law*) des Adoptierten, sofern die Nichtigkeit ihre Ursache in dem Mangel oder Fehler einer der vom **Heimatrecht** (*loi nationale/national law*) des Adoptierten geforderten Zustimmungen hat (Art. 7 II lit. c).

Anders als Art. 4 I, Art. 7 II lit. a und Art. 7 III des Übereinkommens ist die mehrfache Bezugnahme auf das jeweilige **Heimatrecht** dem Wortlaut nach nicht auf die Sachnormen beschränkt und spricht daher eine Gesamtverweisung (IPR-Verweisung) aus. Somit ist eine Rück- oder Weiterverweisung vom Heimatrecht möglich. Dies stellt eine Ausnahme vom Grundsatz des Ausschlusses des Renvoi dar.

3. Kritische Würdigung

Die eine Rück- oder Weiterverweisung zulassende Regelung des Haager Adoptionsübereinkommens von 1965 hat ihre Ursache darin, dass die dem Staatsangehörigkeitsprinzip folgenden Vertragsstaaten – wie etwa die Benelux-Staaten, Deutschland, Finnland, Frankreich, Italien, Österreich, Portugal, Schweden und Spanien – ihre eigenen materiellen Normen nach Möglichkeit auf die Adoption anwenden wollten. Aus diesem Grund ist der durch das Übereinkommen angestrebte Gleichlauf zwischen Zuständigkeit und anzuwendendem Recht mehrfach durchbrochen worden[641]. Da das Haager Adoptionsübereinkommen von 1965 heute nur für Österreich, die Schweiz und

[641] Vgl. schon *Ficker*, RabelsZ 30 (1966) 626-628. Siehe auch *Graue*, RabelsZ 57 (1993) 49, 50.

das Vereinigte Königreich gilt[642] und sich nicht als *loi uniforme* versteht, ist die praktische Bedeutung der Renvoi-Problematik jedoch gering.

IV. Haager Ehegüterrechtsübereinkommen von 1978

1. Sachnormverweisung als Grundsatz

Das Haager Übereinkommen über das auf Ehegüterstände anzuwendende Recht vom 14.3.1978 geht – wie bereits im Zweiten Teil der vorliegenden Arbeit festgestellt wurde - grundsätzlich von der Sachnormverweisung aus. Es unterstellt primär die güterrechtlichen Beziehungen dem von den Ehegatten vor oder nach der Eheschließung gewählten innerstaatlichen Recht (Parteiautonomie, Artt. 3 I und 6 I). Mangels einer Rechtswahl ist das innerstaatliche Recht des Staates des ersten gemeinsamen gewöhnlichen Aufenthalts der Ehegatten nach der Eheschließung anwendbar (Art. 4 I).

2. Gesamtverweisung (IPR-Verweisung) bei Art. 4 II Nr. 2 lit. b als Ausnahme

a) Berücksichtigung der Kollisionsnormen eines Nichtvertragsstaates

Das innerstaatliche Recht des gemeinsamen Heimatstaates der Ehegatten ist gemäß Art. 4 II Nr. 2 dann anzuwenden, wenn der gemeinsame Heimatstaat der Ehegatten Nichtvertragsstaat ist, und nach dessen Internationalem Privatrecht (*droit international privé/rules of private international law*) sein eigenes innerstaatliches Recht anwendbar ist, und die Ehegatten ihren ersten gewöhnlichen Aufenthalt nach der Eheschließung begründen, entweder in einem Staat, der die in Art. 5 bestimmte Erklärung abgegeben hat (Art. 4 II Nr. 2 lit. a), oder in einem Staat, der Nichtvertragsstaat ist, und dessen **Internationales Privatrecht** (*droit international privé/rules of private international law*) ebenfalls ihr gemeinsames Heimatrecht für maßgebend erklärt (Art. 4 II Nr. 2 lit. b)[643].

---

[642] Siehe hierzu *Jayme/Hausmann*, Anm. 1 vor Nr. 53; *Cheshire/North*, PIL, S. 906, Fn. 16.

[643] Der offizielle französische Wortlaut des Art. 4 II Nr. 2 des Haager Ehegüterrechtsübereinkommens von 1978:
"Toutefois, dans les cas suivants, le régime matrimonial est soumis à la loi interne de l'Etat de la nationalité commune des époux:
1. ...,
2. Lorsque cet Etat n'est pas Partie à la Convention, que sa loi interne est applicable selon son droit international privé, et que les époux établissent leur première résidence habituelle après le mariage:
a) dans un Etat ayant fait la déclaration prévue par l'article 5, ou
b) dans un Etat qui n'est pas Partie à la Convention et dont le droit international privé prescrit

Art. 4 II Nr. 2 lit. b des Übereinkommens ist eine ausdrückliche Gesamtverweisung (IPR-Verweisung), bei welcher die autonomen nationalen Kollisionsnormen der berufenen Rechtsordnung des Staates des gewöhnlichen Aufenthalts berücksichtigt werden [644]. Diese sehr umständlich formulierte Vorschrift[645] stellt eine **Ausnahme** vom Grundsatz der Sachnormverweisung des Übereinkommens dar[646]. Die Anknüpfung an das gemeinsame Heimatrecht der Ehegatten geht in diesem Fall der Regelanknüpfung des Art. 4 I des Übereinkommens an das am ersten gewöhnlichen Aufenthalt der Ehegatten nach der Eheschließung geltende Sachrecht vor, wenn der Heimatstaat ein Nichtvertragsstaat ist, dessen IPR an das gemeinsame Heimatrecht anknüpft, und die Ehegatten ihren gewöhnlichen Aufenthalt in einem anderen Nichtvertragsstaat begründen, dessen IPR ebenfalls an das gemeinsame Heimatrecht anknüpft.

b) Analyse zu Art. 4 II Nr. 2 lit. B

Diese Regelung ist an sich ein Ergebnis des Kompromisses zwischen den dem Aufenthaltprinzip anhängenden Staaten und den dem Staatsangehörigkeitsprinzip anhängenden Staaten [647] und dient dem **internationalen Entscheidungseinklang mit den Nichtvertragsstaaten sowie zwischen den zwei Nichtvertragsstaaten** [648]. Die Zulassung einer

---

également l'application de leur loi nationale;
3. ..."
Der offizielle englische Wortlaut:
"Nonetheless, in the following cases, the matrimonial property regime is governed by the internal law of the State of the common nationality of the spouses –
(1) ...;
(2) where that State is not a Party to the Convention and according to the rules of private international law of that State its internal law is applicable, and the spouses establish their first habitual residence after marriage –
a) in a State which has made the declaration provided for in Article 5, or
b) in a State which is not a Party to the Convention and whose rules of private international law also provide for the application of the law of their nationality;
(3) ..."

[644] Vgl. *Jayme*, FS Beitzke, S. 541-543, Fn. 15; *v. Bar/Mankowski*, IPR, Bd. I (2. Aufl. 2003), § 3 Rn. 73; *Graue*, RabelsZ 57 (1993) 26, 54; *Sonnentag*, Renvoi, S. 84, 85, Fn. 58.

[645] *v. Overbeck* spricht von *une sorte de renvoi*. Siehe hierzu Rec. des Cours 233 (1992-II) 9, 53.

[646] Vgl. auch *Jayme*, FS Beitzke, S. 541, 543, Fn. 15; *Beitzke*, RabelsZ 41 (1977) 457 ff., 469; *v. Bar*, RabelsZ 57 (1993) 63, 97; *Batiffol*, Rev. crit. DIP 1977, 451, 457 ff.; *Philip*, Rec. des Cours 160 (1978-II) 1, 52 ff.; *Sonnentag*, Renvoi, S. 85, Fn. 58.

[647] Vgl. *v. Overbeck*, Actes et doc. 340 ff., Nr. 52-60.

[648] Vgl. dazu *v. Overbeck*, Actes et doc. 342, Nr. 64. Vgl. auch *Kropholler*, FS Henrich, S. 396-398, Fn. 30.

Weiterverweisung von dem Recht eines Nichtvertragsstaates als dem Recht des gewöhnlichen Aufenthalts auf das Recht eines anderen Nichtvertragsstaates als gemeinsames Heimatrecht, in dem Fall, in dem die beiden Rechtsordnungen das gemeinsame Heimatrecht für anwendbar erklären, macht es möglich, dass **der internationale Entscheidungseinklang mit diesen Nichtvertragsstaaten** erreicht wird[649]: Wenn der gemeinsame Heimatstaat und der Staat des ersten gewöhnlichen Aufenthalts beide Nichtvertragsstaaten sind, und die Kollisionsnormen beider Rechtsordnungen das gemeinsame Heimatrecht für maßgebend erklären, wird dies von den Vertragsstaaten akzeptiert[650].

3. Weiterer Fall des Renvoi bei Art. 5 II

a) Berücksichtigung der Kollisionsnormen eines bestimmten Nichtvertragsstaates

Nach Art. 5 kann jeder Staat bis zum Zeitpunkt der Ratifikation, Annahme, Genehmigung oder Beitritt eine Erklärung abgeben, um die Anwendung seines eigenen innerstaatlichen Rechts auf seine Staatsangehörige zu verlangen (Art. 5 I). Die Wirkung einer solchen Erklärung wird jedoch für die Ehegatten ausgeschlossen, die beide ihren gewöhnlichen Aufenthalt in dem Staat, in dem sie bei der Eheschließung beide ihren gewöhnlichen Aufenthalt mindestens seit fünf Jahren hatten (in diesem Fall wird gemäß Art. 4 I das Sachrecht des Staates des ersten gewöhnlichen Aufenthalts der Ehegatten angewandt), es sei denn, dass dieser ein Vertragsstaat ist, der die in Art. 5 I bestimmte Erklärung abgegeben hat, oder ein Nichtvertragsstaat ist, und dessen **Internationales Privatrecht** (*droit international privé/rules of private international law*) das Heimatrecht für maßgebend hält (Art. 5 II).

b) Analyse zu Art. 5 II

Die Regelung des Art. 5 II des Übereinkommens kann als **Rückverweisung** von dem Recht eines Nichtvertragsstaates als Recht des Staates des gewöhnlichen Aufenthalts auf das innerstaatliche Recht eines Vertragsstaates als Heimatrecht verstanden werden. Sie dient ebenfalls dem **internationalen Entscheidungseinklang mit dem Nichtvertragsstaat**, in dem die Ehegatten ihren gewöhnlichen Aufenthalt begründen[651].

---

[649] Vgl. dazu *Batiffol*, Rev. crit. DIP 1977, 451, 458; *Sonnentag*, Renvoi, S. 87, 88, Fn. 64.
[650] Vgl. dazu *Kropholler*, FS Henrich, S. 396.
[651] Vgl. dazu *Graue*, RabelsZ 57 (1993) 26, 54; *v. Bar*, RabelsZ 57 (1993) 63, 97.

4. Stellungnahme

Zusammenfassend lässt sich schlussfolgern, dass die Regelungen des Haager Ehegüterrechtsübereinkommens von 1978, nach denen eine Rück- oder Weiterverweisung zugelassen wird, Ausnahmen vom Grundsatz des Ausschlusses der Rück- oder Weiterverweisung sind. Sie dienen dem internationalen Entscheidungseinklang mit bestimmten Nichtvertragsstaaten.

V. Haager Eheschließungsübereinkommen von 1978

1. Zulassung des Renvoi für die Formerfordernisse der Eheschließung

Das Haager Übereinkommen über die Eheschließung und die Anerkennung der Gültigkeit von Ehen vom 14.3.1978 schließt die Rück- und Weiterverweisung für die sachlichen Voraussetzungen der Eheschließung aus (Art. 3), lässt hingegen den Renvoi für die Formerfordernisse der in einem Vertragsstaat zu schließenden Ehe zu.

Die Formerfordernisse der Eheschließung beurteilt sich nach dem **„Recht"** (*droit/law*) des Eheschließungsstaates (Art. 2)[652]. Nach dem bis zur Verabschiedung des Übereinkommens verwendeten Sprachgebrauch der Haager Konferenz für Internationales Privatrecht, der sonst in der Regel von „innerstaatlichem Recht" (*loi interne/internal law*) spricht, bedeutet es, dass die Kollisionsnormen des Eheschließungsstaates auch zu berücksichtigen sind[653]. Dadurch können beispielsweise bei Bestehen einer entsprechenden Kollisionsnorm die Formerfordernisse der Eheschließung auch aufgrund der *lex causae* anerkannt werden.

Bei der Diskussion während der Konferenz erschien den meisten Delegierten die Verweisung auf das innerstaatliche Recht (*loi interne/internal law*) des Eheschließungsortes für die Formgültigkeit zu eng[654]. Daraus ergibt sich, dass der Renvoi für die Formerfordernisse der Eheschließung zugelassen wird[655].

---

[652] Der offizielle französische Wortlaut des Art. 2 des Haager Eheschließungsübereinkommens von 1978:
"Les conditions de forme du mariage sont régies par le droit de l'Etat de la célébration."
Der offizielle englische Wortlaut:
"The formal requirements for marriages shall be governed by the law of the State of celebration."

[653] Vgl. schon den Bericht *Malmström*, Actes et doc. de la Treizième session ... 1976 III (1978) 295 Nr. 14; *Böhmer*, StAZ 1977, 185. Vgl. auch *Kropholler*, FS Henrich, S. 395.

[654] Vgl. dazu den Bericht *Malmström*, Actes et doc. de la Treizième session ... 1976 III (1978) 241; *Kropholler*, FS Henrich, S. 396.

[655] Anders aber *Sonnentag*, Renvoi, S. 211, Fn. 39.

2. Stellungnahme

Die Zulassung des Renvoi durch Art. 2 des Haager Eheschließungsübereinkommens von 1978 stimmt mit dem **Zweck** des Übereinkommens, nämlich der Erleichterung der Eheschließung und Anerkennung der Gültigkeit der Ehe (*faciliter la célébration des mariages et la reconnaissance de la validité des mariages/facilitate the celebration of marriages and the recognition of the validity of marriages*)[656] überein.

VI. Haager Kindesentführungsübereinkommen von 1980

1. Allgemeines

Das Haager Übereinkommen über die zivilrechtlichen Aspekte internationaler Kindesentführung vom 25.10.1980 (*Convention du 25 octobre 1980 sur les aspects civils de l'enlèvement international d'enfants/Convention of 25 October 1980 on the Civil Aspects of International Child Abduction*)[657] wurde durch *Acte final* der 14. Session der Haager Konferenz für Internationales Privatrecht vom 6.10.1980 verabschiedet[658]. Das Übereinkommen ist für die Bundesrepublik Deutschland am 1.12.1990 in Kraft getreten[659]. Es gilt heute ferner im Verhältnis zu über 70 Vertragsstaaten[660].

Das Übereinkommen geht im Rahmen seines sachlichen Anwendungsbereichs im Verhältnis der Vertragsstaaten zueinander dem Haager Minderjährigenschutzübereinkommen (MSA) vom 5.10.1961 vor (Art. 34 S. 1). Ziel dieses Übereinkommens ist es, die sofortige Rückgabe widerrechtlich in einem Vertragsstaat verbrachter oder dort zurückgehaltener Kinder sicherzustellen und zu gewährleisten, dass das in einem Vertragsstaat bestehende Sorgerecht und Recht zum persönlichen Umgang in den anderen Vertragsstaaten tatsächlich beachtet wird (Art. 1).

Das Übereinkommen bestimmt im ersten Kapitel seinen eigenen Anwendungsbereich (Artt. 1-5). Es gilt für jedes Kind, das unmittelbar vor der

---

656 Siehe die Präambel des Übereinkommens.

657 Authentisch sind gleichberechtigt der französische und der englische Text, in: BGBl. 1990 II S. 207; RabelsZ 46 (1982) 746; Recueil des Conventions, Nr. XXVIII. Französischer Text auch in: Rev. crit. DIP 1980, 893. Deutsche Übersetzung bei *Jayme/Hausmann*, Nr. 222; IPRax 1984, 287.

658 Vgl. dazu den Bericht *Böhmer*, RabelsZ 46 (1982) 643 ff.

659 BGBl. 1991 II S. 329.

660 Vgl. dazu *Jayme/Hausmann*, Anm. 1 zu Nr. 222; http://www.hcch.net/f/status/stat28f.html (Stand: 30.4.2004).

Verletzung des Sorgerechts oder des Rechts zum persönlichen Umgang seinen gewöhnlichen Aufenthalt in einem Vertragsstaat hatte. Es ist nicht mehr anwendbar, sobald das Kind das 16. Lebensjahr vollendet hat (Art. 4). In Kap. II (Artt. 6 und 7) sind zentrale Behörden im Sinne dieses Übereinkommens geregelt. Kernvorschriften befinden sich allerdings in Kap. III betreffend die Rückgabe von Kindern (*retour de l'enfant/return of children*, Artt. 8-20) und Kap. IV betreffend das Recht zum persönlichen Umgang (*droit de visite/right of access*, Art. 21), wobei die beiden Rechtsbegriffe in Art. 5 definiert werden.

2. Kollisionsnormen und Zulassung des Renvoi

Die Zahl der Kollisionsnormen des Haager Kindesentführungsübereinkommens von 1980 ist gering. Jedoch ist eine Vorschrift betreffend die Zulassung des Renvoi durch das Übereinkommen äußerst interessant: Die Widerrechtlichkeit des Verbringens oder des Zurückhaltens eines Kindes besteht in der dadurch verursachten Verletzung des Sorgerechts, das einer Person, Behörde oder sonstigen Stelle allein oder gemeinsam zusteht, nach dem **Recht** (*droit/law*) des Staates, in dem das Kind unmittelbar vor dem Verbringen oder Zurückhalten seinen gewöhnlichen Aufenthalt hatte (Art. 3 I lit. a)[661]. Das Sorgerecht beurteilt sich daher nach dem **Recht** (*droit/law*) des Staates des gewöhnlichen Aufenthalts des Kindes. In dieser Vorschrift wird - im Unterschied zu den meisten Haager Konventionen nach dem Zweiten Weltkrieg, etwa dem Haager Minderjährigenschutzübereinkommen (MSA) von 1961 - nicht das innerstaatliche Recht (*loi interne/internal law*) für maßgebend erklärt[662]. Daraus ist zu entnehmen, dass es sich hierbei um eine Gesamtverweisung auf das im Staat des gewöhnlichen Aufenthalts des Kindes geltende Recht handelt. Somit ist unter dem **Recht** (*droit/law*) des Staates des gewöhnlichen Aufenthalts des Kindes die gesamte Rechtsordnung einschließlich der Kollisionsnormen dieses Staates zu verstehen. Diese Ansicht findet weitgehend Unterstützung in der deutschen Literatur[663]. Demzufolge ist eine Rück- oder Weiterverweisung durch

---

[661] Der offizielle französische Wortlaut des Art. 3 I lit. a des Haager Kinderentführungsübereinkommens von 1980:
"Le déplacement ou le non-retour d'un enfant est considéré comme illicite:
a) lorsqu'il a lieu en violation d'un droit de garde, attribué à une personne, une institution ou tout autre organisme, seul ou conjointement, par le droit de l'Etat dans lequel l'enfant avait sa résidence habituelle immédiatement avant son déplacement ou son non-retour; ..."
Der offizielle englische Wortlaut:
"The removal or the retention of a child is to be considered wrongful where –
a) it is in breach of rights of custody attributed to a person, an institution or any other body, either jointly or alone, under the law of the State in which the child was habitually resident immediately before the removal or retention; ..."

[662] Vgl. dazu *Graue*, RabelsZ 57 (1993) 56; *Kropholler*, FS Henrich, S. 397; *Sonnentag*, Renvoi, S. 44, Fn. 10; S. 85, Fn. 59.

[663] Vgl. dazu *Graue*, RabelsZ 57 (1993) 56; MünchKomm-*Siehr*, Art. 19 EGBGB, Anh. II,

die Kollisionsnormen des am gewöhnlichen Aufenthaltsort geltenden Rechts zu beachten.

3. Würdigung

Das Haager Kindesentführungsübereinkommen von 1980 stellt eine weit über die Grenze Kontinentaleuropas hinaus erfolgreiche Haager Konvention dar. Methodisch gesehen entspricht der den Renvoi zulassende Ausdruck „Recht" (*droit/law*) dem Sprachgebrauch der Haager Konferenz für Internationales Privatrecht nach dem Zweiten Weltkrieg bis zur Entstehung dieses Übereinkommens. Danach bedeutet der Ausdruck „Recht" in der Regel eine Gesamtverweisung, soweit eine Haager Konvention nicht an sich ausdrücklich auf das innerstaatliche Recht (*loi interne/internal law*) verweist [664]. Die Zulassung des Renvoi hinsichtlich des Sorgerechts soll - dem Kindeswohl dienend - ihre Wirkung zwischen den Vertragsstaaten haben.

VII. Haager Erbrechtsübereinkommen von 1989

1. Renvoi: eine Ausnahme vom Grundsatz

Das Haager Übereinkommen über das auf die Rechtsnachfolge von Todes wegen anzuwendende Recht vom 1.8.1989 geht - wie die meisten Haager Konventionen - vom Grundsatz des Ausschlusses des Renvoi aus. Dies wird in Art. 17, einer der allgemeinen Bestimmungen des Übereinkommens, zum Ausdruck gebracht. Danach bedeutet – vorbehaltlich des Art. 4 – der Ausdruck „Recht" (*loi/law*) die in einem Staat geltenden Rechtsnormen unter Ausschluss derjenigen des Kollisionsrechts. Dennoch öffnet hier Art. 4 - wie angedeutet - die Möglichkeit für den Renvoi und bildet damit eine **Ausnahme** vom Grundsatz.

Rn. 25; *Palandt-Heldrich* (63. Aufl. 2004), Anh. zu Art. 24 EGBGB, Rn. 61, 65; *Staudinger-Hausmann* (2003), Art. 4 EGBGB, Rn. 134; *Staudinger-Pirrung*, Vorbem. zu Art. 19 EGBGB, Rn. 639.

[664] Vgl. dazu *Gottschalk*, Allgemeine Lehren, S. 103.

2. Regelung des Art. 4 des Übereinkommens

a) Bedeutung des Art. 4

aa) Wortlaut des Art. 4

Art. 4 des Haager Erbrechtsübereinkommens[665] lautet in deutscher Übersetzung:

> „Ist das nach Artikel 3 anzuwendende Recht das **eines Nichtvertragsstaates** und verweist **das Internationale Privatrecht** dieses Staates für die gesamte oder einen Teil der Erbfolge auf das Recht **eines anderen Nichtvertragsstaates**, der sein eigenes Recht anwenden würde, so ist das Recht dieses anderen Staates anzuwenden." (Hervorhebung hinzugefügt)[666]

bb) Akzeptierte Weiterverweisung

Der in Art. 4 des Haager Erbrechtsübereinkommens ausgeführte Renvoi ist eine Form der Weiterverweisung (*renvoi au second degré*) [667] vom Recht des Nichtvertragsstaates A auf das Recht des Nichtvertragsstaates B, welche vom Letzteren akzeptiert wird („**akzeptierte Weiterverweisung**").

Art. 4 des Haager Erbrechtsübereinkommens lässt seinem Wortlaut nach nur eine „akzeptierte Weiterverweisung" zu. Alle weiteren Konstellationen werden nicht beachtet. Wenn z.B. das Kollisionsrecht (das IPR) des Nichtvertragsstaates B auf das Recht des Nichtvertragsstaates C weiterverweist, oder auf das Recht eines Forumstaates zurückverweist, oder gar auf das Recht eines anderen Vertragsstaaten als des Forumstaates, so sind diese Verweisungen nicht zu beachten.

---

[665] Der offizielle französische Wortlaut des Art. 4 des Haager Erbrechtsübereinkommens von 1989:
"Article 4
Si la loi applicable en vertu de l'article 3 est celle d'un Etat non contractant et que les règles de conflit de cet Etat désignent, pour tout ou partie de la succession, la loi d'un autre Etat non contractant qui appliquerait sa propre loi, la loi de cet autre Etat est applicable."
Der offizielle englische Wortlaut desselben Artikels:
"Article 4
If the law applicable according to Article 3 is that of a non-Contracting State, and if the choice of law rules of that State designate, with respect to the whole or part of the succession, the law of another non-Contracting State which would apply its own law, the law of the latter State applies."

[666] Inoffizielle deutsche Übersetzung, in: IPRax 2000, S. 54.

[667] *Kropholler* spricht vom „Renvoi zweiten Grades". Siehe hierzu *Kropholler*, FS Henrich, S. 398.

cc) Partieller Renvoi und die Folge – Nachlassspaltung

Ferner lässt Art. 4 auch einen partiellen Renvoi zu. Dem Wortlaut nach bezieht sich die akzeptierte Weiterverweisung nach Art. 4 entweder auf die gesamte Rechtsnachfolge von Todes wegen oder nur auf einen Teil davon (*pour tout ou partie de la succession/with respect to the whole or part of the succession*). Betrifft die Weiterverweisung nur einen Teil der Rechtsnachfolge von Todes wegen, dann ist eine sog. Nachlassspaltung möglich. Das ist der Fall, wenn der Erblasser im Staat seines letzten gewöhnlichen Aufenthalts Nichtvertragsstaat A bewegliche Sachen und im Nichtvertragsstaat B ein Grundstück hinterlässt, und in beiden Nichtvertragsstaaten die Rechtsnachfolge von Todes wegen hinsichtlich beweglicher Sache dem Recht des Staates des letzten gewöhnlichen Aufenthalts, nämlich dem des A unterliegt, wohingegen sich die Rechtsnachfolge von Todes wegen hinsichtlich des Grundstücks nach der *lex rei sitae*, nämlich dem Recht des B beurteilt. Aus der Sicht eines Vertragsstaates ist hinsichtlich des Grundstücks eine solche Weiterverweisung vom Recht des A auf das Recht des B zu beachten, wenn B sein eigenes Sachrecht für anwendbar erklärt. Hinsichtlich der beweglichen Sache wendet man das Recht des Staates A an. Somit tritt eine Nachlassspaltung ein. Obwohl das Haager Erbrechtsübereinkommen vom Grundsatz der Nachlasseinheit ausgeht, wird die Nachlassspaltung in diesem Zusammenhang zugunsten des **internationalen Entscheidungseinklangs mit den beiden Nichtvertragsstaaten** (A und B) durch den partiellen Renvoi im Kauf genommen[668].

dd) Abgrenzung auf die objektive Anknüpfung

Die von Art. 4 angeordnete akzeptierte Weiterverweisung bezieht sich lediglich auf die objektive Anknüpfung nach Art. 3, nicht aber auf die subjektive Anknüpfung. Im Fall einer Rechtswahl durch den Erblasser, etwa nach Art. 5 I, kommt ein Renvoi überhaupt nicht in Betracht. Dies ergibt sich ausdrücklich aus dem Wortlaut des Art. 4. Außer im Fall des Art. 4 scheitert der Renvoi schon nach dem Wortlaut des Art. 17, wonach der Ausdruck „Recht“ (*loi/law*) – vorbehaltlich des Art. 4 – die in einem Staat geltenden Rechtsnormen unter Ausschluss derjenigen des Kollisionsrechts bedeutet. Eine Zulassung des Renvoi ist nur im Rahmen der nach Art. 3 objektiv berufenen Rechtsordnung möglich.

[668] Vgl. dazu *Kropholler*, FS Henrich, S. 399, 400.

b) Argumente für die Zulassung der akzeptierten Weiterverweisung

aa) Ziel der Zulassung akzeptierter Weiterverweisung

Ziel einer solchen Vorschrift, die eine Weiterverweisung auf besondere Weise zulässt, ist es, **den zwischen den beiden Nichtvertragsstaaten bereits bestehenden internationalen Entscheidungseinklang in das Übereinkommen zu integrieren**. Dadurch soll dem internationalen Entscheidungseinklang, dessen Erreichung auch eines der Ziele des Haager Erbrechtsübereinkommens ist, gefördert werden. Erklärt das nach Art. 3 des Übereinkommens anwendbare Recht eines Nichtvertragsstaates das Recht eines anderen Nichtvertragsstaates für maßgebend, der die Verweisung auf sein eigenes Recht akzeptiert, so ist **der internationale Entscheidungseinklang zwischen den beiden Nichtvertragsstaaten** bereits erreicht[669].

bb) Überlegung des internationalen Entscheidungseinklangs als Argument dafür

Da im Fall einer derartigen Weiterverweisung vom Recht des Nichtvertragsstaates A auf das Recht des Nichtvertragsstaates B der Sachverhalt aus der Sicht des Übereinkommens mit den beiden Nichtvertragsstaaten am engsten verbunden ist, wird durch die Vorschrift des Art. 4 der internationale Entscheidungseinklang zwischen diesen beiden Nichtvertragsstaaten absichtlich auf die Vertragsstaaten des Übereinkommens ausgedehnt. Ohne diese Vorschrift würde der internationale Entscheidungseinklang im Verhältnis unter den Vertragsstaaten und Nichtvertragsstaaten nicht erreicht, weil die Gerichte der Vertragsstaaten das materielle Recht des Nichtvertragsstaates A auf den erbrechtlichen Sachverhalt anwenden müssten, während die Rechtsordnung des Nichtvertragsstaates A unter Berücksichtigung des internationalen Entscheidungseinklangs mit Nichtvertragsstaat B dessen materielles Recht für anwendbar erklären würde. Mit anderen Worten würde im Fall einer Nichtbeachtung des Renvoi der zwischen den beiden Nichtvertragsstaaten A und B bereits bestehende internationale Entscheidungseinklang zerstört[670]. Diese Überlegung ist somit ein Argument für die Einführung einer solchen Vorschrift zugunsten der Zulassung eines Renvoi in Art. 4 des Übereinkommens. Nach Ansicht mancher Autoren handelt es sich bei dieser Vorschrift um ein Novum[671]. Diese Ansicht ist deshalb zu bejahen, weil das Modell der akzeptierten Weiterverweisung in Art. 4 des Haager Erbrechtsübereinkommens von Art. 21 II 1 KSÜ von 1996 nachgeahmt worden ist.

---

[669] Vgl. dazu *Kropholler*, FS Henrich, S. 398.

[670] Vgl. dazu *Kropholler*, FS Henrich, S. 398; *Sonnentag*, Renvoi, S. 88.

[671] Vgl. dazu *Lagarde*, Rev. crit. DIP 1989, 257 ff.; *Brandi*, Haager Abkommen, S. 128; *van Loon*, Hague Yearbook of Int. Law 2 (1989) 54; *Sonnentag*, Renvoi, S. 88.

Da Art. 4 des Haager Erbrechtsübereinkommens nur eine Weiterverweisung vom Recht eines Nichtvertragsstaates A auf das Recht eines anderen Nichtvertragsstaates B zulässt, die vom Letzteren akzeptiert wird, und alle weiteren Konstellationen nicht beachtet, besteht auch keine Gefahr der Entscheidungsdisharmonie zwischen den Vertragsstaaten durch deren unterschiedliche Haltungen zum Renvoi[672].

c) Hintergrund

Der Vorentwurf der Spezialkommission der Haager Konferenz für Internationales Privatrecht hatte sich noch dafür entschieden, den Renvoi ausnahmslos auszuschließen. Erst auf der diplomatischen Konferenz wurde Art. 4 auf Vorschlag der italienischen und französischen Delegationen angenommen. Einige Staaten, welche nur die Sachnormverweisung akzeptieren, wie etwa Dänemark, sprachen sich jedoch gegen die Lösung in Art. 4 des Übereinkommens aus, mit der Begründung, dass sie den Renvoi, der die Rechtsanwendung erschwere, in ihren Staaten nicht beachten und eine dadurch hervorgerufene Nachlassspaltung nicht akzeptieren wollten. Schließlich wurde auf Vorschlag der dänischen Delegation eine Vorbehaltsklausel in Art. 24 I lit. b aufgenommen, wonach jeder Staat sich bei der Unterzeichnung, der Ratifikation, der Annahme, der Genehmigung oder dem Beitritt vorbehalten dürfe, Art. 4 des Übereinkommens nicht anzuwenden[673].

3. Bewertung

Das Haager Erbrechtsübereinkommen von 1989 ist bis heute noch nicht in Kraft getreten. Die Niederlande haben durch das Gesetz über das Kollisionsrecht der Erbfolge vom 4.9.1996 (in Kraft getreten am 1.10.1996)[674] die Regelungen dieses Übereinkommens in das autonome niederländische Kollisionsrecht übernommen. Somit findet das Übereinkommen mittelbar für die Niederlande Anwendung, ohne dass es in Kraft getreten ist[675]. Dies könnte in der Praxis zur Weiterverweisung aus niederländischer Sicht führen, obwohl das niederländische Recht den Renvoi normalerweise nicht akzeptiert. Da die genannte Weiterverweisung sich auf einen Vertragsstaat und zwei Nichtvertragsstaaten bezieht und lediglich eine Seltenheit darstellt, ist die

---

672 Vgl. dazu *Kropholler*, FS Henrich, S. 398, 399.

673 Vgl. dazu *Kropholler*, FS Henrich, S. 400; *Sonnentag*, Renvoi, S. 88; *v. Overbeck*, Rec. des Cours 233 (1992-II) 53 ff.

674 Der niederländische Originaltext und die deutsche Übersetzung abgedr. in: IPRax 2000, 59.

675 Vgl. dazu *Weber*, IPRax 2000, 41; *Gottschalk*, Allgemeine Lehren, S. 220.

praktische Bedeutung des Renvoi im Rahmen des Haager Erbrechtsübereinkommens von 1989 relativ gering[676].

VIII. Haager Kinderschutzübereinkommen (KSÜ) von 1996

1. Akzeptierte Weiterverweisung: eine Ausnahme vom Grundsatz

Das Haager Übereinkommen über die Zuständigkeit, das anzuwendende Recht, die Anerkennung, Vollstreckung und Zusammenarbeit auf dem Gebiet der elterlichen Verantwortung und der Maßnahmen zum Schutz von Kindern (KSÜ) vom 19.10.1996 geht vom Grundsatz der Sachnormverweisung aus (Art. 21 I KSÜ). Danach bedeutet der Begriff „Recht" (*loi/law*) im Kap. III KSÜ das in einem Staat geltende Recht mit Ausnahme des Kollisionsrechts.

Für das nach Art. 16 KSÜ auf die elterliche Verantwortung anzuwendende Recht wird jedoch eine **Ausnahme** gemacht, wenn das berufene Recht das eines Nichtvertragsstaates ist[677], und das Kollisionsrecht dieses Staates auf das Recht eines anderen Nichtvertragsstaates verweist, der sein eigenes Recht anwenden würde. In diesem Fall ist das Recht dieses anderen Staates anzuwenden (Art. 21 II 1 KSÜ)[678]. Die Formulierung des Art. 21 II 1 KSÜ ist weitgehend identisch

---

[676] Siehe dazu die Stellungnahme von Elison N. Frohn am 4.5.2000 über die Anwendung des Haager Erbrechtsübereinkommens von 1989 aus der Sicht des niederländischen IPR, in: http://www.hcch.net/f/workprog/genaff.html (Stand: 30.4.2004), Conclusions de la Commission spéciale de mai 2000, Annex 1.

[677] Vertragsstaaten des Haager Kinderschutzübereinkommens (KSÜ) von 1996 sind Monaco (seit dem 1.1.2002), die Slowakische Republik (seit dem 1.1.2002) und die Tschechische Republik (seit dem 1.1.2002), Australien (seit dem 1.8.2003), Ecuador (seit dem 1.9.2003), Estland (seit dem 1.6.2003), Lettland (seit dem 1.4.2003) und Marokko (seit dem 1.12.2002). Ferner wird das KSÜ am 1.9.2004 für Litauen in Kraft treten. Vgl. dazu http://www.hcch.net/f/status/stat34f.html (Stand: 30.4.2004).

[678] Art. 21 des Haager Kinderschutzübereinkommens (KSÜ) von 1996 lautet in inoffizieller deutscher Übersetzung:
„(1) Der Begriff »Recht« im Sinne dieses Kapitels bedeutet das in einem Staat geltende Recht mit Ausnahme des Kollisionsrechts.
(2) Ist jedoch das nach Artikel 16 anzuwendende Recht das eines Nichtvertragsstaats und verweist das Kollisionsrecht dieses Staates auf das Recht eines anderen Nichtvertragsstaats, der sein eigenes Recht anwenden würde, so ist das Recht dieses anderen Staates anzuwenden. Betrachtet sich das Recht dieses anderen Nichtvertragsstaats als nicht anwendbar, so ist das nach Artikel 16 bestimmte Recht anzuwenden."
Der offizielle französische Wortlaut:
"1. Au sens du présent chapitre, le terme «loi» désigne le droit en vigueur dans un Etat, à l'exclusion des règles de conflit de lois.
2. Toutefois, si la loi applicable en vertu de l'article 16 est celle d'un Etat non contractant et que le règles de conflit de cet Etat désignent la loi d'un autre Etat non contractant qui appliquerait sa propre loi, la loi de cet autre Etat est applicable. Si la loi de cet autre Etat non contractant ne se reconnaît pas applicable, la loi applicable est celle désignée par l'article 16."

mit der des Art. 4 des Haager Erbrechtsübereinkommens von 1989. Ebenso handelt es sich bei Art. 21 II 1 KSÜ um eine **akzeptierte Weiterverweisung**.

2. Ein Beispiel zum besseren Verständnis von Art. 21 II 1 KSÜ

Hat z.B. das Kind seinen gewöhnlichen Aufenthalt in einem Nichtvertragsstaat A, so gilt für die gesetzliche elterliche Verantwortung gemäß Art. 16 I KSÜ i.V.m. Art. 20 KSÜ normalerweise das Recht des Nichtvertragsstaates A als Recht des Staates des gewöhnlichen Aufenthalts des Kindes. Erklärt das Recht des Nichtvertragsstaates A die gesetzliche Verantwortung des Heimatrechts des Kindes für maßgebend, und ist der Heimatstaat des Kindes ein anderer Nichtvertragsstaat B, der sein eigenes Recht anwenden würde (d.h. wenn das Recht des Nichtvertragsstaates B die Weiterverweisung von dem Recht des Nichtvertragsstaates A als dem Recht des Staates des gewöhnlichen Aufenthalts akzeptiert), so soll das Recht des Nichtvertragsstaates B als Heimatrecht des Kindes gelten. In diesem Fall beurteilt sich die elterliche Verantwortung in den Vertragsstaaten des KSÜ **ausnahmsweise** nicht gemäß Art. 16 i.V.m. Art. 20 KSÜ nach dem Sachrecht des Nichtvertragsstaates A als dem Recht des Staates des gewöhnlichen Aufenthalts des Kindes, sondern infolge einer **Weiterverweisung** (*renvoi au second degré*) – einer akzeptierten Weiterverweisung - nach dem Recht des Nichtvertragsstaates B als dem Heimatrecht des Kindes[679].

3. Akzeptanz und Nichtakzeptanz für die Verweisung: unterschiedliche Rechtsfolgen

Voraussetzung für die oben erwähnte akzeptierte Weiterverweisung bei Art. 21 II 1 KSÜ ist freilich, dass das Recht des zweiten Nichtvertragsstaates die Verweisung vom Recht des ersten Nichtvertragsstaates akzeptiert[680]. Wird diese Verweisung nicht akzeptiert, nämlich wenn das Recht des zweiten Nichtvertragsstaates sich für nicht anwendbar erklärt, so ist das Sachrecht des ersten Nichtvertragsstaates anzuwenden (Art. 21 II 2 KSÜ). Aus der Sicht des

---

Der offizielle englische Wortlaut:
"1 In this Chapter the term 'law' means the law in force in a State other than its choice of law rules.
2 However, if the law applicable according to Article 16 is that of a non-Contracting State and if the choice of law rules of that State designate the law of another non-Contracting State which would apply its own law, the law of the latter State applies. If that other non-Contracting State would not apply its own law, the applicable law is that designated by Article 16."

[679] Vgl. dazu *Lagarde*, Rev. crit. DIP 1997, 233, 234; *Siehr*, RabelsZ 62 (1998) 487; *Nygh*, NILR 1998, 23; *Kropholler*, FS Henrich, 401.

[680] Siehe insbesondere *Kropholler*, FS Henrich, 400.

ersten Nichtvertragsstaates handelt es sich in diesem Fall um eine **Rückverweisung** (*renvoi au premier degré*) vom Recht des zweiten Nichtvertragsstaates auf das Recht des ersten Nichtvertragsstaates.

4. Argumente für die Zulassung der akzeptierten Weiterverweisung

a) Ziel der Zulassung akzeptierter Weiterverweisung

Ziel einer solchen Vorschrift, die eine akzeptierte Weiterverweisung zulässt, ist es, **den zwischen den beiden Nichtvertragsstaaten bereits bestehenden internationalen Entscheidungseinklang in das Übereinkommen zu integrieren**. Dadurch soll der internationale Entscheidungseinklang gefördert werden. Erklärt das nach Art. 16 KSÜ anwendbare Recht eines Nichtvertragsstaates das Recht eines anderen Nichtvertragsstaates für maßgebend, der die Verweisung auf sein eigenes Recht akzeptiert, so ist **der internationale Entscheidungseinklang zwischen den beiden Nichtvertragsstaaten** bereits erreicht. Diese Zielsetzung ist die Gleiche wie bei Art. 4 des Haager Erbrechtsübereinkommens von 1989.

b) Überlegung des internationalen Entscheidungseinklangs als Argument dafür

Da im Fall einer akzeptierten Weiterverweisung vom Recht des Nichtvertragsstaates A auf das Recht des Nichtvertragsstaates B der Sachverhalt aus der Sicht des Übereinkommens mit den beiden Nichtvertragsstaaten am engsten verbunden ist, wird durch die Vorschrift des 21 II 1 KSÜ der internationale Entscheidungseinklang zwischen diesen beiden Nichtvertragsstaaten absichtlich auf die Vertragsstaaten des KSÜ ausgedehnt. Ohne die Vorschrift des Art. 21 II 1 würde der internationale Entscheidungseinklang im Verhältnis unter den Vertragsstaaten und Nichtvertragsstaaten nicht erreicht, weil die Gerichte der Vertragsstaaten das materielle Recht des Nichtvertragsstaates A auf elterliche Verantwortung anwenden müssten, während die Rechtsordnung des Nichtvertragsstaates A unter Berücksichtigung des internationalen Entscheidungseinklangs mit Nichtvertragsstaat B dessen materielles Recht für anwendbar erklären würde. Mit anderen Worten würde im Fall einer Nichtbeachtung des Renvoi der zwischen den beiden Nichtvertragsstaaten A und B bereits bestehende internationale Entscheidungseinklang zerstört[681]. Diese Überlegung ist - wie schon bei Art. 4 des Haager Erbrechtsübereinkommens von 1989 - ein Argument für die Einführung einer solchen Vorschrift zugunsten der Zulassung eines Renvoi in Art. 21 II 1 KSÜ.

---

[681] Vgl. dazu *Kropholler*, FS Henrich, S. 398; *Sonnentag*, Renvoi, S. 88.

5. Bewertung

Wörtlich gesehen stimmt die Formulierung des Art. 21 II KSÜ von 1996 weitgehend mit Art. 4 des Haager Erbrechtsübereinkommens von 1989 überein. Jedoch ist Satz 2 des Art. 21 II KSÜ etwas anders gefasst als Art. 4 des Erbrechtsübereinkommens. Der darin bestehende Grundgedanke des internationalen Entscheidungseinklangs bleibt das Gleiche: Wird die Weiterverweisung vom Recht des ersten Nichtvertragsstaates auf das Recht des zweiten Nichtvertragsstaates nicht akzeptiert und besteht zwischen den beiden Nichtvertragsstaaten kein internationaler Entscheidungseinklang, so gilt der Grundsatz der Sachnormverweisung des Übereinkommens[682]. Art. 21 II KSÜ von 1996 ahmt einerseits dem Art. 4 des Haager Erbrechtsübereinkommens von 1989 nach, scheint andererseits konkreter und vollkommener als die Vorgängervorschrift.

[682] Vgl. dazu *Kropholler*, FS Henrich, 401.

§ 11 Zulassung des Renvoi in weiteren kollisionsrechtlichen Staatsverträgen

I. Übereinkommen des Völkerbundes

1. Genfer Abkommen über das internationale Wechselprivatrecht von 1930

a) Ausdrückliche Zulassung des Renvoi durch Art. 2 I

Das Genfer Abkommen über Bestimmungen auf dem Gebiet des internationalen Wechselprivatrechts vom 7.6.1930 ist einer der wenigen mehrseitigen Staatsverträge vor dem Zweiten Weltkrieg, die den Renvoi ausdrücklich beachten.

Das Abkommen unterwirft in seinem Art. 2 I die Wechselfähigkeit einer Person ihrem **Heimatrecht**, sieht aber zugleich die **Zulassung der Rück- oder Weiterverweisung** vom Heimatrecht vor: Die Fähigkeit einer Person, eine Wechselverbindlichkeit einzugehen, bestimmt sich nach dem Recht desjenigen Landes, dem sie angehört (*sa loi nationale/his national law*, Art. 2 I 1). Eine **Rück- oder Weiterverweisung** von diesem Recht auf das Recht eines anderen Landes (*la loi d'un autre pays/the law of another country*) ist jedoch zu beachten (Art. 2 I 2). In deutscher Übersetzung lautet Art. 2 I des Abkommens[683]:

„Die Fähigkeit einer Person, eine Wechselverbindlichkeit einzugehen, bestimmt sich nach dem Rechte des Landes, dem sie angehört. Erklärt dieses Recht das Recht eines anderen Landes für maßgebend, so ist dieses letztere Recht anzuwenden.“[684]

Es handelt sich hierbei um eine in den multilateralen Staatsverträgen vor dem Zweiten Weltkrieg selten vorgekommene, ausdrückliche Zulassung des Renvoi in staatsvertraglichen Kollisionsnormen.

---

[683] RGBl. 1933 II S. 444.

[684] Der offizielle französische Wortlaut des Art. 2 I des Genfer Abkommens über Bestimmungen auf dem Gebiet des internationalen Wechselprivatrechts von 1930:
"La capacité d'une personne pour s'engager par lettre de change ou billet à ordre est déterminée par sa loi nationale. Si cette loi nationale déclare compétente la loi d'un autre pays, cette dernière loi est appliquée."
Der offizielle englische Wortlaut:
"The capacity of a person to bind himself by a bill of exchange or promissory note shall be determined by his national law. If this national law provides that the law of another country is competent in the matter, this latter law shall be applied."

b) Analyse

aa) Kompromisscharakter des Art. 2 I des Abkommens

Die Zulassung der Rück- und Weiterverweisung durch Art. 2 I des Genfer Abkommens über das internationale Wechselprivatrecht von 1930 stellt einen Kompromiss unter verschiedenen Rechtsordnungen dar. Unter den Vertragsstaaten gibt es sowohl Anhänger des Staatsangehörigkeitsprinzips wie z.B. Deutschland, Frankreich und Italien, als auch Anhänger des Domizilprinzips wie etwa Dänemark, Norwegen und die Schweiz. Da die Vorschrift in Art. 2 I 1 des Abkommens an die Staatsangehörigkeit einer Person anknüpft, dürfte die Zulassung einer Rück- oder Weiterverweisung vom Heimatrecht gemäß Art. 2 I 2 einen **Kompromisscharakter** haben[685]. Ohne Art. 2 I 2 hätten manche dem Domizilprinzip anhängenden Vertragsstaaten (z.B. Dänemark, Norwegen und die Schweiz) das Abkommen nicht ratifiziert[686]. Durch Art. 2 I 2 des Abkommens verpflichten sich auch Vertragsstaaten, die zu jener Zeit der Verabschiedung des Abkommens in ihren autonomen nationalen Kollisionsnormen die Rück- und Weiterverweisung nicht anerkannten (wie z.B. Dänemark, Griechenland und Norwegen), bei der Anwendung des Art. 2 I des Genfer Abkommens über das internationale Wechselprivatrecht von 1930 auf die **Rück- und Weiterverweisung** vom Heimatrecht Rücksicht zu nehmen.

bb) Beispiel aus dem schweizerischen Recht

Das schweizerische IPRG von 1987 unterstellt heute immer noch in seinem Art. 35 die Handlungsfähigkeit dem Recht des Wohnsitzstaates. Vorbehalten bleibt jedoch Art. 2 I des Genfer Abkommens über das internationale Wechselprivatrecht von 1930, der die Wechselfähigkeit dem Heimatrecht im Sinne einer Gesamtverweisung unterstellt. Diese staatsvertragliche Kollisionsnorm geht dem autonomen schweizerischen Kollisionsnormen des IPRG vor (Art. 1 II IPRG). Deshalb bleibt die Bestimmung des Art. 2 I des Abkommens, die durch Art. 1086 des schweizerischen Obligationenrechts (OR) inkorporiert worden ist, nicht berührt[687]. Hinsichtlich der Wechselfähigkeit gilt nach wie vor der Staatsangehörigkeitsgrundsatz unter Berücksichtigung einer Rück- oder Weiterverweisung vom Heimatrecht auf die Rechtsordnung des Forumstaates oder auf die Drittrechtsordnung. Dadurch kommt der Kompromisscharakter des Art. 2 I des Genfer Abkommens über das internationale Wechselprivatrecht von 1930 zum Ausdruck.

---

[685] Vgl. dazu *Kropholler*, IPR (5. Aufl. 2004), § 24 III.

[686] Vgl. dazu *Staudinger-Hausmann* (2003), Art. 4 EGBGB, Rn. 123; *Kropholler*, FS Henrich, 395.

[687] Vgl. dazu *Vischer/Lucius/Oser*, Int. Vertragsrecht, Rn. 888.

cc) Abgrenzung auf die Wechselfähigkeit

Dennoch ist eine Rück- oder Weiterverweisung nur für die Frage nach der **Wechselfähigkeit** zugelassen[688]. Die staatsvertraglichen Verweisungen für die anderen Anknüpfungsgegenstände bei Artt. 3-9 des Abkommens bleiben Sachnormverweisungen. Die Beachtlichkeit von Rück- und Weiterverweisung in Art. 2 I soll insgesamt als **Ausnahme** vom Grundsatz des Ausschlusses der Rück- und Weiterverweisung angesehen werden.

c) Würdigung

Die ausdrückliche Zulassung des Renvoi in Art. 2 I des Genfer Abkommens über das internationale Wechselprivatrecht von 1930 bezüglich der Wechselfähigkeit ist angesichts der hohen Anzahl der Vertragsstaaten als gelungen anzusehen. Der in diesem Abkommen verkörperte offene Geist ist zwar mit dem Kompromisscharakter verbunden, stellt aber eine beachtliche Universalität sicher. Die renvoi-zulassende Regelung des Art. 2 I des Abkommens ist durchaus positiv zu bewerten. Wissenschaftlich gesehen stellt Art. 2 I des Abkommens ein erfolgreiches Beispiel für die Zulassung der Rück- und Weiterverweisung in staatsvertraglichen Kollisionsnormen dar.

2. Genfer Abkommen über das internationale Scheckprivatrecht von 1931

a) Ausdrückliche Zulassung des Renvoi durch Art. 2 I

Das Genfer Abkommen über Bestimmungen auf dem Gebiet des internationalen Scheckprivatrechts vom 19.3.1931 – ebenso wie das Genfer Abkommen über das internationale Wechselprivatrecht von 1930 - ist einer der wenigen mehrseitigen Staatsverträge vor dem Zweiten Weltkrieg, die den Renvoi ausdrücklich beachten.

Das Abkommen unterwirft in seinem Art. 2 I die Scheckfähigkeit einer Person ihrem Heimatrecht, sieht aber zugleich die Zulassung der Rück- oder Weiterverweisung vom Heimatrecht vor: Die Fähigkeit einer Person, eine Scheckverbindlichkeit einzugehen, bestimmt sich nach dem Recht desjenigen Landes, dem sie angehört (*sa loi nationale/his national law*, Art. 2 I 1). Eine Rück- oder Weiterverweisung von diesem Recht auf das Recht eines anderen

---

688 Vgl. dazu *Lindenau*, Einführung des Renvoi, S. 232, Fn. 423 und S. 236.

Landes (*la loi d'un autre pays/the law of another country*) ist jedoch zu beachten (Art. 2 I 2). In deutscher Übersetzung lautet Art. 2 I des Abkommens[689]:

„Die Fähigkeit einer Person, eine Scheckverbindlichkeit einzugehen, bestimmt sich nach dem Recht des Landes, dem sie angehört. Erklärt dieses Recht das Recht eines anderen Landes für maßgebend, so ist dieses letztere Recht anzuwenden."[690]

Es handelt sich hierbei also um eine in den multilateralen Staatsverträgen vor dem Zweiten Weltkrieg selten vorgekommene, ausdrückliche Zulassung des Renvoi in staatsvertraglichen Kollisionsnormen.

b) Analyse

Die Zulassung der Rück- und Weiterverweisung durch Art. 2 I des Abkommens stellt – ebenso wie das Genfer Abkommen über das internationale Wechselprivatrecht von 1930 - einen Kompromiss unter verschiedenen Rechtsordnungen dar. Unter den Vertragsstaaten gibt es sowohl Anhänger des Staatsangehörigkeitsprinzips wie z.B. Deutschland, Frankreich und Italien, als auch Anhänger des Domizilprinzips wie etwa Dänemark, Norwegen und die Schweiz. Da die Vorschrift in Art. 2 I 1 des Abkommens an die Staatsangehörigkeit einer Person anknüpft, dürfte die Zulassung einer Rück- oder Weiterverweisung vom Heimatrecht gemäß Art. 2 I 2 einen **Kompromisscharakter** haben[691]. Ohne Art. 2 I 2 hätten manche dem Domizilprinzip anhängenden Vertragsstaaten (z.B. Dänemark, Norwegen und die Schweiz) das Abkommen nicht ratifiziert[692].

Durch Art. 2 I 2 verpflichten sich auch die Vertragsstaaten, die zu jener Zeit der Verabschiedung des Abkommens in ihren autonomen nationalen Kollisionsnormen die Rück- und Weiterverweisung nicht anerkannten (wie z.B. Griechenland, Dänemark und Norwegen), bei der Anwendung des Art. 2 I des Genfer Abkommens über das internationale Scheckprivatrecht von 1931 auf die **Rück- und Weiterverweisung** vom Heimatrecht Rücksicht zu nehmen.

---

689 RGBl. 1933 II S. 594.

690 Der offizielle französische Wortlaut des Art. 2 I des Genfer Abkommens über das internationale Scheckprivatrecht von 1931:
"La capacité d'une personne pour s'engager par chèque est déterminée par sa loi nationale. Si cette loi nationale déclare compétente la loi d'un autre pays, cette dernière loi est appliquée."
Der offizielle englische Wortlaut:
"The capacity of a person to bind himself by a cheque shall be determined by his national law. If this national law provides that the law of another country is competent in the matter, this latter law shall be applied."

691 Vgl. dazu *Kropholler*, IPR (5. Aufl. 2004), § 24 III.

692 Vgl. dazu *Staudinger-Hausmann* (2003), Art. 4 EGBGB, Rn. 123; *Kropholler*, FS Henrich, 395.

Dennoch ist eine Rück- oder Weiterverweisung nur für die Frage nach der **Scheckfähigkeit** zugelassen[693]. Die staatsvertraglichen Verweisungen für die anderen Anknüpfungsgegenstände bei Artt. 3-9 des Abkommens bleiben Sachnormverweisungen. Die Beachtlichkeit von Rück- und Weiterverweisung in Art. 2 I soll insgesamt als **Ausnahme** vom Grundsatz des Ausschlusses der Rück- und Weiterverweisung angesehen werden.

c) Würdigung

Die ausdrückliche Zulassung des Renvoi in Art. 2 I des Genfer Abkommens über das internationale Scheckprivatrecht von 1931 bezüglich der Scheckfähigkeit ist angesichts der hohen Anzahl der Vertragsstaaten – ebenso wie das Genfer Abkommen über das internationale Wechselprivatrecht von 1930 - als gelungen anzusehen. Der in diesem Abkommen verkörperte offene Geist ist zwar mit dem Kompromisscharakter verbunden, stellt aber eine beachtliche Universalität sicher. Die renvoi-zulassende Regelung des Art. 2 I des Abkommens ist durchaus positiv zu bewerten. Wissenschaftlich gesehen stellt Art. 2 I des Abkommens ein erfolgreiches Beispiel für die Zulassung der Rück- und Weiterverweisung in staatsvertraglichen Kollisionsnormen dar.

II. Übereinkommen der Vereinten Nationen

1. Washingtoner Weltbank-Übereinkommen zur Beilegung von Investitionsstreitigkeiten zwischen Staaten und Angehörigen anderer Staaten von 1965

a) Allgemeines

In Übereinstimmung mit dem Washingtoner Weltbank-Übereinkommen zur Beilegung von Investitionsstreitigkeiten zwischen Staaten und Angehörigen anderer Staaten vom 18.3.1965 (*Convention de Washington du 18 mars 1965 pour le règlement des différends relatifs aux investissements entre Etats et ressortissants d'autres Etats/Convention of Washington on the Settlement of Investment Disputes Between States and Nationals of Other States of 18 March 1965*)[694], welches am 14.10.1966 in Kraft getreten ist und seit 18.5.1969 für die

---

[693] Vgl. dazu *Lindenau*, Einführung des Renvoi, S. 232, Fn. 423 und S. 236.

[694] Authentisch sind gleichberechtigt der französische, englische und spanische Text. Der französische und englische Text sowie die deutsche Übersetzung in: BGBl. 1969 II S. 369. Französischer Text auch in: Annuaire Suisse de droit international, 1965 (XXII) 221 und Clunet 1966, 50; englischer Text auch in: ILM 1965, 524 und Am.J.Comp.L. 1966, 892; deutsche Übersetzung auch in: *Labes/Lörcher*, Schiedsverfahrensrecht, 1998, S. 27-47.

Bundesrepublik Deutschland sowie mehr als 120 weitere Staaten gilt[695], wurde das Internationale Zentrum zur Beilegung von Investitionsstreitigkeiten (*International Centre for Settlement of Investment Disputes*, ICSID) gegründet, dessen Sitz sich am Sitz der Internationalen Bank für Wiederaufbau und Entwicklung (Weltbank) befindet (Art. 1).

b) Regelungen über das anzuwendende Recht

aa) Wortlaut des Art. 42 I

Das vom Schiedsgericht in der Sache anzuwendende Recht ist in Art. 42 I geregelt. Die deutsche Übersetzung lautet[696]:

„Das Gericht entscheidet die Streitigkeit gemäß den von den Parteien vereinbarten Rechtsvorschriften. Liegt eine solche Vereinbarung nicht vor, so wendet das Gericht das Recht des Vertragsstaates, der Streitpartei ist, an - einschließlich seines Internationalen Privatrechts – sowie die einschlägigen Regeln des Völkerrechts.“

bb) Parteiautonomie

Das Übereinkommen gibt den Vereinbarungen der Parteien die absolute Priorität[697]: Das Schiedsgericht entscheidet in erster Linie die Streitigkeit in Übereinstimmung mit den von den Parteien vereinbarten Rechtsvorschriften (Art. 42 I 1). Die Rechtswahlvereinbarung kann ausdrücklich oder konkludent sein.

Die von den Parteien vereinbarten Rechtsvorschriften (*règles de droit/rules of law*) werden dem Konventionswortlaut nach nicht auf die Sachvorschriften eingeschränkt. Im Zweifel sollt man jedoch von den Sachvorschriften ausgehen. Im Sinne einer weitgehenden Parteiautonomie in internationaler

---

695 BGBl. 1969 II S. 1191.

696 Der offizielle französische Wortlaut des Art. 42 I des Washingtoner Investitionsstreitigkeitenübereinkommens von 1965:
"Le Tribunal statue sur le différend conformément aux règles de droit adoptées par les parties. Faute d'accord entre les parties, le Tribunal applique le droit de l'Etat contractant partie au différend – y compris les règles relatives aux conflits de lois – ainsi que les principes du droit international en la matière."
Der offizielle englische Wortlaut:
"The Tribunal shall decide a dispute in accordance with such rules of law as may be agreed by the parties. In the absence of such agreement, the Tribunal shall apply the law of the Contracting State party to the dispute (including its rules on the conflict of laws) and such rules of international law as may be applicable."

697 Vgl. dazu *Schlosser*, 1. Bd., S. 82; 2. Aufl., S. 73.

Schiedsgerichtsbarkeit kann allerdings so **ausgelegt** werden, dass die Parteien bei einer Rechtswahl die Kollisionsnormen einer bestimmten Rechtsordnung vereinbaren können und das Schiedsgericht diesen Parteiwillen zu respektieren hat.

cc) Berücksichtigung der Kollisionsnormen eines Vertragsstaates, der Streitpartei ist

Liegt eine solche Vereinbarung nicht vor, so wendet das Schiedsgericht **das Recht** des Vertragsstaates, der Streitpartei ist, an - **einschließlich seines Internationalen Privatrechts** – sowie die einschlägigen Regeln des Völkerrechts (Art. 42 I 2). Abgesehen von den einschlägigen Regeln des Völkerrechts hat das Schiedsgericht **die Kollisionsnormen** (*les règles relatives aux conflits de lois/rules on the conflict of laws*) des Vertragsstaates anzuwenden, der Streitpartei ist.

c) Stellungnahme

Art. 42 I 2 des Washingtoner Weltbank-Übereinkommens zur Beilegung von Investitionsstreitigkeiten zwischen Staaten und Angehörigen anderer Staaten von 1965 wird erst dann als ausdrückliche Zulassung des Renvoi betrachtet[698], wenn das Internationale Privatrecht eines Vertragsstaates, der Streitpartei ist, durch das Schiedsgericht angewendet wird. Nur so liegt ein IPR bzw. Kollisionsrecht der *lex fori* für das rechtsanwendende Schiedsgericht vor. Ohne das Vorhandensein des IPR der *lex fori* ist eine Rück- oder Weiterverweisung im eigentlichen Sinne überhaupt nicht möglich.

2. Berner Zusatzübereinkommen über die Haftung der Eisenbahn-Personenschäden von Reisenden von 1966

a) Grundzüge

Das Zusatzübereinkommen vom 26.2.1966 zum Internationalen Übereinkommen über den Eisenbahn-Personen- und -Gepäckverkehr (CIV) vom 25.2.1961 über die Haftung der Eisenbahn für Tötung und Verletzung von Reisenden (*Convention additionnelle du 26 février 1966 à la Convention internationale concernant le transport des voyageurs et des bagages par chemins de fer (CIV) du 25 février 1961, relative à la responsabilité du chemin*

[698] Vgl. dazu *Sauveplanne*, Renvoi, S. 13; *Lequette*, Renvoi, 67.

de fer pour la mort et les blessures de voyageurs)[699] ist für die Bundesrepublik Deutschland am 26.4.1974 in Kraft getreten[700].

Das Zusatzübereinkommen ist eine Ergänzung des Übereinkommens vom 25.2.1961 und regelt die Haftung der Eisenbahn für Schäden, die Reisende durch Unfall auf dem Gebiet eines Vertragsstaates erlitten haben (Art. 1 § 1). Es enthält sowohl einheitliche materielle Regelungen als auch einheitliche Verfahrensregelungen, wie etwa Umfang der Haftung (Art. 2), Schadenersatz bei Tötung oder Verletzung des Reisenden sowie Ersatz anderer Schäden (Artt. 3-5), Form, Beschränkung und Höhe des Schadenersatzes (Artt. 6-8), Erlöschen und Verjährung der Ansprüche (Artt. 16 und 17), Zuständigkeit (Art. 15), allgemeine Verfahrensvorschriften, Vollstreckbarkeit der Urteile sowie Sicherheitsleistung (Artt. 19 und 20). Die einzige Vorschrift, die sich auf das anzuwendende Recht bezieht, ist Art. 18.

b) Kollisionsnorm des Zusatzübereinkommens

Die amtliche deutsche Übersetzung des Art. 18 des Zusatzübereinkommens lautet:

„Art. 18 Landesrecht
§ 1. Soweit in diesem Übereinkommen keine Bestimmungen getroffen sind, gilt das Landesrecht.
§ 2. Für die Anwendung dieses Übereinkommens versteht man unter „Landesrecht" das Recht des Staates, auf dessen Gebiet sich der Unfall des Reisenden ereignet hat, einschließlich der **Kollisionsnormen.**" (Hervorhebung hinzugefügt)[701]

c) Zulassung des Renvoi

Die Bezugnahme auf die Kollisionsnormen des durch die Vorschrift des Art. 18 des Zusatzübereinkommens definierten Landesrechts führt dazu, dass eine **Rück- oder Weiterverweisung vom Landesrecht** zu beachten ist[702].

---

[699] Authentisch ist allein der französische Text. Der offizielle französische Wortlaut und die amtliche deutsche Übersetzung in: BGBl. 1974 II S. 359; die amtliche deutsche Übersetzung auch bei *Zweigert/Kropholler*, Sources II, G 289.
[700] BGBl. 1974 II S. 357.
[701] Der offizielle französische Wortlaut des Art. 18 des Zusatzübereinkommens von 1966: "Article 18 Droit national
§ 1. A défaut de stipulations dans la présente Convention, le droit national est applicable.
§ 2. Pour l'application de cette Convention, on entend par 'droit national' le droit de l'Etat sur le territoire duquel l'accident du voyageur s'est produit, y compris les règles relatives aux conflits de lois."
[702] Vgl. dazu *Lequette*, Renvoi, 67.

d) Stellungnahme

Die Zulassung der Rück- und Weiterverweisung durch Art. 18 des Berner Zusatzübereinkommens über die Haftung der Eisenbahn-Personenschäden von Reisenden von 1966 ist als Auflockerung der Regelanknüpfung an das Landesrecht anzusehen. Nach der Legaldefinition des Art. 18 § 2 bedeutet das Landesrecht das Recht des Staates des Unfallortes. Verweisen die Kollisionsnormen des Landesrechts auf das Recht des Forumstaates zurück oder auf das Recht eines Drittstaates, ist die Rück- oder Weiterverweisung deshalb zu beachten, weil das im Ergebnis angewandte Recht grundsätzlich das Recht ist, das mit dem Sachverhalt die engste Verbindung aufweist. Diese Lösung ist daher flexibler als die absolute Regel von *lex loci delicti commissi* und dient offenbar den Parteiinteressen.

3. Berner internationales Eisenbahn-Übereinkommen (COTIF) von 1980 und Anhang A zum Berner internationalen Eisenbahn-Übereinkommen (COTIF) von 1980

a) Grundzüge

Das Berner Übereinkommen über den internationalen Eisenbahnverkehr (COTIF) vom 9.5.1980 (*Convention du 9 mai 1980 relative aux transports internationaux ferroviaires*)[703] ist am 1.5.1985 in Kraft getreten[704].

Durch das Übereinkommen wurde die Zwischenstaatliche Organisation für den internationalen Eisenbahnverkehr (*Organisation intergouvernementale pour les transports internationaux ferroviaires*, OTIF) mit Sitz in Bern gegründet (Art. 1 § 1). Bei den Vorschriften des Übereinkommens handelt es sich um die einheitlichen Regelungen über den internationalen Eisenbahnverkehr. Anhang A zum COTIF, nämlich die Einheitlichen Rechtsvorschriften für den Vertrag über die internationale Eisenbahnbeförderung von Personen und Gepäck (*Règles uniformes concernant le contrat de transport international ferroviaire des voyageurs et des bagages*, CIV) enthält in seinem Art. 8 jedoch Vorschriften über das anzuwendende Recht.

---

[703] Authentisch ist allein der französische Text, in: BGBl. 1985 II S. 132, mit amtlicher deutscher Übersetzung.
[704] Siehe hierzu RabelsZ 51 (1987) 776.

b) Regelungen über das anzuwendende Recht

Soweit in den Einheitlichen Rechtsvorschriften, in den Zusatzbestimmungen und in den internationalen Tarifen keine Bestimmungen getroffen sind, gilt das Landesrecht (Art. 8 § 1 des Anhangs A zum COTIF). Unter Landesrecht versteht man das Recht des Staates, in dem der Berechtigte seinen Anspruch geltend macht, einschließlich der **Kollisionsnormen** (Art. 8 § 2 des Anhangs A zum COTIF). Für die Anwendung der Bestimmungen über die Haftung der Eisenbahn bei Tötung und Verletzung von Reisenden gilt als Landesrecht das Recht des Staates, auf dessen Gebiet sich der Unfall des Reisenden ereignet hat, einschließlich der **Kollisionsnormen** (Art. 8 § 3 des Anhangs A zum COTIF)[705]. Somit schließt sich der Anhang A des Übereinkommens über den internationalen Eisenbahnverkehr (COTIF) von 1980 hinsichtlich der Haftung der Eisenbahn bei Tötung und Verletzung von Reisenden lückenlos dem oben erwähnten Zusatzübereinkommen von 1966 zum Internationalen Übereinkommen über den Eisenbahn-Personen- und -Gepäckverkehr von 1961 über die Haftung der Eisenbahn für Tötung und Verletzung von Reisenden an, dessen Art. 18 die Anwendung des Rechts des Staates anordnet, auf dessen Gebiet sich der Unfall des Reisenden ereignet hat, einschließlich der Kollisionsnormen.

c) Zulassung des Renvoi

Die in Art. 8 des Anhangs A des Übereinkommens über den internationalen Eisenbahnverkehr von 1980 bezieht sich eindeutig auf die Kollisionsnormen des sog. „Landesrechts". Das hat zur Folge, dass eine Rück- oder Weiterverweisung vom Landesrecht auf eine andere Rechtsordnung zu beachten ist.

d) Stellungnahme

Die Zulassung des Renvoi durch Art. 8 des Anhangs A des Übereinkommens über den internationalen Eisenbahnverkehr (COTIF) von 1980 – ebenso wie bei

---

[705] Der offizielle französische Wortlaut des Art. 8 des Anhangs A zum COTIF von 1980:
"Article 8 Droit national
§ 1 A défaut de stipulations dans les Règles uniformes, les dispositions complémentaires et les tarifs internationaux, le droit national est applicable.
§ 2 On entend par droit national le droit de l'Etat où l'ayant droit fait valoir ses droits, y compris les règles relatives aux conflits de lois.
§ 3 Pour l'application des dispositions relatives à la responsabilité du chemin de fer en cas de mort et de blessures de voyageurs, le droit national est celui de l'Etat sur le territoire duquel l'accident survenu au voyageur s'est produit, y compris les règles relatives aux conflits de lois."

Art. 18 des Berner Zusatzübereinkommens über die Haftung der Eisenbahn-Personenschäden von Reisenden von 1966 – gilt als Auflockerung der Regelanknüpfung an das Landesrecht. Diese Lösung beruht auf dem Grundgedanken der engsten Verbindung und dient daher den Parteiinteressen.

III. CIEC-Übereinkommen – das Münchener CIEC-Namensübereinkommen von 1980 als Beispiel

1. Allgemeines

Das von der Internationalen Kommission für das Zivilstandeswesen (*Commission internationale de l'état civil*, CIEC) ausgearbeitete Münchener CIEC-Übereinkommen über das auf Namen und Vornamen anzuwendende Recht vom 5.9.1980 (*Convention du 5 septembre 1980 sur la loi applicable aux noms et prénoms*)[706] ist von der Bundesrepublik Deutschland zwar unterzeichnet, aber nicht ratifiziert worden. Es ist am 1.1.1990 für Italien, die Niederlande und Spanien in Kraft getreten; es gilt heute ferner für Portugal (seit dem 1.10.1990)[707].

Das Übereinkommen versteht sich als *loi uniforme* und beansprucht daher allseitige Geltung: Das durch dieses Übereinkommen berufene Recht ist auch dann anzuwenden, wenn es sich um das Recht eines Nichtvertragsstaates handelt (Art. 2)[708].

2. Kollisionsnormen des Übereinkommens

Gemäß Art. 1 I des Übereinkommens knüpft das auf Namen und Vornamen anzuwendende Recht an die Staatsangehörigkeit der betroffenen Person an: Die Namen und Vornamen einer Person werden durch **das Recht** des Staates bestimmt, dem die Person angehört (*la loi de l'Etat dont elle est ressortissante*, Art. 1 I 1). Das Rechtsverhältnis, aus dem sich die Namensführung ergibt, beurteilt sich, soweit es sich um die Frage der Namenführung handelt, ebenfalls nach dem **Recht** (*loi*) des Heimatstaates der Person (Art. 1 I 2). Obwohl das durch die darin vorgeschriebenen staatsvertraglichen Kollisionsnormen berufene Recht nicht auf das innerstaatliche (materielle) Recht abgestellt ist, besteht ein Bedürfnis nach Auslegung.

---

[706] Authentisch ist allein der französische Text, in: Secrétariat Général de la CIEC (Hrsg.), Conventions et Recommandations (1956-1980), 1981, S. 252; Riv. dir. int. priv. proc. 1990, 760-762. Inoffizielle deutsche Übersetzung in: StAZ 1980, 113 f.

[707] Siehe hierzu *Jayme/Hausmann*, Anm. 2 vor Nr. 20.

[708] Vgl. dazu *Bergmann/Ferid/Henrich*, Int. Abkommen, S. 136, Fn. 14.

3. Zulassung des Renvoi durch Interpretation

Nach allgemeiner Ansicht ist bei der objektiven Anknüpfung an das auf Namen und Vornamen anwendbare Recht die Rück- oder Weiterverweisung zu beachten[709]. Dies gilt sowohl für autonome nationale Kollisionsnormen als auch für staatsvertragliche Kollisionsnormen. Deshalb umfasst das durch Art. 1 I S. 1 und S. 2 des Münchener CIEC-Namensübereinkommens von 1980 berufene Recht des Heimatstaates auch dessen Kollisionsnormen[710]. Die Tatsache, dass das berufene Recht des Heimatstaates nicht auf das innerstaatliche Recht abgestellt ist, spricht ebenfalls für die Gesamtverweisung. Eine Rück- oder Weiterverweisung ist mithin zu beachten.

4. Stellungnahme

Die Verweisung auf das durch Art. 1 I S. 1 und S. 2 des Münchener CIEC-Namensübereinkommens von 1980 berufene Recht des Heimatstaates ist als Gesamtverweisung zu verstehen. Die Berücksichtigung der etwaigen Rück- oder Weiterverweisung in diesen vertraglichen Kollisionsnormen entspricht der allgemeinen Ansicht hinsichtlich der objektiven Anknüpfung an das Namenstatut. Da sowohl Art. 10 I des EGBGB als auch Art. 1 I des Münchener CIEC-Namensübereinkommens an die Staatsangehörigkeit der Person anknüpfen, bleibt aus der Sicht eines deutschen Richters eine Rückverweisung durch das im Ausland geltende Münchener CIEC-Namensübereinkommen außer Betracht, obwohl das Übereinkommen als *loi uniforme* die generelle Anwendung auch im Verhältnis zu Nichtvertragsstaaten beansprucht.

IV. Benelux-Verträge von 1951/1969

1. Zulassung des Renvoi im Benelux-Vertrag von 1951

a) Renvoi: Ausnahme vom Grundsatz

Das im Benelux-Vertrag vom 11.5.1951 enthaltene Einheitliche Gesetz über das Internationale Privatrecht lehnt grundsätzlich den Renvoi ab (Art. 1 I). Das von diesem Einheitlichen IPR-Gesetz berufene Recht eines Staates ist als in diesem Staat geltendes Recht unter Ausschluss des Internationalen Privatrechts zu verstehen. Die Verweisung ist in der Regel eine Sachnormverweisung. Dies

---

[709] Siehe nur *Palandt-Heldrich* (63. Aufl. 2004), Art. 10 EGBGB, Rn. 3; *Bamberger/Roth-Mäsch* (2003), Art. 10 EGBGB, Rn. 9.

[710] Vgl. dazu *Böhmer*, StAZ 1980, S. 114.

setzt allerdings voraus, dass nichts anderes bestimmt ist. Abweichende Vorschriften gibt es in der Tat in Artt. 14, 15 und 25, wo das Internationale Privatrecht eines fremden Landes berücksichtigt wird[711]. In den Fällen des Art. 15 Nr. 2 und Nr. 3 wird der Renvoi zugelassen[712].

b) Zulassung des Renvoi in Art. 15 Nr. 2 und Nr. 3

Das Einheitliche IPR-Gesetz folgt prinzipiell dem Staatsangehörigkeitsgrundsatz. In den Fällen, in denen das Heimatrecht einer Person bezüglich des Personenrechts für anwendbar erklärt wird, wird das Heimatrecht durch das Recht des Wohnsitzstaates ersetzt, wenn ein Ausländer seinen Wohnsitz in den Niederlanden/Belgien/Luxemburg hat und **das Internationale Privatrecht** (*les règles de droit international privé*) seines Heimatrechts das Recht des Wohnsitzes für anwendbar erklärt (Art. 15 Nr. 2). Durch die Zulassung eines Renvoi vom Heimatrecht auf das Recht des Wohnsitzstaates hat man dieselbe Lösung in den beiden Ländern. Somit ist der internationale Entscheidungseinklang zwischen den beiden Ländern erreicht.

Ebenfalls wird das Heimatrecht durch das Recht des Wohnsitzstaates ersetzt, wenn ein Ausländer seinen Wohnsitz außerhalb seines eigenen Landes und außerhalb der Niederlande/Belgiens/Luxemburgs hat und **das Internationale Privatrecht** (*les règles de droit international privé*) sowohl seines Heimatrechts als auch des Rechts seines Wohnsitzstaates das Letztere für anwendbar erklärt (Art. 15 Nr. 3)[713].

c) Ein Beispiel zum besseren Verständnis

Ein Beispiel dafür ist etwa ein Schweizer, der in den Niederlanden seinen Wohnsitz hat und dessen Status von dem belgischen oder luxemburgischen Richter entschieden werden soll. Das IPR seines eigenen Staates erklärt das

---

[711] Vgl. dazu den Rapport de la Commission, Rev. crit. DIP 1951, 718.

[712] Der offizielle französische Text des Art. 15 des Benelux-Einheitlichen IPR-Gesetzes von 1951:
"Dans tous les cas où les articles précédents renvoient à la loi nationale d'une personne, cette loi est remplacée par la loi du domicile:
1° Lorsque cette personne n'a pas de nationalité ou lorsque sa nationalité ou la loi nationale qui lui est applicable ne peuvent être déterminées avec certitude;
2° Lorsqu'un étranger a son domicile aux Pays-Bas, en Belgique, au Luxembourg, et que les règles de droit international privé de sa loi nationale déclarent applicable la loi du domicile;
3° Lorsqu'un étranger a son domicile hors de son pays et hors des Pays-Bas, de Belgique, du Luxembourg et que les règles de droit international privé tant sa loi nationale que la loi de son domicile, rendent applicable cette dernière loi."

[713] Vgl. dazu *Meijers*, Rev. crit. DIP 1951, 2 f.

Wohnsitzrecht für anwendbar, nämlich das niederländische Recht. Wenn das niederländische IPR ebenso das Wohnsitzrecht für anwendbar erklärt (das wäre der Fall des Art. 15 Nr. 2 dieses Einheitlichen IPR-Gesetzes, wenn dieses in Kraft getreten wäre), dann hat der belgische oder luxemburgische Richter auch das Recht des Wohnsitzstaates (*in casu* das niederländische Recht) anzuwenden. Auf diese Art und Weise gelingt es den Vertragsstaaten Belgien, den Niederlanden und Luxemburg, eine einheitliche Lösung zu erhalten[714]. Folglich ist der internationale Entscheidungseinklang zwischen den Vertragsstaaten erreicht.

d) Bewertung

Der Gedanke des internationalen Entscheidungseinklangs soll den Vorschriften des Art. 15 Nr. 2 und Nr. 3 zu Grunde liegen. Da der Vertrag nie in Kraft getreten ist, ist dies bedauerlicherweise nicht realisiert worden. Somit ist das erste Einheitliche IPR-Gesetz der Benelux-Staaten nur von theoretischer und rechtshistorischer Bedeutung.

2. Zulassung des Renvoi im Benelux-Vertrag von 1969

a) Renvoi: Ausnahmen vom Grundsatz

Das im Benelux-Vertrag vom 3.7.1969 enthaltene Einheitliche Gesetz über das Internationale Privatrecht lehnt nach dem Vorbild seines Vorgängers von 1951 den Renvoi grundsätzlich ab. Der maßgebliche Anknüpfungspunkt bezüglich des internationalen Personenrechts ist die Staatsangehörigkeit (Art. 2 I). In Art. 11 Nr. 2 und Nr. 3 werden wesentliche Ausnahmen statuiert, in denen das an sich berufene Heimatrecht in bestimmten Fällen kraft einer Rück- oder Weiterverweisung durch das Wohnsitzrecht ersetzt wird[715].
Ferner könnte sich aus der in Art. 21 I der neuen Fassung (Art. 25 I der alten Fassung entsprechend) verkündeten Anerkennung der wohl erworbenen Rechte in gewissen Fällen ein Renvoi ergeben. Die Bedeutung dieser Fälle ist jedoch gering[716].

---

[714] Vgl. dazu den Rapport de la Commission, Rev. crit. DIP 1951, 176.
[715] Vgl. dazu *Kropholler*, Einheitsrecht, S. 337.
[716] Vgl. dazu *de Winter*, Rev. crit. DIP 1968, 580; *Ferid*, StAZ 1969, 243, 244.

b) Zulassung des Renvoi in Art. 11 Nr. 2 und Nr. 3 der neuen Fassung

aa) Deutsche Übersetzung des Wortlauts des Art. 11 Nr. 2 und Nr. 3

Art. 11 Nr. 2 und Nr. 3 der neuen Fassung entsprechen fast wörtlich dem Art. 15 Nr. 2 und Nr. 3 der alten Fassung. Die deutsche Übersetzung lautet[717]:

„Überall, wo in den vorangehenden Artikeln das Heimatrecht einer Person für anwendbar erklärt worden ist, wird dieses Recht durch dasjenige des Wohnsitzes ersetzt:
1. (nicht wiedergeben);
2. wenn ein Ausländer seinen Wohnsitz in Belgien/in Luxemburg/in den Niederlanden hat und das Internationale Privatrecht seines Heimatrechts das Recht des Wohnsitzes für anwendbar erklärt;
3. wenn ein Ausländer seinen Wohnsitz außerhalb seines eigenen Staates und außerhalb der Niederlande/Belgiens/Luxemburgs hat und das Internationale Privatrecht sowohl seines Heimatrechts als auch des Rechts seines Wohnsitzes das Letztere für anwendbar erklärt."

bb) Interpretation zu Art. 11 Nr. 2 und Nr. 3

Der aus dem IPR des durch die Kollisionsnormen des Einheitlichen IPR-Gesetzes berufenen ausländischen Rechts sich ergebene Renvoi wird dann berücksichtigt, wenn es sich um einen Ausländer mit Wohnsitz in einem Benelux-Staat handelt, dessen heimatliches IPR das Wohnsitzrecht für maßgeblich erklärt (Art. 11 Nr. 2). Ferner wird der Renvoi auch dann beachtet, wenn ein Ausländer außerhalb seines Heimatstaates und außerhalb der Benelux-Staaten hat, und sowohl sein heimatliches IPR als auch das IPR des Rechts seines Wohnsitzstaates das Wohnsitzrecht für maßgeblich erklärt (Art. 11 Nr. 3). Ein Beispiel hierfür ist etwa das vom Benelux-Richter zu entscheidende Personalstatut eines Brasilianers mit Wohnsitz in der Schweiz. Wenn sowohl das brasilianische IPR als auch das schweizerische IPR das Wohnsitzrecht für anwendbar erklärt, dann wendet der Benelux-Richter das schweizerische Sachrecht an. Dadurch ist **der internationale Entscheidungseinklang** erreicht.

---

[717] Der offizielle französische Text des Art. 11 des Benelux-Einheitlichen IPR-Gesetzes von 1969:
"Dans tous les cas où les articles précédents renvoient à la loi nationale d'une personne, cette loi est remplacée par la loi du domicile:
1° Lorsque cette personne n'a pas de nationalité ou lorsque sa nationalité ou la loi nationale qui lui est applicable ne peuvent être déterminées avec certitude;
2° Lorsqu'un étranger a son domicile en Belgique, au Luxembourg, aux Pays-Bas et que les règles de droit international privé de sa loi nationale déclarent applicable la loi du domicile;
3° Lorsqu'un étranger a son domicile hors de son pays et hors de Belgique, du Luxembourg, des Pays-Bas, et que les règles de droit international privé tant sa loi nationale que la loi de son domicile, rendent applicable cette dernière loi."

3. Würdigung

a) Vorrang des Rechts des Wohnsitzstaates gegenüber dem Heimatrecht

Die Haltung der zwei einheitlichen IPR-Gesetze zum Renvoi hat den Charakter einer vermittelnden Lösung. Während der Renvoi zu jener Zeit in den Niederlanden überwiegend abgelehnt wurd, waren die Rechtsprechung und Literatur in Belgien und Luxemburg renvoi-freundlicher[718]. Der Renvoi wird berücksichtigt in den Fällen, in denen das IPR des zunächst vom Einheitlichen IPR-Gesetz berufenen Heimatrechts auf das Recht des Wohnsitzstaates verweist, oder beim Wohnsitz außerhalb des Heimatstaates sowohl das IPR des Heimatstaates als auch das IPR des Wohnsitzstaates das Recht des Wohnsitzstaates für anwendbar erklärt. Ausgangpunkt ist daher der Gegensatz zwischen der Staatsangehörigkeit und dem Wohnsitz. Dem Recht des Wohnsitzstaates wird der Vorrang eingeräumt.

b) Mögliche Einflüsse auf die Haager Renvoi-Konvention

Die Lösung der Benelux-Verträge hinsichtlich des Renvoi hat möglicherweise die Haager Renvoi-Konvention von 1955 dadurch beeinflusst, dass der renommierte niederländische Rechtgelehrte *E.M. Meijers* sowohl das Einheitliche IPR-Gesetz des Benelux von 1951 als auch die Haager Renvoi-Konvention von 1955 inspiriert hat. Die Formulierungen der beiden sind nicht zuletzt ähnlich. In der Tat ist die Haager Renvoi-Konvention von 1955 sowohl von Belgien als auch von den Niederlanden ratifiziert und von Luxemburg unterzeichnet worden[719]. Diese ist leider nie in Kraft getreten.

c) Gesamtbewertung

Insgesamt können die Bemühungen der Benelux-Staaten um ein einheitliches IPR-Gesetz als gescheitert bewertet werden. Sie sind zugunsten der Haager Renvoi-Konvention sowie der Rechtsvereinheitlichung innerhalb der Europäischen Gemeinschaft eingestellt worden. Aus heutiger Sicht sind sie nur von theoretischer und rechtshistorischer Bedeutung.

---

[718] Vgl. dazu *Ferid*, StAZ 1969, 243.

[719] Vgl. dazu *de Winter*, Rev. crit. DIP 1968, 592.

V. Europäische multilaterale Staatsverträge

1. Genfer Europäisches Übereinkommen über die internationale Handelsschiedsgerichtsbarkeit von 1961

a) Regelung über das vom Schiedsgericht anzuwendende Recht

Das am 25.1.1965 für die Bundesrepublik Deutschland in Kraft getretene[720] Genfer Europäische Übereinkommen über die internationale Handelsschiedsgerichtsbarkeit vom 21.4.1961 [721] räumt den Parteien die Befugnis ein, das Recht zu vereinbaren, welches das Schiedsgericht in der Hauptsache anzuwenden hat (Art. VII I 1). Haben die Parteien das anzuwendende Recht nicht bestimmt, so hat das Schiedsgericht **das Recht** anzuwenden, auf das **die Kollisionsnormen** hinweisen, von denen auszugehen das Schiedsgericht jeweils für richtig erachtet (Art. VII I 2)[722]. Es besteht ein Bedürfnis nach Auslegung.

b) Stellungnahme

Bei der internationalen Schiedsgerichtsbarkeit liegt normalerweise kein IPR bzw. Kollisionsrecht der feststehenden *lex fori* vor. Art. VII I 2 des Genfer Europäischen Übereinkommens über die internationale Handelsschiedsgerichtsbarkeit von 1961 ist erst dann als Zulassung der Rück- und Weiterverweisung angesehen, wenn das Schiedsgericht sich für die Anwendung des IPR bzw. des Kollisionsrechts eines bestimmten Vertragsstaates entscheidet. In diesem Sinne kann bei Art. VII I 2 des Übereinkommens die Rück- oder Weiterverweisung als beachtlich angesehen werden.

2. Luxemburger Europäisches Sorgerechtsübereinkommen von 1980

a) Gesamtverweisung in Art. 1 lit. 1 als Ausnahme

Das Luxemburger Europäische Übereinkommen über die Anerkennung und Vollstreckung von Entscheidungen über das Sorgerecht für Kinder und die Wiederherstellung des Sorgeverhältnisses vom 20.5.1980 lässt bewusst in seinem Art. 1 lit. a die Gesamtverweisung (IPR-Verweisung) zu. Der Begriff des Kindes knüpft nicht nur an das innerstaatliche Recht des ersuchten Staates an, was – wie bereits oben im Zweiten Teil der vorliegenden Arbeit erwähnt - einen

---

[720] Bek. vom 21.1.1965, in: BGBl. 1965 II S. 107.

[721] Authentisch sind gleichberechtigt der französische, englische und russische Text, in: BGBl. 1964 II S. 426. Deutsche Übersetzung bei *Jayme/Hausmann*, Nr. 243.

[722] Vgl. dazu *Siehr*, IPR, S. 559; *v. Bar/Mankowski*, IPR, Bd. I (2. Aufl. 2003), § 5 Nr. 44.

Ausschluss des Renvoi darstellt, sondern auch an die Rechtsordnungen des Staates des gewöhnlichen Aufenthalts oder des Heimatstaates. Die Verweisungen auf **das Recht des Staates des gewöhnlichen Aufenthalts oder des Heimatstaates** (*la loi de sa résidence habituelle ou de sa nationalité/the law of his habitual residence or the law of his nationality*) sind jedoch nicht auf die Sachnormen der jeweiligen Rechtsordnungen beschränkt. Somit sind sie als Gesamtverweisung (IPR-Verweisung) zu verstehen.

b) Begründung

Zur Begründung der Zulassung der Gesamtverweisung (IPR-Verweisung) lässt sich sagen, dass man dadurch im ersuchten Staat genauso entscheiden kann wie im Staat des gewöhnlichen Aufenthalts oder des Heimatstaates des Kindes. Infolgedessen sind bei der Verweisung auf das Recht des Staates des gewöhnlichen Aufenthalts oder des Heimatstaates auch die Kollisionsnormen zu beachten [723]. In diesem Sinne wird der Renvoi von den Verfassern des Luxemburger Europäischen Sorgerechtsübereinkommens von 1980 mit Absicht zugelassen.

c) Stellungnahme

Die Zulassung des Renvoi in Art. 1 lit. a des Luxemburger Europäischen Sorgerechtsübereinkommens von 1980 dient dem **internationalen Entscheidungseinklang** zwischen dem ersuchten Staat sowie dem Staat des gewöhnlichen Aufenthalts oder dem Heimatstaates des Kindes zugunsten des Kindeswohles.

---

[723] Vgl. dazu *Hüßtege*, IPRax 1992, 369, 370; MünchKomm-*Siehr*, Art. 19 EGBGB, Anh. III, Rn 12; *Gottschalk*, Allgemeine Lehren, S. 107.

Vierter Teil: Rückverweisung durch im Ausland geltende staatsvertragliche Kollisionsnormen aus deutscher Sicht

§ 12 Rückverweisung durch im Ausland geltende staatsvertragliche Kollisionsnormen aus deutscher Sicht

I. Allgemeines

1. Fragestellung

Die Frage nach der Rückverweisung durch im Ausland geltende staatsvertragliche Kollisionsnormen aus deutscher Sicht wurde bekanntlich zuerst von Professor *Erik Jayme*[724] tiefgreifend behandelt. Sie ist jedoch nicht der eigentliche Gegenstand der vorliegenden Arbeit, weil sie nicht zur Renvoi-Problematik in staatsvertraglichen Kollisionsnormen gehört. Vielmehr hängt die Beantwortung dieser Frage davon ab, ob die Verweisung vom deutschen IPR auf das Recht eines anderen Staates sich auch auf dessen Kollisionsrecht bezieht (Gesamtverweisung, Art. 4 I 1 EGBGB)[725], ohne dass nach einem autonomen oder staatsvertraglichen Ursprung gefragt wird (staatsvertragliche Kollisionsnormen sind integrale Bestandteile der berufenen fremden Rechtsordnung), und dass das deutsche Recht eine - beispielsweise durch die unterschiedlichen Anknüpfungsmerkmale zwischen dem autonomen deutschen IPR und staatsvertraglichen IPR entstandene - **Rückverweisung** vom Recht eines anderen Staates **immer annimmt** (Art. 4 I 2 EGBGB)[726]. Ohne Art. 4 I 2 EGBGB hätte diese Frage für die deutschen Richter keine praktische Bedeutung. Verweist das ausländische IPR einschließlich seiner staatsvertraglichen Kollisionsnormen nicht auf das deutsche Recht zurück, kommt die Frage für die deutschen Richter ebenfalls nicht in Betracht[727]. Dennoch ist sie wegen der Verweisung durch staatsvertragliche Kollisionsnormen mit dem Gegenstand der vorliegenden Arbeit so eng verbunden, dass sie bei der vorliegenden Untersuchung nicht vernachlässigt werden soll.

---

[724] Vgl. dazu *Jayme*, FS Beitzke, 1979, S. 541 ff.

[725] Art. 4 I 1 EGBGB lautet: „Wird auf das Recht eines anderen Staates verwiesen, so ist auch dessen Internationales Privatrecht anzuwenden, sofern dies nicht dem Sinn der Verweisung widerspricht."

[726] Art. 4 I 2 EGBGB lautet: „Verweist das Recht des anderen Staates auf deutsches Recht zurück, so sind die deutschen Sachvorschriften anzuwenden."

[727] Vgl. dazu *v. Bar/Mankowski*, IPR, Bd. I (2. Aufl. 2003), § 3 Rn. 72.

2. *Loi uniforme* – wichtiger Anlass für die Problematik

Ein wichtiger Anlass für die Prüfung des Renvoi durch Staatsverträge, denen die Bundesrepublik Deutschland nicht beigetreten ist, liegt darin, dass staatsvertragliche Kollisionsnormen aus jüngerer Zeit häufig auch auf das Recht der Nichtvertragsstaaten verweisen, was eine spektakuläre Entwicklung des modernen staatsvertraglichen IPR darstellt. Mit anderen Worten werden heute zunehmend staatsvertragliche Kollisionsnormen ohne Rücksicht auf das Erfordernis der Gegenseitigkeit **allseitig** konzipiert; sie finden auch dann Anwendung, wenn das Recht, auf das durch staatsvertragliche Kollisionsnormen verwiesen wird, dasjenige eines Nichtvertragsstaates ist. Sie verstehen sich als *loi uniforme*[728]. Demzufolge ist die Berufung auf die Rechtsordnung eines unbeteiligten Staates immer öfter anzutreten[729].

3. Abgrenzung auf die Rückverweisung

Bejaht man die Frage des Renvoi durch im Ausland geltende staatsvertragliche Kollisionsnormen (solche Kollisionsnormen enthalten etwa das Haager Kaufrechtsübereinkommen von 1955, das Haager Produkthaftpflichtübereinkommen von 1973, das Haager Ehegüterrechtsübereinkommen von 1978, das Haager Trustübereinkommen von 1985 und das UNIDROIT-Übereinkommen über gestohlene oder rechtswidrig ausgeführte Kulturgüter von 1995), so ist im Rahmen des Art. 4 I 2 EGBGB **aus deutscher Sicht** lediglich die **Rückverweisung**, nicht aber die Weiterverweisung zu beachten. Ob die betreffenden staatsvertraglichen Kollisionsnormen an sich eine Sachnormverweisung oder eine Gesamtverweisung (IPR-Verweisung) ausspricht, bleibt unerheblich, denn Art. 4 I 2 EGBGB ordnet an, dass nur die deutschen Sachvorschriften anzuwenden sind[730].

II. Praktische Beispiele

1. Rückverweisung durch die Kollisionsnormen des im Ausland geltenden Haager Kaufrechtsübereinkommens von 1955 aus deutscher Sicht

Das Haager Übereinkommen betreffend das auf internationale Kaufverträge über bewegliche Sachen anzuwendende Recht vom 15.6.1955 ist von der Bundesrepublik Deutschland bisher nicht unterzeichnet worden.

---

[728] Zum Begriff *loi uniforme* siehe oben § 2 II 3 im Ersten Teil der vorliegenden Arbeit.
[729] Vgl. dazu *Jayme*, FS Beitzke, S. 543, 544; *Kropholler*, Einheitsrecht, § 22 III 2; *Staudinger-Hausmann* (2003), Art. 4 EGBGB, Rn. 120.
[730] Vgl. dazu *v. Bar/Mankowski*, IPR, Bd. I (2. Aufl. 2003), § 3 Rn. 117.

Die Vertragsstaaten dieses Übereinkommens verpflichten sich, die Bestimmungen des Übereinkommens in ihr nationales Recht einzuführen, die das auf internationale Kaufverträge über bewegliche körperliche Sachen anzuwendende Recht betreffen (Art. 7). Damit wird erreicht, dass diese Regeln für alle internationalen Käufe gelten, nicht nur im Verhältnis der Vertragsstaaten zueinander[731]. Das Übereinkommen versteht sich also als *loi uniforme*[732].

Da die Bundesrepublik Deutschland nicht Vertragsstaat ist, würden die jeweils auf das innerstaatliche Recht (*loi interne*) bezogenen Verweisungen des Übereinkommens nicht ausschließen, dass deutsche Richter sie im Einzelfall gemäß Art. 4 I EGBGB als Rückverweisung auf deutsches Recht verstehen. Die immer geringer werdende Bedeutung des Renvoi im internationalen Vertragsrecht macht jedoch solche Fälle unwahrscheinlich[733]. Die Problematik der Rückverweisung durch die im Ausland geltenden staatsvertraglichen Kollisionsnormen aus deutscher Sicht ist im Fall des Haager Kaufrechtsübereinkommens von 1955 nur von theoretischer Bedeutung.

2. Rückverweisung durch die Kollisionsnormen des im Ausland geltenden CIEC-Übereinkommens über die Legitimation durch nachfolgende Ehe von 1970 aus deutscher Sicht

Die Bundesrepublik Deutschland hat das römische CIEC-Übereinkommen über die Legitimation durch nachfolgende Ehe vom 10.9.1970 zwar unterzeichnet, aber bisher nicht ratifiziert. Es gilt heute für sieben europäische Staaten[734].
Das Übereinkommen ist nach seinem Art. 5 ausdrücklich gegenüber allen Staaten, selbst Nichtvertragsstaaten (*tous les Etats, mêmes non contractants*), z.B. der Bundesrepublik Deutschland, anzuwenden. Es versteht sich also als *loi uniforme.*

Wenn das deutsche Internationale Privatrecht bezüglich der Legitimation eines ehelichen Kindes gemäß Art. 14 I i.V.m. Art. 4 I 1 EGBGB auf das Recht eines Vertragsstaates verweist und das Internationale Privatrecht dieses Vertragsstaates einschließlich Art. 1 I des CIEC-Übereinkommens über die Legitimation durch nachfolgende Ehe seinerseits auf das deutsche Recht verweist, dann ist gemäß Art. 4 I 2 EGBGB die Rückverweisung aus deutscher Sicht zu beachten[735].

---

[731] Vgl. dazu *Dölle*, RabelsZ 17 (1952) 163, 182-184.
[732] Vgl. dazu *Kegel/Schurig*, S. 212, 600.
[733] Vgl. dazu *Graue*, RabelsZ 57 (1993) 43.
[734] Frankreich, Griechenland, Italien, Luxemburg, die Niederlande, Österreich und die Türkei. Siehe hierzu *Jayme/Hausmann*, Anm. 1 zu Nr. 52.
[735] Vgl. dazu *Jayme/Hausmann*, Einführung, S. XXV.

3. Rückverweisung durch die Kollisionsnormen des im Ausland geltenden Haager Übereinkommens über Straßenverkehrsunfälle von 1971 aus deutscher Sicht

Das Haager Übereinkommen über das auf Straßenverkehrsunfälle anzuwendende Recht von 1971 versteht sich als *loi uniforme*: Es ist auch anzuwenden, wenn das anzuwendende Recht nicht das Recht eines Vertragsstaates ist (Art. 11 S. 2).

Das Übereinkommen gilt heute für 16 Vertragsstaaten, darunter die wichtigsten europäischen Reiseländer mit Ausnahme der Bundesrepublik Deutschland[736].

Verweist das deutsche Internationale Privatrecht hinsichtlich der außervertraglichen Haftung aus Straßenverkehrsunfällen auf das Recht eines Vertragsstaates einschließlich seines Internationalen Privatrechts (z.B. als Recht des Staates des Unfallortes, Art. 40 I 1 i.V.m. Art. 4 I 1 EGBGB), und verweisen die Kollisionsnormen des Haager Übereinkommens über Straßenverkehrsunfälle auf das innerstaatliche Recht des Nichtvertragsstaates Deutschland (z.B. als innerstaatliches Recht des Zulassungstaates gemäß Art. 4 des Übereinkommens), dann ist die Annahme der Rückverweisung in Betracht zu ziehen, vorausgesetzt, dass man den Renvoi im Bereich des internationalen Deliktsrechts berücksichtigt. Da eine solche Berücksichtigung zu bejahen ist[737], ist gemäß Art. 4 I 2 EGBGB eine Rückverweisung durch die im Ausland geltenden Kollisionsnormen des Haager Übereinkommens über Straßenverkehrsunfälle von 1971 auf das deutsche materielle Recht zu beachten.

Das Haager Übereinkommen über Straßenverkehrsunfälle von 1971 ist vor über 30 Jahren in Kraft getreten. Für die Bundesrepublik Deutschland ist das Übereinkommen in der deutschen Lehre und Praxis der wichtigste Anwendungsfall für die Rückverweisung durch Kollisionsnormen der im Ausland geltenden Staatsverträge[738].

---

[736] Vgl. dazu *Gottschalk*, Allgemeine Lehren, S. 109.

[737] So die überwiegende Auffassung. Vgl. dazu *Palandt-Heldrich* (63. Aufl. 2004), Art. 40 EGBGB, Rn. 1; *Soegel-Lüderitz*, Art. 38 EGBGB, Rn. 119; *Gottschalk*, Allgemeine Lehren, S. 110, 111.

[738] Vgl. schon *Jayme*, FS Beitzke, 1979, S. 547 f.; *ders.*, IPRax, 1981, 17. Vgl. auch *Graue*, RabelsZ 57 (1993) 50, 51; *Junker*, JZ 2000, S. 483; *Palandt-Heldrich* (63. Aufl. 2004), Art. 40 EGBGB, Rn. 1.

4. Rückverweisung durch die Kollisionsnormen des im Ausland geltenden Haager Produkthaftpflichtübereinkommens von 1973 aus deutscher Sicht

Das Haager Produkthaftpflichtübereinkommen von 1973 versteht sich als *loi uniforme*: Das Übereinkommen findet auch dann Anwendung, wenn das anzuwendende Recht nicht das Recht eines Vertragsstaates ist (Art. 11).

Das Übereinkommen gilt heute für 10 Vertragsstaaten; es ist von der Bundesrepublik Deutschland bisher nicht unterzeichnet worden. Verweist das deutsche Internationale Privatrecht hinsichtlich der Produkthaftpflicht auf das Recht eines Vertragsstaates einschließlich seines Internationalen Privatrechts (z.B. das niederländische Recht als Recht des Staates des Deliktsortes, Art. 40 I 1 i.V.m. Art. 4 I 1 EGBGB) und verweisen die Kollisionsnormen des Haager Produkthaftpflichtübereinkommens auf das innerstaatliche Recht des Nichtvertragsstaates Deutschland (wenn z.B. sich der gewöhnliche Aufenthaltsort des unmittelbar Geschädigten und der Ort des Erwerbes des fehlerhaften Produkts zugleich in Deutschland befinden, Art. 5 des Übereinkommens), dann ist die Frage nach der Annahme der Rückverweisung in Betracht zu ziehen. Diese Frage hängt jedoch von der Vorfrage ab, ob man den Renvoi im Bereich des internationalen Deliktsrechts zuzulassen hat. Diese Vorfrage ist zu bejahen[739]. Demzufolge ist gemäß Art. 4 I 2 EGBGB eine Rückverweisung durch die Kollisionsnormen des im Ausland geltenden Haager Produkthaftpflichtübereinkommens von 1973 auf das deutsche materielle Recht zu beachten[740].

5. Rückverweisung durch die Kollisionsnormen des im Ausland geltenden Haager Ehegüterrechtsübereinkommens von 1978 aus deutscher Sicht

Das Übereinkommen versteht sich als *loi uniforme*, weil es ohne Rücksicht auf Gegenseitigkeit auch Anwendung finden soll, wenn die Staatsangehörigkeit oder der gewöhnliche Aufenthalt der Ehegatten oder das gemäß den Vorschriften dieses Übereinkommens anzuwendende Recht nicht die Staatsangehörigkeit, der gewöhnliche Aufenthalt oder das Recht eines Vertragsstaates ist (Art. 2)[741].

Das Übereinkommen gilt heute nur für Frankreich, Luxemburg und die Niederlande. Aus deutscher Sicht kann eine Rückverweisung von einer der Rechtsordnungen dieser drei Staaten eintreten, wenn Art. 15 I EGBGB bezüglich des Ehegüterrechts auf das allgemeine Ehegüterstatut (Art. 14 I)

---

[739] Vgl. dazu *Palandt-Heldrich* (63. Aufl. 2004), Art. 40 EGBGB, Rn. 1; *Soegel-Lüderitz*, Art. 38 EGBGB, Rn. 119; *Gottschalk*, Allgemeine Lehren, S. 110, 111.

[740] Vgl. dazu *Graue*, RabelsZ 57 (2993) 52 ff.; *Staudinger-Hausmann* (2003), Art. 4 EGBGB, Rn. 139; *Gottschalk*, Allgemeine Lehren, S. 116-120.

[741] Vgl. dazu *Beitzke*, RabelsZ 41 (1977) 459.

verweist und dieses gerade auf das Recht eines dieser drei Staaten. Da die Kollisionsnormen des Haager Ehegüterrechtsübereinkommens von 1978 ein Bestandteil der Rechtsordnungen dieser Vertragsstaaten sind und die Verweisung des Übereinkommens grundsätzlich eine Sachnormenverweisung ist, ist gemäß Art. 4 I 2 EGBGB eine Rückverweisung von einer dieser drei Rechtsordnungen auf das deutsche materielle Recht zu beachten[742].

6. Rückverweisung durch die Kollisionsnormen des im Ausland geltenden Haager Eheschließungsübereinkommens von 1978 aus deutscher Sicht

Das Haager Eheschließungsübereinkommen von 1978 gilt heute für Australien, Luxemburg und die Niederlande[743].

Obwohl das Übereinkommen sich nicht als *loi uniforme* versteht, ist die Anwendung des Rechts eines Nichtvertragsstaates unter Umständen möglich. Verweist das autonome deutsche Internationale Privatrecht bezüglich der sachlichen Voraussetzungen der in Deutschland stattfindenden Eheschließung gemäß Art. 13 I EGBGB i.V.m. Art. 4 I 1 EGBGB für jeden Verlobten, der einem der drei Staaten angehört (etwa Luxemburg), auf dessen Heimatrecht einschließlich der Kollisionsnormen, und Art. 3 I des Haager Eheschließungsübereinkommens als in diesem Staat geltende Kollisionsnorm verweist auf das innerstaatliche Recht des Eheschließungsstaates, nämlich das deutsche Sachrecht, so kann es zur Anwendung des deutschen Sachrechts kommen, wenn einer der Verlobten Deutscher ist und sich in Deutschland gewöhnlich aufhält. Gemäß Art. 4 I 2 EGBGB ist eine Rückverweisung durch die Kollisionsnorm des Art. 3 I des in diesen drei Staaten geltenden Haager Eheschließungsübereinkommenn von 1978 beachtlich[744].

7. Rückverweisung durch die Kollisionsnormen des im Ausland geltenden Haager Trustübereinkommens von 1985 aus deutscher Sicht

Für jeden Vertragsstaat lässt Art. 21 des Haager Trustübereinkommens von 1985 den Vorbehalt zu, die Vorschriften des die Anerkennung von Trust betreffenden Kap. III nur auf Trusts, deren Gültigkeit dem Recht eines Vertragsstaates unterliegen, anzuwenden. Eine entsprechende Regelung gibt es in Kap. II über das anzuwendende Recht nicht. Daraus ist zu entnehmen, dass die Kollisionsnormen des Übereinkommens sich als *loi uniforme* verstehen. Was das auf Trusts anzuwendende Recht angeht, so findet die von den

---

[742] Vgl. dazu OLG Düsseldorf, FGPrax 2000, 5; *Staudinger-Hausmann* (2003), Art. 4 EGBGB, Rn. 140.

[743] Siehe hierzu *Jayme/Hausmann*, Anm. 3 zu Nr. 30.

[744] Vgl. dazu *Gottschalk*, Allgemeine Lehren, S. 127, 128.

Kollisionsnormen des Kap. II berufene Rechtsordnung auch Anwendung, wenn es sich um die Rechtsordnung eines Nichtvertragsstaates handelt.

Die Bundesrepublik Deutschland bleibt bis heute ein Nichtvertragsstaat. Wenn aber das autonome deutsche Internationale Privatrecht bezüglich des auf Trusts anzuwendenden Rechts auf das Recht eines Vertragsstaates verweist und gemäß Art. 4 I 1 EGBGB das Internationale Privatrecht dieses Vertragsstaates einschließlich der Kollisionsnormen des Haager Trustübereinkommens auf das deutsche Recht zurückverweist, dann ist gemäß Art. 4 I 2 EGBGB die Rückverweisung aus deutscher Sicht zu beachten[745].

8. Rückverweisung durch die Kollisionsnormen des im Ausland geltenden UNIDROIT-Übereinkommens über gestohlene oder rechtswidrig ausgeführte Kulturgüter von 1995 aus deutscher Sicht

Obwohl das Übereinkommen aus deutscher Sicht nur zwischen ausländischen Staaten gilt, wird es gemäß Art. 9 I von den ausländischen Vertragsstaaten - als *loi uniforme* – auch im Verhältnis zu Nichtvertragsstaaten angewandt. Wenn das deutsche Internationale Privatrecht bezüglich der Rückgabe oder Rückführung gestohlener oder rechtswidrig ausgeführter Kulturgüter auf das Recht eines Vertragsstaates verweist und Art. 9 I dieses UNIDROIT-Übereinkommens zum deutschen Recht führt, dann ist gemäß Art. 4 I 2 EGBGB die Rückverweisung auf das deutsche Sachrecht vom deutschen Richter zu beachten[746].

9. Rückverweisung durch die Kollisionsnormen des im Ausland geltenden KSÜ von 1996 aus deutscher Sicht

Das Haager Übereinkommen über die Zuständigkeit, das anzuwendende Recht, die Anerkennung, Vollstreckung und Zusammenarbeit auf dem Gebiet der elterlichen Verantwortung und der Maßnahmen zum Schutz von Kindern (KSÜ) vom 19.10.1996 ist am 1.1.2002 für Monaco, die Slowakische Republik und die Tschechische Republik in Kraft getreten und gilt heute ferner für Australien (seit dem 1.8.2003), Ecuador (seit dem 1.9.2003), Estland (seit dem 1.6.2003), Lettland (seit dem 1.4.2003) und Marokko (seit dem 1.12.2002); es wird am 1.9.2004 für Litauen in Kraft treten[747]. Die Bundesrepublik Deutschland hat es bisher nicht unterzeichnet.

---

[745] Vgl. dazu *Graue*, RabelsZ 57 (1993) 58; *Staudinger-Hausmann* (2003), Art. 4 EGBGB, Rn. 141; *Gottschalk*, Allgemeine Lehren, S. 130.

[746] Vgl. dazu *Jayme/Hausmann*, Einführung, S. XXV.

[747] Siehe hierzu *Jayme/Hausmann*, Anm. 1 zu Nr. 55; *Staudinger-Sturm/Sturm* (2003), Einl. zum IPR, Rn. 371; http://www.hcch.net/f/status/stat34f.html (Stand: 30.4.2004).

Die Kollisionsnormen in Kap. III des KSÜ verstehen sich als *loi uniforme*: Sie sind anzuwenden, selbst wenn das dadurch bestimmte Recht das eines Nichtvertragsstaates ist (Art. 20 KSÜ).

In Bezug auf die Vormundschaft und Pflegschaft eines Minderjährigen verweist das autonome deutsche Internationale Privatrecht grundsätzlich auf das Heimatrecht (Art. 24 I 1 EGBGB), hilfsweise auf das deutsche Recht als Recht des Staates des gewöhnlichen Aufenthalts oder des Aufenthalts (Art. 24 I 2 EGBGB).

Soweit Art. 24 I 1 EGBGB auf das Heimatrecht des Minderjährigen verweist, ist die Rück- und Weiterverweisung gemäß Art. 4 I EGBGB zu beachten[748]. Wenn es sich dabei um den Schutz eines Kindes[749] handelt, das einem Vertragsstaat des KSÜ angehört (etwa ein sich in Deutschland gewöhnlich aufhaltendes tschechisches Kind), und die Kollisionsnormen des KSÜ auf das deutsche Sachrecht als Recht des Staates des gewöhnlichen Aufenthalts verweisen (Artt. 15, 16, 17 i.V.m. Art. 21 I KSÜ), dann ist gemäß Art. 4 I 2 EGBGB die Rückverweisung vom Heimatrecht des Kindes zu beachten.

---

[748] Vgl. dazu *Palandt-Heldrich* (63. Aufl. 2004), Art. 24 EGBGB, Rn. 1.

[749] „Kinder" im Sinne des KSÜ sind diejenigen, die das 18. Lebensjahr noch nicht vollendet haben (Art. 2 KSÜ).

Zusammenfassung der Ergebnisse

These I: Die in Staatsverträgen enthaltenen Kollisionsnormen, die das Kollisionsrecht vereinheitlichen, schließen die Rück- und Weiterverweisung (Renvoi) prinzipiell aus. Bei Verweisungen durch staatsvertragliche Kollisionsnormen handelt es sich in aller Regel um Sachnormverweisungen, d.h. sie verweisen auf das Sachrecht (das materielle Recht) der jeweils berufenen Rechtsordnung unter Ausschluss des IPR bzw. des Kollisionsrechts. Als Grundsatz gilt, dass Verweisungen durch staatsvertragliche Kollisionsnormen Sachnormverweisungen sind. Soweit nicht die staatsvertraglichen Kollisionsnormen selbst die Zulassung des Renvoi vorsehen, verstehen sich die dadurch entstandenen Verweisungen in der Regel als Sachnormverweisungen[750].

These II: Zu den allgemeinen Argumenten für den Ausschluss des Renvoi in staatsvertraglichen Kollisionsnormen zählt in erster Linie die **Erreichung des internationalen Entscheidungseinklangs** als eines der Ideale des IPR durch die Kollisionsrechtsvereinheitlichung, denn der internationale Entscheidungseinklang, der im autonomen nationalen IPR für die Berücksichtigung des Renvoi spricht, wird durch die Kollisionsrechtsvereinheitlichung bereits erreicht[751]. Dies gilt vor allen Dingen für das Verhältnis zwischen den Vertragsstaaten. Insoweit ist der Renvoi grundsätzlich abzulehnen. Bei der Verweisung auf das Recht der Nichtvertragsstaaten spricht der internationale Entscheidungseinklang im Regelfall gegen eine Zulassung des Renvoi, weil verschiedene Vertragsstaaten unterschiedliche Einstellungen zum Renvoi haben können[752]. Eine Zulassung des Renvoi würde den internationalen Entscheidungseinklang zwischen den Vertragsstaaten gefährden. Der **Vereinheitlichungszweck** kollisionsrechtlicher Staatsverträge spricht also mehr für die Harmonie zwischen den Vertragsstaaten als für die nicht so voraussehbare Harmonie mit den Nichtvertragsstaaten[753]. Für die Ablehnung der Rück- und Weiterverweisung in staatsvertraglichen Kollisionsnormen sprechen **im Allgemeinen** die Lokalisierung der Rechtsverhältnisse im Hinblick auf die engsten Verbindungen[754], die Gedanken der Vereinfachung der Rechtsanwendung sowie die Schaffung der Rechtsklarheit[755], **im Besonderen** die Notwendigkeit des Ausschlusses des Renvoi bei der Wahl des auf vertragliche Schuldverhältnisse anzuwendenden

---

[750] Vgl. dazu *v. Bar/Mankowski*, IPR, Bd. I (2. Aufl. 2003), § 3 Rn. 115, § 7 Rn. 208; *Bamberger/Roth-Lorenz* (2003), Art. 4 EGBGB, Rn. 7.

[751] Vgl. dazu *Kropholler*, Einheitsrecht, S. 178; *ders.*, IPR (5. Aufl. 2004), § 24 III 1; *Junker*, IPR, S. 186; *Lagarde*, Rev. crit. DIP 1989, 258.

[752] So schon *Melchior*, Grundlagen, S. 240.

[753] Vgl. dazu *v. Bar/Mankowski*, IPR, Bd. I (2. Aufl. 2003), § 3 Rn. 116.

[754] Vgl. dazu den Bericht *Giuliano/Lagarde*, BT-Drucks. 10/503, 70.

[755] Vgl. dazu *Jayme*, FS Beitzke, S. 542; *Kropholler*, FS Henrich, S. 294.

Rechts durch die Parteien [756] und bei objektiven Anknüpfungen im internationalen Schuldvertragsrecht, der Schutz bestimmter Personen, die Unbeachtlichkeit des Renvoi in Formfragen sowie die Ablehnung des Renvoi aus rechtspolitischen Gründen[757].

These III: Der absolute Ausschluss des Renvoi in den Haager Konventionen erfolgt entweder stillschweigend oder ausdrücklich. Das Haager Ehescheidungsabkommen von 1902, das Haager Vormundschaftsabkommen von 1902, das Haager Ehewirkungsabkommen von 1905 und das Haager Entmündigungsabkommen von 1905 schließen den Renvoi zwar absolut, aber stillschweigend, aus; das Haager Kaufrechtsübereinkommen von 1955, das Haager Übereinkommen über den Eigentumsübergang beim internationalen Kauf beweglicher Sachen von 1958, das MSA von 1961, das Haager Testamentsformübereinkommen von 1961, das Haager Übereinkommen über Straßenverkehrsunfälle von 1971, das HUÜ von 1973, das Haager Nachlassverwaltungsübereinkommen von 1973, das Haager Produkthaftpflichtübereinkommen von 1973, das Haager Stellvertretungsübereinkommen von 1978, der Entwurf eines Haager Verbraucherkaufvertragsübereinkommens von 1980, das Haager Trustübereinkommen von 1985, das Haager Kaufrechtsübereinkommen von 1986, das ESÜ von 2000 und das 2002 verabschiedete Haager Übereinkommen über die auf bestimmte Rechte in Bezug auf intermediär-verwahrte Wertpapiere anzuwendende Rechtsordnung schließen den Renvoi nicht nur absolut, sondern auch ausdrücklich aus.

These IV: Was die **Methode** des Ausschlusses des Renvoi in staatsvertraglichen Kollisionsnormen angeht, so schlossen die Haager Konventionen vor dem Ersten Weltkrieg den Renvoi meistens stillschweigend aus. Der Ausschluss des Renvoi ergab sich aus der Auslegung. Von 1955 bis 1985 wurde die Rück- und Weiterverweisung in den Haager Konventionen zumeist ausdrücklich dadurch ausgeschlossen, dass das anzuwendende Recht auf **das innerstaatliche Recht** (*loi interne/internal law*) der jeweils berufenen Rechtsordnung abgestellt war. Gemeint ist hiermit das Sachrecht (das materielle Recht) der berufenen Rechtsordnung. Seit 1985 ist es Praxis der Haager Konventionen geworden, den Renvoi durch eine **allgemeine Bestimmung** auszuschließen. Sie sieht vor, dass das nach dem Übereinkommen anzuwendende „Recht" eines Staates als die in diesem Staat geltende Rechtsordnung unter Ausschluss der Kollisionsnormen zu verstehen ist, so z.B. Art. 17 des Haager Trustübereinkommens von 1985, Art. 17 des Haager Erbrechtsübereinkommens von 1989, Art. 21 I KSÜ von 1996, Art. 19 ESÜ von 2000 sowie Art. 10 des 2002 verabschiedeten Haager Übereinkommens über die auf bestimmte Rechte in Bezug auf intermediär-

[756] Vgl. dazu den Bericht *Giuliano/Lagarde*, BT-Drucks. 10/503, 69.
[757] Vgl. dazu *Kropholler*, FS Henrich, S. 394.

verwahrte Wertpapiere anzuwendende Rechtsordnung. Der Ausschluss des Renvoi durch eine allgemeine Bestimmung in multilateralen Staatsverträgen erfolgt nicht nur in den Haager Konventionen, sondern auch in den Übereinkommen auf regionaler Ebene, wie z.B. Art. 17 der interamerikanischen Schuldvertragskonvention von Mexiko von 1994. Da man nunmehr nicht jedes Mal zu untersuchen braucht, ob es sich bei der Verweisung durch die jeweiligen staatsvertraglichen Kollisionsnormen um das innerstaatliche Recht der berufenen Rechtsordnung handelt oder nicht, ist die **Methode** der Staatsverträge in Bezug auf den Ausschluss des Renvoi in staatsvertraglichen Kollisionsnormen immer einsichtiger. Eine derartige Formulierung in Staatsverträgen ist auf Art. 15 des römischen EVÜ von 1980 und die Lösung der Benelux-Verträge von 1951/1969 zurückzuführen [758]. Sie spiegelt die fortschreitende Entwicklung der Methode der staatsvertraglichen Kollisionsnormen hinsichtlich des Ausschlusses des Renvoi wider.

These V: Bilaterale Staatsverträge – soweit sie Kollisionsnormen enthalten – nehmen normalerweise keine Stellung zum Renvoi. Dem Sinn der bilateralen Staatsverträge nach ist der Renvoi jedoch auszuschließen. Die darin enthaltenen Kollisionsnormen können durchaus als renvoi-feindlich bewertet werden. In der staatsvertraglichen Praxis schließen bilaterale Staatsverträge den Renvoi ganz selten ausdrücklich aus (wie etwa das französisch-marokkanische Abkommen betreffend die Stellung der Personen und der Familie und die gerichtliche Zusammenarbeit vom 10.8.1981). Meistens schließen sie den Renvoi stillschweigend aus; der Ausschluss des Renvoi ist dann mithilfe der Auslegung zu entnehmen.

These VI: In staatsvertraglichen Kollisionsnormen stellt die Zulassung des Renvoi nur eine **Ausnahme** dar. Zwar gibt es Staatsverträge, die den Renvoi zulassen, aber keiner von ihnen regelt die Problematik ausschließlich. Der einzige Staatsvertrag, der sich überwiegend mit diesem Thema beschäftigt, ist die sog. Haager Renvoi-Konvention von 1955. Diese Konvention, die unglücklicherweise auf den Begriff Renvoi verzichten muss, befasst sich eigentlich nur mit den Konflikten zwischen dem Heimatrecht und dem Domizilrecht und umfasst infolgedessen nicht alle Konstellationen des Renvoi. Sie ist bisher nicht in Kraft getreten und wird wahrscheinlich nie in Kraft treten. Der Versuch, die Renvoi-Problematik in einem universalen Staatsvertrag kategorisch zu lösen, hat sich als gescheitert erwiesen. Seither hat die Renvoi-Problematik in staatsvertraglichen Kollisionsnormen immer mehr an Bedeutung verloren. In der Praxis der Haager Konventionen steht der Renvoi nicht mehr im Mittelpunkt.

---

[758] Vgl. dazu *Lequette*, Renvoi, 68.

These VII: Vor dem Zweiten Weltkrieg war die Renvoi-Problematik kein wichtiges Thema in der Praxis der kollisionsrechtlichen Staatsverträge. Während die meisten Haager Konventionen vor dem Ersten Weltkrieg den Renvoi nicht berücksichtigten, war das Haager Eheschließungsabkommen von 1902 die erste Haager Konvention, die den Renvoi für beachtlich erklärte. Dieses Abkommen war allerdings an sich eine Ausnahme unter den damaligen Haager Konventionen. Es gilt heute immer noch für die Bundesrepublik Deutschland im Verhältnis zu Italien. Nach der italienischen IPR-Reform von 1995 ist der Renvoi durch die staatsvertragliche Verweisung des Haager Eheschließungsabkommens von 1902 nur von untergeordneter Bedeutung. Weitere herausragende Beispiele hinsichtlich der Zulassung des Renvoi in staatsvertraglichen Kollisionsnormen sind das Genfer Abkommen über das internationale Wechselprivatrecht von 1930 und das Genfer Abkommen über das internationale Scheckprivatrecht von 1931. Die beiden Abkommen enthalten in ihrem Art. 2 I Regelungen, die den Renvoi ausdrücklich zulassen. Angesichts der hohen Anzahl der Vertragsstaaten kann man von einem Erfolg sprechen.

These VIII: Manche renvoi-freundlichen staatsvertraglichen Bestimmungen, insbesondere bei einigen älteren Übereinkommen, sind Ergebnisse der Konzession an einzelne Staaten, um dadurch die Beteiligung dieser Staaten an den Übereinkommen zu gewinnen. Solche Bestimmungen lassen den Renvoi in Ausnahmefällen deshalb zu, weil sie einzelnen Staaten einen Anreiz zur Ratifizierung geben wollen. Prototyp dafür ist das Haager Eheschließungsabkommen von 1902[759] (Zugeständnis an die Schweiz). Ebenso weisen das Genfer Abkommen über das internationale Wechselprivatrecht von 1930 und das Genfer Abkommen über das internationale Scheckprivatrecht von 1931 den Kompromisscharakter auf, denn sie machen Zugeständnis an einige dem Domizilprinzip anhängende Vertragsstaaten.

These IX: Das Haager Unterhaltsübereinkommen von 1956, das Haager Adoptionsübereinkommen von 1965, das Haager Eheschließungsübereinkommen von 1978, das Haager Ehegüterrechtsübereinkommen von 1978, das Haager Erbrechtsübereinkommen von 1989 und das KSÜ von 1996 schließen den Renvoi nur grundsätzlich aus, denn sie lassen ihn in Ausnahmefällen zu. Die Zulassung des Renvoi erfolgt manchmal aus Gründen der Parteiinteressen (z.B. Art. 3 des Haager Unterhaltsübereinkommens von 1956), manchmal aus rechtspolitischen Gründen (z.B. Art. 2 des Haager Eheschließungsübereinkommens von 1978).

These X: In den neueren Konventionen mit kollisionsrechtlichem Inhalt dient die Zulassung des Renvoi entweder dem Zweck, internationalen

[759] Vgl. dazu *Kropholler*, Einheitsrecht, § 22 III 1; *v. Bar/Mankowski*, IPR, Bd. I (2. Aufl. 2003), § 3 Rn. 115, Fn. 653.

Entscheidungseinklang **mit Nichtvertragsstaaten** herbeizuführen, oder dem Zweck, den **zwischen Nichtvertragsstaaten** bereits bestehenden internationalen Entscheidungseinklang nicht zu zerstören[760]. Beispiele dafür sind Art. 4 des Haager Erbrechtsübereinkommens von 1989 und Art. 16 II des Haager Kinderschutzübereinkommens von 1996. Die darin verankerte sog. **akzeptierte Weiterverweisung** stellt ein bemerkenswertes Lösungsmodell hinsichtlich der Zulassung des Renvoi in staatsvertraglichen Kollisionsnormen dar.

These XI: Die multilateralen kollisionsrechtlichen Staatsverträge, denen die Bundesrepublik Deutschland nicht beigetreten ist, können auf das deutsche Recht verweisen, wenn sie gegenüber allen Staaten, auch **im Verhältnis zu Nichtvertragsstaaten** als *loi uniforme* anzuwenden sind. Wenn das autonome deutsche Internationale Privatrecht gemäß Art. 4 I 1 EGBGB auf das Recht eines Vertragsstaates verweist, und das Internationale Privatrecht dieses Vertragsstaates einschließlich der jeweiligen staatsvertraglichen Kollisionsnormen auf das deutsche Recht zurückverweist, dann ist gemäß Art. 4 I 2 EGBGB die Rückverweisung aus deutscher Sicht zu beachten, unabhängig davon, ob die jeweiligen staatsvertraglichen Kollisionsnormen *per se* die Rück- und Weiterverweisung ausschließen oder nicht. Es handelt sich hierbei nicht um den Renvoi **in** staatsvertraglichen Kollisionsnormen, sondern eine **durch** die im Ausland geltenden staatsvertraglichen Kollisionsnormen in Verbindung mit dem Mechanismus des Art. 4 I 2 EGBGB ermöglichte Rückverweisung aus deutscher Sicht. Als Beispiele in diesem Sinne sind zu nennen das Haager Kaufrechtsübereinkommen von 1955, das CIEC-Übereinkommen über die Legitimation durch nachfolgende Ehe von 1970, das Haager Übereinkommen über Straßenverkehrsunfälle von 1971, das Haager Produkthaftpflichtübereinkommen von 1973, das Haager Trustübereinkommen von 1985, das UNIDROIT-Übereinkommen über gestohlene oder rechtswidrig ausgeführte Kulturgüter von 1995 und das KSÜ von 1996.

These XII: Zum **Ausblick** lässt sich sagen, dass die Rück- und Weiterverweisung (Renvoi) künftig in den staatsvertraglichen Kollisionsnormen prinzipiell ausgeschlossen werden soll. Im Sinne von Rechtsklarheit, Rechtssicherheit und Voraussehbarkeit soll jeder Staatsvertrag, der Kollisionsnormen enthält, durch eine **allgemeine Bestimmung** den Renvoi kategorisch ausschließen. Die Zulassung des Renvoi in staatsvertraglichen Kollisionsnormen soll weiterhin als Ausnahme bleiben und auf bestimmte Konstellationen eingeschränkt werden. Solange die Konflikte der IPR-Systeme zwischen verschiedenen Rechtsordnungen bestehen, herrscht dieses Grundsatz-Ausnahme-Verhältnis weiterhin in staatsvertraglichen Regelungen des Internationalen Privatrechts.

---

[760] Vgl. dazu *Sonnentag*, Renvoi, S. 87, 88.

Literaturverzeichnis

Acar, Gültekin/*Lorenz*, Moritz: Das Ehe- und Kindschaftsrecht der Republik Aserbaidschan in der deutschen Gerichtspraxis, in: IPRax 2003, 372-377.

Ancel, Bertrand et *Lequette*, Yves: Les grands arrêts de la jurisprudence française de droit international privé, 3. Aufl. 1998 (zit.: *Ancel et Lequette*, Les grands arrêts de la jurisprudence française de DIP).

Andrae, Marianne/*Fincke*, Horst: Das Übereinkommen über das auf vertragliche Schuldverhältnisse anwendbare Recht der EG-Staaten und seine Bedeutung für die Vertragsgestaltung im intersystemaren Wirtschaftsverkehr, 1983 (zit.: *Andrae/Fincke*, EG-Übereinkommen).

Appel, A.: Reform und Kodifikation des Liechtensteinischen IPR, in: RablesZ 61 (1997) 510 ff.

Audit, Bernard: Droit international privé, 3. Aufl. 2000 (zit.: *Audit*, DIP).

Bamberger, Heinz Georg/*Roth*, Herbert (Hrsg.), Kommentar zum BGB, Bd. 3, 2003 (zit.: *Bamberger/Roth*-Bearbeiter).

Bar, Christian von/*Mankowski*, Peter: Internationales Privatrecht, Bd. I: Allgemeine Lehren, 2. Aufl. 2003 (zit.: *v. Bar/Mankowski*, IPR, Bd. I).

Bar, Christian von: Internationales Privatrecht, Bd. II: Besonderer Teil, 1991 (zit.: *v. Bar*, IPR II).

Bar, Christian von: Die eherechtlichen Konventionen der Haager Konferenz(en), in: RabelsZ 57 (1993) 63-123.

Basedow, Jürgen/*Meier*, Isaak/*Schnyder*, Anton K./*Einhorn*, Talia/*Girsberger*, Daniel (eds.), Private Law in the International Arena: From National Conflict Rules towards Harmonization and Unification – Liber Americorum Kurt Siehr, 2000 (zit.: FS Siehr).

Batiffol, Henri: La quatorzième session de la Conférence de La Haye de droit international privé, in: Rev. crit. DIP 1981, 231 ff.

Bauer, Werner: Renvoi im internationalen Schuld- und Sachenrecht, 1985.

Beitzke, Günther: Die 11. Haager Konferenz und das Kollisionsrecht der Straßenverkehrsunfälle, in: RabelsZ 33 (1969), 205-234.

Bernasconi, Christophe: Indirectly Held Securities: a New Venture for the Hague Conference on PIL, in: Yearbook of Private International Law, Vol. III, 2001, S. 63.

Bergmann, Alexander/*Ferid* , Murad/*Henrich*, Dieter (Hrsg.): Internationales Ehe- und Kindschaftsrecht mit Staatsangehörigkeitsrecht (zit.: *Bergmann/Ferid /Henrich*).

Böhmer, Christof: Die CIEC-Konferenz 1979 in der Türkei - Drei neue Konventionen - , in: StAZ 1980, S. 109-115.

Böhmer, Christof: XIV. Session der Haager Konferenz für Internationales Privatrecht, in: IPRax 1981, 147 ff.

Böhmer, Christof: Die 14. Haager Konferenz über internationales Privatrecht 1980, in: RabelsZ 46 (1982) 643-663.

Botschaft zum Bundesgesetz über das internationale Privatrecht (IPR-Gesetz) vom 10. November 1982 (Zit.: Botschaft).

Brandi, Tim: Das Haager Abkommen von 1989 über das auf die Erbfolge anzuwendende Recht, 1996 (zit. *Brandi*, Haager Abkommen).

Bruch, Carol S.: The 1989 Inter-American Convention on Support Obligations, in: Am.J.Comp.L. 1992, S. 817-863.

Bucher, Andreas: La Dix-huitième session de de la Conférence de La Haye de droit international privé, RSDIE 1997, 67-127.

Bucher, Andreas: La Convention de La Haye sur la protection internationale des adultes, RSDIE 2000, 37-59.

Bureau permanent de la Conférence de La Haye de droit international privé/Permanent Bureau of the Hague Conference on Private International Law (Hrsg.), Recueil des Conventions/Collection of Conventions (1951-2003) (zit.: Recueil des Conventions).

Burman, Harold S.: International Conflict of Laws, the 1994 Inter-American Convention on the Law Applicable to International Contracts, and Trends for the 1990s, in: Vanderbilt Journal of Transnational Law, 1995, S. 367-387.

Cheshire, G.C./*North*, Peter: Private International Law, 13th edition by P. M. North and J. J. Fawcett, 1999 (cit.: *Cheshire/North*, PIL).

Czerwenka, G. Beate: Rechtsanwendungsprobleme im internationalen Kaufrecht, 1988 (zit.: *Czerwenka*, Rechtsanwendungsprobleme).

de Maekelt, Tatiana B.: General Rules of PIL in the Americas. New Approach, in: Rec. des Cours, 177 (1982 IV) 193-279.

de Maekelt, Tatiana B.: Das neue venezolanische Gesetz über Internationales Privatrecht, in: RabelsZ 64 (2000) 299-344.

de Winter, L. I.: La nouvelle version du projet Benelux de loi uniforme de droit international privé, in: Rev. crit. DIP 1968, 577-606.

Derruppé, Jean: Etude théorique du renvoi, in: Juris-Classeur Droit international, fascicule 532-1 ou Civil, Art. 3, Fascicule 30, 1993 (zit.: *Derruppé*, Etude théorique du renvoi).

Derruppé, Jean/*Agostini*, Eric: Le renvoi dans la jurisprudence française, in: Juris-Classeur Droit international, fascicule 532-2 ou Civil, Art. 3, Fascicule 32, 1993 (zit.: *Derruppé/Agostini*, Le renvoi dans la jurisprudence française).

Derruppé, Jean: Le renvoi dans les conventions internationales, in: Juris-Classeur Droit international, fascicule 532-2 ou Civil, Art. 3, Fascicule 34, 1993 (zit.: *Derruppé*, Le renvoi dans les conventions internationales).

Derruppé, Jean: Droit international privé, quatorzième édition, MÉMENTOS DALLOZ, 2001 (zit.: *Derruppé*, DIP).

Dicey, Albert Venn/*Morris*, John Humphrey C.: Conflict of Laws, Bd. I und II, 12. Aufl. 2000.

Dolinger, Jacob: Evolution of Principles for Resolving Conflicts in the Field of Contracts and Torts, in: Rec. des Cours, 283 (2000) 187-512.

Dölle, Hans: Die 7. Haager Konferenz, in: RabelsZ 17 (1952) 161-211.

Droz, Georges A. L.: Conférence de La Haye de droit international privé, in: Encyclopédie Juridique Dalloz. Rép.dr.int., 1998 (zit.: *Droz*, Conférence de La Haye).

Dutoit, Bernard: Droit international privé suisse. Commentaire de la loi fédérale du 18 décembre 1987. Troisième édition revue et augmentée, 2001.

Erman, Walter-*Hohloch*, Gerhard: Handkommentar zum Bürgerlichen Gesetzbuch, Bd. 2, Artt. 3-38 EGBGB, 10. Aufl. 2000 (zit.: *Erman-Hohloch*).

Ferid , Murad: Internationales Privatrecht, 3. Aufl. 1986 (zit.: *Ferid* , IPR).

Ferid , Murad: Die 9. Haager Konferenz, in: RabelsZ 27 (1962) 411-455.

Ferid , Murad: Zum Entwurf eines einheitlichen Gesetzes über das IPR in den Benelux-Staaten, in: StAZ 1969, 241-250.

Ferid , Murad/*Firsching*, Karl/*Dörner*, Heinrich/*Hausmann*, Reiner (Hrsg.): Internationales Erbrecht. Quellensammlung mit systematischen Darstellungen des materiellen Erbrechts sowie des Kollisionsrechts der wichtigsten Staaten (Loseblatt), 4. Aufl. 1997 ff. (zit.: *Ferid /Firsching/Dörner/Hausmann*).

Ficker, Hans G.: Die 10. Haager Konferenz, in: RabelsZ 20 (1966) 606-641.

Firsching, Karl: Übereinkommen über das auf vertragliche Schuldverhältnisse anzuwendende Recht (IPR-VertragsÜ) vom 19.6.1980, in: IPRax 1981, 37-43.

Flessner, Axel: Interessenjurisprudenz im internationalen Privatrecht, 1990.

Fletcher, Justin P.: Argument for Ratification: Some Basic Principles of the 1994 Inter-American Convention on the Law Applicable to International Contracts, in: Georgia Journal of International and Comparative Law, 1999, 477-518.

Francescakis, Phocion: La théorie du renvoi et les conflits de systèmes en droit international privé, 1958.

Francescakis, Phocion: La Convention de La Haye de 1955 pour régler des conflits entre la loi nationale et la loi du domicile, Travaux du Comité français de droit international privé, 1958-1959, pp. 151-169.

Frisch, Wolfgang: Das Internationale Schuldrecht der nordischen Länder im Vergleich zu dem europäischen Übereinkommen über das auf Schuldverträge anwendbare Recht, 1985 (zit.: *Frisch*, Int. Schuldrecht der nordischen Länder).

Fuchs, Angelika: Kulturgüterschutz im Kulturgutsicherungsgesetz, in: IPRax 2000, S. 281-286.

Gottschalk, Eckart: Allgemeine Lehren des IPR in kollisionsrechtlichen Staatsverträgen, 2002 (zit.: *Gottschalk*, Allgemeine Lehren).

Hansen, O.: Trente années de tentatives d'unification du droit dans les pays du Benelux. Une expérience, in: Rev.dr.int.dr.comp. 1980, 60-82.

Henrich, Dieter: Internationales Familienrecht, 1989 (zit.: *Henrich*, Int. Familienrecht).

Gaudemet-Talon, Hélène, Le nouveau droit international privé européen des contrats, in: Rev. trim. dr. europ. 1981, 215-284.

Giuliano, Mario/*Lagarde*, Paul: Bericht über das Übereinkommen über das auf vertragliche Schuldverhältnisse anzuwendende Recht, in: BT-Drucks. 10/503, 33-79.

Gottwald, Peter/*Jayme*, Erik/*Schwab*, Dieter: (Hrsg.), Festschrift für Dieter Henrich, 2000 (zit.: FS Henrich).

Graue, Eugen Dietrich: Rück- und Weiterverweisung (renvoi) in den Haager Abkommen, in: RabelsZ 57 (1993) 26-61.

Haye, Peter: US-Amerikanisches Recht, 2002.

Haye, Peter: Law of the United States, 2002.

Hein, Jan von: Das Günstigkeitsprinzip im Internationalen Deliktsrecht, 1999.

Hein, Jan von: Rück- und Weiterverweisung im neuen deutschen Internationalen Deliktsrecht, in: ZVglRWiss 99 (2000) 251-277.

Hein, Jan von: Die Kodifikation des europäischen Internationalen Deliktsrechts, in: ZVglRWiss 99 (2003) 528-562.

Hoffmann, Bernd von: Internationales Privatrecht, 7. Aufl. 2002 (zit.: *v. Hoffmann*, IPR).

Honsell, Heinrich/*Vogt*, Nedim Peter/*Schnyder*, Anton K.: (Hrsg.), Kommentar zum Schweizerischen Privatrecht. IPR, 1996 (zit.: *Honsell/Vogt/Schnyder* (Hrsg.), Kommentar. IPR).

Horn, Helmut: Internationales Vertragsrecht – Die IPRG/KschG Novelle 1998 samt EVÜ, 1999 (zit. *Horn*, Int. Vertragsrecht).

Hupka, Josef: Das Einheitliche Wechselrecht der Genfer Verträge, 1934.

Hüßtege, Rainer: Internationales Recht. Examenskurs für Rechtsreferendare, 3. Aufl. 1999 (zit.: *Hüßtege*, IPR).

Jayme, Erik: Rückverweisung durch im Ausland geltende Staatsverträge, in: FS Beitzke, 1979, S. 541 ff.

Jayme, Erik: Zur Rückverweisung durch staatsvertragliche Kollisionsnormen, in: IPRax 1981, 17-18.

Jayme, Erik/*Kohler*, Christian: Europäisches Kollisionsrecht 1999 – Die Abendstunde der Staatsverträge, in: IPRax 1999, 401 ff.

Jayme, Erik: Tagung des Institut de Droit International in Berlin, IPRax 2000, 61-62.

Jayme, Erik/*Hausmann*, Reiner: Internationales Privat- und Verfahrensrecht, 11. Aufl. 2002 (zit.: *Jayme/Hausmann*).

Jayme, Erik/*Kohler*, Christian: Europäisches Kollisionsrecht 2002: Zur Wiederkehr des IPR, in: IPRax 2002, 461 ff.

Juenger, Friedrich K.: Parteiautonomie und objektive Anknüpfung im EG-Übereinkommen zum Internationalen Vertragsrecht. Eine Kritik aus amerikanischer Sicht, in: RabelsZ 46 (1982) 57-83.

Junker, Abbo: Internationales Privatrecht, 1998 (zit.: *Junker*, IPR).

Junker, Abbo: Das Internationale Unfallrecht nach der IPR-Reform von 1999, in: JZ 2000, S. 477-486.

Kartzke, Ulrich: Renvoi und Sinn der Verweisung, in: IPRax 1988, 8 ff.

Kassir, Walid J.: Réflexions sur le renvoi en droit international privé comparé. Contribution au dialogue des cultures juridiques nationales à l'aube du XXIième siècle, 2002.

Kegel, Gerhard/*Schurig*, Klaus: Internationales Privatrecht, 8. Aufl. 2000 (zit.: *Kegel/Schurig*, IPR)

Keller, Max/*Siehr*, Kurt: Einführung in die Eigenart des internationalen Privatrechts, 3.Aufl. 1984 (zit.: *Keller/Siehr*, Eigenart).

Kohler, Christian: Kodifikation und Reform des IPR in Liechtenstein, in: IPRax 1997, 309 ff.

Kohler, Christian: Interrogations sur les sources du droit international privé européen après le traité d'Amsterdam, in: Rev. crit. DIP 1999, 1 ff.

Korkisch, Friedrich: Der Anteil der nordischen Länder an den Fragen des internationalen Privatrechts, in: RabelsZ 23 (1958) 599-623.

Kötz, Hein: Die 15. Haager Konferenz und das Kollisionsrecht des trust, in: RabelsZ 50 (1986) 562-585.

Kötz, Hein: Zur Anknüpfung des unter Lebenden errichteten Trust, in: IPRax 1985, 205-207.

Kropholler, Jan: Internationales Einheitsrecht - Allgemeine Lehren, 1975 (zit.: *Kropholler*, Einheitsrecht).

Kropholler, Jan: Das Haager Kinderschutzübereinkommen von 1996 – Wesentliche Verbesserung im Minderjährigenschutz, in: FS Siehr, S. 379-390.

Kropholler, Jan: Der Renvoi im vereinheitlichten Kollisionsrecht, in: FS Henrich, 2000, S. 393-402.

Kropholler, Jan: Internationales Privatrecht, 5. Aufl. 2004 (zit.: *Kropholler*, IPR).

Kropholler, Jan/*Krüger*, Hilmar/*Riering*, Wolfgang/*Samtleben*, Jürgen/*Siehr*, Kurt (Hrsg.), Außereuropäische IPR-Gesetze, 1999.

Kuhn, Hans: Der Renvoi im internationalen Erbrecht der Schweiz. Eine Analyse internationaler Erbfälle im Verhältnis der Schweiz und Deutschland, Frankreich, Italien, Österreich, dem Fürstentum Liechtenstein, Griechenland, England und den Niederlanden. – 1998 (zit.: Kuhn, Renvoi).

Labes, Hubertus W./*Lörcher*, Torsten (Hrsg.), Nationales und internationales Schiedsverfahrensrecht, 1998 (zit.: *Labes/Lörcher*, Schiedsverfahrensrecht).

Lagarde, Paul: La nouvelle Convention de La Haye sur la loi applicable aux succession, in: Rev. crit. DIP 1989, 249-275.

Lagarde, Paul: La nouveau droit international privé des contrats après en vigueur de la Convention de Rome du 19 juin 1980, in: Rev. crit. DIP 1991, 287-340.

Lagarde, Paul: La nouvelle convention de La Haye sur la protection des mineurs, in: Rev. crit. DIP 1997, 217-237.

Lagarde, Paul: La convention de La Haye du 13 janvier 2000 sur la protection internationale des adultes, in: Rev. crit. DIP 2000, 159-179.

Lando, Ole: New American Choice-of-Law Principles and the European Conflict of Laws of Contracts, in: Am.J.Comp.L. 1982, 19-35.

Lando, Ole: The 1985 Hague Convention on the Law Applicable to Sales, in: RabelsZ 51 (1987) 60-85.

Lando, Ole: The 1955 and 1985 Hague Conventions on the Law Applicable to the International Sale of Goods, in: RabelsZ 57 (1993) 155-174.

Lass, Christiane: Der Flüchtling im deutschen Internationalen Privatrecht, 1995 (zit.: Der Flüchtling im dt. IPR).

Lausanner Kolloquium über den schweizerischen Entwurf zu einem Bundesgesetz über das internationale Privatrecht, Veröffentlichungen des Schweizerischen Instituts für Rechtsvergleichung, Bd. 1, Zürich 1984 (zit.: Lausanner Kolloquium).

Lequette, Yves: Renvoi, in: Encyclopédie Juridique Dalloz. Rép.dr.int., 1998 (zit.: *Lequette*, Renvoi).

Lindenau, Christoph A.: Die Einführung des Renvoi in das internationale Privatrecht Italiens, 2001 (zit.: *Lindenau*, Einführung des Renvoi).

Lipstein, Kurt: Das Haager Abkommen über die internationale Abwicklung von Nachlässen, in: RabelsZ 39 (1975) 29-55.

Lipstein, Kurt: La prise en considération du droit international privé. The taking into consideration of foreign private international law. Report. In: Ann. Inst. Dr. int., 68 I (1999) 15-53.

Lorenz, Werner: Der Haager Konventionsentwurf über das auf die Produktenhaftpflicht anwendbare Recht, in: RabelsZ 37 (1973) 317-356.

Loussouarn, Yvon: La Convention de La Haye d'octobre 1985 sur la loi applicable aux contrats de vente internationale de marchandises, in: Rev. crit. DIP 1986, 271-296.

Loussouarn, Yvon/*Bourel*, Pierre: Droit international privé, Précis Dalloz, septième édition, 2001 (zit.: Lussouarn/Bourel, DIP).

Lüderitz, Alexander: Internationales Privatrecht, 1987 (zit.: *Lüderitz*, IPR).

Macdonald, Ronald St. John (Hrsg.): Essays in Honour of Wang Tieya, 1993 (zit.: *Macdonald* (Hrsg.), Essays in Honour of Wang Tieya).

Makarov, A. N.: Quellen des internationalen Privatrechts, 2. Aufl., Bd. 2, 1960 (zit.: *Makarov*, Quellen des IPR, 2. Aufl., Bd. 2).

Makarov, A. N.: Institut de Droit international, in: RabelsZ 31 (1967) 547.

Makarov, A. N.: Sources, in: IntEncCompL III ch. 2, 1972 (zit.: *Makarov*, Sources).

Malloy, Susie A.: The Inter-American Convention on the Law Applicable to International Contracts: Another Piece of the Puzzle of the Law Applicable to International Contracts, in: Fordham International Law Journal, 1995, 662.

Matscher, Franz/*Siehr*, Kurt/*Delbrück*, Jost: Multilaterale Staatsverträge *erga omnes* und deren Inkorporation in nationale IPR-Kodifikation - Vor- und Nachteile einer solchen Rezeption, Berichte der Deutschen Gesellschaft für Völkerrecht, Heft 27, 1986.

Mayer, Pierre/*Heuzé*, Vincent: Droit international privé, 7ième édition, 2001 (zit.: *Mayer/Heuzé*, DIP).

Meijers, E. M.: The Benelux Convention on Private International Law, in: Am.J. Comp.L. 1953, 1-11.

Merkt, Hanno/*Rossbach*, Oliver: Das „Übereinkommen über das auf bestimmte Rechte in Bezug auf bei einem Zwischenverwahrer sammelverwahrte Effekten anzuwendende Recht" der Haager Konferenz für Internationales Privatrecht, in: ZVglRWiss 102 (2003) 33-52.

Melchior, George: Die Grundlagen des deutschen internationalen Privatrechts, 1971 (zit.: *Melchior*, Grundlagen).

Mindach, Christel: Neuregelung des IPR im Dritten Teil des Zivilgesetzbuches der Russischen Föderation, in: IPRax 2002, 309-311.

Meyer-Sparenberg, Wolfgang: Staatsvertragliche Kollisionsnormen, 1990.

Münchener Kommentar zum Bürgerlichen Gesetzbuch, Band 10, EGBGB (Art. 1-38)/IPR, 3. Aufl. 1998 (zit.: MünchKomm-Bearbeiter).

Nelle, Dietrich: Neues Internationales Privat-, Zivilverfahrens- und Vollstreckungsrecht in der Mongolei, in: IPRax 2003, 378-381.

Nerina Boschiero, Catania: Die Reform des italienischen IPR-Systems, ZfRV 1996, 143-152.

Neuhaus, Paul Heinrich: Die Grundbegriffe des internationalen Privatrechts, 1976 (zit.: *Neuhaus*, Grundbegriffe).

Nygh, Peter: The Hague Convention on the Protection of Children, in: NILR 1998, 1-28.

Oberloskamp, Helga: Haager Minderjährigenschutzabkommen, 1983.

Overbeck, Alfred E. von: Renvoi in the Institute of International Law, in: Am.J.Comp.L. 1963, 544-548.

Overbeck, Alfred E. von: Cours général de droit international privé, Chapitre V – le renvoi, Rec. des Cours 176 (1982 III) 127-176 (133-146).

Pagenstecher, Max: Der Grundsatz des Entscheidungseinklangs im internationalen Privatrecht, 1951.

Palandt, Otto-*Heldrich*, Andreas: Bürgerliches Gesetzbuch, Artt. 3-46, 220, 236 EGBGB, 63. Aufl. 2004 (zit.: *Palandt-Heldrich*).

Petersten, Georg: Die 8. Haager Konferenz, in: RabelsZ 24 (1959) 1-53.

Pirrung, Jörg: Die XV. Tagung der Haager Konferenz für Internationales Privatrecht - Trustübereinkommen vom 1. Juli 1985, in: IPRax 1987, 52-55.

Raape, Leo: IPR, 5. Aufl. 1961 (*zit.: Raape*, IPR).

Rapport de la Commission. Projet de loi uniforme relative au droit international privé élaboré par la Commission belgo-néerlando-luxembourgeoise pour l'étude de l'unification du droit, in: Rev. crit. DIP 1951, 714-722; 1952, 165-178, 377-387 (zit.: Rapport de la Commission).

Rauscher, Thomas: Internationales Privatrecht, 2. Aufl. 2002 (zit.: *Rauscher*, IPR).

Reese, Willis L. M.: The Thirteenth Session of the Hague Conference, in: Am.J.Comp.L. 1977, 393-404.

Reichart, Peter A.: Der Renvoi im schweizerischen IPR – Funktion und Bedeutung, Diss. Zürich 1995 (zit.: *Reichart*, Renvoi).

Reithmann, Christoph/*Martiny*, Dieter: Internationales Vertragsrecht – Das internationale Privatrecht der Schuldverträge, 5. Aufl. 1996 (zit.: Reithmann/Martiny, Int. Vertragsrecht).

Reuschle, Fabian: Haager Übereinkommen über die auf bestimmte Rechte in Bezug auf intermediär-verwahrte Wertpapiere anzuwendende Rechtsordnung, in: IPRax 2003, 495 ff.

Riering, Wolfgang (Hrsg.), IPR-Gesetze in Europa. Textausgabe in Originalsprachen mit deutschen Übersetzungen, 1997.

Rudolf, Claudia: Slowenien: Neues Internationales Privat- und Prozessrecht, in: IPRax 2003, 158-162.

Samtleben, Jürgen: Die Interamerikanischen Spezialkonferenzen für IPR, in: RablesZ 44 (1980) 257-320.

Samtleben, Jürgen: Neue interamerikanische Konventionen zum IPR, in: RablesZ 56 (1992) 1-115.

Sanders, Pieter (Hrsg.), International Arbitration, Liber Amicorum for Martin Domke, 1967 (zit.: FS Domke).

Sauveplanne, J. Georges: Renvoi, in: IntEncCompL III ch. 6, 1990 (zit.: Sauveplanne, Renvoi).

Schack, Haimo: Höchstrichterliche Rechtsprechung zum Internationalen Private- und Verfahrensrecht. 50 Entscheidungen für Studium und Examen, 2. Aufl. 2000 (zit.: *Schack*: Höchstrichterliche Rechtsprechung).

Schlosser, Peter: Das Recht der internationalen privaten Schiedsgerichtsbarkeit, 1. Band, 1975 (zit.: Schlosser, 1. Bd.); 2. Aufl. 1989 (zit.: *Schlosser*, 2. Aufl.).

Schnitzer, Adolf F.: Der Renvoi. Rück- und Weiterverweisung im Internationalen Privatrecht, SchwJZ 1973, 213-219.

Senger, Harro von/*Xu*, Guojijan: Internationales Privat- und Zivilverfahrensrecht der Volksrepublik China, 1994 (zit.: *v. Senger/Xu*, IPR und IZVR der VR China).

Siehr, Kurt: Das neue Haager Übereinkommen von 1996 über den Schutz von Kindern, in: RabelsZ 62 (1998) 464-501.

Siehr, Kurt: Das Haager Übereinkommen über den internationalen Schutz Erwachsener, in: RabelsZ 64 (2000) 717-751.

Siehr, Kurt: Der internationale Schutz Erwachsener nach dem Haager Übereinkommen von 1999, in: FS Henrich, S. 567-574.

Siehr, Kurt: Internationales Privatrecht. Deutsches und europäisches Kollisionsrecht für Studium und Praxis, 2001 (zit. *Siehr*, IPR).

Soergel, Hs. Th.: Kommentar zum Bürgerlichen Gesetzbuch mit Einführungsgesetz und Nebengesetzen, Band 10, Einführungsgesetz, 12. Aufl. 1996 (zit.: *Soergel*-Bearbeiter).

Staudinger, J. von: Kommentar zum Bürgerlichen Gesetzbuch mit Einführungsgesetz und Nebengesetzen, EGBGB/IPR, Einleitung zum IPR; Art. 3-6 EGBGB (Internationales Privatrecht – Allgemeiner Teil), Neubearbeitung 2003 von Blumenwitz/Hausmann/Sturm/Sturm (zit.: *Staudinger*-Bearbeiter).

Staudinger, J. von: Kommentar zum Bürgerlichen Gesetzbuch mit Einführungsgesetz und Nebengesetzen, EGBGB/IPR, 13. Aufl., Art. 13-18 EGBGB, Anhang zu Art. 13 EGBGB, Anhang I-III zu Art. 18 EGBGB, 1996 (zit.: *Staudinger*-Bearbeiter).

Staudinger, J. von: Kommentar zum Bürgerlichen Gesetzbuch mit Einführungsgesetz und Nebengesetzen, EGBGB/IPR, Artt. 25, 26 EGBGB; Anhang zu Artt. 25 und 26 EGBGB: Ausländische Rechte, Neubearbeitung 2000 von Dörner (zit.: *Staudinger-Dörner*).

Sonnentag, Michael: Der Renvoi im Internationalen Privatrecht, 2001 (zit.: *Sonnentag*, Renvoi).

Struycken, A. V. M.: Convention on the Law Applicable to Certain Rights in Respect of Securities Held with an Intermediary – Introductory Note, in: NILR 2003, 103-104.

van Loon, Hans: The Hague Convention on the Law Applicable to Succession to the Estates of Deceased Persons, Hague Yearbook of International Law 2 (1989) 48-66.

Vischer, Frank: Connecting Factors, in: IntEncCompL III ch. 4, 1999 (zit.: *Vischer*, Connecting Factors).

Vischer, Frank/*Lucius*, Huber/*Oser*, David: Internationales Vertragsrecht, 2. Aufl. 2000 (zit.: *Vischer/Lucius/Oser*, Int. Vertragsrecht).

Yamauchi, Koresuke: Zur Anwendung ausländischer unselbständiger Kollisionsnormen im japanischen internationalen Privatrecht, in: FS Großfeld, 1999, S. 1357-1365.

Zweigert, Konrad/*Kropholler*, Jan: Sources of International Uniform Law, Vol. II: Transport Law, 1972 (zit.: *Zweigert/Kropholler*, Sources II).

Zweigert, Konrad/*Kötz*, Heinz: Einführung in die Rechtsvergleichung, 3. Aufl. 1996.

Saarbrücker Studien zum Privat- und Wirtschaftsrecht

Herausgeber:
Johann Paul Bauer, Michael Martinek und Helmut Rüßmann

Band 1 Susanne Jaschinski: Die Haftung von Schwestergesellschaften im GmbH-Unterordnungskonzern. Ein Beitrag zum Konzernverfassungsrecht. 1997.

Band 2 Roman Sascha Ahnert: Die *actio individualis*. Ein Beitrag zur verfassungsrechtlichen Fundierung der Aktionärsklage bei sogenannten Aktien-Interessenverbänden. 1997.

Band 3 Torsten Peters: Der Cateringvertrag. Rechtstatsachen, Rechtsnatur und Rechtsprobleme eines modernen Dienstleistungsvertrags. 1998.

Band 4 Michael Meissner: Persönlichkeitsschutz juristischer Personen im deutschen und US-amerikanischen Recht. Eine rechtsvergleichende Untersuchung des allgemeinen Persönlichkeitsrechts juristischer Personen. 1998.

Band 5 Thomas Tegen: Joint Venture-Vertrag und Projektträgergesellschaft im amerikanischen und deutschen Recht. 1998.

Band 6 Gerhard Wolter: Treuhandrecht im Umbruch? Ein Blick nach Frankreich, Luxemburg, in die Schweiz und in den Libanon sowie auf das Haager Trust-Übereinkommen. 1999.

Band 7 Thomas Dehlfing: Das Recht der irreführenden Werbung in Deutschland, Großbritannien und Frankreich. 1999.

Band 8 Hanno Dornseifer: Börsentermingeschäfte und Börsentermingeschäftsfähigkeit. Zur börsengesetzlichen Behandlung von finanzwirtschaftlichen Festgeschäften, Options- und Optionsscheingeschäften. 1999.

Band 9 Patrick Lenz: Absatzförderung durch *zinssubventionierte* Darlehen. Eine wettbewerbs- und kartellrechtliche Studie zur Zulässigkeit von Niedrigzins-Kreditangeboten unter besonderer Berücksichtigung des Automobilmarktes. 1999.

Band 10 Mansur Pour Rafsendjani: Der Goodwill-Ausgleichsanspruch des Franchisenehmers. Ein Vergleich des deutschen, französischen und US-amerikanischen Franchiserechts. 1999.

Band 11 Jörg Hartmann: Juristische und ökonomische Regelungsprobleme des Insiderhandels. Eine rechtsvergleichende Darstellung USA – Deutschland. 1999.

Band 12 David Altmeier: Rückstellungsbilanzierung in Deutschland und Frankreich. Eine vergleichende Untersuchung der französischen Rückstellungsbilanzierung aus der Perspektive des deutschen Bilanzrechts. 1999.

Band 13 Barbara Günther: Aktivische Bilanzierungshilfen im deutschen und französischen Bilanzrecht. 1999.

Band 14 Bernhard Glasow: Vertikale Preisbindung, Wettbewerbstheorie und Wettbewerbsrecht in den USA, Deutschland und Europa. Bestandsaufnahmen, Kritik und Zukunftsperspektiven. 2000.

Band 15 Dorota Nowak-James: Der Börsenzugang für Anleger in Deutschland und Polen. Eine rechtsvergleichende Untersuchung zum deutschen Finanzkommissionsgeschäft und zum polnischen Brokerauftragsvertrag. 2000.

Band 16 Mathias Queck: Der Nießbrauch am Anteil einer offenen Handelsgesellschaft. Eine Form der (un-)mittelbaren Unternehmensbeteiligung. 2000.

Band 17 Ina Roth: Umweltbezogene Unternehmenskommunikation im deutschen und europäischen Wettbewerbsrecht. 2000.

Band 18 Jörg Preiss: Die Anwendung des markenrechtlichen Erschöpfungsgrundsatzes auf Dienstleistungsmarken. 2000.

Band 19 Kevin M. McDonald: Der Begriff der Dienstleistung im europäischen Binnenmarkt und WTO-System (GATS). 2001.

Band 20 Carolin Opgenhoff: Die europäische Fusionskontrolle zwischen Wettbewerbsrecht und Industriepolitik. 2001.

Band 21 Susanne Schäfer: Die Deliktsfähigkeit juristischer Personen. Eine rechtsvergleichende Untersuchung zur Übertragbarkeit des englischen Modells. 2001.

Band 22 Kay Diedrich: Die Interventionswirkung – Ausprägung eines einheitlichen Konzepts zivilprozessualer Bindungswirkung. 2001.

Band 23 Michael Fröhlich: Zentrale Institutionen des deutschen Urheberrechts und des französischen Droit d'auteur auf dem Prüfstand der elektronischen Netzwerke. 2001.

Band 24 Joël Benjamin Münch: Abtretungsverbote im deutschen und französischen Recht. Rechtsvergleichende Untersuchung der Übertragungshindernisse im deutschen und französischen Forderungsverkehr als Beitrag zu einer weiteren Schuldrechtsvereinheitlichung in Europa. 2001.

Band 25 Monika Prieß: Der Begriff des Sachmangels im deutschen und englischen Kaufrecht. Reformbedarf aufgrund der Verbrauchsgüterkauf-Richtlinie 1999/44/EG. 2001.

Band 26 Katharina Siegel: Produkthaftung im polnischen, tschechischen und slowenischen Recht. 2001.

Band 27 Carolin Kühne: Die gesetzliche Form der Rechtsgeschäfte im deutschen und italienischen Recht. Eine rechtsvergleichende Untersuchung. 2002.

Band 28 Nina Scherf: Die Nachschußpflicht im Gesellschaftsrecht. Eine rechtsformübergreifende Bestandsaufnahme, Analyse und Kritik. 2002.

Band 29 Marc Laukemann: Fernsehwerbung im Programm. Die zunehmende Kommerzialisierung des Fernsehprogramms im Zeitalter einer Ökonomisierung der Aufmerksamkeit als verfassungs-, wettbewerbs- und rundfunkrechtliches Problem. 2002.

Band 30 Michael Bo Jaspers: Nachträgliche Rechtswahl im internationalen Schuldvertragsrecht. Unter besonderer Berücksichtigung der Rechtspraxis in England, Frankreich, Dänemark und Deutschland. 2002.

Band 31 Christina Pernice: Die Insolvenzverschleppung durch das Geschäftsführungsorgan der kleinen Kapitalgesellschaft im deutschen, französischen und englischen Recht. Eine rechtsvergleichende Untersuchung zur Entwicklung eines europäischen Lösungsansatzes. 2002.

Band 32 Anne Christine Janert: Der sachliche und persönliche Anwendungsbereich des deutschen Verbraucherkreditrechts und des britischen Consumer Credit Act 1974. Ein Beitrag zu den Möglichkeiten und Grenzen verbraucherrechtlicher Harmonisierung in Europa. 2002.

Band 33 Annette Trost: Faktische Sitzverlegung unter Sitz- und Gründungstheorie im Vergleich. Unter besonderer Berücksichtigung ihrer gesellschafts- und zivilrechtlichen Folgewirkungen. 2003.

Band 34 Esther Cordula Hilpert: Die Gründerhaftung in der Gesellschaft mit beschränkter Haftung in Deutschland, Frankreich und England. 2003.

Band 35 Wei-ming Liao: Die Schiedsgerichtsbarkeit in Taiwan. Unter besonderer Berücksichtigung der internationalen Handelsschiedsgerichtsbarkeit und mit Hinweisen zu der Entwicklung in Deutschland. 2003.

Band 36 Stefan Stork: Sitzverlegung von Kapitalgesellschaften in der Europäischen Union. Zur Reichweite der Niederlassungsfreiheit unter Berücksichtigung der positiven und der negativen Integration. 2003.

Band 37 Marc Pfeffer: Interbrand-Kartellverbot und Intrabrand-Vereinbarungen. Die Ablösung horizontaler und vertikaler Eingriffsmerkmale im GWB zu Gunsten einer Betrachtung produktexterner und -interner Wettbewerbsfaktoren. 2003.

Band 38 Nicole Burkardt: Der arbeitsrechtliche Aufhebungsvertrag. Einvernehmliche Beendigung von Arbeitsverhältnissen unter Berücksichtigung der Rechtslage nach der Schuldrechtsreform. 2004.

Band 39 Christian Schmeling: Die Entlastung von Mitgliedern geschäftsführender Organe im Recht der Kapitalgesellschaften. Eine rechtsvergleichende Studie zum deutschen, schweizerischen und französischen Recht. 2004.

Band 40 Andreas Wolf: Wege zur virtuellen Haupt- und Gesellschafterversammlung. Eine vergleichende Untersuchung über die Einbeziehung elektronischer Medien in die Hauptversammlung einer Aktiengesellschaft und die Gesellschafterversammlung einer GmbH. 2004.

Band 41 Bianca Natalie Baldus: Der elektronisch geschlossene Vertrag mit Schiedsabrede. Zulässigkeit und anwendbares Recht in nationalen und internationalen Schiedsverfahren. 2004.

Band 42 Vania Dilek: Der Wettbewerbsschutz in Bulgarien und in der Russischen Föderation während des Übergangs vom Dirigismus zur Privatautonomie. 2004.

Band 43 Rudolf Lenders: Treuhand am Gesellschaftsanteil. Die Einbindung des Treugebers in das gesellschaftsrechtliche Organisationsgefüge. 2004.

Band 44 Weizuo Chen: Rück- und Weiterverweisung (Renvoi) in staatsvertraglichen Kollisionsnormen. 2004.

Band 45 Stefan Hahn: Neue Ansätze im Anlegerschutz durch die Ad-hoc-Publizität des § 15 WpHG. 2004.